U0944576

中国信托业发展报告

China Trustee Development Report

（2013—2014）

中国信托业协会　编

中国金融出版社

责任编辑：仲　垣　张黎黎
责任校对：刘　明
责任印制：程　颖

图书在版编目（CIP）数据

中国信托业发展报告. 2013—2014（Zhongguo Xintuoye Fazhan Baogao. 2013—2014）/
中国信托业协会编. —北京：中国金融出版社，2014. 7
ISBN 978 – 7 – 5049 – 7572 – 0

Ⅰ. ①中…　Ⅱ. ①中…　Ⅲ. ①信托业—研究报告—中国—2013—2014　Ⅳ. ①F832.49

中国版本图书馆CIP数据核字（2014）第132455号

出版
发行　中国金融出版社
社址　北京市丰台区益泽路2号
市场开发部　（010）63266347，63805472，63439533（传真）
网 上 书 店　http://www.chinafph.com
（010）63286832，63365686（传真）
读者服务部　（010）66070833，62568380
邮编　100071
经销　新华书店
印刷　北京七彩京通数码快印有限公司
尺寸　210毫米 × 285毫米
印张　22.25
字数　392千
版次　2014年7月第1版
印次　2014年7月第1次印刷
定价　138.00元
ISBN 978 – 7 – 5049 – 7572 – 0/F. 7132

《中国信托业发展报告（2013—2014）》编审委员会

主　　任： 杨家才

副 主 任： 李建华　张电中　闵路浩　蒲　坚　王丽娟　王晓龙

委　　员： 陈一松　钱　骏　路　强　宋成立　徐卫晖　刘响东
曹　华　李　荻　陈　赤　战伟宏　邵　敏　郭　昊
周小明　李宪明　郑　智　陈艳梅　黄晓萍

主　　编： 王丽娟

编写组成员： 周小明　曲晓燕　王玉国　李　勇　陈建超　刘文雯
白　云　沈苗妙　钟哲元　张路阳　朱晓林　章　隽
郑　智　王文韬　张胜男　崔继培　沈修远

序 言

伴随着改革开放，中国信托业经历了跌宕起伏、苦难辉煌的历程。纵观信托业近年来的发展，有三个重要里程碑。一是2001年《中华人民共和国信托法》的颁布实施。这标志着我国信托制度的正式建立，奠定了信托在中国的法律基础，明确了信托关系，规范了信托行为，结束了信托业多年来功能定位不清、错位发展、历经整顿的历史。二是2007年银监会“新两规”的出台。《信托公司管理办法》、《信托公司集合资金信托计划管理办法》的发布，是中国信托业发展的分水岭，信托功能定位更加清晰，信托公司立足信托本源，成为专业化的资产管理机构，重新登记后的信托业进入健康发展轨道。三是2013年信托业进入治理体系和能力建设期。银监会提出，以机制建设为核心，着力完善信托公司治理、产品登记、分类经营、资本约束、社会责任、恢复处置、行业稳定、监管评价八大机制，全面推动信托业回归本位，转型发展，强化信托业治理体系和能力建设，促进信托业发挥独特制度优势，服务社会经济发展。

应当充分肯定信托业的历史功绩，这主要体现在五个方面：一是拓宽了人民群众的财产性收入渠道，二是舒缓了宏观经济调整的周期性波动，三是推动了人民币的利率市场化，四是繁荣了金融市场，五是树立了行业形象。这些历史功绩正是信托业赖以生存的市场和社会价值。特别是伴随着居民财富的增长，信托业依托自身优势，在实现居民财富保值增值方面发挥了重要作用。2010—2013年，信托业累计向投资者分配信托收益1.27万亿元，占信托资产实际总收益的90%左右，信托业将最大利益给予了投资者，满足了居民投资理财需求，增加了居民财产性收入，体现了“受人之托，代人理财”的行业定位。

同时也要看到，信托业在快速发展进程中也暴露出一些风险问题，包括社会热议的信托兑付问题、行业盈利模式问题等，信托业受到来自全社会的广泛关注、担忧和质疑。对此，既要正视问题，立足于转型发展和防控风险，又要有制度自信，对信托业制度有信心，营造信托业发展良好的外部环境，改变“信托坏孩子”的思维惯性，减少社会对信托业的误解，增强投资者对信托业发展的信心。

认知信托、成就信托，有效发挥信托功能是时代的需要，也是信托业的责任和使命。目前，信托资产规模突破11万亿元大关，已经站在新的历史起点。前事不忘，后事之师。信托业要牢牢吸取历史教训，走出“发展—整顿—再发展—再整顿”的历史怪圈，正本清源，回归理性，认识自我，了解自我，认清“我是谁？”、“为了谁？”、“依靠谁？”这三个问题，以“信”立世，良心承托。深入系统地研究信托业如何吸取教训，回归自我，回归理性，一手抓发展，一手防风险，确保信托业的长治久安和永续发展。

在此背景下，中国信托业协会组织业内外力量编辑出版《中国信托业发展报告（2013—2014）》（以下简称《报告》），首次发布信托业发展报告，审视信托业的发展历史，解读信托业的增长原因、盈利模式、功能发挥、风险防控与创新发展等，记录年度信托业发展进程，分析研判信托业发展走势，展示信托业发展全貌，彰显信托业的活力和贡献，正本清源、以正视听，用数据和事实说话，消除社会对信托业可能存在的误解，净化信托业生存与发展的市场环境，这是一件非常有意义的事情。

《报告》的内容客观、全面、严谨、权威，以数据说话，以案例辅助，用翔实的数据分析2013年信托业发展状况。《报告》从业绩、环境、业务、创新、治理多维度审视信托业，全面立体式地展现信托业发展全景；注重对数据背后信托活动的深度分析和对发展趋势的理性预测；以严谨的态度、发展的眼光，再现信托业的历史发展脉络及其发展变化，客观回应了行业发展中备受社会各方关注的热点、难点问题。

了解信托业发展的前世今生，我们有理由、有信心憧憬信托业的广阔发展前景，信托业将发挥自身优势，为实体经济提供多层次的直接融资渠道，这将有利于推动利率市场化，促进资产管理市场的繁荣，缔造新型的产融结合的私募投行，给投资者提供债权属性、股权属性等丰富多样的投资选择。

希望《报告》能够成为信托投资者、监管者、从业者、学者乃至社会各方面全方位、多角度了解和观察信托业的重要窗口。

是为序。

中国银行业监督管理委员会主席助理

杨家才

2014年6月

目　录

导　言

信托业：增长、挑战与转型 …… 1

一、2013年：疑云丛丛下的满意答卷 …… 3
二、信托增长的“快”与“慢” …… 4
三、盈利模式的“取”与“舍” …… 7
四、信托功能的“正”与“反” …… 10
五、信托风险的“形”与“实” …… 12
六、信托业未来的挑战和转型 …… 16

业绩篇

第一章　社会责任业绩 …… 23

一、为投资者创造高额收益 …… 23
二、助力实体经济发展 …… 25
三、积极推动社会公益事业 …… 27

第二章　经营管理业绩 …… 29

一、信托公司的总体经营业绩 …… 29
二、信托业务经营业绩 …… 36
三、自营业务经营业绩 …… 51

第三章　2014年业绩展望 …… 68

一、继续为投资者创造稳定收益 …… 68
二、行业盈利水平增长将继续放缓 …… 69
三、行业盈利能力继续稳步提升 …… 70
四、受托管理资产规模继续增加，增速放缓 …… 71
五、主动管理能力进一步提高，报酬率持续走低 …… 72
六、自营业务规模持续增加，盈利水平仍将平稳增长 …… 73

环境篇

第四章　经济环境 ……77

一、世界经济复苏缓慢，中国经济保持平稳增长……77
二、拉动经济增长的因素向内需转移，信托顺应趋势介入消费领域……79
三、实体产业政策频出，信托适时转变发展思路……81
四、社会融资结构改变，信托业助力经济平稳发展……84
五、稳健货币政策和积极财政政策持续……87

第五章　市场环境 ……88

一、居民理财需求旺盛，为信托业提供了市场空间……88
二、直接融资持续发展，信托业融资符合国家政策导向……89
三、金融自由化进程加速，信托公司积极应对……90
四、资产管理市场空前繁荣，信托业转型在即……92
五、互联网金融兴起，信托公司需密切关注……94

第六章　监管环境 ……96

一、影子银行监管加强……96
二、业务规范升级……97
三、2014年监管展望:稳健发展、防范风险 ……98

业务篇

第七章　信托业务总体概况 …… 103

一、集合资金信托业务…… 103
二、单一资金信托业务…… 113
三、管理财产信托业务…… 124

第八章　主要信托业务（一）：房地产信托 …… 132

一、发展轨迹回顾…… 132
二、2013年发展概况…… 134
三、2014年发展趋势…… 146

第九章　主要信托业务（二）：基础产业信托…… 149

一、发展轨迹回顾…… 149
二、2013年发展概况…… 152
三、2014年发展趋势…… 165

第十章　主要信托业务（三）：工商企业信托 …… 169

一、发展轨迹回顾 …… 169
二、2013年发展概况 …… 169
三、2014年发展趋势 …… 179

第十一章　主要信托业务（四）：证券投资信托 …… 182

一、发展轨迹回顾 …… 182
二、2013年发展概况 …… 185
三、2014年发展趋势 …… 194

第十二章　主要信托业务（五）：金融同业合作（银行） …… 196

一、发展轨迹回顾 …… 196
二、2013年发展概况 …… 199
三、2014年发展趋势 …… 209

第十三章　主要信托业务（六）：金融同业合作（非银） …… 212

一、保信合作业务 …… 212
二、证信合作业务 …… 216
三、基信合作业务 …… 221
四、2014年发展趋势 …… 224

创新篇

第十四章　信托业务创新概述 …… 229

一、信托业务创新的动因 …… 229
二、信托业务创新的历程 …… 231
三、信托业务创新趋势展望 …… 241

第十五章　创新资格类业务的发展 …… 244

一、特定目的信托受托业务（资产证券化受托业务） …… 244
二、企业年金受托业务 …… 253
三、信托公司受托境外理财（QDII）业务 …… 260
四、股指期货业务 …… 263

第十六章　典型创新业务的发展 …… 268

一、土地流转信托 …… 268

二、家族信托……………………………………………………………………………… 277
三、公益信托……………………………………………………………………………… 285

治理篇

第十七章　信托公司的治理体系 ………………………………………………… 293

一、信托公司治理…………………………………………………………………………… 293
二、信托公司内控治理及业务治理……………………………………………………… 298
三、信托公司治理体系的发展展望……………………………………………………… 305

第十八章　信托公司的风险管理体系 ……………………………………………… 307

一、多重风险防线构建信托公司的风险管理结构……………………………………… 307
二、信托公司风险管理方式及方法的特色突出………………………………………… 308
三、2013年信托公司的风险事件………………………………………………………… 313
四、信托公司的风险管理机制持续改进………………………………………………… 315

第十九章　信托业风险特征及行业风险防御体系的构建 ………………………… 318

一、信托业的风险特征…………………………………………………………………… 318
二、净资本约束及信托赔偿准备金制度………………………………………………… 323
三、恢复与处置机制……………………………………………………………………… 326
四、行业稳定基金救助机制……………………………………………………………… 327

专栏：中国信托业的激荡百年（1914—2014年） ……………………………… 329

后记 ………………………………………………………………………………………… 337

图表目录

图

图1–1　2010—2013年信托公司当年分配的信托收益……23
图1–2　2011—2013年开放式基金与信托产品的平均收益率对比……24
图2–1　2010—2013年信托公司的经营收入及增速……30
图2–2　2011—2013年信托公司的经营收入季度同比增速……30
图2–3　2010—2013年信托公司的经营收入结构及变化情况……31
图2–4　2011—2013年信托公司的营业收入集中度及变化情况……32
图2–5　2010—2013年信托公司利润总额及增速……32
图2–6　2010—2013年信托公司人均利润及增速……33
图2–7　2010—2013年信托公司净利润及增速……33
图2–8　2011—2013年信托公司资本利润率……34
图2–9　信托公司经营成本、人均成本和增速……35
图2–10　信托公司成本率……35
图2–11　2008—2013年信托资产规模……36
图2–12　信托资产来源……37
图2–13　2010—2013年各信托资产来源占比……37
图2–14　2010—2013年新增信托项目金额情况……38
图2–15　新增信托项目金额比重……38
图2–16　信托资产行业集中度……39
图2–17　信托资产按功能分类的占比……39
图2–18　信托资产规模（按功能分类）……40
图2–19　资金信托投向占比……41
图2–20　资金信托投向规模……42
图2–21　主动管理和被动管理的信托资产占比……42
图2–22　主动管理和被动管理的信托资产规模及增速……43
图2–23　信托业务收入及增速……43
图2–24　信托业务收入集中度……44
图2–25　信托业务收入构成……45

图2–26　融资类信托业务收入及增速 ……46
图2–27　投资类信托业务收入及增速 ……46
图2–28　事务管理类信托业务收入及增速 ……47
图2–29　2010—2013年人均信托业务收入和增速 ……47
图2–30　人均信托收入增速分布 ……48
图2–31　信托业务收入和报酬率 ……48
图2–32　信托产品营销费用及增幅 ……49
图2–33　信托产品销售费用率 ……49
图2–34　各类信托业务报酬率 ……50
图2–35　2011—2013年已清算信托项目的加权平均报酬率 ……51
图2–36　固有资产规模及增速 ……52
图2–37　净资产和实收资本规模及增速 ……53
图2–38　固有资产配置情况 ……54
图2–39　投资类资产构成 ……55
图2–40　长期股权投资机构类型及数量 ……56
图2–41　长期股权投资比重分类 ……56
图2–42　自营业务收入与增幅 ……57
图2–43　自营业务收入行业集中度 ……58
图2–44　自营收入构成 ……59
图2–45　投资收益构成 ……60
图2–46　利息收入规模及增速 ……60
图2–47　股权投资收益及增速 ……61
图2–48　证券投资收益及增速 ……62
图2–49　其他投资收益及增速 ……63
图2–50　自营资产收益率 ……64
图2–51　固定收益类资产收益率 ……65
图2–52　长期股权投资收益率 ……66
图2–53　证券投资收益率 ……66
图2–54　其他投资收益率 ……67
图4–1　2003—2013年世界经济增长情况 ……78
图4–2　中国GDP及增速 ……78
图4–3　三大需求对GDP增长的贡献率 ……80
图4–4　固定资产和房地产投资增速 ……80
图4–5　社会消费品零售总额 ……81
图4–6　社会融资规模及其同比增速 ……85
图4–7　2002—2013年社会融资结构 ……85
图4–8　2010—2013年各季度广义货币量（M_2）同比增速 ……86
图4–9　2009—2013年各季度金融机构人民币贷款平均利率 ……86

图5-1 高净值家庭数量及占比变化 ……88
图7-1 2010—2013年集合资金信托产品数量…… 103
图7-2 2010—2013年集合资金信托产品规模…… 104
图7-3 2010—2013年集合资金信托产品占比…… 104
图7-4 2010—2013年新增集合资金信托产品数量和规模…… 105
图7-5 2013年集合资金信托产品功能分类 …… 105
图7-6 2010—2013年集合资金信托产品功能分类变动情况…… 106
图7-7 2010—2013年集合资金信托产品资金运用方式结构…… 107
图7-8 2010—2013年新增集合资金信托产品资金运用方式结构变化…… 108
图7-9 2010—2013年集合资金信托产品资金投向结构变化…… 109
图7-10 2010—2013年新增集合资金信托产品资金投向结构 …… 110
图7-11 2010—2013年集合资金信托产品平均规模 …… 111
图7-12 2010—2013年集合资金信托产品清算情况 …… 112
图7-13 2010—2013年清算的集合资金信托产品收益及信托报酬 …… 112
图7-14 2010—2013年集合资金信托规模排名前十的信托公司占比 …… 113
图7-15 2010—2013年单一资金信托产品数量和增速 …… 114
图7-16 2010—2013年单一资金信托产品规模和增速 …… 114
图7-17 2010—2013年单一资金信托产品占比 …… 115
图7-18 新增单一资金信托产品 …… 115
图7-19 2013年单一资金信托产品功能分类 …… 116
图7-20 2010—2013年单一资金信托产品功能分类变动情况 …… 116
图7-21 2010—2013年单一资金信托产品资金运用方式结构变化 …… 117
图7-22 2010—2013年新增单一资金信托产品资金运用方式结构变化 …… 118
图7-23 2010—2013年单一资金信托产品资金投向结构变化 …… 120
图7-24 2010—2013年新增单一资金信托产品资金投向变动情况 …… 121
图7-25 2010—2013年单一资金信托产品平均规模情况 …… 122
图7-26 2010—2013年清算的单一资金信托产品数量和信托本金给付额、信托收益分配额 …… 122
图7-27 2010—2013年清算的单一资金信托产品收益率、费用率及信托报酬率 …… 123
图7-28 2010—2013年单一资金信托规模排名前十的信托公司占比 …… 124
图7-29 2010—2013年财产信托产品数量和增速 …… 125
图7-30 2010—2013年财产信托产品规模和增速 …… 125
图7-31 2010—2013年财产信托规模占比 …… 125
图7-32 新增财产信托产品 …… 126
图7-33 2013年财产信托产品功能分类 …… 126
图7-34 2010—2013年财产信托产品功能分类变动情况 …… 127
图7-35 2013年财产信托产品资金运用方式结构 …… 127

图7-36 2010—2013年财产信托产品资金运用方式结构变化 …………… 128
图7-37 2013年新增财产信托产品资金运用方式结构 …………………… 128
图7-38 2010—2013年新增财产信托产品资金运用方式结构变化 ………… 129
图7-39 2010—2013年财产信托产品平均规模 …………………………… 130
图7-40 2010—2013年财产信托产品清算情况 …………………………… 130
图7-41 2010—2013年清算的财产信托产品收益率、费用率及信托报酬率… 131
图7-42 2010—2013年财产信托规模排名前十的信托公司占比 …………… 131
图8-1 2002—2013年房地产信托规模和增速……………………………… 135
图8-2 2010—2013年房地产信托新增产品数量和规模…………………… 135
图8-3 2010—2013年房地产信托在信托资产总规模中的占比…………… 136
图8-4 2010—2013年房地产信托规模同比增长变化情况………………… 136
图8-5 2010—2013年房地产信托规模环比增长变化情况………………… 137
图8-6 2010—2013年新增房地产信托业务同比增长情况………………… 137
图8-7 2010—2013年新增房地产信托业务环比增长情况………………… 138
图8-8 2010—2013年集合类与单一类房地产信托数量和规模…………… 138
图8-9 2010—2013年房地产信托新增产品数量和规模…………………… 139
图8-10 2010—2013年存续房地产信托产品的平均规模 ………………… 139
图8-11 2010—2013年新增房地产信托产品的平均规模 ………………… 140
图8-12 2010—2013年房地产信托结构变化情况 ………………………… 140
图8-13 2010—2013年房地产信托新增占比变化情况 …………………… 141
图8-14 2010—2013年新增房地产信托结构变化情况 …………………… 141
图8-15 2013年末房地产信托产品预计到期数量（左）及规模（右）结构… 142
图8-16 2013年末集合类房地产信托产品预计到期数量
（左）及规模（右）结构 …………………………………………… 142
图8-17 2010—2013年房地产信托规模排名前十的信托公司占比 ………… 143
图9-1 2002—2013年基础产业信托规模…………………………………… 153
图9-2 2010—2013年基础产业信托新增产品数量和规模………………… 153
图9-3 2010—2013年基础产业信托规模占比……………………………… 154
图9-4 2010—2013年基础产业信托规模同比增长变化情况……………… 154
图9-5 2010—2013年基础产业信托规模环比增长变化情况……………… 155
图9-6 2010—2013年新增基础产业信托同比增长情况…………………… 155
图9-7 2010—2013年新增基础产业信托环比增长情况…………………… 156
图9-8 2010—2013年集合类与单一类基础产业信托数量和规模………… 156
图9-9 2010—2013年基础产业信托新增产品数量和规模………………… 157
图9-10 2010—2013年新增基础产业信托规模占比 ……………………… 157
图9-11 2010—2013年信政合作基础产业信托规模及占比 ……………… 158
图9-12 2010—2013年信政合作基础产业信托产品结构 ………………… 159
图9-13 2010—2013年银信合作基础产业信托产品情况 ………………… 160
图9-14 2010—2013年存续基础产业信托产品的平均规模 ……………… 160

图9-15　2010—2013年新增基础产业信托产品的平均规模 …………………… 161
图9-16　2010—2013年基础产业信托结构变化情况 ………………………… 161
图9-17　2010—2013年新增基础产业信托规模构成 ………………………… 162
图9-18　2013年末基础产业信托产品预计到期数量（左）
及规模（右）结构 …………………………………………………… 162
图9-19　2013年末集合类基础产业信托产品预计到期数量（左）
及规模（右）结构 …………………………………………………… 163
图9-20　2010—2013年基础产业信托规模排名前十的信托公司占比 ……… 164
图10-1　2006—2013年工商企业信托规模和增长率 ………………………… 170
图10-2　2010—2013年新增工商企业信托数量和规模 ……………………… 170
图10-3　2006—2013年工商企业信托规模占比 ……………………………… 171
图10-4　2010—2013年工商企业信托规模同比增长变化情况 ……………… 171
图10-5　2010—2013年工商企业信托规模环比增长变化情况 ……………… 172
图10-6　2010—2013年新增工商企业信托同比增长情况 …………………… 172
图10-7　2010—2013年新增工商企业信托环比增长情况 …………………… 173
图10-8　2010—2013年单一类和集合类工商企业信托规模和数量 ………… 173
图10-9　2010—2013年工商企业信托结构变化情况 ………………………… 174
图10-10　2010—2013年工商企业信托新增规模占比………………………… 174
图10-11　2010—2013年新增工商企业信托规模构成情况…………………… 175
图10-12　2013年末工商企业信托产品预计到期数量（左）
及规模（右）结构……………………………………………………… 175
图10-13　2013年末集合类工商企业信托产品预计到期数量（左）
及规模（右）结构……………………………………………………… 176
图10-14　2010—2013年工商企业信托规模排名前十的信托公司占比……… 177
图11-1　2002—2013年证券投资信托业务规模 ……………………………… 185
图11-2　2010—2013年证券投资信托产品数量和规模 ……………………… 186
图11-3　2010—2013年证券投资信托产品新增规模与数量 ………………… 186
图11-4　2010—2013年存续证券投资信托规模的增长变化 ………………… 187
图11-5　2010—2013年证券投资信托新增规模的增长变化 ………………… 187
图11-6　2010—2013年集合类证券投资信托 ………………………………… 188
图11-7　2010—2013年单一类证券投资信托 ………………………………… 188
图11-8　2010—2013年集合类证券投资信托新增产品的数量和规模 ……… 189
图11-9　2010—2013年单一类证券投资信托新增产品的数量和规模 ……… 189
图11-10　2010—2013年存续证券投资信托的结构变化……………………… 190
图11-11　2010—2013年新增证券投资信托的结构变化……………………… 190
图11-12　2013年末证券投资信托产品预计到期数量（左）
及规模（右）结构……………………………………………………… 191
图11-13　2013年末集合类证券投资信托产品预计到期数量（左）
及规模（右）结构……………………………………………………… 191

图11-14　2010—2013年证券投资信托投向结构…………………………………… 192
图11-15　2010—2013年证券投资信托规模前十的信托公司占比…………… 192
图12-1　2010—2013年银信理财合作业务总体数量与规模 ………………… 200
图12-2　2010—2013年银信理财合作业务规模在信托资产中的占比 ……… 200
图12-3　2010—2013年银信理财合作业务规模同比增长变化 ……………… 201
图12-4　2010—2013年银信理财合作业务规模环比增长变化 ……………… 201
图12-5　2010—2013年单一类银信理财合作业务 …………………………… 202
图12-6　2010—2013年集合类银信理财合作业务 …………………………… 202
图12-7　2010—2013年财产权类银信理财合作业务 ………………………… 202
图12-8　2010—2013年银信理财合作平均规模 ……………………………… 203
图12-9　2010—2013年银信理财合作结构变化 ……………………………… 203
图12-10　2013年银信理财合作产品分类 ……………………………………… 204
图12-11　2013年银信理财合作不同投向的产品数量（左）及规模（右）占比… 204
图12-12　2010—2013年银信理财合作资金投向规模变化…………………… 205
图13-1　2010—2013年信托投资于基金的规模 ……………………………… 222
图15-1　2005—2013年信贷资产证券化发行规模 …………………………… 247
图15-2　双SPV交易所信贷资产证券化交易结构 …………………………… 250
图15-3　私募信贷资产证券化交易结构 ……………………………………… 251
图15-4　中小企业贷款证券化占比 …………………………………………… 251
图15-5　投资管理人的运作方式 ……………………………………………… 258
图15-6　QDII业务投资额度比例 ……………………………………………… 261
图16-1　中信信托安徽宿州项目交易结构 …………………………………… 273
图16-2　北京信托无锡阳山项目交易结构 …………………………………… 274
图16-3　2008—2013年中国拥有不同规模个人可投资资产的人数 ………… 278
图18-1　信托公司评审模式占比 ……………………………………………… 308
图18-2　开展风险评级信托公司占比 ………………………………………… 310
图18-3　信托公司风险管理部门参与独立现场调查的占比 ………………… 310
图18-4　第三方参与尽职调查比例 …………………………………………… 311
图18-5　信托公司风险集中度管理各种情况占比 …………………………… 311

表

表1–1 2012—2013年信托业支持实体经济的行业投向资产余额分布情况……25
表4–1 2013年房地产调控政策梳理……82
表7–1 2013年末集合资金信托产品资金运用方式结构……106
表7–2 2013年新增集合资金信托产品资金运用方式结构……107
表7–3 2013年末集合资金信托产品资金投向领域……108
表7–4 2013年新增集合资金信托产品资金投向结构……110
表7–5 2013年末集合资金信托产品预期到期结构……111
表7–6 2013年末集合资金信托管理规模排名前十的信托公司……113
表7–7 2013年末单一资金信托产品资金运用方式结构……117
表7–8 2013年新增单一资金信托产品资金运用方式结构……118
表7–9 2013年末单一资金信托产品资金投向结构……119
表7–10 2013年新增单一资金信托产品资金投向结构……120
表7–11 2013年末单一资金信托产品预期到期结构……121
表7–12 2013年单一资金信托管理规模排名前十的信托公司……123
表7–13 2013年末财产资金信托产品预期到期结构……129
表7–14 2013年财产信托管理规模排名前十的信托公司……131
表8–1 房地产信托业务相关政策变动情况……133
表8–2 2013年末房地产信托管理规模排名前十的信托公司……143
表9–1 基础产业信托业务相关政策变动情况……151
表9–2 2013年基础产业信托管理规模排名前十的信托公司……163
表10–1 2013年工商企业信托管理规模排名前十的信托公司……176
表11–1 2013年末证券投资信托管理规模排名前十的信托公司……192
表12–1 银信合作业务相关政策变动情况……198
表12–2 资产管理市场的监管政策比较……206
表15–1 信贷资产证券化监管法规汇总……245
表15–2 2005—2008年信贷资产证券化发行统计……246
表15–3 国内三种资产证券化业务模式的比较……248
表15–4 2013年信贷资产证券化发行统计……249
表15–5 企业年金管理人资格一览表……254
表15–6 2013年企业年金受托管理市场情况……256
表15–7 信托业受托管理企业数与行业情况对比……257
表15–8 信托业受托管理职工数与行业情况对比……257
表15–9 信托业受托管理金额与行业情况对比……257
表15–10 具备发行资格的主体要求……259
表15–11 信托公司QDII业务资格情况……261

表15-12　2013年信托公司股指期货产品主要情况 …………………………… 265
表16-1　2013年土地流转信托案例 ………………………………………… 274
表16-2　重庆信托·金色盾牌重庆人民警察英烈教助公益信托运作情况 … 287
表16-3　典型公益性信托的基本情况 ………………………………………… 288
表17-1　信托公司控股股东性质分类 ………………………………………… 294
表17-2　不同类型信托公司经营业绩比较 …………………………………… 296
表17-3　2013年信托公司注册资本增资情况 ………………………………… 297

导 言

信托业：增长、挑战与转型

- 2013年：疑云丛丛下的满意答卷
- 信托增长的“快”与“慢”
- 盈利模式的“取”与“舍”
- 信托功能的“正”与“反”
- 信托风险的“形”与“实”
- 信托业未来的挑战和转型

一、2013年：疑云从从下的满意答卷

2013年，信托业发展的外部环境充满了前所未有的不确定性。经济下行增加了信托公司经营的宏观风险，利率市场化加大了信托公司经营的市场风险，年中和年末的两次“钱荒”引发了对流动性风险的担心，频繁的个案风险事件的发生引起了人们对信托业系统性风险的担忧。继2012年“资产管理新政”开启“泛资产管理时代”以来，2013年商业银行和保险资产管理公司资管计划的推出，进一步加剧了竞争；财政部等四部委2012年末发布的规范地方政府融资行为的“463号文”以及2013年3月银监会发布的规范商业银行理财业务投资运作的“8号文”，又增加了信托公司政信合作业务和银信合作业务的不确定性。所有这一切都使人们对信托业能否继续保持快速增长充满疑虑，不少人甚至认为信托业又站在了发展的“十字路口”上。令人欣慰的是，2013年，68家信托公司经受住了上述考验，信托业继续保持了良性的发展态势，取得了骄人的经营业绩，再次在从从疑云之下交出了满意的答卷。

（一）信托资产规模再创历史新高

2013年，全行业信托公司（68家）的信托资产规模为10.91万亿元，与2012年的7.47万亿元相比，同比增长46.05%。从信托财产来源看，单一资金信托占比69.62%，同比增加1.32个百分点；集合资金信托占比24.90%，同比减少0.3个百分点；管理财产信托占比5.48%，同比减少1.01个百分点。从信托功能看，融资类信托占比47.76%，同比减少1.11个百分点；投资类信托占比32.54%，同比减少3.3个百分点；事务管理类信托占比19.70%，同比增加4.42个百分点。从资金信托的投向看，第一大配置领域为工商企业，占比28.14%，同比增加1.89个百分点；第二大配置领域为基础产业，占比25.25%，同比增加1.63个百分点；第三大配置领域为金融机构，占比12.00%，同比增加1.79个百分点；第四大配置领域为证券市场，占比10.35%，同比减少1.02个百分点；第五大配置领域为房地产，占比10.03%，同比增加0.18个百分点；其他占比14.23%，同比减少3.98个百分点。

（二）固有资产规模持续稳步增加

2013年，全行业信托公司（68家）的固有资产规模为2,871.40亿元，与2012年的2,282.08亿元相比，同比增加25.82%；平均每家公司的固有资产规模为42.23亿元，

与2012年平均每家公司（67家）的34.06亿元相比，同比增加23.99%。全行业实收资本总额为1,116.55亿元，与2012年的980.00亿元相比，同比增加13.93%；平均每家公司的实收资本额为16.42亿元，与2012年平均每家公司的14.63亿元相比，同比增长12.24%。2013年，全行业所有者权益总额为2,555.20亿元，每股净资产为2.29元，与2012年的总额2,032.00亿元和每股净资产2.07元相比，同比分别增加25.75%和10.63%；平均每家公司的净资产为37.58亿元，与2012年每家公司的30.33亿元相比，同比增长23.90%。

（三）经营继续取得骄人业绩

从信托公司自身经营业绩看，2013年，全行业信托公司的经营收入总额为832.60亿元，平均每家公司为12.44亿元，与2012年的638.42亿元总额与平均每家9.53亿元的规模相比，同比分别增长30.43%和30.54%；经营收入中，信托业务收入占比达到73.44%，同比略减0.48个百分点。全行业实现利润总额568.61亿元，实现人均利润305.65万元，平均每家公司实现利润8.36亿元，与2012年的利润总额441.40亿元、人均利润291.30万元和平均每家公司利润6.59亿元相比，同比分别增加28.82%、4.93%、26.86%。2013年，全行业实现的净资产收益率为22.25%，同比增加0.53个百分点。

信托公司2013年之所以能够在复杂多变的经济、市场和政策环境下，继续获得规模与效益的双丰收，保持良性发展态势，仍然得益于信托业务在制度安排上的灵活性以及理财市场的成长性。灵活的制度安排和雄厚的市场基础，不仅是在过去，还是在现在和未来，一直将是信托业保持发展活力的根本源泉。

二、信托增长的“快”与“慢”

以信托公司为主要业态的信托业，作为我国金融业的重要组成部分，自1979年改革开放初期恢复以来，至今已存在30多年。其间，国家于2001年对信托业进行了全方位的制度重构。2001年之前，信托业实行的是高度银行化的混业经营体制，几乎没有开展本源的信托业务。2001年之后，信托业实行的是主营信托业务的分业经营体制，开始了本源信托业务的经营实践。在经历了2001—2007年的艰难探索阶段后（2007年末，全行业信托资产规模仅为0.94万亿元，不足1万亿元），从2008年开始，信托业开始步入高速增长的发展轨道，取得了骄人的发展成就。2008年，全行业信托资产规模首超1万亿元大关，达到1.22万亿元；2009年为2.02万亿元，同比增长65.57%；2010年为3.04万亿元，同比增长50.50%；2011年为4.81万亿元，同比增长

58.22%；2012年达7.47万亿元，同比增长55.30%；2013年全行业信托公司（68家）的信托资产规模为10.91万亿元，同比增长46.05%。2010年信托业的规模首次超过公募基金的规模，2012年又超过保险业的规模，成为仅次于银行业的第二大金融部门。如此的增速和规模，使信托业当之无愧地成为近10年来增长最快的金融部门。

但是，2013年，全行业信托公司的信托资产规模虽然再创历史新高，但增速已经呈现出趋缓之势。就同比增速而言，2013年相较2012年增长了46.05%，与2012年同比55.30%的增速相比，下降了9.25个百分点，首次结束了自2009年以来连续4年50%以上的同比增长率。就季度环比增速而言，2013年前三个季度环比增速连续下降，这是信托业自2010年进入快速发展阶段之后从未出现过的情况：第一季度为16.87%，相比2012年第四季度18.02%的环比增速，下降了1.15个百分点；第二季度为8.25%，相比第一季度更是大幅下降了8.62个百分点；第三季度为7.20%，相比第二季度又下降了1.05个百分点，虽然第四季度环比增速回升到7.70%，与第三季度相比也仅小幅回升了0.5个百分点。就季度新增信托资产规模而言，2010年第四季度至2013年第一季度，全行业季度新增信托资产规模（计算公式为本季度末全年新增总规模-上季度末全年新增总规模）除个别季度外，一直表现为正增长趋势，但从2013年第二季度开始，首次出现了连续两个季度的环比负增长：第二季度新增1.50万亿元，相比第一季度减少1,500亿元；第三季度新增1.31万亿元，相比第二季度又减少了1,900亿元；虽然第四季度重新获得了正增长，新增1.54万亿元，但较第三季度仅小幅增长了2,300亿元。这是否意味着信托业的成长周期已经结束，信托业的发展拐点已经到来？应当承认，2013年以来，信托业的外部经营环境已经发生了重大变化，信托业的发展面临诸多新的挑战，增速放缓属于一种正常的反应，这意味着信托业需要加快增长方式的转型和创新。但是，目前的增速放缓本身还不足以改变信托业长期成长的轨迹。驱动信托业未来继续发展的关键因素有三个。

（一）信托增长动力的良性转换

从信托资金来源看，毫无疑问，催生中国信托业规模爆发式增长的“发动机”是始于2008年下半年的以低端银行理财客户为驱动的“银信理财合作业务”。在信托业2009年和2010年的增长中，银信理财合作业务的贡献度均在50%以上，以2010年为例，2010年末银信理财合作业务规模达1.66万亿元，占同期信托资产总规模的比例高达54.61%。从2010年下半年开始，银监会出台了一系列规范银信理财合作业务的监管文件，使银信理财合作业务的“野蛮式”增长势头得到了有效遏制，业务占比持续下降：2011年末，银信理财合作业务规模几乎没有增加，为1.67万亿元，与2010年末的1.66万亿元几乎持平，占同期信托资产规模的比例更是下降到了34.73%；2012年末数额小幅增长到2.03万亿元，但占同期信托资产规模的比例下降到27.18%；2013年末数额仅增长到2.19万亿元，占同期信托资产规模的比例则进一步下降到20.03%。与此同时，以高端机构客户为驱动的"非银信理财合作单一资金信托"（单一资金信托规模减去银信合作规模）的规模和占比则不断提高：2010年的规模仅为6,050亿元，同期占比19.90%；2011年增加到1.61万亿元，同期占比提高到33.47%；2012年继续增加到3.07万亿元，同期占比达41.12%；2013年增加到5.40万亿元，同期占比达49.59%。此外，以中端合格个人投资者为驱动的"集合资金信托"的规模和占比则保持平稳增长：2010年的规模为6,267亿元，同期占比20.61%；2011年增加到1.36万亿元，同期占比提升到28.25%；2012年增加到1.88万亿元，同期占比25.20%；2013年增加到2.72万亿元，同期占比24.90%。

由此可见，2011年是信托业增长的一个分水岭：2011年之前，增长的主动力是粗放的银信合作业务；2011年以后，增长的主动力演变为以机构为核心的大客户驱动的"非银信理财合作单一资金信托"、以低端银行理财客户为驱动的"银信理财合作单一资金信托"、以中端个人合格投资者为驱动的"集合资金信托"。而且，到2013年末，信托公司资金信托的客户结构比例第一次实现了"高端—中端—低端"的正态分布："非银信理财合作单一资金信托"占比49.59%、"集合资金信托"占比24.90%、"银信理财合作单一资金信托"占比20.03%。这是一种质的转变，正是这种转变，使信托业的发展摆脱了政策的变数，走上了稳定的长期发展轨道。

（二）市场对信托业制度安排的灵活选择

信托业的发展动力之所以能够发生上述质的转变，是市场对信托业制度安排的认可和选择的结果。2001年重构后的信托业制度安排的核心有三个：一是在业务经营上主要受《信托法》的规范，使信托公司成为以信托关系经营受托理财业务的专业机构；二是在管理上赋予信托财产广泛的经营方式，使信托公司成为几乎唯一可以"跨市场"配置信托资产的金融机构；三是在客户上引入"合格投资者"概念，使信托公司成为专为机构客户和高端个人客户服务的理财机构。信托业的这种全新制度安排，完全以信托制度为基础，而信托制度在内涵和外延上天然地具有广泛的灵活性，从而使信托公司具有无可比拟的创新活力，能够最大限度地满足客户的多样化理财需求。由于信托制度是舶来品，对于我国来说，无论是在认识上还是在实践上均是全新的制度，因此，其本身所具有的灵活性和创新活力，就是对于信托从业人员而言，也需要时间加以认识，需要实践加以证明，更不要说对于广大投资者而言了。所以，在2001年对信托业做出上述制度安排以来，信托公司经历了一个痛苦的摸索过程，信托业务从不被接受到被接受、从无到有、从小到大。直到2008年，历时八年，全行业信托公司的信托资产规模才爬上了万亿元的台阶。可以说，市场对新的信托业制度安排的选择也经历了一个漫长的认识过程。经过时间和实践的积累，信托业制度安排的优越性日益开始显现，市场终于接受并选择了信托制度以及以此为基础经营信托业务的信托公司，由此催生了信托业增长动力的上述转型，并推动信托业在2008年以来的爆发式增长。因此，信托业的增长并不是偶然的，实实在在是市场对信托业制度安排自然选择的结果。

（三）资产管理市场的成长性

信托业的发展，从中短期看，会受政策取向转变与经营环境变化的影响，但从长期看，信托资产增长的快与慢、信托规模的大与小，最终还是要取决于市场规模。近年来，信托业高速增长，信托规模迅速膨胀，最深厚的基础乃是我国日益成长的资产管理市场。市场化改革不断深化，中国经济持续增长，多元化的利益主体形成并积聚了巨额的财富，由此催生了巨大的资产管理需求，形成了长期增长的资产管理市场。

从发达国家（美国和日本）的经验看，信托资产的规模与GDP的规模具有正相关关系，信托资产规模一般是GDP规模的2倍。照此推演，我国资产管理市场的规模起码应该在百万亿元以上。而目前，加上信托公司管理的信托资产规模，即便不考虑重复计算部分，也尚不足40万亿元（据相关统计，截至2013年末，银行理财产品余额为10.21万亿元，信托公司管理的信托资产规模为10.91万亿元，公募基金规模为3.00万亿元，基金子公司管理资产规模为0.94万亿元，证券公司受托管理的资产规模为5.19万亿元，保险资产管理规模为8.30万亿元）。由此可知，中国的理财市场仍然处于成长周期之中，理财需求规模的拐点远未到来。这预示着信托业长期增长的周期还没有结束，在未来的相当长时间内，信托业规模的快速增长仍然可以期待。

三、盈利模式的“取”与“舍”

近年来，信托公司的成就不仅表现为规模的增长，还表现为卓越的经营业绩。良好的经营业绩取决于有效的盈利模式，而有效的盈利模式则取决于符合市场的业务模式。在这方面，信托业的制度安排同样显现了巨大的优越性，突出表现在“刚性”与“柔性”的有机结合上。一方面，信托业务的上层法律结构具有制度刚性，即需要符合《信托法》中信托关系的法定要素；另一方面，信托业务的下层经营结构具有市场柔性，即在信托产品风险偏好取舍方面和信托资产配置方面具有充分的灵活性。正是信托业制度安排上的这种“刚柔相济”的特点，使得信托公司在盈利模式的取舍之间，总能在给定的制度安排框架内，做出灵活、适当的市场选择，由此保证了信托公司盈利模式的相对有效性，使信托公司能够更加有质量地发展。具体来说，主要表现在以下三个方面。

（一）固有业务与信托业务的取舍

“取”信托业务、“舍”固有业务，推动了信托业主营模式的成功转型。重新定位后的信托业在制度安排上是要引导信托公司成为主营信托业务的专业金融机构。但在2010年之前的10年间，信托公司的固有业务收入一直超过信托业务收入，“主营信托业务”只是一个梦想。但是，自2010年开始，这个梦想终于成为现实。2010年末，全行业经营收入为283.95亿元，信托业务收入为166.86亿元，占比达58.76%，首次超过了固有业务收入，信托公司主营信托业务的盈利模式终得确立。此后，信托业务收入不断增加，占全部经营收入的比例也一直保持在70%以上，主营信托业务的盈利模式得到不断强化，信托公司作为专业理财机构的市场形象也由此全面确立。2011年末，全行业信托业务收入增加到346.06亿元，同比增长107.40%，占全行业同期经营收入的比例高达78.78%；2012年末，全行业信托业务收入又增加到471.93亿元，同比增长36.37%，占全行业同期经营收入的比例高达73.92%；2013年，全行业信托业务收入增加到611.43亿元，占全行业同期经营收入的比例为73.44%。可以说，信托业主营模式的成功转型，是强化信托业市场地位、推动信托业快速发展的一个重要“软”条件。

（二）融资信托与投资信托的取舍

信托业近十年来保质有量地发展，在很大程度上得益于在信托业务的具体模式上，采取了“取”融资信托、“舍”投资信托的务实策略。虽然近年来融资信托业务资产占全行业信托资产的比例一直呈现下降趋势（2010年为59.01%，2011年为51.44%，2012年下降到49.01%，2013年进一步下降到47.76%），但是，体现固定收益特征的融资类信托产品的占比仍然最高，实际占比可能更高（由于缺乏严格的统计标准，相当一部分名义上是投资实际上是融资的信托可能被纳入了投资信托的统计口径之中）。

“取”以融资信托为主的具体业务模式对于处于起步阶段的中国信托业，是务实的选择。信托业务在法律层面上只是一种形式上的结构安排，其能否转化为有效的商业模式，则取决于经营层面上是否能够创设出可行的具体业务模式。业务模式要可行，一是要符合公司自身的能力，二是要符合市场的需求，三是要在制度上有空间。重新定位后的信托公司历史上并没有投资管理能力的积累，在金融抑制的大背景下，融资需求则是一个巨大的市场，非标准化的固定收益投资产品又极其欠缺，因而在现有的制度安排下，信托业在起步阶段务实地选择了具有固定收益特征的“融资信托”作为主要的业务模式，并根据不同的市场阶段不断加以创新，既满足了实体经济的融资需求，又满足了投资者对非标准化固定收益产品的投资需求。可以说，正是以融资信托为主导的业务模式，使信托业在总体风险可控的前提下，获得了飞跃的发展。

与此同时，信托业近十年对“投资信托”业务采取了循序渐进的策略，有效回避了市场的风险。随着信托业实践的纵深开展，信托公司自身的投资管理能力也在积累和提升之中，投资信托业务的发展也势在必行，投资信托业务的比例也出现了上升趋势（2010年为23.87%，2011年为35.81%，2012年为35.84%，2013年为32.54%）。但是，自2007年以来，我国资本市场持续低迷，与此相适应，信托公司在其投资信托业务中，利用制度安排的灵活性，对证券资产一直选择了低配置策略，虽然绝对规模有所增加，但占全行业资金信托的比例一直处于低位，在9%~11%徘徊，从而有效回避了资本市场波动的风险。从证券投资占同期全行业资金信托的比例看（按照投向口径统计），2010年为2,745.11亿元，占比9.49%，2011年为4,205.85亿元，占比9.06%，2012年为8,065.17亿元，占比11.60%，2013年占比10.35%，一直呈现低位徘徊态势。从实践看，信托公司的投资信托业务主要投向了股权、实物等另类投资品。

（三）“利他”与“利己”的取舍

信托公司在自身利益和受益人利益之间，“取”受益人，“舍”自身利益，使信托业成为信托文化的忠实践行者。信托业务的本质是为受益人创造最大的信托利益，信托财产所产生的利益应当归属于受益人，信托公司作为受托人收取的只是因为提供服务而应有的合理报酬。忠实于受益人利益，这既是信托制度的法律要求，也是信托文化的精髓。信托公司自重新定位后，之所以能够获得如此快速的发展，正是由于恪守了忠实于受益人利益的信托文化，在受益人与受托人的“予”与

“取”利益平衡中，将最大利益给了受益人，从而赢得了客户的信赖，塑造了专业资产管理机构的品牌。2010—2013年，信托公司自身取得的累计信托业务收入为1,596.30亿元，而同期信托公司向受益人分配的信托利益则高达12,748.60亿元，信托业务收入仅占信托资产实现的总收益的11.13%。

四、信托功能的“正”与“反”

重新定位后的中国信托业，一方面不断获得快速发展，另一方面又一直饱受争议，这是中国信托业发展中一个特有的“怪圈”。其中争议的一个焦点问题就是，信托业到底发挥什么样的功能？这是迄今为止中国金融业内唯一没有完全破解的“认识谜团”。是什么原因导致如此难以达成对中国信托业发展的共识？究其根源，还是在于对信托制度的功能和价值没有清晰和透彻的认识。现代信托因其实务应用上的巨大灵活性，以致信托本质上的功能和价值通常为纷繁复杂的信托活动表象所掩盖。表象上的信托活动鱼龙混杂，真是“横看成岭侧成峰”，难识庐山真面目。于是，有人见其正面为之鼓与呼，有人见其反面视之为“洪水猛兽”。

应该承认，信托天然具有“叛逆”性格，这种性格源于信托财产上权利主体与利益主体相分离的结构之中，信托财产名义上属于受托人，信托利益实质上又归属于受益人。于是，实践中，委托人自然可以透过这种交易结构，在受托人的配合下，迂回规避法律所禁止或者限制的一些信托目的。从信托在英国的起源看，信托的这种“反面”功能，正是其最初得以盛行和发展的主要动力。不可回避的是，信托的这种“反面”功能，在我国实践时间还不长的信托业务经营活动中，也时有体现。例如，在银信理财合作业务刚刚兴起之时，部分基础资产为信贷资产的银信理财合作也多少带有透过信托平台迂回进行监管套利的色彩。重新定位后的信托业也由此蒙上一层灰色的阴影，引来负面的声音。但是，这毕竟属于规范经营的层面，不足以否定信托制度的价值。实践证明，经过监管层的引导和规范，经过业界自身的努力，我国信托业整体上已经从信托负面功能的机会利用者转换成为坚定的反对者，通过信托产品的创新，成功完成发展动力的转型，不断扩大信托在推进社会经济进步中的正面功能效应，这是中国信托业的真正价值所在，也是近年来信托业获得平稳快速发展的一个重要原因。

（一）社会财富的优秀管理者

信托公司通过提供不同类型的单一信托和集合信托产品，为投资者提供了回报稳定、有吸引力且风险可控的投资产品，满足了财富管理需求，增加了居民财产性收入。2010—2013年，信托公司分别为受益人创造了4.63%、4.30%、6.33%和7.04%的年化综合实际收益率，而同期信托公司收取的平均年化信托报酬率分别为0.76%、0.55%、0.75%和0.71%，均未超过1%，仅占信托公司管理的信托资产总收益（受益人实际收益加上受托人实际报酬）的10%~14%，其中86%~90%的收益均分配给了受益人，这为信托公司树立了忠实诚信的社会财富管理者的良好形象。此外，信托公司不断扩大服务领域，除理财性质的融资信托和投资信托外，以事务管理为内容的“服务信托”的规模不断扩大。2010年事务管理信托的规模仅为5,201.30亿元，2011年则增加到6,135.38亿元，同比增长17.96%，2012年又增加到1.14万亿元，同比提升到86.89%，2013年进一步增加到2.15万亿元，同比增长88.60%，占同期全行业信托资产规模的比例也创新高，达到19.70%。

（二）实体经济的坚定支持者

长期以来，信托业管理的信托资产主要投向了实体经济，证券投资等金融性投资占比一直在20%以下，其中基础产业、工商企业和房地产一直是资金信托前三甲的配置领域，其结构顺应国家加大金融支持实体经济的政策，资金信托对工商企业的配置比例一直持续上升，目前工商企业已成为信托资产的第一大配置领域，从其占同期全行业资金信托的比例看，2010年为18.56%，2011年为20.41%，2012年为26.65%，2013年为28.14%。相比之下，为顺应国家对政府融资平台风险和房地产市场的调控政策，资金信托对基础产业和房地产领域的配置比例则呈现出明显的下降趋势。就资金信托对基础产业的配置比例而言， 2010年为34.39%，2011年为21.88%，2012年为23.62%，2013年为25.25%。值得注意的是，2012年以来，基础产业的配置比例出现了小幅回升的苗头，这与地方政府因融资平台限制和土地财政吃紧而催生的融资需求加大的市场效应有关。就资金信托对房地产领域的配置比例而言，2010年为14.95%，2011年为14.83%，2012年为9.85%，2013年为10.03%。

（三）社会事业的新生促进者

信托的巨大价值不仅在于经济领域，还能够广泛延伸到社会事业领域，信托可以促进社会的发展和进步。在这方面，信托公司已经开始探索，并且取得了初步成效，虽然规模还不是很大，但具有巨大的发展前景。在促进社会福利制度方面，2012年信托公司管理的企业年金信托规模为57.58亿元，2013年为63.84亿元；在促进社会公益事业方面，2012年信托公司开展的公益信托规模为47.60亿元，2013年信托公司共开展公益信托及类公益项目39个，总金额达129.17亿元。

（四）信托公司与“影子银行”的辨析

在信托业积极发挥信托正面功能的过程中，有一个认识上的误区需要澄清，即信托公司与“影子银行”的关系问题。根据二十国集团金融稳定委员会在2011年4月发布的《影子银行：内涵与外延》（*Shadow Banking*：*Scoping the Issues*），从广义角度看，“影子银行”体系是指游离于传统银行体系之外的信用中介组织和信用中介业务，其期限/流动性转换、有缺陷的信用风险转移和杠杆化特征增加了系统性金融风险或监管套利风险。从这个意义上说，信托公司虽然是传统银行体系之外的金融机构，其业务中也保留了“贷款”业务，但是，依其性质，其并不属于“影子银行”。在现有的制度安排下，信托公司不存在银行的典型业务——负债业务。信托公司的固有业务是对资本金的运用业务，不允许负债经营；信托公司的信托业务，在法律上属于信托关系，信托财产不属于信托公司的固有财产，也不属于信托公司对受益人的负债。虽然现行法规允许信托公司以“贷款”的方式运用固有资金和信托资金，但这仅仅是作为对资本金和信托资金的一种管理方式加以确认，其运用产生的风险由股东和投资者承担，信托公司本身不会发生传统银行的典型风险——兑付风险。况且，信托公司所有的业务均受到监管部门的严密监管，也不存在“影子银行”不受监管的情况。信托公司只有在违规将信托业务转化为负债业务操作时，才可能发生上述意义的“影子银行”风险，而这是完全可以通过加强合规性监管加以防止和避免的。

五、信托风险的“形”与“实”

伴随信托业的快速发展，对信托业持续增长背后风险的担忧，成为近年来的一大社会关注点。巨量信托资产的背后是否隐藏了巨大风险？信托业务的风险是否会集中释放而传导给信托公司本身，从而引发信托业的系统性风险？社会上甚至出现了“警惕信托业多米诺骨牌开始倒下”等极富冲击力的极端言辞。这些疑虑的成因主要有三个方面：一是从2012年开始，我国经济开始处于下行周期，而信托公司较多涉及的政信合作业务、房地产信托业务和矿产信托业务确实面临风险暴露问题；二是2012年以来，信托产品的个案风险事件确实比较频繁发生，“亲周期”发行的各类信托产品，诸如房地产信托、矿产信托、艺术品信托、黄金信托、股票收益权信托等，在“弱周期”来临之际，均有个案风险事件发生，加剧了人们对信托业风险的担忧和猜疑；三是信托公司对信托产品存在“刚性兑付”潜规则，人们担心信托产品的风险经由“刚性兑付”传导给信托公司本身，从而引发信托业的系统性风险。

（一）信托业的总体风险可控

从风险的实际情况看，信托业发生系统性风险的可能性很小。据统计，2012年信托业到期清算出现问题的信托项目大约有200亿元，相比当时7.47万亿元的信托资产总规模，不良率仅为2.68‰；2013年被媒体曝光的信托项目风险事件又有10多起，问题项目的总金额也有所上升，但是相对于10万亿元的规模而言，不良率仍是非常低的。由于信托项目实行独立的信息披露制度，信托业的风险事件很难被隐瞒，尽管经济下行通道中包括信托资产在内的金融资产的不良率会有所提升，但从已经披露的问题信托项目看，问题信托仍然属于个别事件，不属于普遍现象。况且问题资产不等于损失资产，从实际情况看，近年来发生的问题信托项目最终都得到妥善解决，几乎没有发生实际损失，也没有出现具体信托公司因个案风险事件而陷入经营困境的情况。而且，由于监管部门长期以来对信托业实行信托赔偿准备金制度和净资本约束制度，信托行业的风险抵御能力也不断增强。截至2013年末，全行业计提的信托赔偿准备金已达90.60亿元，可以覆盖200亿元问题资产的45.30%；全行业净资产高达2,555.18亿元，是200亿元问题资产的12.78倍。因此，信托资产质量到目前为止总体表现相当优良，不可能发生系统性风险，所谓的系统性风险显然是被夸大了。

本来，在市场经济环境下，作为经营风险的信托公司，出现个案风险事件是再正常不过的事情，只要风险在正常的风险敞口之内，就不会引发系统性风险，也不应该被过度关注，并引起人为恐慌。信托业的个案风险事件之所以屡屡被过度关注甚至被不恰当地放大，原因在于时至今日，社会对信托业仍然普遍缺乏正确的认识，存在着这样一条错误的认识逻辑链条，即信托项目是高风险项目→信托公司缺乏风险管理能力→信托产品需要“刚性兑付”→信托公司缺乏清偿能力→信托行业容易发生系统性风险。而上述认识逻辑链条上的每一个环节，均是对信托业的误解和误读。信托项目有风险，但不等于是高风险项目；信托公司的风险管理能力有待提升，但不等于没有风险管理能力；信托产品存在“刚性兑付”现象，但这本身不是制度约束，而是信托公司基于声誉维护、受托人职责履行和自身能力等因素考虑下的策略选择；信托业的责任机制不是以负债业务为基础，而是以不尽职管理的赔偿责任为基础，信托业在净资本约束下完全具有与自身责任机制相匹配的清偿能力；

信托公司经营的信托业务是受托理财业务，应奉行“买者自负”原则，在制度安排上，信托业恰恰是最不容易发生系统性风险的金融行业。因此，对信托业的风险评估，需要对信托业务的性质和信托公司的责任机制能够准确认知，否则就容易发生误判，误导投资者，引发不必要的恐慌。

（二）假想的“刚性兑付”机制

从信托业的制度安排看，信托业是最不可能发生系统性风险的金融行业，人们对此担心，乃是误解了信托业务风险的“形式”与“实质”。

其一，融资信托业务中固定收益和风险的本质。我国信托业以融资信托为主导模式，融资信托在形式上具有固定收益特征，但其固定收益本身并非来源于信托公司的信用和担保，而是来源于其基础资产的债权性，即融资信托的基础资产本身具有保证本金及固定回报的法律特征，这才是融资信托固定收益的实质。因此，融资信托固定收益的风险，来源于融资方的违约，而不是信托公司的违约。从信托的制度安排上讲，信托财产虽然形式上被置于受托人名下，但实质上不属于受托人的固有财产，更不是受托人对委托人和受益人的负债，受托人也不得对信托利益提供任何形式的担保，受托人对信托财产也不享有任何实质的利益，受托人作为管理人，仅为受益人的利益而管理信托财产，信托财产所产生的一切利益均归属于受益人，所发生的一切风险也均由受益人承担，受托人仅以信托财产为限向受益人承担支付信托利益的义务。因此，信托公司对其融资信托业务项下的固定收益，在制度上不存在所谓的“刚性兑付”规则，如果进行“刚性兑付”，则属于是信托公司基于道义上负责任的态度为投资者提供的一种“非常”之举。信托产品的风险实实在在是奉行“买者自负”的规则，在正常情况下不会传导给信托公司，固有业务和信托业务之间有制度安排上的风险“防火墙”。

其二，信托业务中受托人管理职责的本质。在信托业务中，信托财产虽然不是信托公司的负债，信托公司对信托利益的实现也没有保证责任，但是，信托公司作为受托人，负有法定和约定的尽职管理职责。尽职管理不仅包括谨慎运用信托财产，还包括尽力化解和处置信托财产已经发生的风险，这是信托公司作为受托人的管理职责的本质。实践中，信托产品的个案风险事件虽然时有发生，但大多数事件最终并没有导致投资者利益的实际损失，真正发挥作用的不是“刚性兑付”原理，而是信托公司尽职履行管理职责的结果。“刚性兑付”和“尽职管理”的结果，均是保障受益人的利益，形式上相同，实质上却是天壤之别，前者是将信托关系改变为负债关系，而后者恰恰是坚守了信托关系的本质。把尽职管理的良好结果等同于“刚性兑付”，是目前社会上对信托风险的最大误解。当然，对于信托产品个案风险，实践中也确实存在信托公司出于各种因素考虑而无条件“兜底”的现象，以致给人留下了“刚性兑付”的误解。但这也仅意味着，有必要建立、完善规范的信托产品个案风险处置机制，包括责任追究机制，而绝不是以“刚性兑付”简单解读信托业务中受托人管理职责的本质。

其三，信托风险传导机制的本质。信托公司作为受托人，在经营信托业务时，如果因未能履行尽职管理职责而造成信托财产损失，信托公司仍然会发生以固有财产进行赔偿的责任，此时信托业务的风险才会真正传导给信托公司本身。因此，管理失职才是信托风险传导机制的本质。防范信托风险给投资者造成损失以及传导给信托公司本身的真正良方，乃是提高全行业的资产管理能力，同时不断增厚信托公司的固有财产，在真正发生信托风险传导时，可以抬升信托公司的风险抵御底线。近年来，信托公司的资产管理能力和风险管理能力不断提升，资本规模不断扩大，固有财产实力不断增强，风险抵御能力不断增强，这些都是信托公司能够平稳发展、不至于发生系统性风险的保障。

（三）风险事件的警示效用

虽然信托业发生系统性风险的可能性不大，但个案风险事件的增加，确实也暴露出了一些令人担忧的问题，给行业经营者和监管者敲响了警钟。风险事件的警示作用是明显的，因此，采取多种方式加强风险管理已经成为行业的共识。

一是全面的尽职管理意识和能力。信托公司近年来发生的个案风险事件，暴露出两个问题：其一是全面尽职管理意识不足，对于一些项目特别是来自银行的项目，尽职管理意识比较淡薄，决策粗放，疏于管理；其二是全面尽职管理能力有待提升，管理重心过于集中于项目本身，缺乏基于行业分工的行业总体研判能力，这导致行业发展周期风险管理能力的缺失。无论是对受益人负责，还是对自身负责，信托公司风险管理的第一道防线乃是全面的尽职管理意识和能力，这是信托业长期健康发展的生命线。所幸的是，无论是行业经营者还是行业监管者，对这点均已经充分认识。

二是理性的“刚性兑付”策略。“刚性兑付”不是制度约束，而是信托业基于多种因素考虑所采取的经营策略，虽然这对制度重构后信托业的起步发展阶段起了重要的支撑作用，但其负面作用也开始日益显现：其一是不利于信托产品投资者的成熟，其二是不利于信托公司全面尽职管理能力的提升，其三是招致对行业风险的过度关注和不恰当猜想。从信托业长期健康发展角度看，信托公司必须理性对待“刚性兑付”策略，对具备条件的信托项目，应该逐步解除“刚性兑付”的魔咒，虽然短期会有阵痛，但只有“破刚”，才会有行业健康的长远未来。

三是可行的行业稳定机制。尽管信托业发生系统性风险的可能性很小，绝大多数信托公司对于个案风险事件也有处置能力，但是在经济下行周期中，也不排除个别管理能力弱、财务实力不强的信托公司因为单体信托项目风险事件（不管是出于“刚性兑付”策略选择而承担风险，还是出于不尽职管理而承担赔偿责任）发生公司危机甚至倒闭、破产的情形。如何防范不因个别公司的危机而波及行业稳定的发展，是信托业未来健康发展的一个重要课题，这需要建立可行的行业稳定机制。在2013年信托业年会上，监管部门也明确提出了行业稳定机制的建设问题。行业稳定机制的建设尚需全行业群策群力。

六、信托业未来的挑战和转型

毋庸置疑，支撑信托业过去快速发展的主流业务模式，乃是发挥私募投行功能的融资信托业务模式（称为私募投行业务）。信托公司虽然一直不乏信托业务的产品创新，但多限于在私募投行业务模式下对融资交易结构安排与融资风险管理方面的创新，涉及产品功能方面的创新较少。截至2013年末，虽然从功能口径统计的融资信托占比不足50%，为47.76%，但从资金信托运用方式口径的统计看，以贷款、可供出售及持有至到期投资、买入返售三种方式运用的信托资金，在实际操作层面上，基本可以归口为融资信托资产，此三种方式运用的信托资金规模达到6.96万亿元，占资金信托总规模的比例高达67.49%。其中，贷款占比47.13%，可供出售及持有至到期投资占比18.52%，买入返售占比1.84%。

以融资信托为产品表现形式的私募投行业务，之所以能够成为制度重构后信托业的主流业务模式并支撑近年来信托业的快速增长，主要原因有两个：一是制度因素。现行信托公司的制度安排，不仅许可信托公司创设单一信托产品和集合信托产品，还允许信托公司采取包括贷款在内的多种融资方式直接将信托资金运用于特定企业和项目，这就是通常所说的信托业务具有“多方式运用、跨市场配置”的特点。而且，2012年下半年之前，制度上只允许信托公司的理财产品即信托产品具有私募投行业务性质的融资功能，这使得信托公司长期以来差不多成为唯一可以从事私募投行业务的资产管理机构。二是市场因素。长期以来，我国处于金融抑制状态之中，以银行贷款为主导的间接融资和以资本市场为主导的直接融资，均无法充分发挥市场化的融资功能，这导致大量优质企业和项目的融资需求不能从正常的银行体系和资本市场获得满足，信托公司以融资信托方式开展的私募投行业务正好满足了这一需求。结果是，塑造了一个规模巨大的具有私募投行业务功能的融资信托市场。在信托业快速增长的这几年间，融资信托市场不仅规模大，而且风险相对小。一方面，这一期间，融资信托的交易对手主要是那些本来具备银行和资本市场融资资质，仅因为金融抑制而无法获得融资的优质企业和项目，因而，融资信托基础资产的微观风险较小；另一方面，这一期间，我国经济处于长期的景气增长通道之中，融资信托基础资产的宏观风险也相对较小。私募投行业务之所以发展成为目前信托公司的主要业务模式，而且总体风险处于可控状态，根本原因是上述制度因素和市场因素所带来的历史性机遇，信托公司只是适时把握了这种机遇。

（一）原有增长方式的多种挑战

2013年信托业开始显现的增速放缓趋势，根本原因是支撑信托业过去快速发展的主流业务模式即发挥私募投行业务功能的融资信托业务模式，在新的经济背景下开始遇到不可避免的挑战。这是因为自2013年开始，支撑过去信托业增长的私募投行业务模式的基础已然开始发生变化，从长远看，必将动摇、瓦解。变化的因素来源于三个方面。

一是金融环境的变化。金融自由化的改革大幕已经渐次拉开，银行信贷融资市场化和资本市场融资市场化是金融自由化的题中之义，主流融资环境（以银行贷款为主体的间接融资和以资本市场为主体的直接融资）势必日益宽松，历史上通过信托融资的优质企业和优质项目将渐次回归银行和资本市场，真正需要通过信托融资的客户资质将逐渐降低。其结果就是，未来融资信托市场将呈现需求规模递减而微观风险递增的趋势。

二是经济环境的变化。自2012年开始，我国经济增长结束了过去平均高达两位数的增速，开始步入了一个调整的下行通道之中。新的增长动力的形成涉及政治、经济、技术、文化、社会等方方面面的进一步改革，其过程将充满着艰险。可以预见，在未来相当长的时期内，我国的经济增长在宏观上将处于弱增长周期之中。这意味着，未来信托公司以融资信托方式从事私募投行业务时，其基础资产的宏观风险与过去相比，将大大放大。

三是经营环境的变化。2012年以前，信托公司从制度安排上讲，几乎是唯一能够从事私募投行业务的资产管理机构，享有制度红利。但是，2012年下半年各监管部门陆续推出了资产管理“新政”，赋予其他资产管理机构的理财产品不同程度的类似信托产品的私募融资功能，资产管理的泛信托时代已经到来。这意味着在私募投行业务市场上，信托公司将面临多方面的竞争。

上述三个方面的挑战对信托公司私募投行业务模式的影响，可以用一句话概括：需求递减，风险递增，竞争激烈。在此背景下，虽然从短中期看，私募投行业务仍有相当的市场基础，但从长期看，私募投行业务的市场基础将日益萎缩，如果信托公司对主流业务模式不适时进行战略转型，信托业发展趋缓之势就是一个大概率事件。

（二）转型创新的行业共识

如前所述，中国的理财市场仍然处于成长周期之中，理财需求规模的拐点远未到来。这预示着信托业长期增长的周期还没有结束，在未来相当长的时间内，信托业规模的快速增长仍然可以期待。但是，在多种因素挑战下，信托业再也不能简单依赖过去机会驱动的私募融资信托经营模式，来抓住成长市场中的巨大发展机会。换言之，信托业的成长拐点虽然没有到来，但经营拐点确实已经到来了，信托业要抓住未来发展的大机遇，经营模式确实迫切需要提升和转型，这已然成为信托业的共识。

探寻能够抓住未来市场发展机会的信托业务模式，就会发现：信托公司未来业务的逻辑起点必须切换，即从融资方的融资需求切换到投资方的投资需求上来，即更多地立足于开发委托端客户的理财需求，设计相适应的信托产品。由此出发，信托业未来的转型之道主要有三个。

一是基于私募投行的业务优化。投行业务的功能是把企业和项目的融资需求创设为可投资的金融产品。信托公司私募投行业务的市场前景，虽然从长远看，将日益萎缩，但这是一个缓慢的过程，从短中期看，仍有相当的市场基础，信托公司仍有必要凭借其先发优势，继续开展私募投行业务。但是，未来信托公司开展的私募投行业务必须进行模式优化。首先，要建立起与对应融资基础资产类型（信用融资、资产融资和项目融资）相适应的体系化风险评估和风险管理能力；其次，要综合运用受益权分层、受益权流动化等金融技术，以降低优质融资对象的综合交易成本，使融资信托产品在成本上具有竞争力；最后，要逐步建立以行业为基础的组织化的专业融资管理能力，以避免行业周期波动带来的业务不确定性和风险性。优化的目的，乃是改变过去以市场机会驱动的粗放式发展模式，建立以专业能力驱动的精细化发展模式。

二是基于资产管理的业务转型。资产管理业务的功能是把投行创设的金融产品，按照特定的投资策略构建为以投资组合驱动的理财产品。资产管理业务创设的理财产品，通过特定投资组合的构建，一方面进一步丰富了理财市场上的可投资金融产品，更好地满足了投资者多样化的需求，另一方面也缓释了理财产品本身的风险集中度，起到了分散风险的作用。近年来，信托公司已经在尝试创设以投资组合驱动的具有资产管理性质的信托产品，但尚未形成体系化的产品策略和匹配的投资管理能力，因此，难以满足不同投资偏好的投资者需求。这是未来信托公司应当着力加强之处。

三是基于财富管理的业务转型。财富管理业务的功能是针对特定投资者的需求，帮助其构建个性化的资产配置方案并筛选相应的投资产品，同时，还可以提供诸如财务税收规划、财富传承安排、慈善捐赠安排等辅助服务。根据胡润研究院与群邑智库联合发布的《2013中国财富报告》，2012年末中国大陆千万富豪人数已达105万人，其中亿万富豪人数达6.45万人。显然，私人财富管理已经成为一个巨大的市场，而信托具有信托目的灵活性、信托财产独立性、配置方式多样性等特点，恰恰是最适合进行私人财富管理的一种制度安排。因此，信托业向财富管理业务转型，可谓前景无限。信托业向私人财富管理业务转型时，应当着重培育三大能力，即理解客户需求并将其类型化的能力、个性化资产配置方案及其辅助服务的设计能力、资产配置方案的实施能力。

可以预见，未来信托业将沿着上述三条转型之道，打破过去无区别的“大一统”经营模式，形成差异化的经营定位、产品模式与核心能力，塑造个性化的竞争优势，由此进一步推进我国理财市场的成熟。

（三）信托业转型的基础

信托业的转型之路必将充满新的挑战，需要重新构建业务模式，打造新的业务能力，并进行相应的组织变革。但是，信托业的转型并不是空中楼阁，除了成长的理财市场这一大基础外，信托业本身也具有可支撑成功转型的雄厚经营基础。十多年基于私募投行业务的发展之路，使信托业已经建立了比较健全的组织体系、控制体系、流程体系和激励约束机制，初步锻造了从融资到投资再到服务的风险管理能力、投资管理能力和客户服务能力，积累了包括投资端客户、交易端客户和合作端客户在内的庞大客户群体，打造了一支近两万人的从业团队。所有这些都是信托业能够成功转型的现成抓手，所需要的只是决心和勇气以及变革的执行力。

事实上，信托业从来就没有停止过对适应市场变化的业务模式的探索。近年来，信托公司不仅在传统私募投行业务领域不断创新融资信托业务模式，持续改进风险管理水平，不断提高尽职管理能力，而且在资产管理业务领域，也不断推出具有组合管理性质的基金化投资信托产品。比如，多家公司开发了现金管理类开放式信托基金，满足了流动性偏好的投资者需求；一些公司推出了具有品牌标识的“全市场配置”型资产管理信托产品，力图构建覆盖流动性管理、融资、投资等多种运用方式，且跨期限、跨领域和跨标的配置的系列化、标准化资产管理产品线，以满足不同偏好的投资者需求；一些公司在证券投资等传统投资领域以及不动产投资、私募股权投资、实物资产投资等另类投资领域尝试了具有组合管理特点的信托产品；不少公司还推出了“TOT”（信托中的信托）、“TOF”（基金中的信托）、“FOF”（基金中的基金）等基金组合管理的信托产品。在财富管理业务领域，信托业也从没有停止过探索和创新的步伐，不断延伸和深度挖掘信托制度本身具有的灵活服务功能，推出了资产证券化信托、企业年金信托、土地流转信托、消费服务信托、公益信托、私人财富管理信托、家族信托等一系列全新功能的信托产品和信托服务。

我们有理由相信，信托业只要践行一以贯之的变革和创新精神，必将能够成功转型，及时抓住未来发展的新机遇，并推动行业走上一个新的发展台阶！

业绩篇

2013年信托业积极履行社会责任，不仅为投资者创造了高额和稳定的收益，而且在助力实体经济发展、推动社会公益事业等方面也作出了积极的贡献。信托业在积极回馈社会的同时，继续保持良性的业绩增长，整体盈利水平和盈利能力稳步提升。在信托业务方面，信托公司管理的信托资产规模再创新高，但规模和信托业务盈利增速都有所放缓，信托报酬率有所回落；在自营业务方面，固有资产规模持续增加，资产结构不断优化，自营业务的盈利水平和盈利能力均稳步提升。

展望2014年，中国宏观经济增速已回落至中高速发展阶段，宏观经济政策将保持中性稳定，调结构、促转型的各项改革措施将进一步推进，中国信托业在稳定的市场环境中将继续保持平稳发展。信托业将继续为投资者创造稳定收益，同时信托公司的整体盈利水平和盈利能力也将稳步提升。但是2014年竞争加剧和监管趋严将进一步制约信托业的高速发展，信托资产规模和信托业务盈利的增速放缓趋势将更加明显。

第一章　社会责任业绩

社会责任是信托公司企业战略和日常运营的重要方面，信托公司需负责任地对待每一个利益相关方。信托公司不仅对投资者负责，也利用信托的灵活性优势促进经济结构调整转型、服务地方经济发展、支持中小微企业发展、积极推动社会公益事业发展。

一、为投资者创造高额收益

2013年信托公司为广大投资者分配的信托收益总额继续攀升并保持高速增长，其增速远高于信托资产规模及经营收入增速，真正体现了信托公司“受人之托、代人理财”的基本定位。信托产品的加权平均收益率实现连续三年稳步上涨，信托产品成为理财市场中具有吸引力的投资工具。

（一）受益人获取的信托收益高速增长

根据信托公司年报披露的数据计算，截至2013年末，全行业68家信托公司当年分配给投资者的信托收益共计5,955.33亿元。2010—2013年，信托公司分配给投资者的信托收益呈现高速增长态势，年平均增速高达64.82%，其中2012年达到峰值78%，2013年为70%（见图1-1）。

过去四年中，信托业累计向投资者分配信托收益12,748.6亿元，而同期信托公司自身实现的信托业务收入总额仅为1,596亿元，这真正体现了信托业在中国金融体系中“满足居民投资理财需求，增加居民财产性收益”的重要价值，以及信托业“受人之托，代人理财”的基本定位。信托业为广大高净值投资者分享中国实体经济的发展成果提供了现实路径。

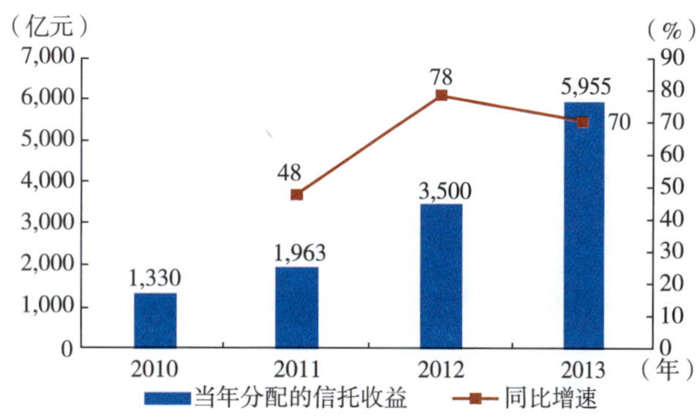

注：图中信托收益数据保留到个位。

数据来源：信托公司年报。

图1-1　2010—2013年信托公司当年分配的信托收益

（二）信托产品收益率连续三年保持增长

根据信托公司年报披露的数据计算，2011—2013年，已清算信托产品的加权平均收益率[①]分别为5.7%、6.79%和7.32%，呈现稳定增长趋势。与市场上其他理财产品相比，信托产品的收益情况受证券市场波动的影响相对较小。以开放式基金为例，2011年受股市、债市双双低迷影响，股票型基金、混合型基金和QDII基金普遍出现大面积亏损；2012年二级市场形势好转，上述产品纷纷扭亏为盈，QDII基金表现最为突出，平均收益率接近10%；2013年股票型基金在震荡市中取得了较好的业绩，但债券型基金由于受到流动性危机导致的利率高企冲击，平均收益率由2012年的6.94%大幅降至2013年的0.29%。总体来看，货币市场基金与信托产品的收益率一直呈正相关关系，而相比之下，信托产品的收益率水平更高，因此对于高净值人士更具有吸引力。由于兼有高收益率和高稳定性的特征，信托产品已逐渐成为高净值人士的重要理财工具之一（见图1–2）。

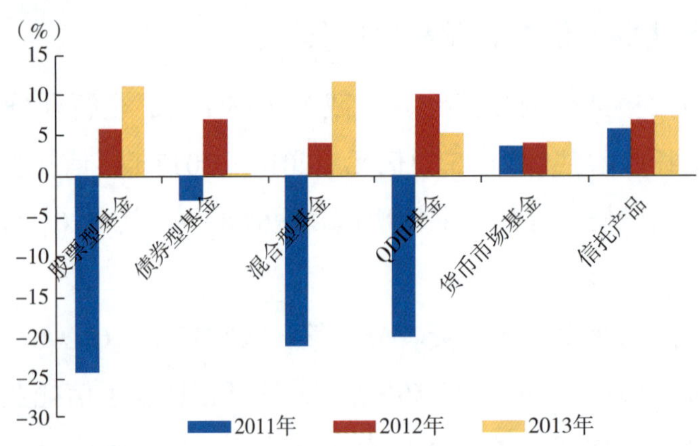

数据来源：Wind、信托公司年报。

图1–2 2011—2013年开放式基金与信托产品的平均收益率对比

（三）各信托公司分配的信托收益普增

据统计，2013年全行业68家信托公司中当年为投资者分配信托收益同比有所增长的信托公司共计62家，占行业公司总数的比重高达92.5%（民生信托于2013年完成重新登记，未统计在内）；同比出现下降的信托公司仅有5家，占比仅为7.5%。在上述62家同比增长的信托公司中，增长率的中位数为80%，其中，总计有26家信托公司同比增幅超过100%；23家信托公司同比增幅在50%~100%；同比增幅低于50%的信托公司仅有13家。

① 根据信托公司年报披露的已清算结束信托项目实收信托金额、加权平均实际年化收益率进行加权计算。

2013年，全行业信托公司当年分配给投资者的信托收益平均数为87.58亿元，同比增加68%；中位数为70.48亿元，同比增加54%；2013年全行业有40家信托公司为投资者分配的信托收益低于行业平均数，占全部信托公司总数的59%，该比例与2012年基本保持一致。2013年全年分配的信托利润排名在行业前四位的信托公司的该指标总和占行业的比重约为18%，排名前八位的信托公司的该指标总和占行业的比重约为30%。整体来看，信托公司为投资者创收能力的行业分化程度较为合理，且与2012年相比变化不大。

二、助力实体经济发展

2013年，信托业拓展了服务实体经济的广度和深度，总资产规模的78.27%投向了实体经济领域，对舒缓宏观经济调整的周期性波动发挥了不可替代的作用，成为实体经济的有力支持者。近两年信托业务支持实体经济行业投向资产余额分布情况如表1–1所示。

表1–1　2012—2013年信托业支持实体经济的行业投向资产余额分布情况　单位：亿元

行业分类	2012年	2013年
农、林、牧、渔业	606.60	840.54
采矿业	2,459.47	3,111.66
制造业	4,833.30	5,955.13
电力、燃气及水的生产和供应业	3,856.27	3,923.47
建筑业	5,337.23	9,511.75
交通运输、仓储和邮政业	4,620.07	6,673.04
信息传输、计算机服务和软件业	687.76	959.51
批发和零售业	2,057.67	4,345.39
住宿和餐饮业	429.46	662.73
金融业	15,528.38	22,340.44
房地产业	7,152.77	10,926.15
租赁和商务服务业	5,918.65	9,872.29
科学研究、技术服务和地质勘查业	215.08	316.56
水利、环境和公共设施管理业	5,672.96	9,374.10

数据来源：中国信托业协会。

（一）促进经济结构调整转型

助力产业转型升级。2013年信托业秉持对传统产业和过剩产业有扶有控的差别化支持方向，支持企业转型升级发展。信托公司通过信托贷款、特定资产权益投资、股权增资、购买股权收益权以及组合投资等形式，为企业并购重组提供金融服务，重点支持钢铁、冶金、汽车等产业淘汰落后产能，进行技术改造和品牌建设。例如，山东信托、天津信托、中诚信托分别向煤炭、钢铁等企业发放信托贷款，促进循环经济发展，推动钢铁企业优化产品结构。

支持战略性新兴产业。2013年信托业积极支持新一代信息技术产业、新材料产业、高端装备制造产业、生物产业、新能源产业和节能环保产业等战略性新兴产业的健康发展，为具有发展潜力的企业注入动力。中信信托、东莞信托、国民信托、中诚信托、金谷信托等信托公司分别为相关高端制造、特种装备制造以及新材料制造等企业提供贷款及并购融资。

促进文化产业发展。2013年信托业加大对文化产业的支持力度，提高文化产业规模化、集约化、专业化水平，完善公共文化服务体系，促进文化产业的健康发展。2013年，信托业为文化产业发展提供756.97亿元资金，通过版权收益权投资、贷款、股权投资等多种形式，支持新闻出版等文化产业的发展；通过多样化和定制化的信托计划，助力数字电影产业园建设、艺术品交易、非物质文化遗产保护与传播等文化产业的发展；通过与江苏无锡、甘肃平凉等20多个地方政府和相关部门、企业的合作，支持地区重大公共文化工程和文化项目建设。

参与国有企业改革。2013年，信托业以其人才和经验优势、资金优势以及地缘优势，发挥直接投融资功能，制订并购重组方案，受托进行代持股等多种方式的股权管理，在国企改革、国企债务重组、资产重组和国有不良资产的处置等领域发挥了作用，促进了混合所有制经济的发展。昆仑信托发起设立国联能源产业投资基金，并通过“信托+基金”模式引入外部资金1.5亿元，投资于四川长宁页岩气项目，不仅贯彻落实了“十二五”规划关于“推进页岩气等非常规油气资源开发利用”的总体要求，而且探索了国有企业混合所有制的改革模式，对我国非常规能源领域开发起到一定的积极推动作用。

（二）服务地方经济发展

2013年，信托业与地方政府、金融机构、企业等伙伴合作，通过债权投资、股权投资、信托贷款等产品，为重点在建、续建项目提供资金，积极支持地方公路、铁路、水利等重大基础设施和城市基础设施建设，促进科技、文化、海洋水产养殖、农牧业养殖、农产品加工等特色产业发展，以产业发展带动地区经济繁荣。

2013年华宸信托、中原信托、百瑞信托、建信信托、陕国投等10余家信托公司分别与陕西西安、河南郑州、湖南株洲等地区政府及部门签订合作协议，协议涉及基础设施建设、产业园区合作、城镇化建设等领域，为当地经济社会提供了有力的资金基础和良好的金融环境。

（三）支持中小微企业发展

2013年，信托业发挥自身优势，以不同的交易结构、多样的合作模式及严格的风险防范措施，为中小微企业量身定制信托融资产品，通过信托贷款、股权投资、特定资产权益投资、应收账款收益权融资等多种方式实现对中小微企业的资金支持，加强对科技型、创新型、创业型等中小微企业的金融支持力度。所支持的中小微企业涉及科技、文化、农业、服务业等各个领域。2013年，包括中诚信托、兴业信托、陕国投、厦门信托、国元信托、苏州信托、山西信托、北京信托、国元信托等在内的40家信托公司向中小微企业提供超过7,710.41亿元的资金，通过与多方合作开展3,950个项目，支持6,377家中小微企业发展。

三、积极推动社会公益事业

信托业始终坚持以服务社会发展为己任，充分发挥信托的特有功能和制度优势，广泛运用公益信托模式，积极推动社会公益事业的模式创新，促进扶贫、教育、文化、科技及医疗卫生等公益事业的发展。

（一）积极推进公益信托发展

2013年，信托业加大对公益信托的研究力度，为推动公益信托法律法规的落实与完善提供理论基础。中国信托业协会组织开展“国内公益信托制度研究”课题，华宝信托、长安信托、中信信托、兴业信托等多家信托公司共同参与。与此同时，信托公司积极探索信托制度与慈善公益事业相结合的有效模式，包括兴业信托、华宝信托、昆仑信托、杭工商信托、百瑞信托在内的信托公司共开展公益信托及类公益项目39个，总金额达129.17亿元，通过专业理财管理为委托人创造更大收益，促进扶贫救困、教育、科技、文化、医疗卫生等事业的健康发展。

（二）热心公益慈善事业

信托业在注重自身快速发展的同时，积极开展扶贫赈灾、关注弱势群体等公益实践活动，通过设立专项公益基金、捐赠等形式，在助困、助老、助学、助医等方面提供资金支持，努力践行公益理念。2013年，信托公司的公益捐赠总额达1.21亿元，直接惠及受灾地区群众、贫困儿童、残障人士等数万人。中国信托业协会以及安信信托、昆仑信托、中铁信托、中信信托等信托公司均成立了专项公益慈善基金，开展助困、助医、助学、助老等救助活动以及对作出突出贡献的科技人才实施专项奖励活动。

（三）开展公益志愿服务

信托业积极完善志愿服务模式，丰富志愿服务参与渠道，鼓励信托从业人员参加志愿服务。2013年，信托业共组织员工志愿活动249次，4,606人次参与志愿活动。来自外贸信托、杭工商信托、五矿信托、中原信托、中信信托、厦门信托、紫金信托等信托公司的志愿者分别参加了公益夏令营、交通志愿服务、红十字会血液中心献血活动、关爱自闭儿童活动、慰问同心儿童院、慰问高淳福利院等志愿活动。

第二章　经营管理业绩

2013年信托业总体盈利水平和盈利能力稳步提升。在信托业务方面，信托资产规模再创新高，信托资产的功能运用和投向结构持续优化，主动管理能力进一步增强，信托业务收入也进一步增长。但受我国宏观经济增速放缓以及行业竞争加剧等因素的影响，信托公司管理的信托资产规模和信托业务盈利的增速都有所放缓，信托报酬率逐步走低。在自营业务方面，当年22家信托公司进行了增资，信托业净资本增厚，风险抵御能力增强，信托公司固有资产规模也快速增加，资产结构不断优化，自营业务的盈利水平和盈利能力均稳步提升。

一、信托公司的总体经营业绩

2013年信托公司的总体经营业绩展现了信托业“受人之托、代人理财”的功能定位：信托公司继续为投资者创造高额的投资收益，投资收益远高于信托公司自身的业务收入；信托公司为投资者提供的投资收益率进一步上升。随着信托公司为投资者管理信托资产的经验的积累，信托公司的整体盈利水平和盈利能力均进一步提升，并进入稳定增长阶段。

（一）信托公司的总体收入水平稳步增长

2013年信托业的整体经营收入再创新高，但在宏观经济增速放缓、行业竞争加剧的背景下，行业经营收入已由此前的迅猛增长逐渐变为稳步增长。从经营收入的结构看，信托公司以信托业务为主的发展模式得到巩固。2013年各家信托公司的营业收入出现普遍上涨，近年来经营收入的行业集中度连续下降，信托公司分化程度并不显著，竞争型的市场格局已逐渐稳定。

1. 经营收入再创新高，稳步增长可期

2013年全行业68家信托公司共实现经营收入832.6亿元，相比2012年增加194.2亿元，增幅为30%，经营收入水平再创历史新高。2010—2013年，信托公司经营收入逐年提升，但同比增速有所放缓，由2011年的55%下降至2013年的30%（见图2–1）。

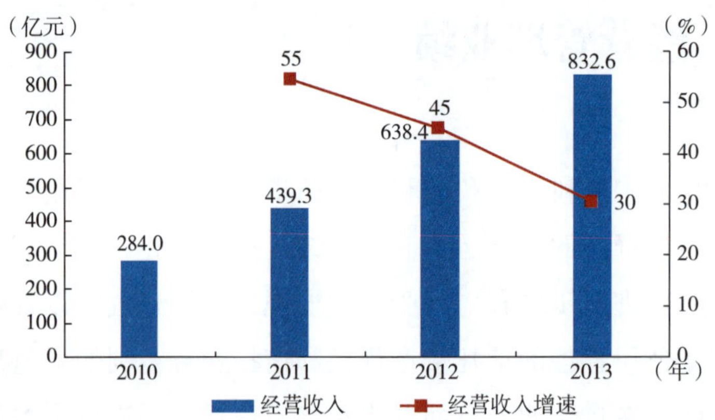

数据来源：中国信托业协会。

图2-1 2010—2013年信托公司的经营收入及增速

从季度数据看，自2011年以来，信托公司的经营收入季度同比增速的放缓趋势较为明显。2011年信托公司的经营收入同比增速处于相对较高水平，并于当年第三季度一举达到143%。进入2012年，信托公司的经营收入同比增速基本稳定在50%左右；2013年增速继续出现较为明显的放缓趋势，至2013年末，同比增速已回落至30.4%（见图2-2）。

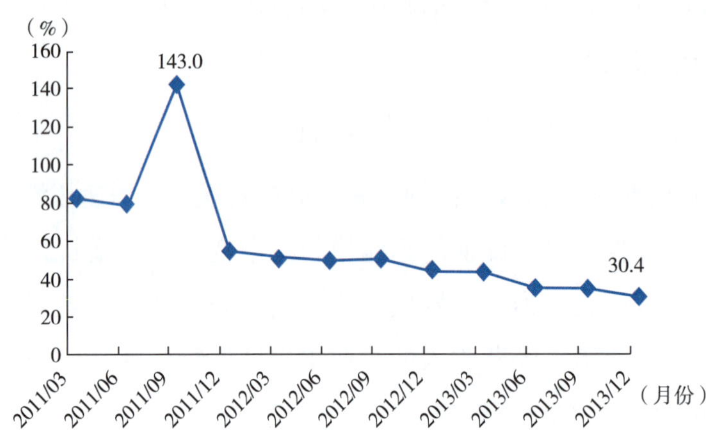

数据来源：中国信托业协会。

图2-2 2011—2013年信托公司的经营收入季度同比增速

过去四年中，信托公司经营收入的持续增长主要由于行业管理的信托资产及自营资产规模的快速增加。截至2013年末，全行业管理的信托资产规模已经接近11万亿元，自营资产规模也已超过2,800亿元，资产规模的增加为信托公司获取收入奠定了良好基础。然而，在资产管理行业竞争加剧的背景下，信托公司的传统业务需要全面转型升级，收入增长模式也将发生改变，以往高达50%以上的增长率难以为继，而随着信托公司主动管理能力的不断提升，以及业务调整期的结束，行业经营收入将步入稳步增长的新阶段。

2. 主营业务突出，信托业务收入占主导

在经营收入的构成上，2013年信托业实现的经营收入总额832.6亿元中，信托业务收入为611.4亿元，占比73%，自营业务收入为221.2亿元，占比27%。从近几年的情况看，2010年末全行业信托业务收入占比仅为59%，而至2011年末占比大幅上升20个百分点增至79%，此后虽然出现小幅下调，但基本稳定在70%以上的水平；同期自营业务收入占比则由2010年末的41%下降至平均25%左右。上述数据显示，自2011年以来，信托业以信托业务为主营业务的发展模式已经基本稳定（见图2-3）。

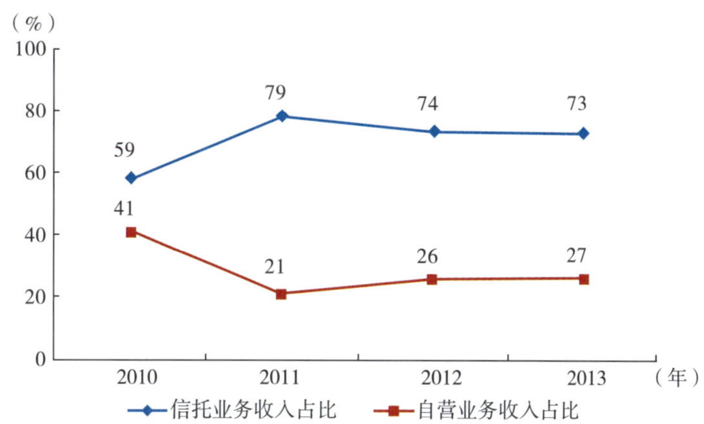

数据来源：中国信托业协会。

图2-3 2010—2013年信托公司的经营收入结构及变化情况

从各家信托公司的情况看，2013年全行业有55家信托公司的信托业务收入占比超过60%，与2012年相比增加5家，占信托公司总数的81%；信托业务收入占比低于60%的信托公司仅有13家，与2012年相比减少4家，占比为19%。尚有3家信托公司的信托业务收入占比仅略超过1/3，这3家公司的自营业务收入在经营收入总额中仍然占据着较大比重。

3. 信托公司收入集中度逐年下降，竞争型市场格局基本确立

根据信托公司年报的数据计算，2013年信托公司营业收入的行业集中度CR4为21%，CR8为32%，与2012年相比均下降1个百分点，与2011年相比分别下降6个百分点和8个百分点。美国经济学家贝恩将市场结构粗略地划分为寡占型（CR8≥40%）和竞争型（CR4＜30%、CR8＜40%）。照此标准，从近三年情况看，信托公司营业收入的行业集中度呈逐年下降趋势，竞争型市场格局已经基本确立且较为稳定。近年来，中小信托公司通过不断增资扩股，以及凭借地缘优势和价格优势更快地扩张

业务规模，部分信托公司还通过开展特色业务方式形成核心竞争力，逐步缩小了与大型信托公司的业绩差距，从而使行业分化现象日趋改善（见图2-4）。

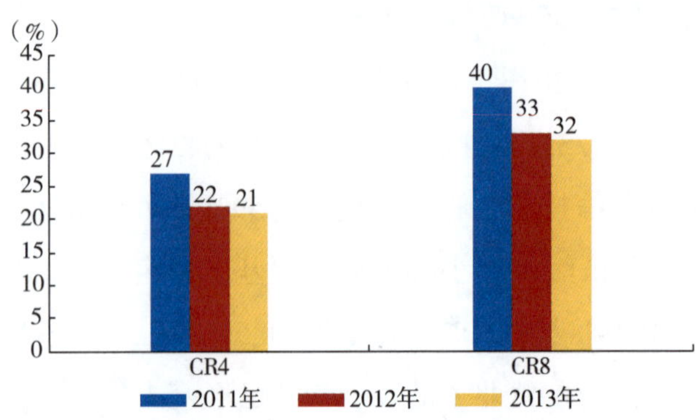

数据来源：信托公司年报。

图2-4　2011—2013年信托公司的营业收入集中度及变化情况

（二）信托公司总体盈利能力持续提升

2013年信托公司保持较高的盈利能力。利润总额、人均利润、净利润各项指标仍然保持增长并再创历史新高。近年来，信托公司通过不断优化净资本管理、提升投资管理能力、完善成本控制等手段，使得资本利润率稳步提升，进一步提高了信托业在整个金融行业中的竞争力。

1. 各项利润指标继续攀升

截至2013年末，68家信托公司共实现利润总额568.61亿元，延续此前逐年攀升趋势，平均每家信托公司创造的利润额达8.36亿元。2010—2013年，信托业利润总额增速的放缓态势较为明显，由2011年的88%大幅下降40个百分点至2012年的48%，2013年再次下降19个百分点至29%，尽管经历持续下行，但接近30%的利润增速仍然远高于其他金融同业（见图2-5）。

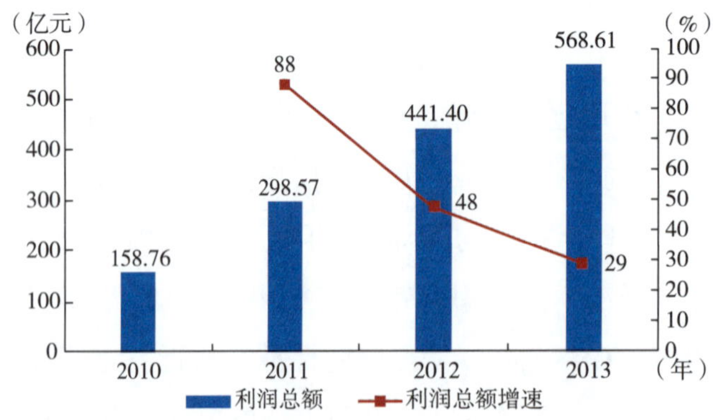

数据来源：中国信托业协会。

图2-5　2010—2013年信托公司利润总额及增速

2010—2013年，信托业人均利润水平分别为212万元、250万元、291.3万元和305.65万元；人均利润增速在2011年和2012年较为稳定，分别为18%和17%，而2013年大幅降至5%（见图2–6）。

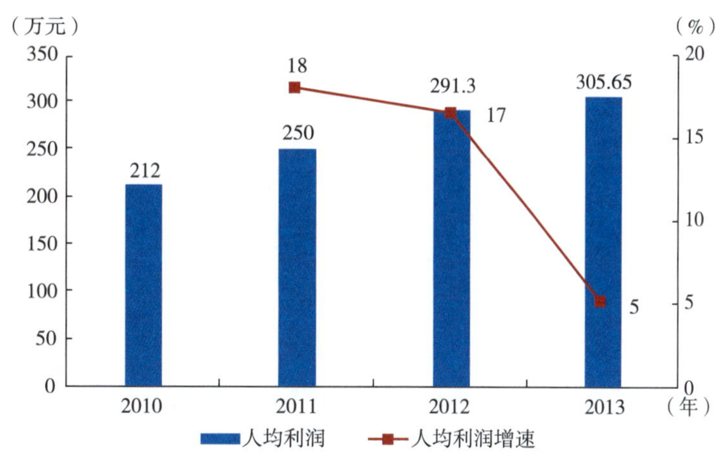

数据来源：中国信托业协会。

图2–6　2010—2013年信托公司人均利润及增速

根据信托公司年报的数据计算，2013年68家信托公司共实现净利润442亿元，再创历史新高，与2012年相比增加95亿元。信托公司净利润增速在2012年冲高至53%，2013年虽然有所下滑，但仍保持在27%的较高水平。从各信托公司的情况看，2013年信托公司平均净利润水平约为6.5亿元，据统计，全行业共有24家信托公司的净利润高于行业平均水平，占比35.3%；44家公司的净利润低于行业平均水平，占比64.7%。与2012年相比，全行业信托公司的净利润普遍上涨，仅4家公司同比有所下降，占行业公司总数的比重仅为6%（见图2–7）。

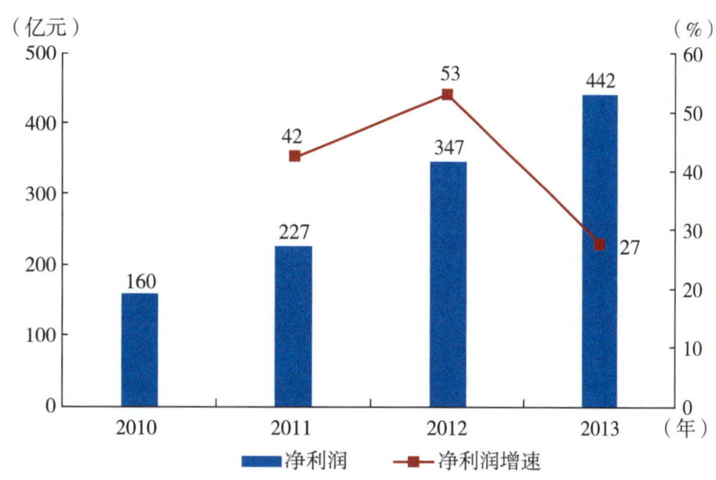

数据来源：信托公司年报。

图2–7　2010—2013年信托公司净利润及增速

2. 资本利润率稳步提升

2011—2013年，信托业的资本利润率（净利润/平均净资产）稳步提升，分别为15.4%、18.9%和19.3%。从各家信托公司情况看，2013年全行业68家信托公司的资本利润率最高为54%，最低仅为1.36%。据统计，全行业仅1家信托公司的资本利润率处在50%以上；8家公司处于30%~50%；资本利润率处于10%~30%的信托公司最多，数量达到54家，占行业公司总数的比重接近80%；另有5家信托公司的资本利润率处于10%以下。2013年，全行业资本利润率的平均值为20.15%，中位数为18.24%。

资本利润率是衡量信托公司为股东创造价值的重要指标之一。近年来，信托业的整体资本利润率持续攀升，信托公司股东对于行业未来发展前景持乐观态度，纷纷通过增资、不分红或少分红等方式扩充净资产规模，以支持信托公司各项业务的拓展；同时，信托公司也通过不断探索优化净资本管理模式、压缩资本占用较高的业务以换取更大的发展空间，进而提升整体盈利能力，促进资本利润率的进一步上调。截至2013年末，信托业资本占用较高的银信合作业务和融资类业务的规模余额占比分别较2011年初大幅下降34个和11个百分点，而资本占用较少的投资类业务则较2011年初增加近9个百分点。通过优化净资本管理，单位信托资产规模可以产生更多的信托业务收入，从而提升行业整体的资本利润率水平（见图2-8）。

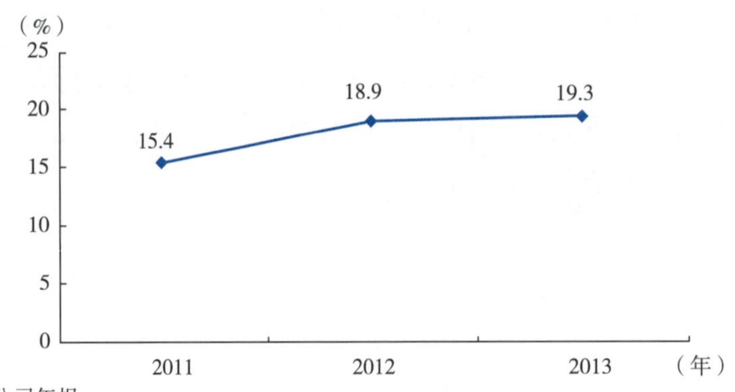

数据来源：信托公司年报。

图2-8　2011—2013年信托公司资本利润率

3. 成本控制合理得当

随着信托业经营收入增速放缓，成本控制在保持信托公司核心竞争力方面起着越加重要的作用。近年来，信托业开始“开源节流”，在重视提升经营收入增长的同时也进一步强调和完善成本管理，从而使成本增速有所放缓。2013年信托公司的经营成本为264亿元，比2012年增加34%，增速较2012年放缓6个百分点。2013年人均成本为142万元，同比增加9%，增速较2012年放缓1个百分点（见图2-9）。

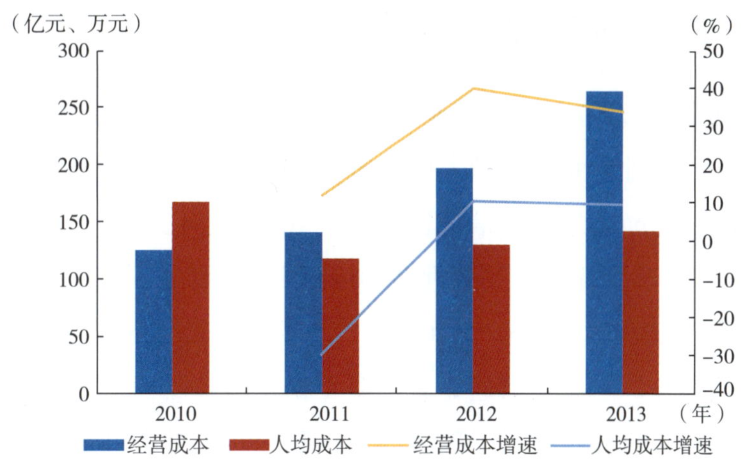

数据来源：中国信托业协会。

图2-9　信托公司经营成本、人均成本和增速

与此同时，信托公司成本率保持稳定下降趋势。成本收入比（经营成本/经营收入）在2011年大幅下降，随后一直维持在30%左右。而以职工薪酬和业务开支（如差旅费、招待费、办公费）为主的业务管理费占经营收入的比重（费用收入比）则呈逐年下降趋势，该比重在2013年为22%，分别比2012年、2011年和2010年下降0.7个、1.5个和0.8个百分点（见图2-10）。

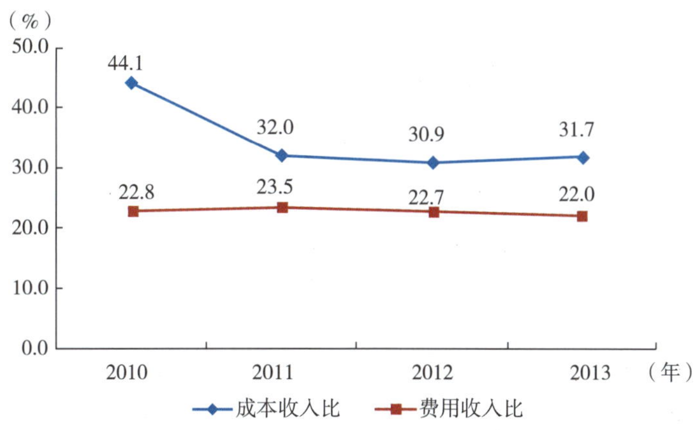

数据来源：中国信托业协会、信托公司年报。

图2-10　信托公司成本率

近年来，信托公司在业务开展中逐渐积累了对项目的精准判断和合理运作经验，这不仅有利于提高信托公司的项目运作效率，也使信托公司能够有效控制项目风险，减少资产减值损失的发生。同时，信托公司也采用内部流程优化、信息技术精细化管理等手段，节约日常工作中的沟通成本和行政成本。这些措施都有助于信托公司完善成本控制，提高业务盈利能力。

二、信托业务经营业绩

作为信托公司的主营业务，信托业务在2013年继续保持着稳步增长的态势，取得了可喜的成绩，但同时也面临着较大的挑战。2013年末，信托资产规模再创新高，但不论是存量信托资产还是增量信托资产，其规模增速已出现回落。信托资产功能运用和投向结构进一步优化，主动管理型的信托规模持续上升。

随着信托资产规模的持续攀升，2013年信托业务继续实现高额的盈利，人均信托业务收入也持续上升，但盈利增速显著回落至稳定增长阶段。信托业务收入集中趋势进一步下降，竞争的市场格局得到巩固。信托公司的业务开展仍主要依赖融资信托业务，而且激烈的行业内和行业间竞争使信托业务的报酬率逐年走低。

（一）信托资产规模创新高，资产结构进一步优化

2013年末，信托资产规模突破10万亿元大关并再创新高，新增信托项目的数量和金额也持续攀高，但不论是存量信托资产还是增量信托资产，其规模增速已出现回落。2013年信托资产功能运用进一步优化，融资类资产占比持续下降；信托资产投向结构也进一步优化，工商企业、基础产业等实体经济重点领域仍是信托资产的前两大投向领域，且占比稳步提升。信托公司2013年主动管理型的信托规模虽持续上升，但近年来其占全部信托资产规模的比重有所走低，这显示出近期信托业务的开展对通道业务的依赖有所加强。

1. 信托资产规模再创新高，增速进入稳定阶段

2013年，信托业务经受住了宏观形势严峻和资产管理行业竞争激烈的双重考验，信托资产规模再创历史新高，受托管理资产规模达到10.91万亿元，与2012年末的7.47万亿元相比，增长46%。从2012年起，信托业资产规模已经超过保险业资产规模，信托业成为仅次于银行业的第二大金融子行业（见图2-11）。

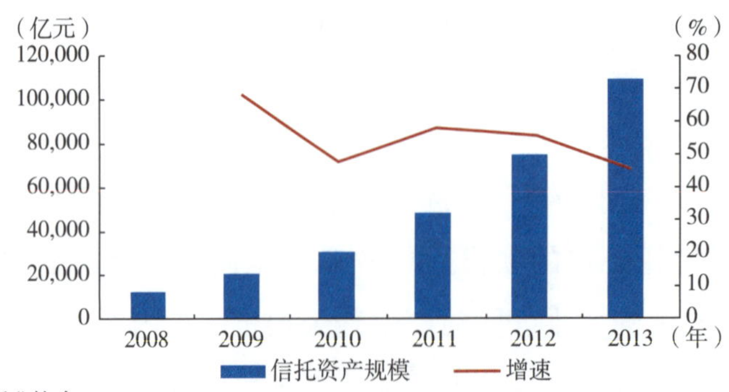

数据来源：中国信托业协会。

图2-11　2008—2013年信托资产规模

从信托资产来源看，2013年末，单一资金信托规模达7.59万亿元，同比增长49%；集合资金信托规模达2.7万亿元，同比增长44%；管理财产信托规模达0.59万亿元，同比增长23%。从各来源占比看，单一资金信托比重稳中略有上升，2011—2013年分别为68.2%、68.3%、69.6%；集合资金信托比重则稳中略有下降，2011—2013年分别为28.2%、25.2%、24.9%；管理财产信托比重较小但波动略大，2011—2013年分别为3.5%、6.5%、5.5%（见图2-12和图2-13）。

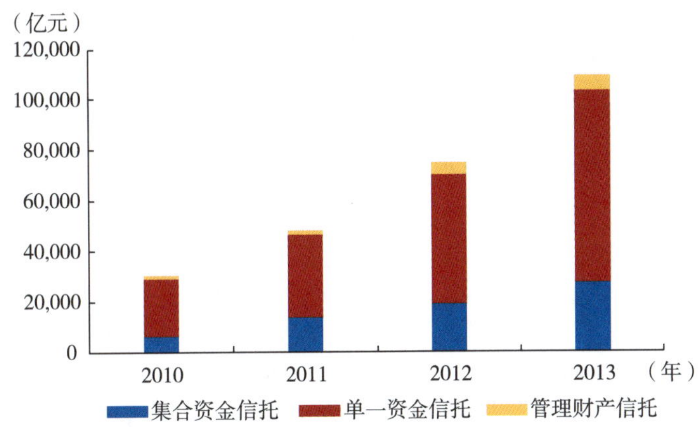

数据来源：中国信托业协会。

图2-12　信托资产来源

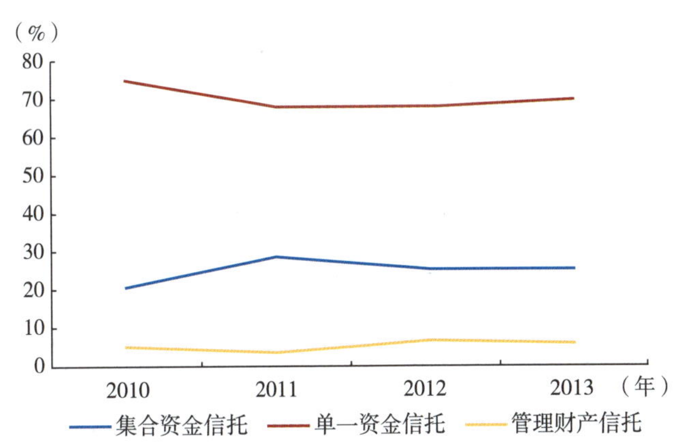

数据来源：中国信托业协会。

图2-13　2010—2013年各信托资产来源占比

虽然信托资产规模继续增加，但规模增速有所放缓，进入稳定增长阶段。2013年末，信托资产规模同比增长46%，与2012年55.27%的增速相比有所下降。信托资产规模增速放缓一方面是受宏观环境严峻的影响，另一方面也是信托业进入稳定发展阶段的必然结果。具体来看，各信托资产来源增速、波动情况各异，单一资金信托规模增速较为稳定，2011—2013年平均保持在47%的水平；管理财产信托规模增速2012

年曾达到184.6%的高峰，2013年则降至23.3%；集合资金信托规模一直保持较高增速，自2012年开始进入稳定状态，年均增长39%。

与信托资产存量规模的变动趋势一致，新增信托项目的金额和数量也持续攀升但增速放缓。其中，新增信托项目金额达到6万亿元，同比增长32.36%，新增信托项目20,672个，同比增长23.57%。从新增信托项目结构看，新增单一信托项目的金额和数量占比分别为73.97%和65.95%，均出现一定幅度上升，而新增集合信托项目的金额和数量占比分别为21.74%和4.29%，均出现不同程度下降，新增管理财产信托金额和数量占比则分别下降3.86个百分点和3个百分点。从新增信托项目增速看，金额和数量同比增速分别下调10.42个百分点和1.01个百分点。信托业新增信托项目增速的向下调整，正是信托业规模增长进入稳定阶段的例证（见图2–14和图2–15）。

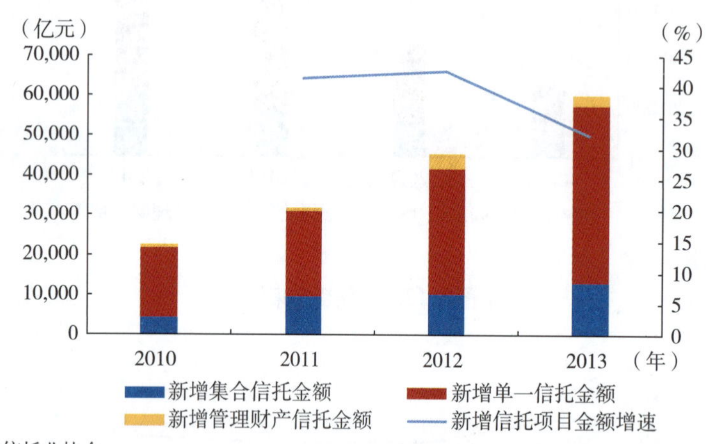

数据来源：中国信托业协会。

图2–14　2010—2013年新增信托项目金额情况

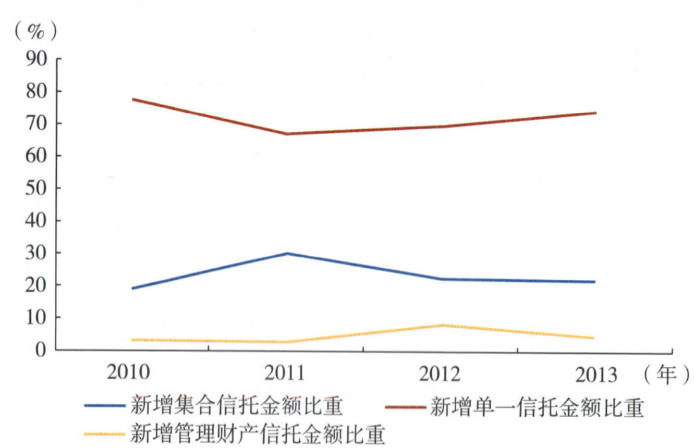

数据来源：中国信托业协会。

图2–15　新增信托项目金额比重

2. 信托资产集中趋势下降，竞争格局稳固

2011年以来信托资产的集中度逐年下降。2013年信托业前4名、前8名、前10名分

别占据了整个行业规模的20%、32%、38%。从2012年及以往情况看，这种行业集中趋势正在减弱，2013年的CR4、CR8、CR10已经比2012年分别下降了1个、2个和1个百分点，比2010年则分别下降了7个、11个和11个百分点（见图2-16）。

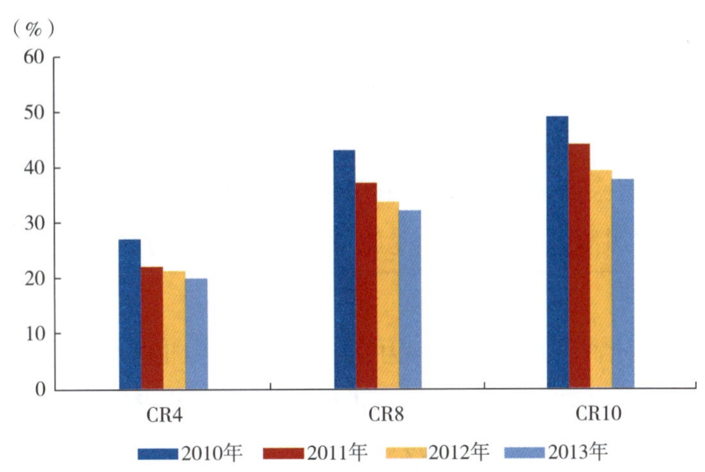

数据来源：信托公司年报。

图2-16　信托资产行业集中度

一般认为，CR4<30%和CR8<40%的行业是竞争型的行业，可见信托业务竞争型的市场格局逐渐得到巩固。少数公司对整个行业的信托业务规模的控制地位正在弱化，信托业各公司之间的差距并未拉大，信托业正在形成一个实力较为平均的中间层。而2013年信托资产集中度的下降，同时也反映出大资管格局下不仅信托业与证券、基金等其他行业的竞争加剧，信托业内部的竞争也更加激烈。

3. 信托资产的功能运用继续优化，融资类占比持续下降

近年来，信托资产的功能运用更加优化。融资类信托资产规模占比从2011年开始大幅下降，这种趋势一直延续至今，事务管理类信托资产规模占比持续上升（见图2-17）。

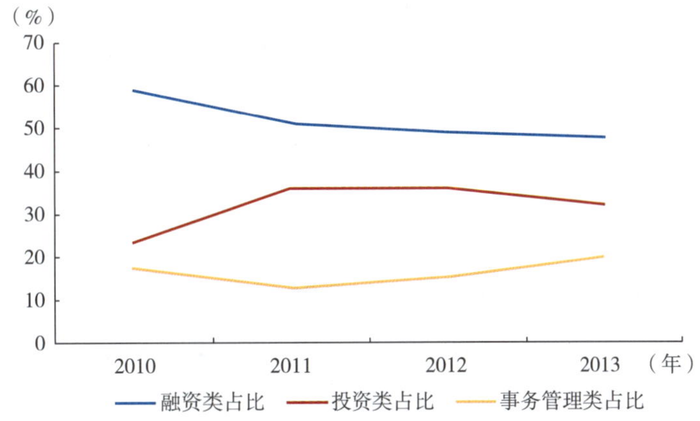

数据来源：中国信托业协会。

图2-17　信托资产按功能分类的占比

2013年融资类信托资产规模达5.2万亿元，同比增加43%。融资类信托资产规模占比为47.76%，比2012年下降近1个百分点。信托公司融资类业务主要为投资非标准化债权的业务，主要包括接受委托发放信托贷款、各类信托受益权，以及带回购条款的股权性融资等，其中较大一部分是由银行主导的银信合作业务，另一部分是由信托公司主导的融资类业务。信托公司融资类业务受到严格的监管，信托公司对融资类银信理财合作业务实行余额比例管理，融资类业务余额占银信理财合作业务的比例不得高于30%。融资类业务也受到严格的净资本约束，一些银信合作、房地产等融资类业务面临更高的风险系数标准。受此影响，以融资方式运用的信托资产占比持续走低。

2013年投资类信托资产规模为3.54万亿元，同比增加33%，增速较2012年和2011年有所放缓。投资类信托资产占比在2011年显著上升，随后保持平稳，但2013年又小幅下降，占比为32.54%，较2012年下降3.3个百分点。

2013年事务管理类信托资产规模为2.15万亿元，同比增长88%。事务管理类信托资产占比近年来持续上升，2013年占比为19.7%，分别较2012年和2011年上升4.42个和6.95个百分点。事务管理类信托的增长显示出信托公司受托服务功能得到进一步发挥。

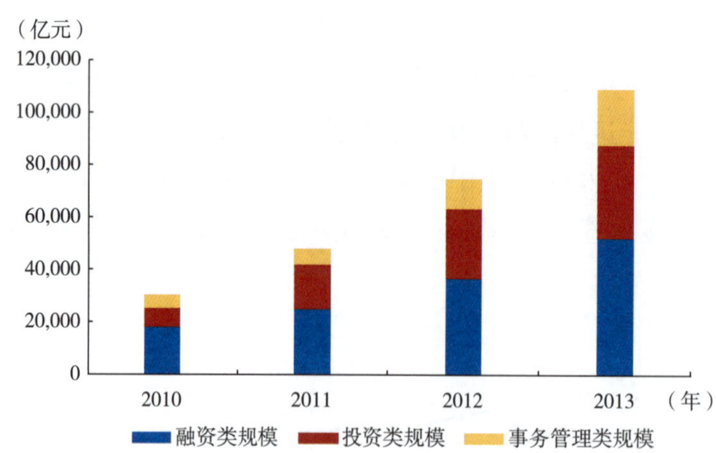

数据来源：中国信托业协会。

图2-18 信托资产规模（按功能分类）

4. 信托资产结构继续优化，实业投资稳步提升

2013年信托资产投向结构继续优化，工商企业、基础产业等实体经济重点领域仍是信托资产的前两大投向领域，且占比稳步提升。

2012年以来，工商企业一直是信托资产配置的第一大领域。截至2013年末，工商企业信托资产规模达2.9万亿元，较2012年增加56%。2013年工商企业信托规模占比为28.14%，较2012年提升1.49个百分点。工商企业信托规模和占比均创历史新高，这反映了信托公司抓住经济结构大调整的历史性机遇，加大了对实体经济的支持力度。

基础产业是信托资产配置的第二大领域。2013年末基础产业信托资产规模为2.6万亿元，较2012年增加58%。2013年基础产业信托规模占比为25.25%，较2012年提升1.63个百分点。基础产业信托资产规模和占比的稳步提升反映了信托公司加大对地方经济支持的力度。

金融机构信托资产规模增长显著。2013年末投向金融机构的信托资产规模为1.2万亿元，同比大幅增长73%，是各投向增长幅度最高的。2013年投向金融机构的信托资产规模占比为12%，较2012年提升1.79个百分点。

房地产信托恢复增长。2012年以前，房地产信托一直是仅次于基础产业和工商企业的第三大配置领域，占比在15%左右。由于国家对房地产业的宏观调控和房地产市场风险的加大，2012年房地产信托规模几乎没有增长，占比也迅速下降到10%以下。受2013年上半年房地产市场回暖影响，2013年房地产信托较2012年有了较大增长。截至2013年末，房地产信托规模余额为1.03万亿元，同比增长50%，占比也小幅提升0.18个百分点至10.03%。

证券投资信托占比有所下降。2013年证券投资信托规模为1.06万亿元，较2012年增加32%。2013年证券投资信托规模占比为10.35%，较2012年下降1.2个百分点。证券投资信托占比的下降主要是由2013年股市、债市二级市场表现疲软所造成的。

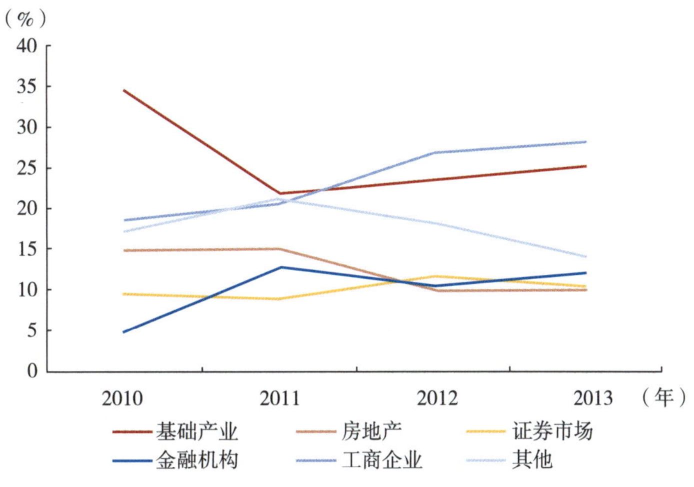

数据来源：中国信托业协会。

图2–19 资金信托投向占比

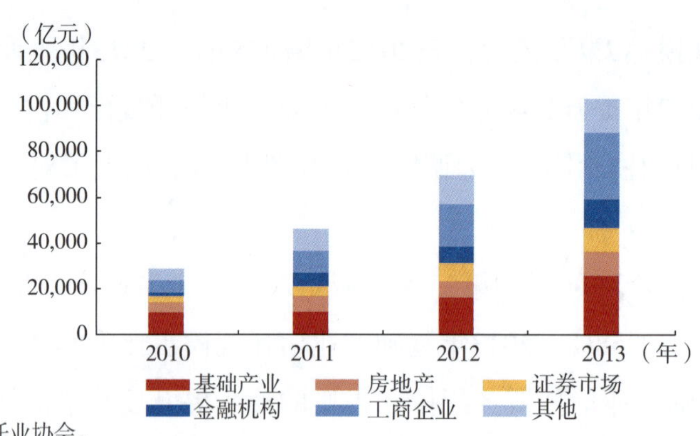

数据来源：中国信托业协会。

图2-20　资金信托投向规模

5. 主动管理能力显著提升

2010年以来，信托公司主动管理的信托资产规模持续提升。2010—2013年末，信托业主动管理型信托资产规模分别为1.6万亿元、2.9万亿元、4.4万亿元和5.9万亿元。2011—2013年每年同比增速分别为78.7%、55.7%和32.9%，增速仍处于较高的水平。2013年新增主动管理型信托11,325个，合计规模达3.4万亿元，同比继续增长8%。2010—2012年，主动管理型信托资产规模占比持续上升，3年分别为53%、61%、64%，这显示出信托公司的主动管理能力得到显著提升。

与此同时，信托公司对被动管理型业务仍有较强的依赖性。2013年主动管理型信托余额占信托资产的比重首次出现下降，为55%，比2012年下降9个百分点。从增速看，2013年主动管理型信托资产规模同比增长32.9%，增速已经连续两年出现下调。新增主动管理型信托的比重和增速也均出现下调，2011年、2012年新增主动管理型信托的比重分别为57%、61%，2013年与2012年相比下降了9个百分点，而2012年新增主动管理型信托的增速为44%，2013年增速大幅下降了36个百分点。与此相对应的是，2013年被动管理型信托规模的增速上升至95.7%，比重也大幅提升至45%。可见，信托公司要实现打破对被动管理型业务的依赖并进一步提升主动管理能力的目标仍然任重道远。

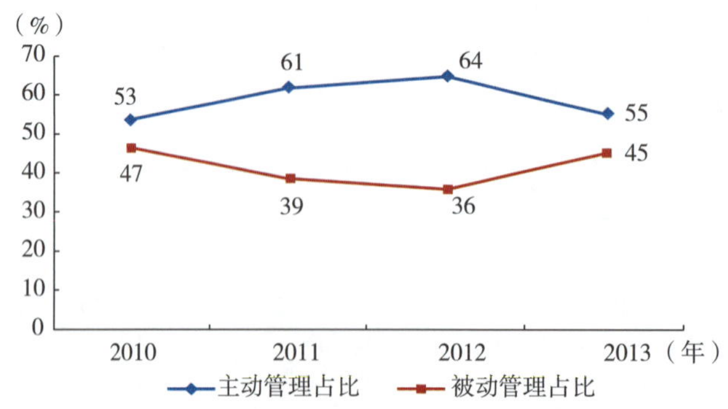

数据来源：信托公司年报。

图2-21　主动管理和被动管理的信托资产占比

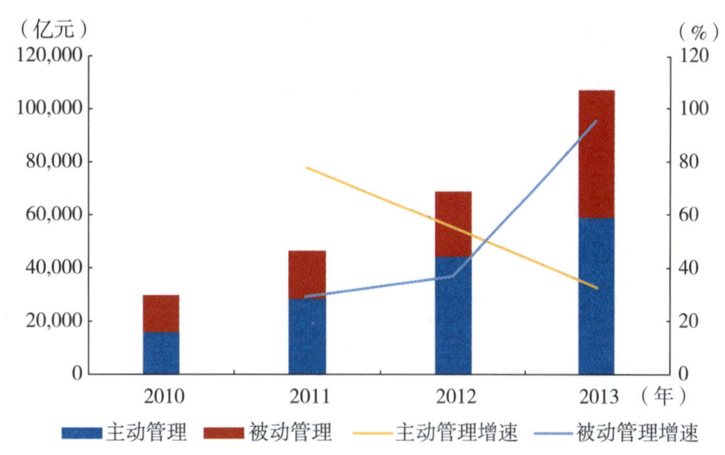

数据来源：信托公司年报。

图2-22 主动管理和被动管理的信托资产规模及增速

（二）信托业务收入实现稳步增长

由于信托资产规模持续攀升，2013年信托业务继续实现高额的盈利，人均信托业务收入也持续上升，但盈利增速显著回落至稳定增长阶段。信托业务收入的集中趋势进一步下降，竞争的市场格局得到巩固。在收入构成上，融资类业务贡献了近60%的信托业务收入，是信托业务收入的主要来源；投资类业务收入稳步增长，事务管理类信托业务收入和占比均止跌回升。

1. 信托业务收入持续增加，增速处于稳定阶段

2012年以来，信托业务收入结束爆发式增长，进入稳定增长阶段。2013年信托业务收入为611.4亿元，同比增加30%，增速较2012年下降6个百分点，较2011年更是大幅下降77个百分点。虽然信托业务收入增长放缓，但依然维持在两位数的增速，这反映出信托业务收入仍处于稳步增长阶段（见图2-23）。

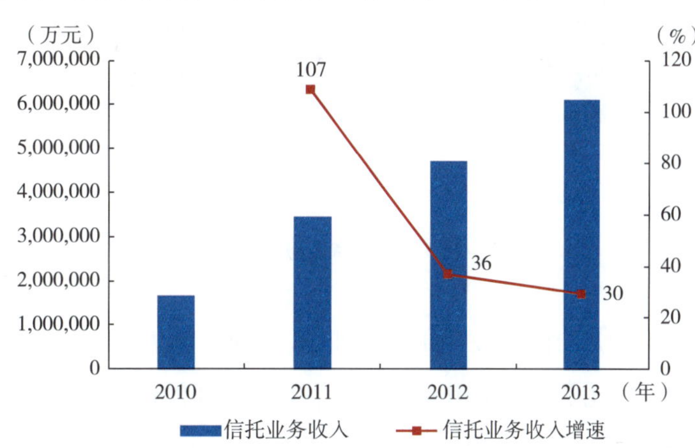

数据来源：中国信托业协会。

图2-23 信托业务收入及增速

信托业务收入增速放缓与信托资产规模增速放缓的趋势是一致的。2013年信托资产规模再创历史新高，受托管理资产规模达10.91万亿元，与2012年末7.47万亿元的规模相比，增长46%。信托资产规模的持续增加为信托业务收入的继续增长提供了基础。但2013年信托资产规模增速较2011年下降9个百分点，较2010年则下降12个百分点。在信托资产规模增速放缓的影响下，信托业务收入增速也逐年放缓。

2. 收入集中趋势进一步下降，行业竞争格局稳固

2013年信托业前4名、前8名、前10名的信托公司贡献了整个行业信托业务收入的22%、33%和39%。一般认为，CR4<30%和CR8<40%的行业是竞争型的行业，由此可见我国信托业中信托业务的行业竞争是比较充分的。充分的竞争环境有助于信托业进行业务创新、开展差异化经营、提供特色产品和服务来赢得市场。

与信托资产规模集中度下降趋势一致，信托业务收入集中度也呈逐年下降趋势，行业竞争的格局较为稳固。2013年信托业务收入的CR4、CR8和CR10分别较2012年下降了1个、2个和1个百分点，比2011年更是分别下降了6个、8个和7个百分点。结合信托资产规模集中度不断下降的趋势来看，信托业中大型信托公司的信托业务没有展现出超群的优势，大量中小信托公司也在奋起直追，对行业充分竞争起到了较好的支撑作用（见图2-24）。

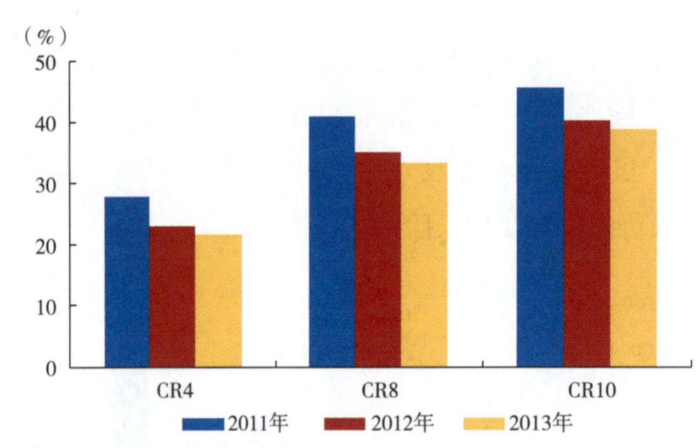

数据来源：信托公司年报。

图2-24　信托业务收入集中度

3. 融资类信托业务仍是信托业务的首要收入来源

虽然信托公司的信托资产结构中融资类信托资产规模占比已经低于50%，但在收入构成上，信托公司仍主要以融资类信托业务为主。2013年融资类信托业务收入约占全部信托业务收入的60%，该比例与2012年持平，比2011年增加4个百分点。投资

类业务收入占比一直维持在30%左右，2013年该比例为31%，比2012年和2011年分别小幅下降2个和1个百分点。2013年事务管理类信托业务收入仅占10%，比2012年小幅上升2个百分点（见图2-25）。

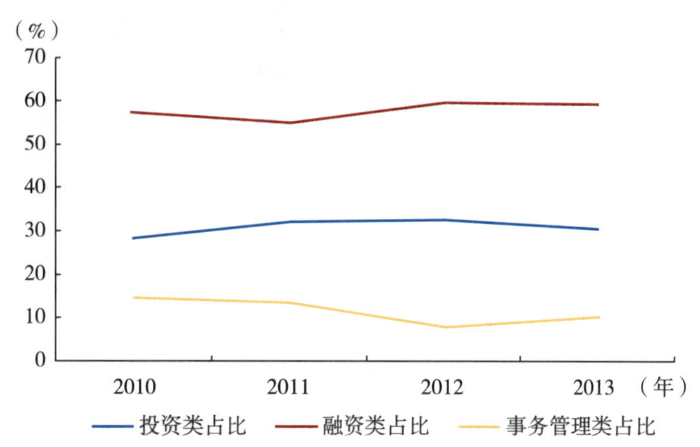

数据来源：中国信托业协会。

图2-25 信托业务收入构成

可见，融资类信托业务收入在全部信托业务收入中占有举足轻重的地位，信托公司依然对融资类信托业务具有很强的依赖性。信托公司一直致力于提高投资类信托业务比重，增强信托公司的主动管理能力，但是成效并不显著，投资类信托业务收入占比没有大幅增加。

4. 各类信托业务收入均实现增长，增速有所分化

2013年融资类、投资类和事务管理类信托业务收入均实现增长，但增速有所分化。融资类与投资类信托业务收入增速均持续放缓，事务管理类信托业务收入则止跌回升。

2011年以来，融资类信托业务收入持续增加，2013年达362亿元，较2012年增加82亿元。同时，融资类信托业务增速明显放缓，2011年融资类信托业务收入增速为100%，到了2012年和2013年分别回落至47%和29%，可见融资类信托业务已回落至合理的增长阶段。近年来，社会融资需求巨大，而银行信贷无法满足社会的融资需求，信托公司的融资类信托规模仍快速增加，这是融资类信托业务收入快速增加的重要原因。但是，银行体系以外的信贷业务的爆炸式发展增加了金融体系的风险，监管越来越严。此外，信托公司的融资类信托业务也面临较高的资本约束。因此，随着信托公司融资类信托业务规模增速放缓，融资类信托业务收入的增幅也随之放缓（见图2-26）。

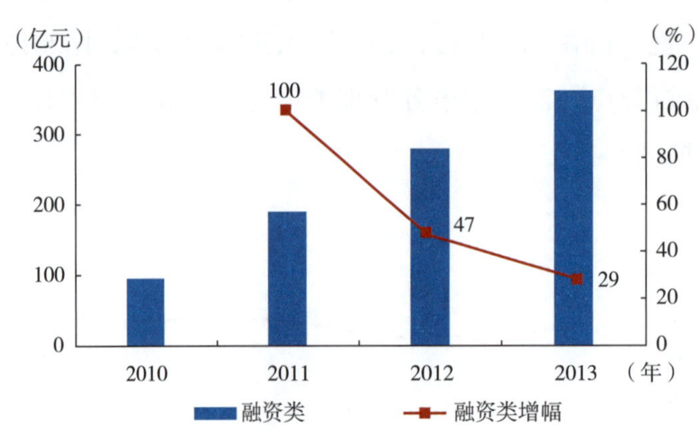

数据来源：中国信托业协会。

图2–26 融资类信托业务收入及增速

与融资类信托业务相似，2011年以来投资类信托业务收入也持续增长但增速放缓。2013年投资类信托业务产生收入188亿元，较2012年增加34亿元。收入增速则连续下滑至2013年的22%，其中2011年增速超过融资类信托业务收入增速，而2012年和2013年增速则均低于融资类信托业务收入增速。信托公司投资类信托业务主要为房地产股权投资和证券投资。2011年信托公司开展了大量房地产股权投资以减少房地产业务的资本占用，使得股权投资规模大幅增长，因此当年股权类信托业务收入高速增长。但2012年起房地产业风险加剧，信托公司谨慎收缩房地产业务，2012年以来股权投资类信托业务规模增速较大幅度地放缓，这是导致2013年股权投资类信托业务收入增幅显著回落的主要原因（见图2–27）。

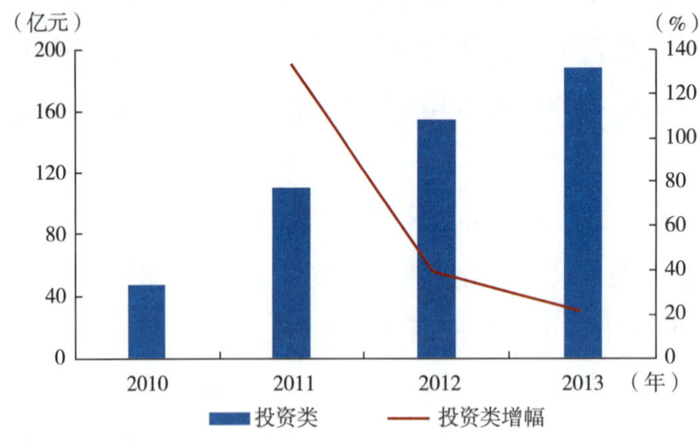

数据来源：中国信托业协会。

图2–27 投资类信托业务收入及增速

2011年以来，事务管理类信托业务收入波动较大。其中2010年收入为24亿元，2011年比2010年增加21亿元至45亿元，2012年则小幅下降8亿元至37亿元，2013年又大幅增加24亿元至61亿元。事务管理类信托业务是信托的本源业务之一，2013年事务管理类信托业务收入大幅增加，反映出信托公司受托服务业务在信托业务收入中的贡献增加。

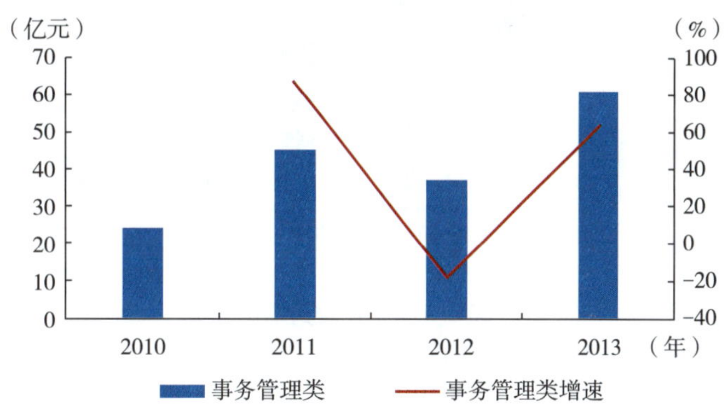

数据来源：中国信托业协会。

图2-28 事务管理类信托业务收入及增速

5. 人均信托业务收入总体增加，增速差异较大

2013年信托业人均信托业务收入为450.17万元，相比2012年的413.36万元，增长8.9%。从2011年、2012年人均信托业务收入21.6%和56.3%的增速水平看，人均信托业务收入的增长波动较大。具体来看，在统计的68家信托公司中，人均信托业务收入最高的为998.33万元，同比增加51.36万元，人均信托业务收入最低的为73.82万元，同比增加59.61万元；68家信托公司的人均信托业务收入同比平均增速为26.38%，最高达87.49%，最低为-26.96%，中位数为24.69%，其中，有4家信托公司出现负增长，6家信托公司增速超过50%，17家信托公司增速在30%~50%，34家信托公司增速在10%~30%，6家信托公司增速仅为个位数（见图2-29和图2-30）。①

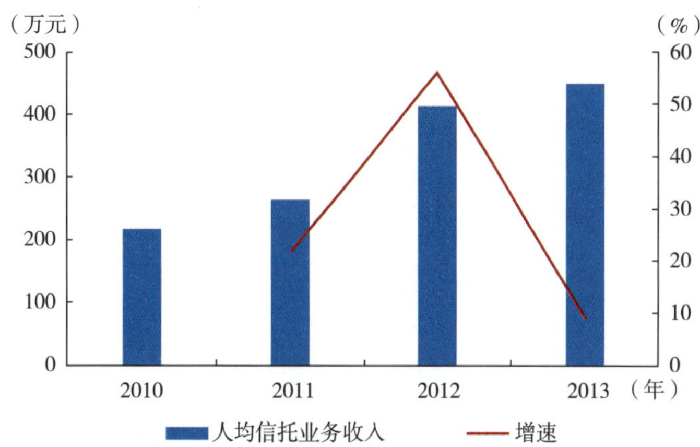

数据来源：中国信托业协会。

图2-29 2010—2013年人均信托业务收入和增速

① 民生信托成立于2013年，没有2012年的可比数字，故未统计在内。

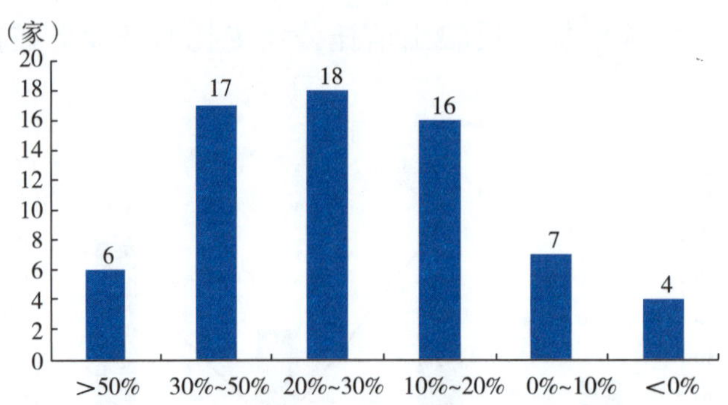

数据来源：信托公司年报。

图2-30 人均信托收入增速分布

（三）信托业务报酬率逐步回落

2011年以来，信托业务报酬率逐年走低，但不同功能运用的信托业务报酬率下降幅度不同，其中融资类信托业务报酬率下降趋势较缓，而事务管理类信托业务报酬率走低最为显著。虽然整体而言信托业务报酬率持续走低，但已清算的信托项目的报酬率仍有所上升。

1. 信托业务整体报酬率逐年走低

2011年以来，全行业信托业务报酬率（信托业务收入/平均信托资产）呈逐步下降趋势，2011—2013年信托业务报酬率分别为0.88%、0.77%和0.67%。在社会融资渠道增加和利率市场化渐进的宏观经济环境下，信托业务报酬率受信托资产收益走低和信托产品发行成本高企的双重挤压（见图2-31）。

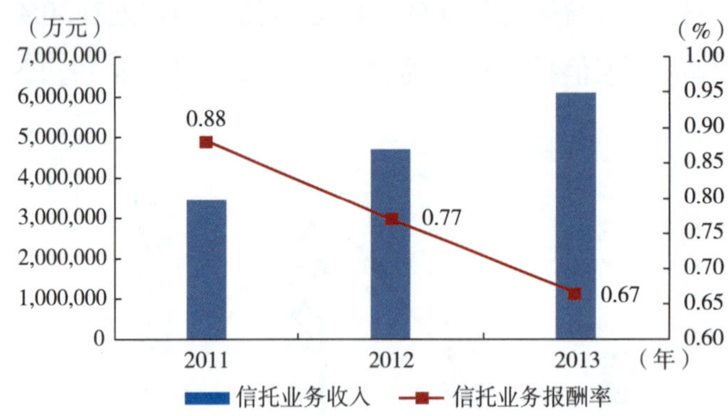

数据来源：中国信托业协会。

图2-31 信托业务收入和报酬率

一方面，近年来商业银行理财业务和同业业务爆炸式增长，新三板、私募债等直接融资的大力发展，拓宽了企业融资渠道。而2012年以来，证券、基金、保险机构的资产管理业务相继放开，信托公司不论在房地产和基础产业等传统优势领域，还是在银信合作等通道业务领域都面临更加激烈的竞争，这导致信托资产报酬率逐渐下行。而与此同时，宏观经济疲软，企业盈利能力降低风险加大，信托公司将客户群主动向优质客户收缩，也是导致信托资产报酬率降低的重要原因。

另一方面，我国正逐步推进利率市场化改革，2012年6月人民银行公布银行存款利率可以在基准利率基础上上浮10%，而以银行理财产品和货币市场基金为代表的投资产品更是以市场化的定价抬高了整个理财市场的报酬率。为了维持高收益率的优势，信托产品发行预期收益率并未随着信托资产收益率的下降而同步下降，这压缩了信托业务的盈利空间。

此外，由于多数信托公司的直销团队尚在建设初期，信托项目的发行仍依赖金融机构代销，这也使得信托项目发行成本高企，进一步制约了信托业务的盈利空间。近年来，信托公司发行产品（主要是集合类产品）的发行成本持续大幅上升。2010—2013年信托公司每年发行产品共发生营销费用分别为9亿元、26亿元、50亿元和74亿元，同比增幅显著高于新增集合信托产品规模的增幅。由于近年来各金融机构对高净值客户争抢激烈，信托产品销售费用率（销售费用/新增信托规模）也逐步提升，2011—2013年分别为0.08%、0.11%和0.12%。信托产品发行成本率的上升阻碍了信托报酬率的提升（见图2-32和图2-33）。

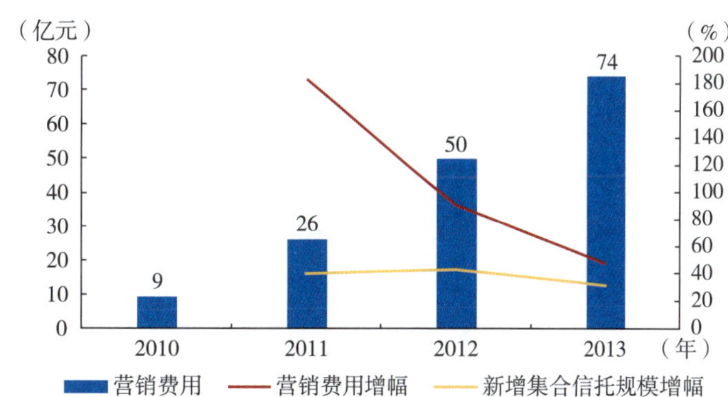

数据来源：中国信托业协会。

图2-32　信托产品营销费用及增幅

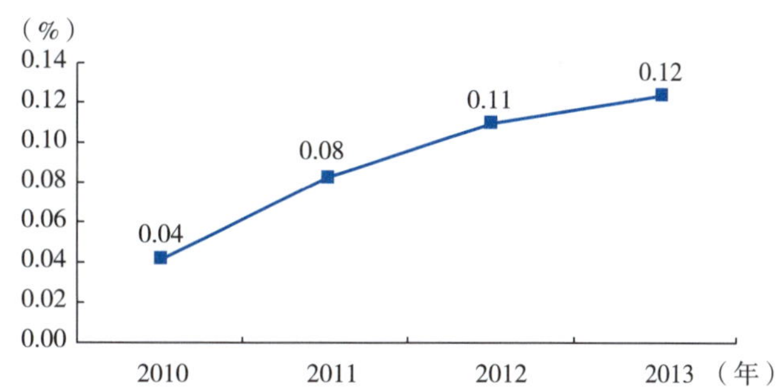

数据来源：中国信托业协会。

图2-33　信托产品销售费用率

2. 各类信托业务报酬率均下降，降幅有所分化

2011年以来，投资类、融资类和事务管理类信托业务报酬率均呈下降趋势，但不同资金运用方式的信托资产报酬率的下降幅度不同。其中融资类信托业务报酬率最高（2011年除外）且降幅最为缓慢；事务管理类信托业务报酬率最低，下降幅度也最快；投资类信托业务报酬率和下降幅度居中。

2011年融资类信托业务报酬率为0.89%，2012年小幅上升2个基点至0.91%，2013年又下降9个基点至0.82%。投资类信托业务报酬率也逐渐下降。2011年投资类信托业务报酬率为0.9%，2012年大幅下降20个基点至0.7%，2013年又下降10个基点至0.6%。事务管理类信托业务报酬率最低，下降幅度也最大。2011年事务管理类信托业务报酬率为0.8%，2012年大幅跳水38个基点至0.42%，2013年降幅趋缓，仅下降了5个基点至0.37%（见图2-34）。

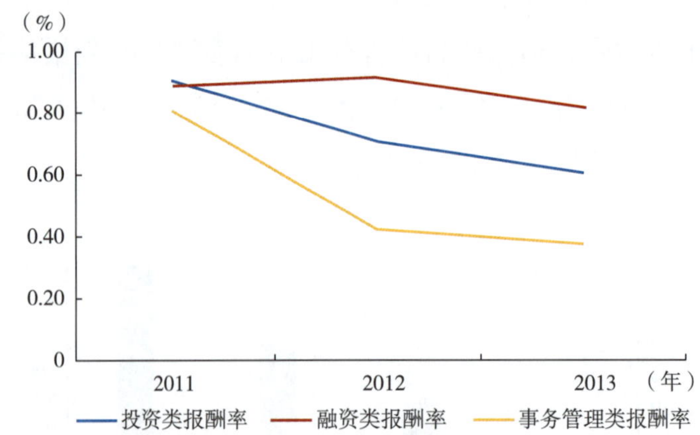

数据来源：中国信托业协会。

图2-34 各类信托业务报酬率

可见，融资类信托业务较高和较为稳定的盈利能力是在监管指引下信托公司“去类信贷业务”收效不明显的重要原因。投资类信托业务中很大一部分是“名股实债”的集合类房地产业务，由于2012年以来房地产面临较大的宏观调控，房地产项目的利润率也大幅下滑，因此房地产信托的报酬率也显著下降，这是导致投资类信托业务报酬率显著下滑的主要原因。事务管理类信托业务中单一的通道类业务增加，通道业务费率随着券商、基金子公司的加入而显著走低，这是2013年事务管理类信托业务报酬率走低的重要原因。

3. 已清算信托业务报酬率仍呈上升趋势

虽然信托业整体报酬率逐年下降，但2013年信托公司已清算项目的加权平均报酬

率约为0.91%[①]，与2012年同期相比增加0.05个百分点。总体上看，已清算项目的报酬率近两年来虽然持续提升，但增速却明显放缓。由于信托业务的报酬率一般在项目成立时约定，因此已清算项目的报酬率反映的其实是项目成立时的市场情况，具有一定滞后性。

具体来看，2013年已清算的股权投资类信托项目的报酬率最高，达1.18%，但降幅最为显著，同比下降0.47个百分点。已清算的证券投资类项目的报酬率出现回升，从2011年的0.38%上升到2013年的0.48%；清算规模占比最高的融资类项目的报酬率2013年延续稳定增长达0.97%，同比增加0.13个百分点；事务管理类项目的报酬率近两年来变化不大，保持在0.5%左右。

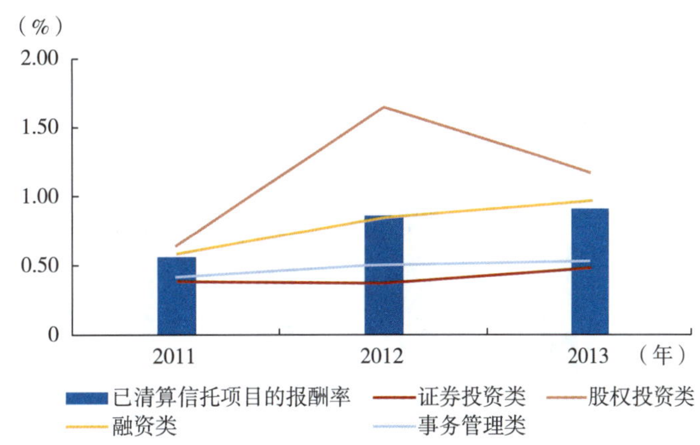

数据来源：信托公司年报。

图2-35　2011—2013年已清算信托项目的加权平均报酬率

三、自营业务经营业绩

2013年，信托公司自营业务继续取得亮丽的成绩。固有资产规模再创历史新高；实收资本和净资产增厚，抵御风险能力加强；资产结构更加趋于合理和稳健。信托公司自营业务收入保持稳健增长，投资收益和利息收入均稳步增长。2013年自营资产的整体盈利能力稳步提升，反映了信托公司投资管理能力的提高。

（一）自营资产进一步增厚，投资配置趋于稳健

信托业固有资产规模稳健攀升至2,871亿元，再创历史新高；实收资本和净资

① 有38家信托公司披露了已清算信托项目的报酬率，该数据是根据这38家信托公司披露的数据计算得到的。

产增厚，抵御风险能力加强。自营资产结构更加趋于合理和稳健，以投资类资产为主，且占比稳中有升，融资类资产占比则持续下降。证券投资类占比有所下降，而收益较高且稳定的理财类占比持续上升。长期股权投资广泛投资于银行、证券、基金、保险、投资管理等行业，信托业开展综合金融的趋势渐显。

1. 自营资产规模再创新高

2010年以来，信托业固有资产规模稳步提升。截至2013年末，信托业固有资产规模达2,871亿元，比2012年增加589亿元，再创历史新高。2013年末信托业固有资产规模较2012年增长26%，同比增速为近3年来最高。信托资产规模的快速增加主要来自信托业高额的利润留存以及股东增资（见图2–36）。

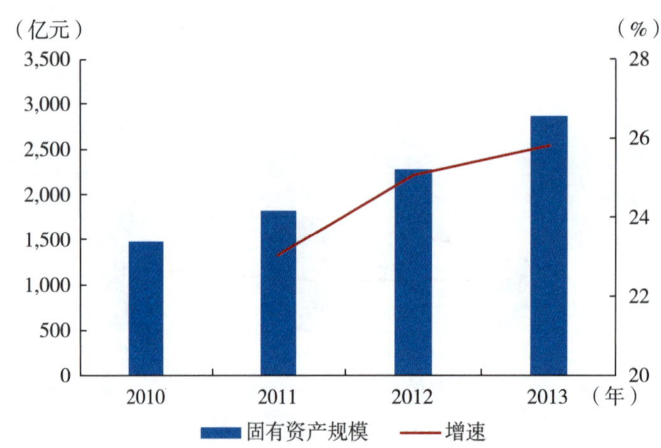

数据来源：中国信托业协会。

图2–36　固有资产规模及增速

2013年全行业实现税后利润442亿元，信托公司股东并未将大部分税后利润用于向股东分配股利，而是留存起来用于公司未来发展，这直接导致信托业资产的快速增加。与此同时，信托业面临着严格的净资本约束，为了扩大业务规模，近年来信托公司增资潮迭起，其中2013年共有22家信托公司进行了增资，全年股东增资金额合计127亿元，这也直接导致了信托公司自营资产规模大幅增加。

2. 信托公司风险抵御能力增强

2013年信托业风险抵御能力进一步增强。截至2013年末，全行业净资产规模达2,555亿元，比2012年增加523亿元，同比增长26%。其中实收资本为1,117亿元，比2012年增加137亿元，增长14%；信托赔偿准备金余额为91亿元，比2012年增加29亿元，同比增长47%；未分配利润为849亿元，比2012年增加237亿元，同比增长39%。快速增加的净资产为信托公司抵御市场风险提供了坚实的基础（见图2–37）。

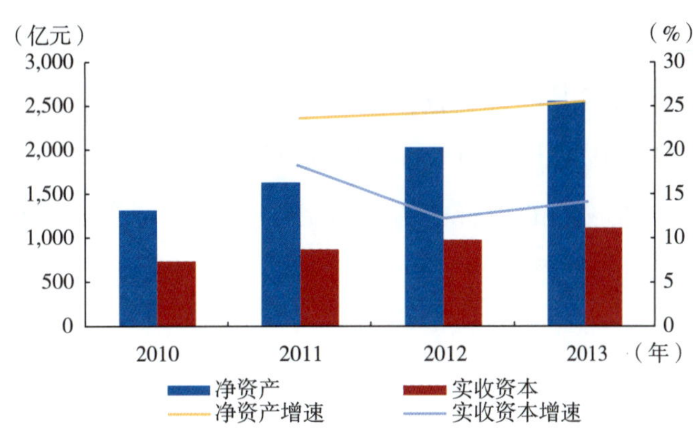

数据来源：中国信托业协会。

图2–37　净资产和实收资本规模及增速

继2012年有15家信托公司增资后，2013年又有22家信托公司进行了增资，合计增资金额127亿元。信托公司增资可以满足净资本管理的需求。根据《信托公司净资本管理办法》（银监会令2010年第5号）的规定，信托公司每一项业务都要占用净资本。通过增资扩股补充净资本，不但可以扩大业务规模，提升盈利水平，改善业务结构，而且信托公司监管评级、创新业务开展等都与净资本指标挂钩，提升净资本有利于信托公司推进创新业务的开展。

与此同时，信托公司增资也是为提升自身形象而采取的行动。一些信托公司并未由股东以现金增资，而是由信托公司以未分配利润转增资本，整体来看净资产并未增加，也未提升净资本。但是信托公司通过增资展示资本实力可以给市场传递积极的信号，增强投资者信心，提升信托公司市场品牌形象。

3. 固有资产结构进一步优化，投资类资产占比稳中提升

2010年以来，信托业固有资产主要投向股权、证券等投资类资产。截至2013年末，投资类资产占全部信托资产规模的59.14%，该比例近4年来一直稳定在55%以上，且2011年以来呈稳步上升趋势。虽然全行业信托公司的信托业务以融资类为主，但是信托公司固有资产却以投资类为主，这有利于信托公司积累投资管理经验，并进一步推动信托业务由融资类向投资类转型。

2010年以来，融资类资产占比持续下降。2013年末信托公司贷款类资产占比为11.23%，比2012年下降2个百分点，比2011年下降3.5个百分点，比2010年则下降了近5个百分点。相比于信托业务中融资类资产占近50%，固有资产中融资类资产占比相当低。

2011年以来，存款等货币类资产的规模也持续下降。2013年末，货币类资产占比

为18.41%，比2012年和2011年分别下降2.4个和3.1个百分点。信托公司的货币类资产主要用于满足流动性的需求。持有较高的货币类资产可以使信托公司一旦出现项目风险时占据主动（如可以通过自有资金为项目提供短期流动性），但过高的货币类资产持有比例也意味着较低的投资收益。因此，信托公司需要根据自身项目情况设定合适的货币类资产持有比例。

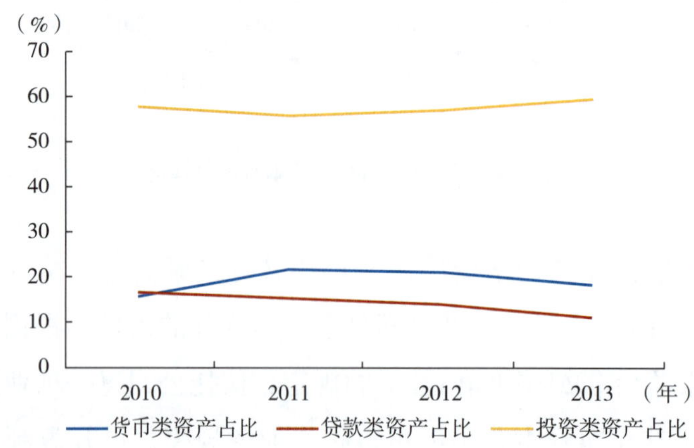

数据来源：中国信托业协会。

图2-38 固有资产配置情况

4. 投资类资产配置趋于稳健

2011年以来，信托公司自营投资类资产配置趋于稳健。证券投资余额比重持续下降，其他类投资的比重显著提升。2013年其他类投资占比首次超过长期股权投资，一跃成为投资资产的首要配置方向。

2013年股权投资余额占比为33%，较2012年下降8个百分点，较2011年更是下降14个百分点。根据《信托公司管理办法》的规定，信托公司不得以固有财产进行实业投资，因此信托公司的股权投资主要为优质金融类公司股权投资。近年来，信托公司的长期股权投资比较稳定，新增长期股权投资不多，长期股权投资余额的增加主要是被投资单位权益的增加。由于新增资金更多地投向其他类投资，因此近年来长期股权投资占比持续下降。

2013年证券投资余额占比为19%，较2012年和2011年分别下降5个和4个百分点，较2010年则大幅下降10个百分点。信托公司自营证券投资主要包括股票投资、基金投资和债券投资。其中股票类投资约占60%，基金和债券投资各占20%左右。2011年以来，信托公司自营证券投资余额占比显著下降，这主要是由于2011年以来股市长时间处于下行通道，投资风险增加。2011年初以来，上证综指从3,000多点一直下跌到

2013年末的2,100点左右，中间甚至下探到1,900点以下，信托公司为了控制风险，减少了股票类资产的配置比例，因而导致证券类资产整体配置比例的走低。

2013年其他类投资余额占比为48%，较2012年提升13个百分点，较2011年和2010年则分别提升17个和23个百分点，其他类投资目前已成为信托公司自营投资的主要资产配置方向。其他类投资资产主要是银行理财产品、信托计划、资产管理计划等各种理财产品。由于这些产品收益的发行方承担了较大的声誉风险，一般会力保理财产品的兑付，因此这些产品收益较高且稳定，风险则相对其他投资（尤其是证券类投资）低。因而，信托公司自营资产中持续增加这些理财产品的配置，以期获得比较稳定的收益。

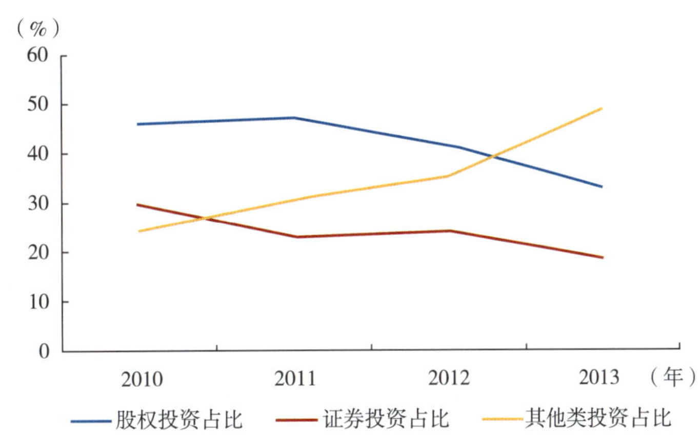

数据来源：信托公司年报。

图2–39　投资类资产构成

5. 综合金融经营趋势渐显，广泛投资于各金融子行业

信托公司自营的长期股权投资广泛投资于各个金融子行业。从各信托公司年报披露的前五大长期股权投资看，截至2013年末，信托公司自有资金长期股权投资至少投资了184家机构，包括40家银行（其中21家城市商业银行/股份制银行，19家农村商业/合作银行）、25家证券公司、24家基金公司、14家保险公司、13家财务公司、6家期货公司、41家投资管理公司，以及包括小贷公司、货币经纪公司、消费金融公司在内的21家其他公司，信托公司开展综合金融的趋势逐步显现。信托公司在被投资单位的选择上具有很强的地域性特征，一般都选择投资公司当地的地方性金融机构。信托公司通过参股或控股其银行、证券、基金、保险等其他金融机构，不仅有利于共同为客户提供综合金融服务，也有利于信托公司与这些机构加强合作推进业务创新（见图2–40）。

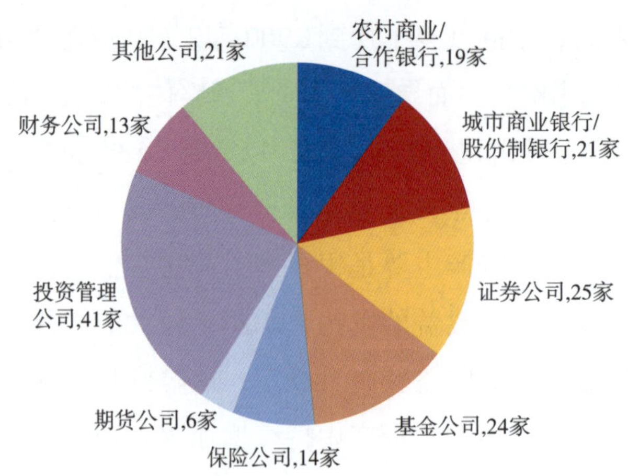

数据来源：信托公司年报。

图2-40 长期股权投资机构类型及数量

从持股比例看，信托公司长期股权投资以财务投资为主。在信托公司持股的金融机构中，信托公司持股比例不超过20%的机构有102家，占全部被投资机构的55%。其中信托公司对银行业的持股比例普遍较低，在信托公司持股的40家银行中，信托公司的持股比例不超过20%的有38家银行。信托公司战略投资和控股的金融机构数量分别为56家和26家，分别占全部被投资机构的31%和14%，主要集中在证券公司、基金公司和投资管理公司领域。实行资产管理“新政”以后，证券、基金和投资管理公司都已可以开展类信托的资产管理业务，信托公司与这些机构深度合作，能够丰富信托公司产品线，提升客户黏性，稳定营销队伍，提升公司品牌形象（见图2-41）。

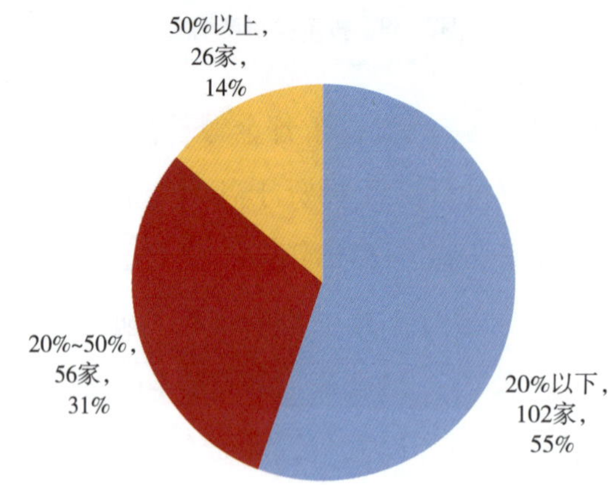

注：占比数据由原始数据四舍五入计算得出。

数据来源：信托公司年报。

图2-41 长期股权投资比重分类

（二）自营业务收入快速增长

2013年信托公司自营业务收入再创新高，达221亿元，自营业务收入增速也保持在33%的高位。自营业务集中度逐年下降，行业格局逐渐向竞争型市场格局转变。信托公司自营业务收入主要以投资收益为主，而2013年股市波动较大为信托公司提供了较多的交易机会，使证券投资收益的增速和占比显著提升。各信托公司自营业务的创收模式各异，其中38家信托公司的自营业务收入以投资收益为主，仍有25家信托公司的自营业务收入以利息收入为主。

1. 自营业务收入创新多且快速增长

2013年信托业自营业务收入为221亿元，比2012年增加55亿元，创历史新高。2013年自营业务收入的同比增速较2012年有所下降，但仍保持在33%的高位。自营资产规模的增加和自营资产收益率的提升是信托公司自营业务收入快速增加的两个主要原因。

首先，随着利润的积累和股东增资，信托公司自有资产规模快速增加，资产增速也稳定提升。截至2013年末，信托公司自营资产规模已达2,800多亿元，创历史新高，同比增速达26%，增速为近3年来的最高。信托公司自营资产规模的快速提升为自营业务收入的快速增长奠定了坚实的基础。

其次，随着自营资产的快速增加，信托公司越来越重视自营资产的投资管理。信托公司在自营资产管理中已经积累了大量的投资经验，不断优化资产配置，以此提升自营资产盈利的稳定性，提高投资收益率，从而提高了信托公司自营业务的整体盈利水平。

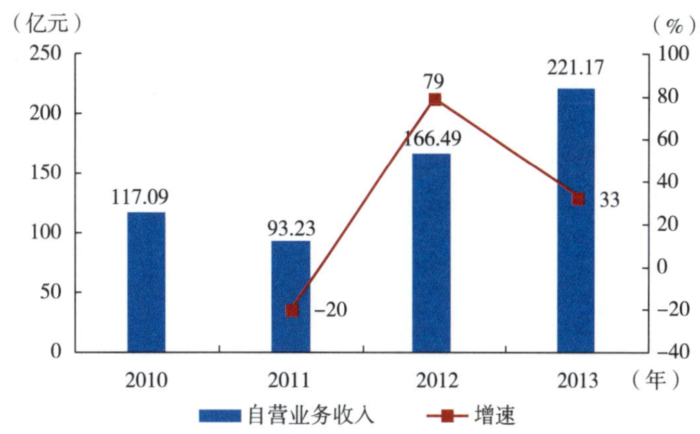

注：收入数据保留到小数点后两位。

数据来源：中国信托业协会。

图2-42 自营业务收入与增幅

2. 市场格局从寡占型向竞争型转变

2013年平均每家信托公司的自营业务收入为3.25亿元，其中有20家信托公司的自营业务收入超过了行业平均水平，68家信托公司自营业务收入的中位数为1.93亿元，与平均数存在一定的差距，可见自营业务收入的行业集中度较高。据统计，2013年自营业务收入的CR4为24%，CR8为40%，CR10为47%。从两年的变动看，信托业自营业务收入的行业集中度比较稳定，但较2011年已有显著下降（见图2–43）。

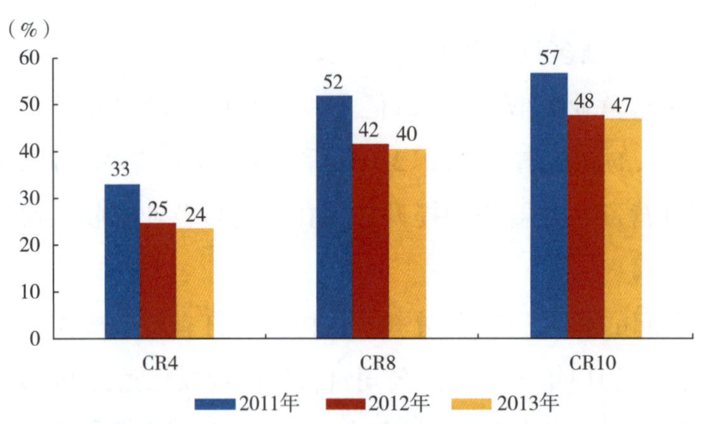

数据来源：信托公司年报。

图2–43　自营业务收入行业集中度

一般来说，如果行业集中度CR4<30%或CR8<40%，则该行业为竞争型；如果CR4≥30%或CR8≥40%，则该行业为寡占型。由此可见，我国信托业自营业务正由少数龙头企业主导的寡占型格局向竞争型市场格局转变。相较于具有一定资本实力的龙头企业主要依赖利润留存来补充净资本，近年来中小规模的信托公司由于利润留存较少，普遍需要依靠增资补充净资本，因此其固有资产规模的增速高于大型信托公司，从而其自营业务收入与大型信托公司的距离在缩小。此外，一些信托公司专注于在某些业务领域和地域开展业务，有利于形成自身的经营特色和核心竞争力，为行业发展注入活力，提高行业竞争程度，这也是自营业务转向竞争型市场格局的重要原因。

3. 投资收益占比提升，利息收入占比下降

2010年以来，自营业务收入一直以投资收益为主。2013年投资收益约占全部自营业务收入的61%，该比例较2012年有所回升，但低于2010年和2011年的70%和67%。2013年投资收益占比较2012年提升6个百分点，这主要是由于2013年固有资产中投资类资产配置比例较2012年有所增加，同时投资收益率也有所上升。2013年自营业务收入中利息收入占比为27%，该比例自2011年以来持续下滑，2013年较2012年走低5个百分点，较2011年则大幅走低21个百分点。利息收入主要来自贷款利息和存款利息收

入，利息收入占比随着固有贷款及货币类资产占比的持续下降而下降。2013年其他收入占比为12%，比2012年小幅下降1个百分点。其他收入主要包括交易性股票等证券资产的浮盈，以及信托公司的其他业务收入。其他业务收入占比在2011年曾小于零，这主要是由于当年信托公司持有的交易性股票发生较大浮亏，产生了较大的公允价值变动损失（见图2-44）。

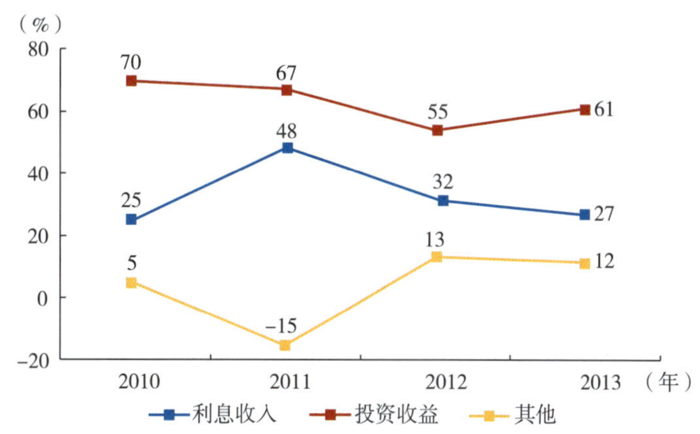

数据来源：中国信托业协会。

图2-44 自营收入构成

2011年以来，信托业自营投资收益中，股权投资收入占比一直最高，可见信托公司偏好于投资优质长期股权投资来获取稳定的收益。但该比重自2011年以来呈持续下滑趋势，2013年股权投资收益约占全部投资收入的45%，分别较2012年和2011年下降8个和10个百分点。股权投资收益占比的持续下降主要是由于近年来证券投资收益的快速增长。

2011年以来，证券投资收益占比稳步提升。2013年证券投资收益占比为24%，分别比2012年和2011年提高6个和9个百分点。证券投资收益主要来自自营股票、基金、债券投资的分红和买卖差价。从2012年开始，股市结束了2011年的单边下行趋势，2012年和2013年股指虽然没有显著上涨，但股市波动明显增加，使得信托公司有机会逢高减仓获利。信托公司由此可以获得较高的投资收益，这拉动了证券投资收益占比的提升。

2013年其他投资收益占比为31%，该比重近3年来保持稳定。其他投资收益主要为信托公司投资理财产品、信托计划等产生的投资收益。近年来，信托公司其他投资资产配置的比重持续增加，但其他投资资产的收益率却有所下降，因此总体而言其他投资收益占比变化不大。

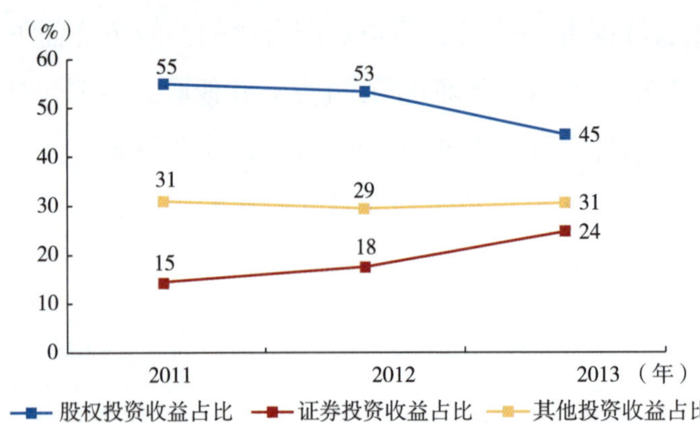

数据来源：中国信托业协会。

图2-45　投资收益构成

4. 各分项收入均持续增长，涨幅有所分化

从自营业务收入的不同分项看，虽然每一分项收入均持续增长，但不同分项的涨幅有所分化。其中利息收入增速有所放缓，股权投资收益继续稳定增长，证券投资收益增长最为显著，其他投资收益也快速增加。

2013年，信托公司自营业务实现利息收入60亿元，比2012年增加7亿元。利息收入增幅为13%，增速较2012年回落6个百分点，比2011年更是大幅回落38个百分点。信托公司的利息收入主要来自自营贷款产生的利息收入，小部分来自存款等货币类资产产生的利息收入。由于信托公司的贷款和存款规模一直增加，信托公司的利息收入也在增加。信托公司自营贷款的放款对象与信托贷款类似，贷款利率和风险都比较高。2012年以来，经济增速放缓，信托公司自营贷款的质量也出现一定程度的下降，2013年自营贷款不良率较2012年提升了0.4个百分点至1.6%。因此，出于风险考虑，信托公司有意减少了自营贷款的配置，贷款增速放缓，2013年贷款规模增速仅为5%，比2012年下降了9个百分点，这相应地导致2013年利息收入增速显著放缓（见图2-46）。

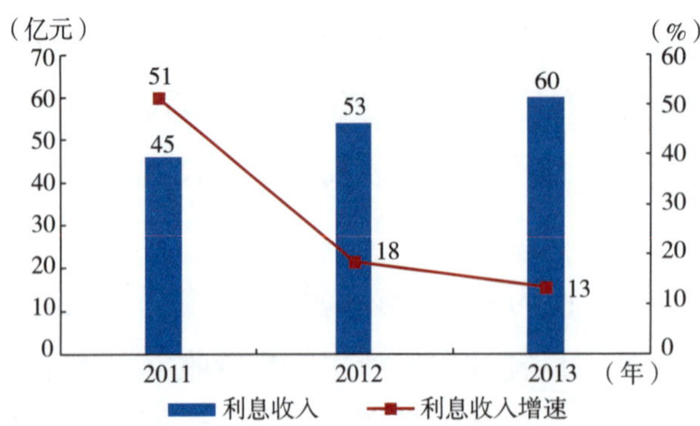

数据来源：中国信托业协会。

图2-46　利息收入规模及增速

2013年信托业自营长期股权投资收益为60.30亿元，比2012年增加12.03亿元。股权投资收益增幅为25%，增速虽然较2012年小幅走低3个百分点，但仍处于高速增长阶段。信托公司普遍偏好于参股金融机构以获取稳定高额的回报。信托公司的股权投资主要为优质的金融机构股权投资，金融机构包括基金公司、证券公司、保险公司、期货公司、城市商业银行、农村商业银行等。信托公司股权投资收益的高速增长得益于信托公司所参股金融公司盈利水平的稳步提升。事实上，近年来在监管机构放松管制的政策背景下，整个金融行业都在高速发展，银行、保险等金融机构的资产规模快速增加。监管层持续推出鼓励金融机构创新的政策，如2012年起允许基金公司、证券公司、期货公司开展类信托资产管理业务，在证券领域推出新三板、融资融券等新业务，将保险债权计划由备案制改为注册制，等等，这些为金融业的快速发展注入了新的动力，使得各金融子行业的盈利水平显著提升。因此，在这样的宏观政策环境下，信托公司参股这些金融机构获得的投资收益呈稳定增长的态势（见图2-47）。

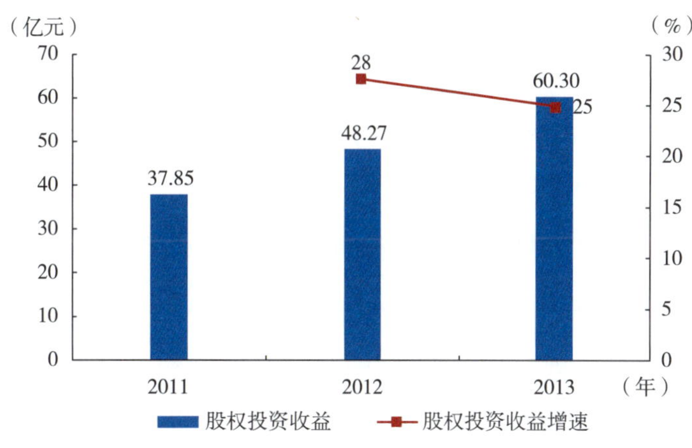

数据来源：信托公司年报。

图2-47 股权投资收益及增速

2013年信托业自营证券投资收益为32.85亿元，比2012年增加约17亿元，增幅为104%，远高于2012年60%的同比增速。证券投资收益的爆炸式增长也使得证券投资收益在全部投资收益中的占比从2011年的15%快速提升到2013年的24%。证券投资收益主要来自信托公司自营股票、基金和债券投资的分红及买卖差价收入。考虑到2013年末证券投资中自营股票资产占全部证券投资余额的60%，且股票投资的盈利能力显著高于基金和债券投资，因此2013年投资收益的增加主要来自股票投资收益的增加。2012年和2013年股市虽然没有出现较大幅度的上涨，但不同于2011年几乎单边下跌的市场行情，2012年、2013年股市波动幅度加大，因此2012年和2013年，股市的套利机会增多，更多的信托公司通过波段操作和逢高减持获取了较多投资收益。此外，考虑到2014年IPO开闸后股票供给将显著增加，由此给股市带来压力，因此多数信托公司选择在2014年前逢高减持浮盈的股票以锁定收益，这也是2013年股市涨幅虽然一般但信托公司证券投资收益快速增加的重要原因（见图2–48）。

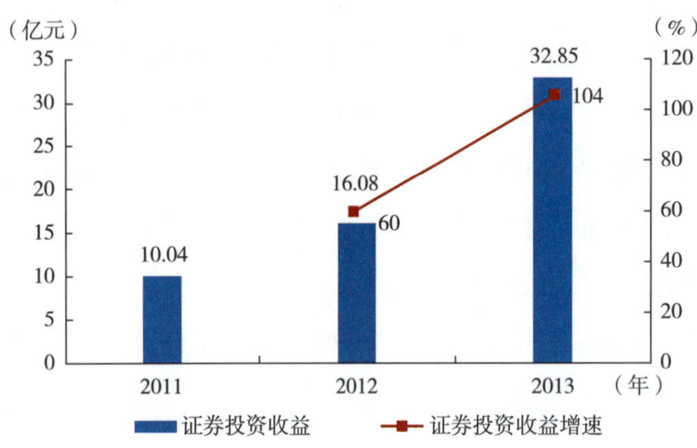

数据来源：信托公司年报。

图2–48　证券投资收益及增速

2013年信托公司自营的其他投资收益为40.96亿元，比2012年增加14.13亿元，增幅为53%，同比增速较2012年提升27个百分点。其他投资收益的快速增长主要来源于信托公司增加了对银行理财产品、信托计划、资产管理计划等理财产品的配置。近年来，理财产品市场得到快速发展，2013年末商业银行理财产品市场规模和信托公司管理的信托资产规模都在10万亿元左右，与此同时，券商、基金等的资产管理产品也快速增加，为企业和个人提供了更多的投资选择。相比于传统的融资类和投资类资产，理财产品在收益性、安全性、流动性的结合上具有一定的优势。相比于贷款和长期股权投资，银行理财产品和一些开放式信托产品的流动性较高，可以满足信托公司资金周转的需求。相比于股票等证券类投资，理财产品投资则具有较强的“固定收益投资”性质，收益比较稳定。可见理财产品投资能够较好地满足信托公司自营资产投资对流动性和收益性兼顾的要求，受到各信托公司的青睐，各信托公司纷纷增加对理财产品的配置使得信托公司其他投资收益规模快速增加（见图2–49）。

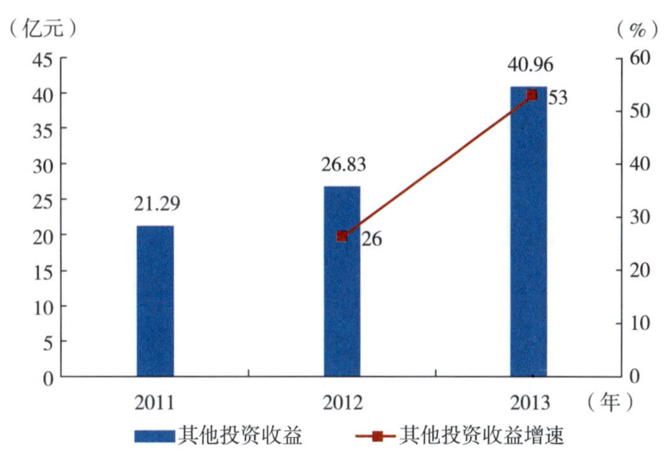

数据来源：信托公司年报。

图2-49　其他投资收益及增速

5. 各信托公司的自营业务创收模式各异

尽管从全行业看，信托公司自营业务收入主要来自投资收益，其中又以股权投资收益为主，但是由于各家信托公司股东的资源禀赋不同、历史经营路径不同等，各信托公司固有业务的创收模式各异，因此在公司个体层面上，信托公司自营业务收入构成体现出较大的差异。

据统计，有38家信托公司的自营业务收入以投资收益为主（占比超过50%），占全部信托公司比重的56%。在这38家中，有11家信托公司以长期股权投资为主，有8家以证券投资收益为主，有10家以其他投资收益为主。可见，很多信托公司已经积累了一定的投资管理经验，而不同信托公司在股权、证券、理财产品等不同领域的经验积累，有利于信托公司开展差异化经营，通过在某一或某几个投资领域形成其核心竞争力，为信托公司下一阶段的转型提供坚实的基础。

虽然全行业利息收入仅占全部自营业务收入的27%，但2013年仍有37%（25家）的信托公司的自营业务收入以利息收入为主（占比超过50%），这反映出有相当一部分信托公司的自营业务以融资类业务为主。事实上，融资类业务一直是信托公司的强项。在过去几年的发展中，信托公司的信托业务一直以融资类业务为主，信托公司对融资类业务已形成较强的风险判断和风险控制能力。因此，现阶段融资类业务仍是许多信托公司自营业务的重要业务方向。

（三）自营业务盈利能力稳步提升

2013年信托公司自营资产的整体盈利能力稳步提升，自营资产收益率达8.6%，同比提升0.5个百分点。不同资产的盈利能力表现各异。其中长期股权投资和证券投资的收益率稳步提升，包含贷款和存款在内的固定收益类投资的整体收益率保持稳定，而理财产品类的投资收益率有所下降。

1. 自营业务的整体盈利能力稳步提升

2011年以来，信托公司自营业务的盈利能力稳步提高。2013年信托业的平均自营资产收益率①为8.6%，比2012年提升0.5个百分点，比2011年更是提升3个百分点。信托公司自营业务的盈利能力的提升体现了信托公司固有资产管理能力的提升。随着信托公司固有资产规模的增加，信托公司积累了一定的资产管理经验，能够根据收益性、安全性和流动性的不同要求进行合理的资产配置，并能够根据市场环境的变化主动调整各类投资占比，实现信托公司自营业务整体收益的最大化（见图2–50）。

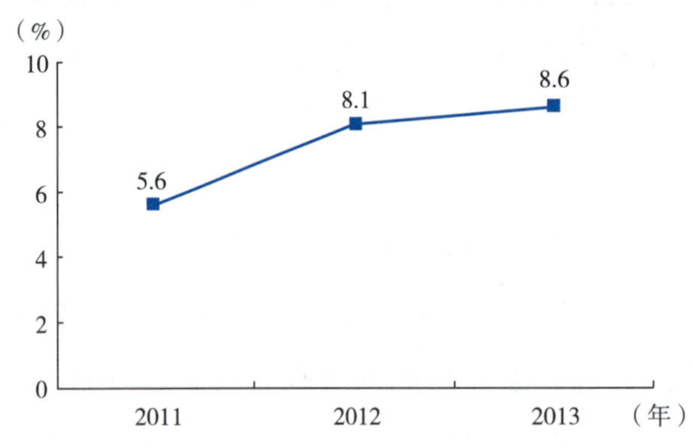

数据来源：中国信托业协会。

图2–50 自营资产收益率

2. 固定收益类投资的盈利能力较为稳定

2013年，存款、贷款等固定收益类投资的资产收益率②为7.4%，与2012年持平，但比2011年小幅下降0.6个百分点。2013年固定收益类投资的资产收益率维持稳定主要得益于货币类资产收益率的提升抵补了贷款收益率的下跌（见图2–51）。

① 自营资产收益率=自营收入/[（期初固有资产余额+期末固有资产余额）/2]。

② 固定收益类投资的资产收益率=利息收入/[（存款及贷款期初余额+存款及贷款期末余额）/2]。

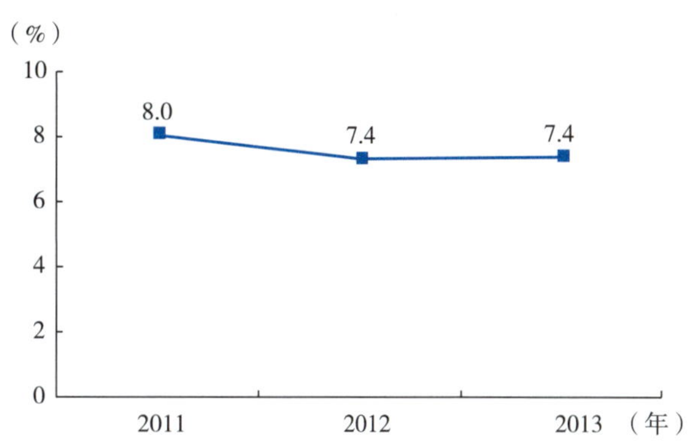

数据来源：中国信托业协会。

图2–51　固定收益类资产收益率

2012年第二季度以来，宏观经济增速放缓，实体经济经营风险增加，使得2013年信托公司固有资产贷款质量有所下降。2013年信托公司固有资产贷款中不良贷款余额大幅上涨69%，不良贷款率也较2012年提升了0.4个百分点至1.6%。不良贷款的增加影响着信托公司贷款利息的顺利回收，从而使得贷款收益率有所下降。

信托公司货币类资产收益率则有所上升。信托公司的货币类资产多数投资于银行短期协议存款，利率定价主要受银行短期流动性需求影响。近年来，商业银行通过同业业务投资非标资产的爆炸式发展使银行同业资产负债期限错配程度显著增加，从而引发了2013年中期开始的流动性危机。受此影响，2013年资金利率一度飙升，2013年上海同业拆放利率的平均值较2012年大幅提高60个基点，因此信托公司市场化定价的货币类资产的收益率大幅上涨。货币类资产收益率的提升对冲了信托公司固有贷款收益率下降的影响，从而使固定收益类投资的整体盈利能力保持稳定。

3. 长期股权投资的盈利能力稳步提升

2011年以来，信托公司长期股权投资的收益稳步提升，2013年长期股权投资的收益率[①]为12%，较2012年提高1.6个百分点，比2011年提升近3个百分点。信托公司长期股权投资主要投资于基金、期货、券商、保险、商业银行等各类金融机构。近年来，我国各类金融机构都有稳步发展，信托公司参股其中并获得了稳定的投资回报。2012年以来，随着券商、基金、保险等金融机构的资产管理业务的松绑，各类金融机构开展各类创新业务，经营业绩增速及盈利能力都有稳步提升。因此，信托公司对这些金融机构的投资收益率也稳步提升（见图2–52）。

① 长期股权投资收益率=长期股权投资收益/［（长期股权投资期初余额+长期股权投资期末余额）/2］。

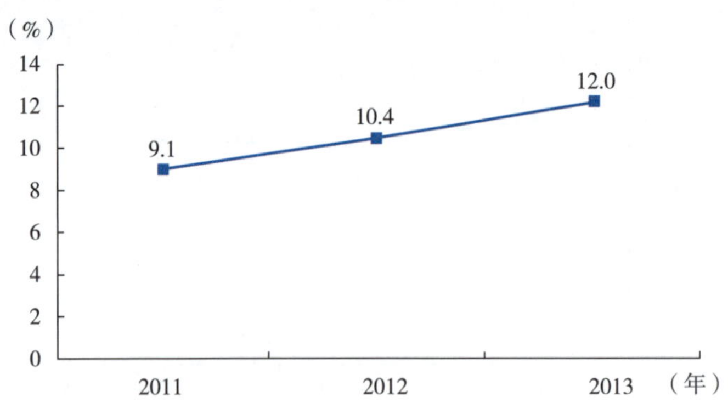

数据来源：信托公司年报。

图2-52 长期股权投资收益率

4. 证券投资的盈利能力持续提升

2011年以来，证券投资的收益率持续提升。2013年信托公司自营证券投资的收益率①为11.4%，较2012年提高近5个百分点，较2011年更是提升7.1个百分点。在信托公司的证券投资中，60%为股票投资，基金和债券投资各占20%左右。2013年证券投资收益率的大幅提升主要是信托公司逢高大规模减持低位购入的股票获利所致（见图2-53）。

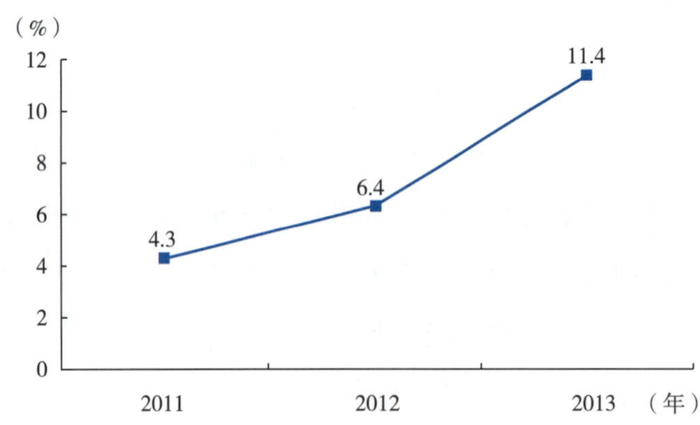

数据来源：信托公司年报。

图2-53 证券投资收益率

2011年4月至2011年末，股市呈单边下行态势。上证综指从3,000点跌落至2,100点左右。2012年和2013年股指虽然没有显著增长，但其间有较大波动，尤其在2013年2月上证综指最高超过了2,400点。股市的波动有利于信托公司的波段操作和逢高减持。另外，虽然股指整体未有明显上涨，但一些行业板块，如医疗保健、环保、互

① 证券投资收益率=证券投资收益/[（自营股票、基金、债券期初余额+自营股票、基金、债券期末余额）/2]。

联网等的股指在2013年均呈单边上行趋势，这也为信托公司赚取高额投资收益提供了交易机会。

5. 其他投资的盈利能力有所下降

2011年以来，信托公司自营的其他投资的盈利水平持续下滑。2013年其他投资收益率①为7.1%，比2012年降低0.5个百分点，比2011年降低1.4个百分点。信托公司自营的其他投资主要投资于银行理财产品、信托产品、券商资产管理计划等。从2011年以来7%~8%的投资收益率看，信托公司应该主要是认购信托产品、券商资产管理计划等高收益理财产品（见图2–54）。

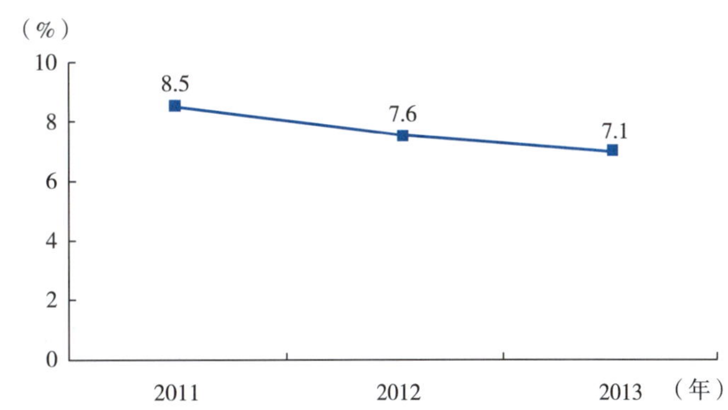

数据来源：信托公司年报。

图2–54　其他投资收益率

① 其他投资收益率=其他投资收益/[（其他投资期初余额+其他投资期末余额）/2]。

第三章　2014年业绩展望

2014年，在宏观经济增速回落，资产管理行业竞争加剧，信托行业监管升级的环境下，信托公司将继续推进战略转型，创造稳定的经营业绩，巩固作为第二大金融子行业的地位。总体而言，2014年信托公司将继续为投资者创造稳定和高额的收益，行业盈利水平增长将继续放缓，行业盈利能力将继续温和提升，受托管理资产规模将继续增加，增速将放缓，主动管理能力会进一步提高，报酬率将持续走低，自营业务规模将持续增加，盈利水平仍将平稳增长。

一、继续为投资者创造稳定收益

近几年，随着中国经济的持续增长，人们的财富积累日渐丰裕，直接推动了理财市场的日益繁荣。在此背景下，信托作为投资范围最广、资金运用方式最为灵活的理财产品，以其优异的市场表现赢得了投资者的青睐。虽然宏观经济增速有所放缓、行业竞争加剧导致信托业面临的外部环境更加严峻，但预计2014年信托业将继续为投资者创造稳定收益，主要原因如下。

第一，信托业"受人之托，代人理财"的经营理念不变。信托公司以信托产品为媒介，组织社会资金参与企业经营，推动社会财富的创造，同时帮助投资者分享经营成果，所获得的投资收益主要归投资者所有，信托公司仅收取了有限的信托报酬。2013年信托业受托管理资产10.91万亿元，信托产品凭借其收益高、风险较低的特点备受高净值投资者青睐，目前可替代信托产品投资的金融产品仍然较少，信托产品的竞争优势依然存在，2014年信托业受托管理资产规模将持续增加。所以在"受人之托，代人理财"经营理念的支撑下，随着受托管理资产规模的增加，信托业将继续为投资者创造稳定收益。

第二，信托产品的收益率仍处于较高水平。2011—2013年，信托产品平均收益率一直维持在7%左右的平稳波动区间，这一收益率在理财市场上仍属较高水平。信托产品将社会资金聚集起来投向能承担较高融资成本的实体经济的这一特性，决定了信托产品较基金等理财产品收益更稳定，受市场波动更小；同时，2014年在稳定的货币政策引导下，资金流动性并不宽裕，高成本的信托融资仍然是企业经营资金的有力补充。所以，2014年信托的高投资收益还将持续，虽然随着券商、基金子公司加速进入资产管理市场，导致市场竞争压力加大，并且随着利率市场化的加速推进，信托整体融资成本在下降，但信托公司为适应市场发展需求，主动让利于客户，仍然保持了较高的收益水平。

第三，行业整体风险可控。受经济下滑、部分领域实体经济受挫、资产价格下降的影响，2013年信托业确实出现了个别风险案例；而且由于2012年信托业务扩张较快，以两年期为主的信托产品在2014年确实面临较大的兑付压力。然而从整体看，2014年信托业的风险是可控的。首先，信托面临的风险大部分为流动性风险而非实质性风险，中国经济虽然处于下行通道，但并不会出现资产价格大幅贬值、实体经济严重亏损的状况；其次，信托公司除了对交易对手、融资项目做足尽职调查之外，还会引入足值资产抵押、大公司担保等方面的风控手段；最后，应监管部门要求信托业通过逐步完善行业风险缓释机制、信托公司恢复与处置计划等多种措施应对个别风险案例的爆发。所以，尽管2014年不排除有部分风险项目面对兑付压力，但行业整体风险可控。

二、行业盈利水平增长将继续放缓

随着受托资产规模、固有资本的增加，2013年信托业的经营收入、净利润水平都有所增加，但增速开始放缓。2014年无论是收入还是利润都将继续延续这种放缓的趋势，主要有以下原因。

第一，信托业务收入增速下降导致行业盈利水平增长放缓。在经济下行阶段，出于风险控制的考虑，信托公司对融资项目的标准将有所提高，导致业务规模增长速度受到一定的限制；同时，信托公司原有的“制度优势”在2013年被打破，新进入的市场竞争者要挤占部分市场机会；此外趋严的监管环境也将制约信托公司的高速发展态势。综上，2014年信托业务规模增速可能放缓，加之信托业务报酬率的下降必然导致信托业务收入增长放缓，信托业务收入占信托业收入的比例已经连续三年在70%以上，其收入增速下降将必然影响整个行业的盈利水平。

第二，净利润增速进一步下滑。2013年券商、基金子公司的加入，拓宽了企业资金的募集渠道，增加了企业融资议价能力，导致信托业务的融资成本下降。为了不牺牲投资者收益，信托公司基本主动让利，这在一定程度上导致信托公司利润降低。2014年这种局面并不会得到很好改善，传统信托业务的利润空间在逐步压缩，虽然2013年各信托公司都在积极探索新的领域，在土地流转信托、家族信托、消费信托等方面都有所尝试，但这些创新业务还处于摸索阶段，并不能在2014年带来巨大的利润增长。所以，在新的利润增长点没有明确、原有业务利润空间被压缩的影响下，2014年信托业的净利润增长速度将进一步下滑。

第三，在转型阶段，信托公司需要在短期没有很高利润收入的业务中进行更大的投入，这在某种程度上也要拖累信托公司利润的增长。无论是外部环境变化还是内部增长压力所迫，2014年都是信托公司谋求转型的关键一年。无论是创新业务、财富管理还是真正的资产管理，在新业务开展初期，势必需要大量的研发、人力、系统建设等投入，但这些投入短期内并不会获得可观的收益，在传统业务净利润增长放缓的同时，2014年信托公司净利润增长面临更大的挑战。

三、行业盈利能力继续稳步提升

虽然信托业面临的外部经济环境、政策环境和市场环境日趋严峻，信托业受托资产管理规模和经营收入增速都有所放缓，但信托业的盈利能力却稳步提高，信托业的资本利润率（净利润/平均净资产）由2011年的15.4%提升至2013年的19.3%，预计2014年行业盈利能力还将稳步提升，具体原因如下。

第一，信托公司将进一步优化净资本管理，提升盈利能力。受《信托公司净资本管理办法》的约束，信托公司在过去几年不断优化净资本管理，压缩资本占用较高的业务以换取更大的发展空间，促使信托公司盈利能力不断提高。为了推动信托公司转型，进一步增强信托公司的内生管理动力，2014年银监会可能会出台最新的净资本管理办法，新规可能重新调整风险计提和净资本占用标准。面对新规，股东需要继续增资以保证信托公司业务的开展，信托公司需要更加修炼“内功”，进一步优化净资本管理，提升盈利能力。

第二，固有资产投资能力提高，带动行业盈利能力提升。信托行业固有资产在净资本管理办法实施后逐年增加，但由于信托公司以信托业务收入为主、固有资产投资范围受限、信托公司固有业务投资团队建设相对落后等因素，在过去几年固有业务发展相对缓慢，固有业务盈利对信托公司盈利的贡献度不高，但随着固有资产规模的不断扩大，信托公司合理、高效地运用自有资金对提高信托公司的盈利能力至关重要。2014年，在信托传统业务收入承压、新利润增长点不明晰的背景下，各家信托公司将加强固有业务投资团队建设，提高固有业务投资能力，在贷款、证券市场、长期股权投资等方面主动、合理地配置资产，以期获得较高的投资收益率。所以，2014年信托业固有业务投资能力将会进一步提高，以带动行业整体盈利能力的提升。

第三，成本管理进一步完善，有助于提升行业盈利能力。2011年以来，信托公司成本收入比一直稳定保持在30%左右，虽然2014年信托公司面临经营收入增长下降和创新业务投入成本增加的压力，但其成本管理能力还有很大的提升空间。信托公司在过去几年经历了高速发展，成本管理相对于其他金融机构有进一步改善的空间，在制度红利逐渐消失、信托业面临转型的背景下，信托公司优化成本管理的内生动力较强，所以预计2014年各家信托公司的成本管理会进一步完善，这有助于提升行业盈利能力。

四、受托管理资产规模继续增加，增速放缓

信托业已经成为仅次于银行业的第二大金融子行业，2014年这一局面还将持续。一方面，信托公司多年来一直为投资者创造着丰厚的收益，随着居民财富的不断增加、理财市场的不断成熟，高净值人士对于理财产品的需求将继续旺盛，信托产品凭借其稳定高收益的特点，一直是理财市场不可或缺的一部分，是对银行理财产品、基金产品、保险产品的有益补充。

另一方面，实体经济的信托融资需求还将持续增加，与英国、美国等发达国家相比，我国资本市场由于债券市场和股票市场建设并不十分完善，因而直接融资所占比重较低。通过发行集合资金信托计划，信托公司可以直接在市场上募集高净值人士及机构投资者手中的投资资金，经过谨慎的项目筛选与评估，将资金以信托贷款或股权投资等形式提供给融资方，以规避银行贷款、债券融资、股票融资对企业资质要求高、耗时长等不利因素，所以，2014年实体经济对信托融资的需求不减。基于投资者理财需求和实体经济信托融资需求，2014年信托业受托管理资产规模还将持续增加。

但受经济环境、市场环境和政策环境的影响，2013年信托业务规模增速下降的趋势还将延续到2014年。

第一，传统业务扩张遭遇不确定性。首先，券商和基金子公司的资产管理业务放开后，挤占了信托公司的银信合作业务；同时，针对“影子银行”治理和同业业务规范等，在2014年会有新的政策、办法出台，这对银信合作提出了新的挑战。其次，2014年房地产市场形势依然不够明晰，结构性风险依然存在，信托公司出于风险控制考虑，会提高业务标准，限制准入城市和交易对手，其主动收缩此类业

务的可能性比较大。最后，2013年审计署对地方政府债务做了新一轮审计，结果显示，截至2013年6月底，全国各级政府负有偿还责任的债务为20.6万亿元，债务率为113.41%，地方政府融资平台改革和清理可能在2014年也有所动作，地方政府融资模式改革迫在眉睫，基础产业类信托业务的开展存在不确定性。

第二，新进入的竞争者挤占传统业务空间。2013年券商资产管理业务规模已冲高至5.2万亿元，其中绝大部分为银证合作通道业务，可见其正在以更加低廉的价格抢占银行通道业务；同期，基金子公司的资产管理业务约为1万亿元，由于证监会对其监管相对宽松，所以基金子公司开展的业务和信托相似，却更灵活，受到的限制相对较少。

第三，监管环境趋严，对信托业务可能造成一定影响。2014年除了针对“影子银行”治理和同业业务规范等的相关政策的出台外，银监会可能会在公司治理机制、产品登记机制、分类经营机制、资本约束机制、社会责任机制、恢复与处置机制、行业稳定机制和监管评价机制八个方面出台相应的细则，这在某种程度上对传统业务开展可能存在一定的影响。

第四，创新业务还处于探索阶段。虽然2013年信托公司在很多创新领域做出了实践，但创新业务的盈利模式尚不够明晰，预计2014年信托业还将继续处于创新业务尝试阶段，创新业务规模有限，对受托资产规模增长贡献率不大。

综上所述，2014年信托业的发展仍然较为稳定，受托管理资产的规模将持续增加，但增长速度将延续2013年的态势，继续下降。

五、主动管理能力进一步提高，报酬率持续走低

信托公司过去的快速发展部分得益于通道业务的开展，但随着资产管理规模的增大，信托公司的主动管理能力有了明显提升，2013年主动管理型业务规模是2010年的3.7倍，2014年信托公司主动管理能力将进一步提高，驱动因素主要如下。

第一，非主动管理型业务将可能面临更严厉的净资本约束。自2010年《信托公司净资本管理办法》出台以后，信托公司的主动管理能力得到了很大的提升，主要原因是通道业务占用净资本较高，业务拓展受限，迫使信托公司加强主动管理型业务的开展。2014年该办法可能要做出新的修改和调整，为了推动转型，监管部门可能会对非主动管理型业务提出更严厉的净资本约束，股东增资可以部分缓解该问题，但更重要的是推动信托公司更多地开展主动管理型业务。

第二，面对日益严峻的竞争环境，信托公司在快速提升资产管理规模的同时，要提高自身的主动管理能力。虽然各金融机构在2013年纷纷进入资产管理市场，但开展通道业务的居多，信托公司在过去几年里在主动管理型业务方面积累了大量的项目评估、风险控制、投后管理的经验，比其他金融机构具有先发优势。2014年信托公司在非主动管理型业务的市场将进一步被蚕食，大力开展主动管理型业务是信托公司提高竞争力的关键，所以，各家信托公司将积极提高主动管理能力，以应对日益严峻的竞争环境。

第三，创新转型的内在需要。信托公司目前已经走到转型的十字路口，无论是选择私募投行、资产管理、财富管理还是回归信托本源业务，“去通道化”都是信托公司未来要面对的首要问题。2014年信托公司面临的创新转型压力增加，动力也会进一步提高，对于新领域的进入和新业务模式的尝试，信托公司都需要在现有基础上更加注重资产的主动管理能力，因为提高业务的主动管理能力是创新转型的基石。所以在创新转型的推动下，信托公司未来的主动管理能力将逐步提升。

信托报酬率呈现逐年下降趋势，2014年将继续走低。2011—2013年信托业务的报酬率分别为0.88%、0.77%和0.67%，呈逐步下降趋势，这种趋势在2014年将更加明显。随着新的竞争者的不断进入，压低收费标准成为资产管理市场争取客户的手段之一，受此影响信托业的报酬率被拉低；同时，由于信托公司选择交易对手的标准在提高、融资渠道拓宽带来的融资方议价能力提高等因素的影响，整个信托业的融资成本在降低，而投资者并不能接受投资收益的大幅降低，所以信托公司只能不断压缩信托报酬，以让利给投资者。这些都是信托报酬率会持续走低的主要因素。

六、自营业务规模持续增加，盈利水平仍将平稳增长

股东增资及信托公司净利润增厚是信托公司固有资产增加的主要原因，2013年共有22家信托公司增加注册资本金，2014年预计股东对信托公司的增资热情不减；而2014年信托公司的整体盈利水平仍将保持增长，并产生高额的利润留存，因此固有业务规模增加将是必然趋势。

第一，股东增资扩股促使固有业务规模进一步增加。近几年，信托公司密集增资的原因不仅在于看好行业发展前景，更主要的是在于突破资本金对业务发展的制约。2014年面对新的形势，信托公司增资的驱动因素将增加。如果说2011—2013年的增资扩股潮是为了更好地促进融资类业务的发展，那么2014年以后的增资应该更多

地带有推动创新业务发展、增强风险抵御能力和提高品牌影响力的色彩：新业务的发展在初期需要更多资本金的投入，充足的资本金可以更好地化解信托公司面临的流动性风险，信托公司未来的竞争力将是更专业化地为投资者做好受托服务，而资本实力是提高品牌影响力、吸引投资者的重要因素。

第二，丰厚的利润留存的增加是固有业务规模增大的另一个因素。尽管信托业务增速放缓，2014年信托公司净利润增速可能也会随之放缓，但信托业仍将保持较高的盈利水平，而且面临更加复杂的经营环境，大部分信托公司将延续目前少分红或者不分红的格局，从而产生高额的利润留存。一方面，信托公司面临着泛资产管理时代的激烈竞争和宏观经济增速下滑引起的项目风险增加的双重压力，必须尽可能地增厚资本以应对潜在风险。另一方面，2014年监管部门也通过“99号文”等系列监管文件对信托公司防范风险提出了具体要求，在遵循“卖者有责，买者自负”的原则、厘清买卖双方责任的基础上，要求信托公司及股东为风险项目提供流动性支持，这势必要求信托公司保持较高的利润留存来抵御风险。

2014年信托公司自营业务的盈利水平仍将保持高速增长。首先，根据上述分析，2014年信托公司仍将实现高额的利润留存，同时股东增资热情不减将使信托公司自营资产规模保持快速增长，这些为信托公司产生高额的自营业务收入奠定了基础。其次，2014年信托公司自营业务经营面临的宏观经济环境和监管政策环境都将保持平稳，信托公司根据多年的经营经验能够主动应对市场变化，保证资产盈利水平。

环境篇

2013年世界经济复苏缓慢，中国经济增长放缓，国内经济增长的拉动因素开始发生变化，内需渐起支撑作用，投资增速总体下行。

2013年信托业的市场需求较为稳定，从投资端看，高净值客户的理财需求旺盛，从融资端来看，信托作为直接融资工具成为企业融资的重要补充；信托业面临的金融市场自由化程度加速提高，主要表现在利率市场化加速推进、多层次资本市场逐渐搭建、金融机构综合服务加强，同时资产管理行业的新格局已经基本形成，在带来日益激烈的竞争的同时，金融同业之间的广泛合作机会也大大增加。

2013年监管环境以“规范”为主线。“107号文”开启了规范“影子银行”的帷幕，除对“影子银行”给出了界定外，也对信托公司提出了具体要求，同时明确提出了统一的监管标准，规范各类“影子银行”业务活动；“8号文”规范了银行理财业务，银信合作业务受到一定影响；“463号文”、“10号文”重在规范地方政府融资行为，信托作为地方政融资渠道之一，受到一定限制。中国银监会主席助理杨家才在2013年中国信托业年会上，提出了关于信托业治理的八项机制，2014年有望围绕“杨八条”出台具体规定。

第四章　经济环境

2013年世界经济复苏缓慢，中国经济进入三期叠加阶段，增长保持平稳，拉动经济增长的因素开始向内需转移，产业政策频出，引导行业健康发展。社会融资规模创历史新高，但增速随经济下滑有所放缓，稳健的货币政策和积极的财政政策依然持续。

一、世界经济复苏缓慢，中国经济保持平稳增长

全球金融危机后，世界经济长期增长疲乏，处于缓慢复苏阶段。中国经济环境保持稳定，但仍然面临结构调整的压力，需要关注局部风险向信托业的传导。

（一）世界经济复苏进展缓慢

2008年金融危机之后，全球经济因刺激政策作用，增长略有起色，但从2010年开始，全球经济增长开始逐步下滑，增长率从5.01%一路下滑至2013年的2.6%。数据显示，2003—2007年的全球经济增长年平均水平为4.65%，而金融危机之后，全球经济增长的年平均水平却仅仅维持在3.67%（2010—2013年），较金融危机之前大幅下降了近1个百分点，且增长水平连年下滑。不难看出，世界经济虽然实现了正增长，但增速较慢，仍处于缓慢复苏的过程之中。

具体来看，美国、日本、欧洲等世界主要经济体的经济增长表现虽然各异，但也体现了缓慢复苏的特点。美国经济自2010年开始，在量化宽松、经济结构调整、去杠杆化等政策引导下，开始了艰难的复苏之旅，其后3年经济增长虽有波动但较为稳定，2011—2013年经济增长水平分别达1.8%、2.8%、1.9%。日本经济增长在2010年以后经历了大幅波动，2011年负增长0.6%，在政府赤字率持续提高和货币政策强烈宽松的作用下，2013年则实现了1.6%的正增长。欧洲的经济状况最为困难，经历一轮全球集体刺激之后，仅仅在2010—2011年保持了恢复状态，增长率分别达2%和1.6%，随后便掉头向下，进入衰退，2013年经济增长仅为-0.4%，与2012年的-0.7%相比跌幅虽有收窄，但仍在负增长的状态，其沉重的债务危机消化尚需时间，复苏进程举步维艰。

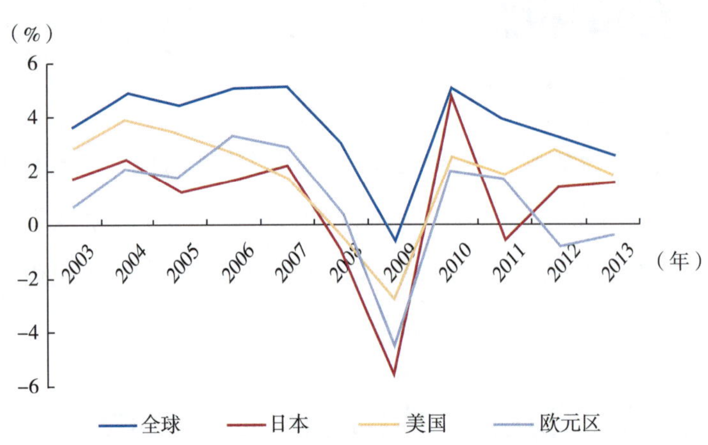

数据来源：Wind。

图4–1　2003—2013年世界经济增长情况

(二)中国经济处于三期叠加阶段，需关注局部风险向信托业的传导

中国经济经历了30多年的高速增长，2013年中国以56.88万亿元的GDP规模成为仅次于美国的世界第二大经济体。在改革开放背景下，制造业迅速发展，中国渐成世界工厂，固定资产投资维持较高速度，国内需求随经济发展逐步释放，一系列因素推动了中国经济持续高速增长。但是，历经长期高增长之后，中国经济在近年来正式步入了三期叠加阶段，即经济增长换挡期、结构调整阵痛期和前期刺激政策消化期，既有增长模式的问题逐渐凸显，产能过剩、投资效率下降、产业结构不合理、能源资源消耗大、环境污染严重成为当下中国经济的关键问题。在三期叠加阶段，中国经济增长水平依然保持稳定，但出现下调，2013年GDP已降至7.7%的中高速增长水平。

数据来源：Wind。

图4–2　中国GDP及增速

中国经济结构调整尚在进行，推动增长的新动力有待充分释放，而前期刺激政策的负面效果却逐渐浮现，致使中国经济在整体良好的情况下，仍需关注局部性风险。一方面，目前中国正在消化前些年大规模投资释放的产能，产能过剩行业已从钢铁、有色金属、建材、化工、造船等传统行业扩展到风电、光伏、碳纤维等新兴产业，许多行业产能利用率不足75%。上述行业的整合仍在进行，产能的压缩和优化尚需时日，破产兼并、债务违约等情况时有发生，其间极易引发行业问题。另一方面，在房地产区域分化的趋势下，部分城市和地区，尤其是三四线城市的房地产市场存在供求失衡风险，如温州、贵阳、营口、鄂尔多斯等地区；同时，地方政府举债建设带来的债务问题日益受到关注，虽然整体上仍在国际上认可的安全债务范围之内，但仍有部分地区的债务问题突破安全边界，风险暴露压力较大。2013年末审计署的报告显示，全国各级政府负有偿还责任的债务已达20万亿元，而36个接受审计的地方政府中有16个的债务率超过100%。

在中国经济三期叠加阶段，增长速度下调至中高水平，局部性、区域性风险暴露压力较大。部分行业存在由周期低谷导致的实体风险向金融领域传导的可能性，部分三四线城市的房地产市场出现下行态势苗头，房地产信托产品的兑付压力也将加大，须关注其向信托业传导的可能性。

二、 拉动经济增长的因素向内需转移，信托顺应趋势介入消费领域

随着中国经济增长方式的转变，消费将取代投资成为中国经济增长的主要动力。未来消费领域潜力巨大，将为信托业务开展和信托产品创新提供广阔的空间。同时，随着城镇化进程的加速，信托业也有望在城镇化相关的领域中获得大量业务机会。

（一）增长动力渐转内需，信托业发展迎来新空间

长期以来，投资一直是拉动国民经济增长的主要动力，对GDP增长的贡献率一直高于消费和净出口。尤其在2008年，中国政府为应对金融危机出台了“四万亿元”的刺激政策，当年投资对经济增长的贡献率达到87.6%。在此过程中，信托公司抓住国民经济以投资为驱动的特征，在地方政府融资、房地产融资等领域拓展大量业务，支撑了过去几年信托业的高速发展。但是2011年以来，消费取代投资成为拉动GDP增长的主要动力，2011年和2012年消费对经济增长的贡献度分别达到56%和

55%。尽管2013年消费对经济增长的贡献度稍有下滑，但是在国家调整经济的宏观环境下，未来经济增长方式将主要依靠扩大内需，由消费拉动经济增长。随着消费对经济增长拉动作用的增加，消费领域蕴含的机会也在加大，信托业有望抓住消费需求扩大、消费结构升级带来的业务机会，为新一轮增长提供更多动力。

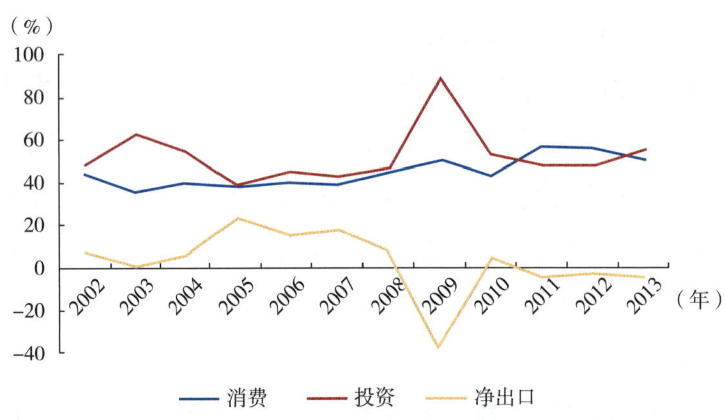

数据来源：国家统计局。

图4-3 三大需求对GDP增长的贡献率

（二）投资增速总体下行，基础设施投资增速回升

2013年我国固定资产投资和房地产投资的增速均呈下行趋势，其中固定资产投资（不含农户）累计同比增长19.6%，近几年来首次跌破20%。房地产开发投资累计同比增长19.8%，虽较2012年有所上升，但总体增速远远小于2010—2011年30%左右的增速水平（见图4-4）。

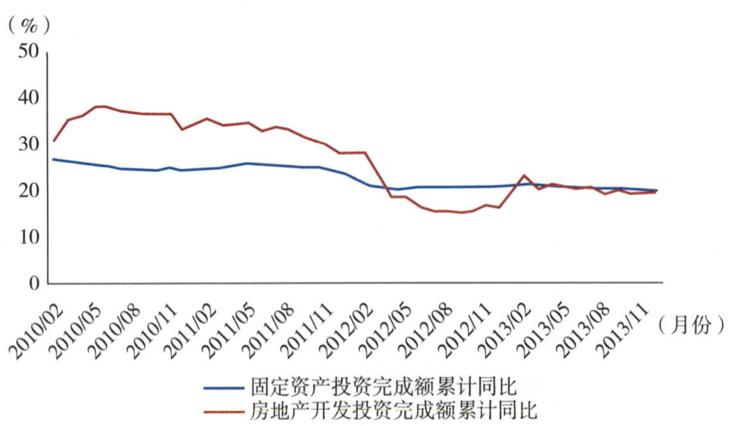

数据来源：国家统计局。

图4-4 固定资产和房地产投资增速

虽然总体投资增速下行，但2013年我国城镇化建设步伐加快。基础设施建设投资累计同比增长21.18%，较2012年大幅增加7.5个百分点；电力、热力、燃气及水生产和供应业投资增长18.4%，比2012年增长5.6个百分点。

（三）消费结构升级，带动信托产品创新

近年来，我国消费金额及其对经济增长的贡献率逐年上升。2013年全年社会消费品零售总额为234,380亿元，比2012年名义增长13.1%，高于GDP同比增长幅度。总体增速在近几年来虽然不高，但金银珠宝类、通信器材类、建筑装潢材料类等部分消费品零售总额仍保持20%以上的高速增长。可见，我国正处在消费结构升级的关键阶段，居民的消费结构正在由吃、穿等生存型消费向住、行、教育、旅游等发展型和享受型消费过渡，信息消费和耐用品消费也有很大的空间。在出口与投资受阻的情况下，消费将成为推动中国经济未来发展的又一强劲动力。发展型和享受型消费的发展为信托公司打开了业务空间，消费信托、消费金融等业务已经出现。

数据来源：Wind。

图4-5 社会消费品零售总额

三、实体产业政策频出，信托适时转变发展思路

为了顺应我国经济结构调整，实体产业政策频繁发布，在建立房地产调控长效机制、放开基础设施建设投融资、抑制产能过剩、支持新兴产业等方面做出了指引和规划，为信托业的转型提供了积极的思路。

（一）房地产调控趋向建立长效机制，信托业务拓展谨慎乐观

新一届政府施政以来，房地产政策的调控思路发生调整，在建立长效机制上着力

更多，房地产调控被纳入整个经济改革的框架中，五年3,600万套保障房建设、房产税的推出、自住房模式的出现等都是房地产长效机制的组成部分。同时，中共十八大提出“改革工业用地和居住用地比价”、“提高农民在土地增值收益中的分配比例”等内容，将集约化利用城市土地和赋予集体土地同等权利的改革推向实质，而这些改革在长期中将改变城市土地供应模式，或将破除政府对土地财政的依赖，化解房价过快增长的重要难题。

在长效机制作用下，房地产市场泡沫将得到有效抑制，房地产发展将趋于稳定，保障房、自住房将吸纳部分市场需求，并有效影响整个市场的预期，房地产信托业务在此背景下应重点关注一二线城市的刚需类项目，对三四线城市秉持谨慎态度。同时，城市工业用地的集约化利用、集体土地同权同价入市等制度措施，或将改变房地产市场的土地供应结构，信托业在此过程中将获得相应机会，如物流仓储、工业园区等工业地产已有信托产品出现。

表4—1　　2013年房地产调控政策梳理

2月	温家宝主持召开国务院常务会议，确定五项加强调控房地产市场的调控政策（“新国五条”）
3月	出台“新国五条细则”，主要关注点在于20%交易税的严格征收、房产税试点扩围和二套房贷政策收紧等
3月、4月	各地陆续出台房地产调控细则，房价调控目标基本以不超过居民可支配收入涨幅为标准
7月	中共十八届三中全会强调市场调节力量，未来着眼于完善财税体制、房地产税立法、建立城乡统一的建设用地市场等长效基础制度建设
8月	多家房地产企业提交再融资预案
11月	国务院印发《关于加快棚户区改造工作的意见》，政治局会议表态，“促进房地产市场平稳健康发展”，没有再出现“调控”二字
12月	中央经济工作会议未明确提出房地产调控，提出解决好住房问题，探索适合国情，符合发展阶段特征的住房模式；特大城市要注重调整供地结构，提高住宅用地比例，提高土地容积率

数据来源：根据公开资料整理。

（二）基础设施建设投融资逐步放开，信托业调整业务模式仍存机会

中共中央、国务院对下一步城镇化发展提出了明确的规划与要求，力主发展新型城镇化。2012年我国城镇化率为52%，17%左右的人口还没有落户城镇，还有7,000多万的流动人口，未来城镇化仍会加速发展，其对城市基础设施的需求将是巨大的。新型城镇化的发展需要大量资金，据麦肯锡测算，到2020年新型城镇化的资金需求将超过30万亿元，在考虑地方政府债务安全的情况下，预计这其中将有一半资金由政府解决，而另一半的资金缺口，则将引入社会资本加以补充。

面对如此大的资金缺口，中央政府将继续推进引入民间资金、放开基础设施建设投融资的思路。中共十八届三中全会的《中共中央关于全面深化改革若干重大问题

的决定》指出"建立透明规范的城市建设投融资机制，允许地方政府通过发债等多种方式拓宽城市建设融资渠道，允许社会资本通过特许经营等方式参与城市基础设施投资和运营"，即政府将采用发债和特许经营的模式来筹集基础设施建设资金，而后一种即所谓的PPP模式。部分省份已经开始尝试推行，如浙江省省长在2014年1月全省财政地税工作电视电话会议上表示拟推进试点PPP模式，目前已经在草拟具体方案。部分领域也开始放开投融资限制，引入民间资本，如2013年8月国务院颁布《国务院关于改革铁路投融资体制加快推进铁路建设的意见》（国发〔2013〕33号），推进铁路投融资体制改革，要求多方式、多渠道筹集建设资金，引入社会资本。信托改变传统政信类业务模式，围绕政府主推的PPP模式开展创新活动，仍可在基础设施建设领域大量开展业务。

（三）政府加大产能过剩行业调整力度，信托业须严防风险波及影响

国务院于2013年10月6日发布了《国务院关于化解产能严重过剩矛盾的指导意见》（国发〔2013〕41号），指出化解产能严重过剩矛盾是当前和今后一个时期推进产业结构调整的工作重点，并鼓励非公有制企业通过参股、控股、资产收购等方式参与产能过剩行业企业的兼并重组。受国际金融危机的深层次影响，国际市场持续低迷，国内需求增速趋缓，我国部分产业供过于求的矛盾日益凸显，传统制造业的产能普遍过剩，特别是钢铁、水泥、电解铝等高消耗、高排放行业尤为突出。钢铁、电解铝、船舶等行业的利润大幅下滑，企业普遍经营困难。值得关注的是，这些产能严重过剩行业仍有一批在建、拟建项目，产能过剩呈加剧之势。如不及时采取措施加以化解，势必会加剧市场恶性竞争，造成行业亏损面扩大、企业职工失业、银行不良资产增加、能源资源瓶颈加剧、生态环境恶化等诸多问题，直接危及产业健康发展，甚至影响民生改善和社会稳定大局。虽然信托公司极少介入过剩行业，但仍需关注过剩行业风险的波及效应，谨防其上下游相关领域的信托业务受到冲击。

（四）新兴行业受政策支持力度较大，信托存在选择性进入机会

医疗服务、节能环保、现代农业、文化传媒等新兴行业一直得到政策支持，作为我国经济转型的重要突破口，上述行业需要在中长期内快速发展。2013年中共十八届三中全会的《中共中央关于全面深化改革若干重大问题的决定》将对上述产业的支持向前推进了一大步，具体体现如下：（1）市场化精神将渗透于未来的医疗改革中，未来基础医疗仍可能由政府主导，中高端医疗需求市场将发挥更大作用，这将有利于相关医疗服务、器械、医药产业的良性发展；（2）发展环保市场，推行节

能、碳排放权、排污权、水权交易制度，建立吸引社会资本投入生态环境保护的市场化机制，推行环境污染第三方治理，建立和完善严格监管所有污染物排放的环境保护管理制度，独立进行环境监管和行政执法；（3）加快构建新型农业经营体系，鼓励农村发展合作经济，扶持发展规模化、专业化、现代化经营，鼓励和引导工商资本到农村发展适合企业化经营的现代种植业、养殖业，向农业输入现代生产要素和经营模式，生态农业等领域都会有较快发展；（4）进一步深化文化体制改革，解放和发展文化生产力，推动文化与市场的接轨，建立健全现代文化市场体系，力图提高文化资源配置的质量、效益和速度，拓展精神文化产品创作、生产、传播和消费空间。

目前中央已决定加快设立国家新兴行业引导基金，完善市场化运行长效机制，我国已进入必须依靠创新驱动发展的新阶段，推动结构调整和产业升级需要投资基金的助力和催化，以此来促进新兴行业蓬勃发展。信托公司作为投融资市场的重要力量，通过发挥专业资产管理能力和信托制度优势，已经选择部分短期内颇具盈利前景的新兴行业先行进入，例如医疗卫生、节能环保、文化创意产业等，并同时关注其他长期内存在较大发展空间的行业。在代表未来方向的新兴行业领域，信托公司已经在有选择性地开展业务。

四、社会融资结构改变，信托业助力经济平稳发展

2013年在社会融资结构中，信托贷款和委托贷款等直接融资比重进一步提升。市场整体流动性比较平稳，信托产品发行规模比较稳定。社会融资成本有所上升，但信托产品收益率变化不大。

（一）融资结构变化，信托贷款等直接融资比重增加

2013年整个社会融资规模增速放缓，据中国人民银行公布的初步统计数据，全年社会融资规模为17.29万亿元，虽然创年度历史最高水平，比2012年增加1.53万亿元，但其同比增速仅为9.69%，较2012年22.87%的水平有所下滑。值得注意的是，2013年社会融资规模的另一大显著变化是，人民币贷款占社会融资规模的比重从2012年的52%下降至51.4%，创下了年度历史最低水平，而委托贷款、信托贷款占社会融资规模的比重都出现不同程度的提高。实际上，虽然人民币贷款依然是实体经济的主要融资工具，但由于银行表外业务及信托、资产管理等金融体系其他融资方式发挥的作用越来越大，银行贷款的作用开始下降，社会其他直接融资渠道的作用开始加强。

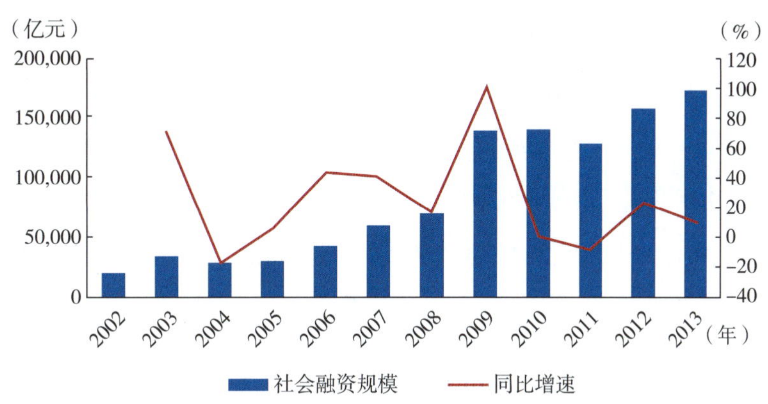

数据来源：Wind。

图4-6 社会融资规模及其同比增速

具体来看，2013年全年人民币贷款增加8.89万亿元，占同期社会融资规模的51.4%，同比低0.6个百分点；外币贷款折合人民币增加5,848亿元，占比3.4%，同比低2.4个百分点；委托贷款增加2.55万亿元，占比14.7%，同比高6.6个百分点；信托贷款增加1.84万亿元，占比10.7%，同比高2.6个百分点；未贴现的银行承兑汇票增加7,751亿元，占比4.5%，同比低2.2个百分点；企业债券净融资1.80万亿元，占比10.4%，同比低3.9个百分点；非金融企业境内股票融资2,219亿元，占比1.3%，同比低0.3个百分点。

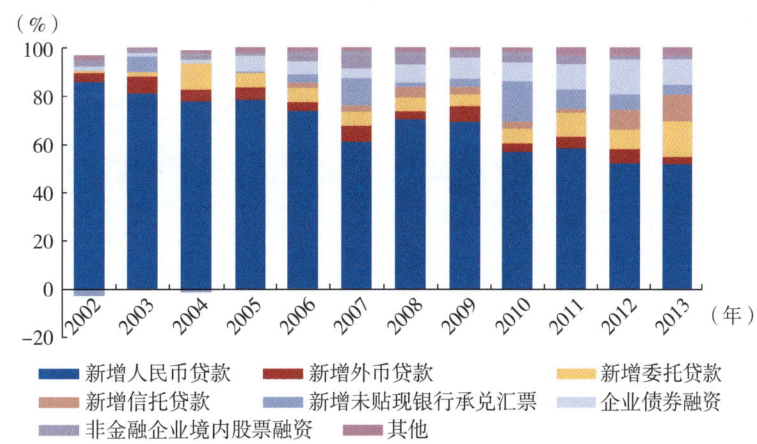

数据来源：Wind。

图4-7 2002—2013年社会融资结构

（二）社会资金流动性平稳，信托产品发行稳定

截至2013年末，我国广义货币量为110.65万亿元，余额同比增长13.6%，增速较前几年有所放缓。总体来看，M_2增速放缓符合宏观调控的预期和稳健货币政策的要

求。事实上，为了促进经济发展，保持社会资金流动性稳定，政府及中国人民银行做了许多努力，如2013年1月18日中国人民银行宣布将启用公开市场短期流动性调节工具（Short-term Liquidity Operations，SLO），作为公开市场常规操作的必要补充，在银行体系流动性出现临时波动时相机使用。尽管2013年6月末银行间出现了阶段性的钱荒，但从全年看，社会流动性总体保持稳定。除了受6月钱荒影响基金化产品受到轻微影响外，信托业资金受益于社会流动性稳定，产品全年发行较为稳定，新增信托项目金额大幅增加，同比增长32.36%。

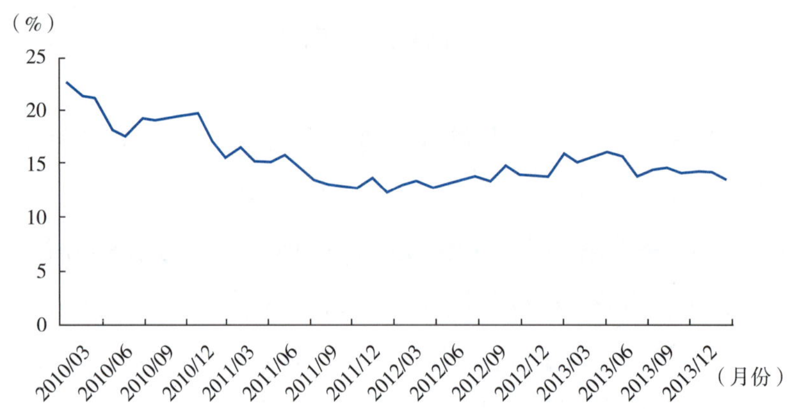

数据来源：Wind。

图4-8　2010—2013年各季度广义货币量（M_2）同比增速

（三）社会融资成本略有上升，信托产品的预期收益率变化不大

受社会融资规模放缓和央行控制社会资金流动性的影响，2013年社会平均融资成本略有上升，金融机构人民币贷款加权平均利率从2012年第四季度的6.78%上升至2013年第四季度的7.2%（见图4-9）。

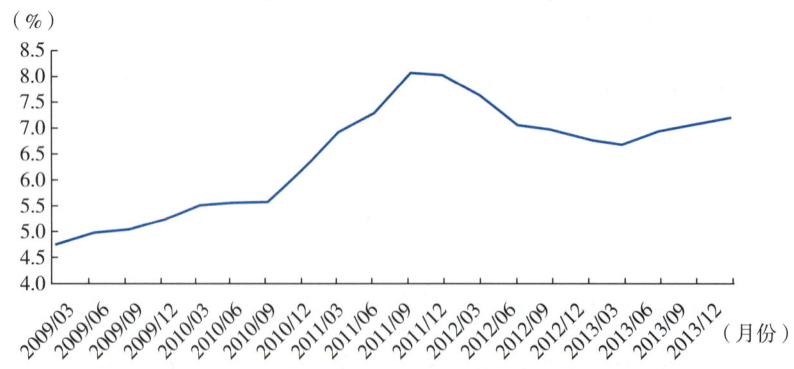

数据来源：Wind。

图4-9　2009—2013年各季度金融机构人民币贷款平均利率

具体来看，银行理财产品的预期收益率（1年期）从2012年3月的5.86%不断降低，至2012年12月降至5.28%，此后又不断攀升，至2013年12月已经攀升至5.82%的较高水平，2013年全年银行理财产品的预期收益率都在一个持续上升的变化中；信托产品的平均预期收益率（非证券类1年期以下）也经历了相似的过程，由2013年1月的8.12%上升到12月的8.45%[①]。

五、稳健货币政策和积极财政政策持续

尽管2013年央行没有用调息和调准来控制货币投放，但其多次采用正回购和逆回购保持市场流动性，此外，央行采用公开市场短期流动性调节工具，作为公开市场常规操作的必要补充，在银行体系流动性出现临时波动时相机使用。2013年，央行全年净投放现金3,899亿元，与上年基本持平。M_1和M_2的货币供应量也逐渐向预期目标回归，预计2014年将继续保持稳健的货币政策。新一届政府已多次强调货币政策要保持定力，重点是通过盘活存量、用好增量来支持实体经济发展和结构调整。

财政政策逐步向民生领域倾斜。2013年，我国财政收入增速放缓导致财政支出也出现放缓态势，但部分民生项目支出仍保持了较高的增速。2013年，医疗卫生、社会保障和就业、农林水事务、城乡社区事务、交通运输等项目的支出增速较2012年有明显提升。2013年末的中央经济工作会议强调继续实施积极的财政政策，积极的财政政策的政策基调自2008年末中央经济工作会议以来，已经连续保持了6年。预计2014年政府仍会采取积极的财政政策，但会有结构上的分化，民生领域将会得到更多的财政支出，财政政策作用将更多地体现为通过提供保障带动消费。

① 数据来源：Wind。

第五章　市场环境

2013年，高净值人数不断增加，理财需求旺盛，推动了理财市场的持续繁荣，为信托业提供了广阔的市场空间，同时，信托作为直接融资工具成为企业融资的重要补充；金融自由化进程加速，具体表现为利率市场化进一步推进、多层次的资本市场逐渐搭建、综合金融服务成为趋势；资产管理竞争进入白热化，资产管理机构呈现竞合态势，信托业转型在即；互联网金融兴起，传统金融行业面临的挑战与机会并存，信托公司需予以密切关注。

一、居民理财需求旺盛，为信托业提供了市场空间

2013年居民财富快速增加，高净值人士数量持续增长，信托业的目标客户群体日益扩大。理财市场良好的发展态势为信托公司开展业务提供了广阔的市场空间。

（一）居民财富快速增加，信托业的目标客户群有所增加

过去三十多年来，改革开放带来的政策红利在推动中国经济高速增长的同时，也使人民收入水平实现了快速提高。国家统计局的数据显示，全国收入前10%的城镇居民家庭的人均可支配收入增长迅猛，近十年的年均增长率为13.4%。可投资资产总额在600万元以上的高收入家庭的数量和其在全国家庭数量的占比均直线上升：绝对数量从2008年的51万户增加至2012年的174万户，年均增加30万户；占比从2008年的0.014%上升至2012年的0.047%。

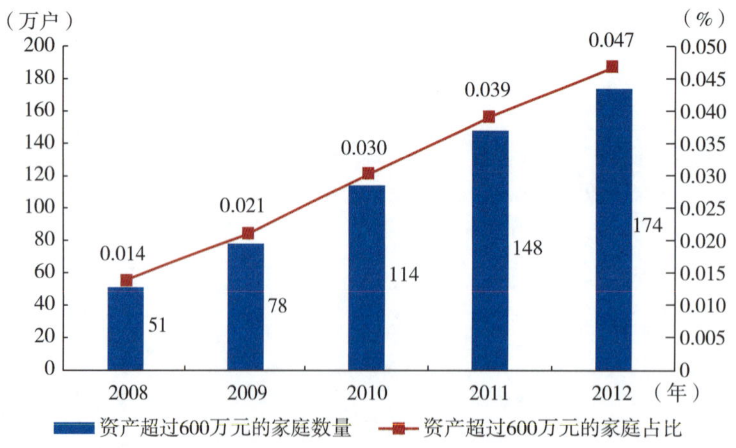

数据来源：招商银行与贝恩咨询公司联合发布的《2013中国私人财富报告》。

图5-1　高净值家庭数量及占比变化

中国经济的高速增长和居民收入的不断提高使得社会财富积累步入了前所未有的上升时期。2012年中国个人持有的可投资资产总体规模达80万亿元，相比2008年的个人可投资资产规模已经翻番。与此同时，中国高净值人群的规模也在逐年扩大，2012年中国拥有千万元以上资产的人数超过70万，与2010年相比，增加了约20万人，年均复合增长率达18%，并已超过2008年人数的2倍。其中，拥有亿元以上资产的人群规模现已超过4万人，可投资资产在5,000万元以上的人群约10万人。就私人财富规模而言，2012年中国拥有千万元以上资产的人群共持有22万亿元的可投资资产，人均持有的可投资资产约为3,100万元。

《信托公司集合资金信托计划管理办法》（银监会令2007年第3号）对信托计划的合格投资者应符合的标准（如个人或家庭金融资产总额、个人或夫妻双方年收入等）做出了明确的规定，并指出投资一个信托计划的最低金额不少于100万元（实际操作中通常远高于100万元），这就意味着我国的大众富裕阶层及高净值人群是信托产品的主要客户群。近年来，随着居民财富的快速增加，我国高净值人群数量持续增长，信托产品的目标客户群也在不断扩大。

（二）理财市场空前繁荣，信托公司积极参与其中

金融市场的不断完善和个人财富的不断积累推高了居民的理财需求，理财市场出现空前繁荣。在理财产品方面，银行理财产品、各类基金产品、保险产品等传统理财产品的发行规模出现不同程度的增长；而根据招商银行与贝恩咨询公司联合发布的《2013中国私人财富报告》，近年来信托产品在高净值人群资产配置中所占比重呈现出明显的上升趋势；此外，值得注意的是，2013年理财市场上还涌现了大量创新型理财产品，比较具有代表性的有家族信托、消费信托等。在理财机构方面，近年来，我国理财市场参与者明显增加，证券公司、基金公司及基金子公司、保险公司等纷纷开展资产管理业务，而在信托业蓬勃发展的带动之下，如雨后春笋般迅速崛起的第三方理财机构也逐渐发展成为理财市场上不可小觑的新兴力量。中国财富市场蕴藏着巨大的增长潜力，未来在经济持续增长以及金融“脱媒”进程不断推进等因素的带动下，理财市场仍将保持良好的发展势头，信托业也将迎来一定市场空间。

二、直接融资持续发展，信托业融资符合国家政策导向

2013年，我国社会融资规模达到17.29万亿元，其中新增人民币贷款、新增外

币贷款以及未贴现银行承兑汇票三项（间接融资）合计占社会融资规模的比重接近60%，间接融资主导金融市场；从我国直接融资市场实际发展情况看，目前债券市场规模较小，债券发行和持有的主体比较单一，企业债券融资和非金融企业境内股票融资两大直接融资渠道占比仅为11.7%，而这一比重在英美两国处在60%~70%的水平，与此同时，股票市场各项制度也有待完善。

随着我国经济转型不断推进，直接融资市场的发展也日益引起决策层的高度关注。推动资本市场发展、扩大直接融资比重在中共十八届三中全会上再次被提出，并将成为未来一段时间内我国全面深化改革的重点工作。伴随着我国金融市场的发展，金融“脱媒”的进程不断加速，尤其反映在直接融资市场的快速发展。

信托是除证券市场外另一重要的直接融资渠道，通过发行集合类资金信托计划，信托公司直接在市场上募集高净值人群及机构投资者手中的闲置资金，经过谨慎的项目筛选与评估，将资金以信托贷款或股权投资等形式提供给融资方（企业），信托计划到期后再将投资本金及收益返还给投资者。信托业的发展，尤其是集合类资金信托计划的发展，符合国家“扩大直接融资比重”的政策导向，有助于全面深化改革目标的最终实现。在直接融资持续发展的过程中，信托业将继续发挥其为实体经济提供融资的重要作用，成为直接融资渠道的重要补充。

三、金融自由化进程加速，信托公司积极应对

2013年我国金融自由化进程加速：利率市场化改革取得积极进展，多层次资本市场体系的搭建进一步完善，金融机构开展综合金融的趋势更加明显。这些为信托公司业务开展带来挑战，也带来新的机遇。

（一）利率市场化驶入快车道，金融市场格局影响深远

利率市场化是金融自由化的具体表现之一，其实质为将利率的决策权交给金融机构，由金融机构根据资金状况和对金融市场动向的判断来自主调节利率水平，最终形成以中央银行基准利率为基础，以货币市场利率为中介，由市场供求决定交易利率的利率形成机制。

我国利率市场化改革于2013年开始在四大方面取得了较大进展：一是全面放开金融机构贷款利率管制。2013年7月20日，人民银行取消金融机构贷款利率下限，放开票据贴现利率管制，同时对农村信用社贷款利率不再设立上限。二是建立健全市场利率定价自律机制。在符合国家有关利率管理规定的前提下，由金融机构对自主确

定的货币市场、信贷市场等金融市场利率进行自律管理。三是建立并正式运行贷款基础利率（LPR）集中报价和发布机制，为金融机构信贷产品市场化定价提供参考，市场基准利率报价从货币市场拓展至信贷市场。四是稳步推进同业存单发行交易，扩大负债产品市场的定价范围，发布《同业存单管理暂行办法》（中国人民银行公告〔2013〕第20号）。

从目前看，利率市场化对于金融市场的影响相对有限，而随着改革的不断深入，尤其是存款利率上限的进一步放开，我国金融市场格局必将面临深刻的变革。一方面，商业银行存款利率的上浮有可能吸引部分居民储蓄回流银行体系，同时，也将推高银行理财产品收益率水平，从而缩小其与其他理财产品之间的收益差距，最终削弱非银行机构理财产品的竞争力；另一方面，全面利率市场化实施以后，在利差缩小、竞争加剧等压力下，部分商业银行或将向优质中小企业客户提供金融服务倾斜，届时也将对包括信托公司在内的各金融机构的业务开展形成一定压力。

（二）多层次的资本市场逐步搭建，信托公司面临新的业务机会

金融自由化的发展依托于完善、健全的金融架构与丰富多样的金融机构，借此融资主体和投资者可以结合自身实际，自由选择金融工具，完成投融资决策。近年来，我国致力于发展多层次资本市场体系，并取得了长足的进步。一方面，多层次的资本市场框架已逐步搭建。目前，我国的资本市场已初步建立以主板、创业板、新三板、区域性股权交易市场和OTC柜台市场为架构的多层次资本市场格局。在此基础上，伴随利率市场化的深入推进以及金融衍生品的拓展，加上诸如“沪港通”、QFII扩容、优先股以及T+0试点等利好消息，中国的资本市场将迎来一个蓬勃发展的新时期。另一方面，资本市场的运作将更加规范。多层次的资本市场在坚持服务于不同结构的实体经济，注重风险防范与市场化、法治化、国际化三大原则的基础上，将向发达金融市场靠近，直接融资的占比将有质的提升，债券市场的规模还会进一步扩大，资产证券化会更为常态化，私募和场外交易也会迎来一波新的发展。未来的资本市场在为新兴产业提供资金、支持传统产业转型升级、促进资产管理等方面将发挥更重要的作用。

对于信托公司来说，在深入推进多层次市场改革的进程之中，我国各金融板块的功能将逐步分化，对应的金融服务也将逐步细化，新兴业务领域将不断涌现；股票市场的健康发展、新三板市场的不断扩容、产业并购更加频繁、资产证券化常态化发展以及各类期货市场的创新发展等，均将为信托公司带来更多的业务机会。

（三）综合金融服务加强，信托公司呈现多元化经营趋势

目前我国各类金融机构正在逐步走向综合金融服务的道路。金融机构开展综合金融服务可以快速便捷地提供多种金融服务，更全面地满足客户的需求，增加客户黏性。开展综合金融服务也是行业竞争的趋势，目前国际上大的金融机构在主业突出的基础上，基本都在做全面的金融业务的延伸，以降低单业竞争的成本，提高效率。而我国金融自由化的推进更是推动金融机构开展综合金融业务，通过开展跨行业、跨市场合作及创新提高竞争力。此外，现代信息技术的发展为混业经营提供了技术上的可能性。

开展综合金融服务已成为我国金融市场发展的一大趋势。银行、信托、保险、证券等金融机构逐渐通过多种方式的创新突破原有市场边界。大中型银行通过投资收购或成立保险、基金、信托、租赁等非银行子公司，搭建综合金融平台。保险、证券、信托、基金等机构也通过控股或参股其他金融机构，开展多元化经营。2013年《证券投资基金法》（2012年修订）正式实施，符合条件的证券公司、保险资产管理公司、私募证券基金管理机构三类机构可以直接申请开展公募基金管理业务，这进一步推动了金融机构的综合金融服务趋势。2013年，东方证券和中国人寿分别通过旗下资产管理公司发起设立了首家证券系和保险系的公募基金管理公司。信托业的综合金融服务趋势也进一步加强，截至2013年末，由信托公司控股或并列控股的基金公司已达25家，此外有30家左右的信托公司直接或间接持有基金子公司牌照。可见，信托公司通过持股其他金融机构，或凭借金融机构股东背景，不断向同业业务进行渗透，利用其他金融机构的业务牌照，整合资源，扩大资产管理的范围，有效增加资产管理的手段。

四、资产管理市场空前繁荣，信托业转型在即

2013年随着证券公司、基金公司、保险公司、商业银行等机构纷纷开展资产管理业务，新的资产管理市场格局已基本形成。各类资产管理机构之间竞争与合作并存，信托公司需要探索新的业务领域和盈利模式。

（一）资产管理新格局形成，竞争对手争相涌入

从2012年第三季度起，中国证监会、中国保监会开始密集出台多项“新政”，为证券公司、基金公司、保险公司等金融机构开展资产管理业务“松绑”，“泛资管”时代帷幕自此开启。从2013年市场实际运行情况看，各金融机构纷纷大力开展

资产管理业务，积极抢占市场份额，“泛资管”行业规模快速攀升。随着资产管理业务规模的不断扩张，相关风险的积累也逐渐引起监管层的高度重视，与2012年的全面放松管制相比，2013年监管部门对各金融机构的资产管理业务则着重加强风险监测与规范管理。总体上，经过一年多的运行，资产管理格局已基本形成，资产管理市场正由最初的无序扩张向稳健经营方向逐渐转变。

2013年金融机构资产管理业务规模快速扩张，其中证券公司和基金子公司表现最为突出。数据显示，2012年6月末证券公司受托管理的资金本金总额仅为4,802.07亿元，而至2013年末便已达5.20万亿元，在短短一年半的时间内，证券公司资产管理业务规模以平均每半年121%的速度快速增长，而同期信托资产规模平均每半年仅增长25%。基金子公司自设立以来发展较快，根据证券投资基金业协会公布的数据，截至2013年末，共有62家基金管理公司成立子公司，管理资产达9,414亿元。2013年9月末，银监会业务创新监管协作部批准工商银行、浦发银行等国内11家商业银行同时开展理财资产管理及债权直接融资业务试点，各家银行的试点额度在5亿~10亿元不等。这意味着如果试点工作进展顺利，商业银行也将开展资产管理业务，届时资产管理市场规模将进一步扩容。资产管理市场新竞争者的加入在一定程度上挤占了信托公司原有业务空间。

（二）资产管理机构竞合并存，信托展业模式面临变革

资产管理新格局形成至今，各金融机构之间总体上呈现竞争与合作并存的关系。2013年，资产管理行业的竞争主要围绕银行通道业务。证券公司资产管理业务可具体分为定向资产管理、集合资产管理和专项资产管理三类，而其中占比高达九成以上的定向资产管理业务为银证合作通道业务，这对于信托公司传统银信合作通道业务产生了直接冲击。证监会的新规允许基金子公司投资于金融市场之外的非标准化股权、债权、其他财产权和中国证监会认可的其他资产，因此，相比券商的资产管理，基金子公司的业务范围更加广泛，其业务范围及业务模式与信托公司基本一致，对于整个资产管理市场来说，基金子公司的介入实质上意味着信托牌照的新一轮增发与扩容。与信托公司相比，基金子公司在业务开展过程中所受的监管相对较为宽松且无资本金限制，使其具有形式较为灵活、成本相对低廉、资金到位更为及时等优势，对融资方来说具备一定的吸引力，对信托公司房地产、基础产业等领域的融资类业务形成分流作用。在此背景下，信托业亟须探索创新路径以突破传统业务模式，寻找新的业务蓝海并拓展盈利空间。

然而，面对日益激烈的竞争和逐步缩水的利润空间，金融同业之间的广泛合作机会也随之到来。从2013年资产管理行业的发展情况看，资产管理新政在给证券公司、基金公司及保险公司等金融机构的资产管理业务松绑的同时，也将信托产品不同程度地纳入各自的投资范围之中，如证监会允许证券公司集合资产管理计划投资于信托公司的集合类资金信托计划产品，基金管理公司的专项资产管理计划也可以投资于包括信托产品受益权在内的“其他财产权利”，保险资金可投资于净资产不低于30亿元的信托公司集合类信托计划产品等。目前，各金融机构之间的同业合作主要体现在产品采购，但随着资产管理市场的不断成熟，未来更多创新型合作模式将陆续涌现，各资产管理机构之间将呈现“你中有我，我中有你”的新局面。

五、互联网金融兴起，信托公司需密切关注

2013年被称为互联网金融元年，其间各种互联网金融创新不断涌现，对传统金融模式造成了极大的冲击，引起市场的高度关注。以余额宝为例，截至2013年末，余额宝总规模达1,853亿元，累计用户达4,303万；自成立日至2013年末为客户累计实现收益17.9亿元。与此同时，借助余额宝，天弘基金资产管理规模由一年前行业排名第46名一举升至行业龙头地位。余额宝的创新使金融服务强力惠及广大民众，在一定程度上颠覆了传统金融模式，使得互联网金融的概念深入人心。

互联网金融是互联网精神和传统金融业务相结合的新兴领域，它依托于网络支付、云计算、社交网络以及搜索引擎等互联网工具，为金融行为植入了“开放、平等、协作、分享”的互联网基因。在广义上，一切具备互联网精神的金融业态均可称为互联网金融，包括网上银行、手机银行、第三方支付、在线理财产品销售、网络金融中介、金融电子商务等。互联网金融与传统金融的区别不仅在于金融业务所采用的媒介不同，更重要的是金融参与者深谙互联网“开放、平等、协作、分享”的精髓，通过互联网技术的应用，使传统金融业务具备透明度更强、参与度更高、协作性更好、中间成本更低、操作更加便捷等一系列特征。

互联网金融集中体现了普惠金融的思想，不仅摆脱了时间和空间对金融行为的约束，大大扩展了金融服务的有效边界，并且大大降低了参与金融理财的门槛。互联网金融通过这种直接、自由、灵活的服务形式和内容，能够智能地满足不同群体的需求，还提供更加个性化、贴身化的金融服务。随着人们对互联网金融了解的不断深入，人们对其的接受程度不断提高，应用范围和领域也将不断扩大，互联网金融

未来将成为金融活动的重要组成部分，对人们的生活方式将产生深刻的变革。

互联网金融的兴起已经引起了包括信托公司在内的众多传统金融机构的密切关注。在互联网金融飞速发展的背景下，信托公司应根据自身的优势与特点，积极探索与互联网技术相结合的创新路径，以顺应时代发展趋势的变化。

第六章 监管环境

2013年国家连续出台了多项监管政策，对信托公司经营产生了影响。如国务院办公厅发布了《国务院办公厅关于加强影子银行监管有关问题的通知》（国办发〔2013〕107号，以下简称“107号文”），对由地方政府或不同部门分散管理、不持有金融牌照的影子银行的经营活动明确提出统一监管思想，规范各类影子银行的业务活动；银监会下发《中国银监会关于规范商业银行理财业务投资运作有关问题的通知》（银监发〔2013〕8号，以下简称“8号文”），规范银行理财业务；继2012年末财政部会同国家发改委、人民银行和银监会联合下发《关于制止地方政府违法违规融资行为的通知》（财预〔2012〕463号，以下简称“463 号文”）后，银监会发布了《中国银监会关于加强2013年地方政府融资平台贷款风险监管的指导意见》（银监发〔2013〕10号，以下简称“10号文”），以规范地方政府融资行为。

一、影子银行监管加强

随着我国金融市场改革的深入，传统银行体系已不能满足日益增长的多元化金融需求，伴随金融创新的脚步，影子银行应运而生，并在服务实体经济、丰富居民投资渠道等方面起到了积极作用，但不可忽视的是，由于影子银行概念模糊，界限不清，又缺乏有效监管，出现了业务不规范、管理不到位和监管套利等问题。为肯定影子银行在国家金融体系的合理地位，正确引导影子银行发展并防范其潜在风险，2013年12月，国务院办公厅发布了 “107号文”。

“107号文”肯定了影子银行“作为传统银行体系的有益补充”的地位，首次明确了影子银行的概念，即“传统银行体系之外的信用中介机构和业务”，并将这些机构和业务按照持有金融牌照及监管情况的不同分为三大类；同时，还“按照谁批设机构谁负责风险处置的原则”，对影子银行的监管责任分工做出了明确部署，该文件的出台对未来影子银行的规范管理、风险防范以及避免监管套利等方面均具有重要指导意义。

文件再次明确了监管部门对于信托公司“受人之托，代人理财”的功能定位，提出要“加快推动信托公司业务转型”，引导信托公司“回归信托主业”，并要求“建立完善信托产品登记信息系统，探索信托受益权流转”。从近几年出台的政策看，回归主业、加强主动管理能力、在业务上与商业银行实行差异化经营是监管部门对于信托公司的一贯指导思路，此次“107号文”再次强调要“运用净资本管理约束信托公司信贷类业务”，这意味着信托公司开展信贷类业务有可能面临更为严苛的计提比例和监管要求。

“107号文”指出，金融机构之间的交叉产品和合作业务，都必须以合同形式明确风险承担主体和通道功能主体，这表明银行同业及理财等通道业务的规范管理引起了监管部门的重视。此外，文件还对由地方政府或不同部门分散管理、不持有金融牌照的影子银行的经营活动明确提出统一监管思想，规范各类影子银行的业务活动。

二、业务规范升级

2013年对信托业主要业务影响较大的规范文件主要为影响银信合作业务的“8号文”，影响政信合作业务的“463号文”和“10号文”。

（一）“8号文”规范银行理财业务

“8号文”主要针对目前商业银行理财资金直接或通过非银行金融机构、资产交易平台等间接投资于“非标准化债权资产”业务从商业银行前端进行了规范、约束。

首先，明确了非标准化债权资产的范围，把所有不在银行间以及交易所交易的资产统统归为非标准化债权资产，其中把部分带回购的股权以及在北京金融资产交易所等挂牌的统统归为非标准化的范围，基本把信托、券商、基金、产权类交易所挂牌的所有产品纳入管理，圈定范围之广泛，前所未有。

其次，“8号文”从总量管理和占比控制的角度规定，“理财资金投资非标准化债权资产的余额在任何时点均以理财产品余额的35%与商业银行上一年度审计报告披露总资产的4%之间孰低者为上限。”这条规定对银行未来发展非标准化资产的规模形成了直接约束。

“8号文”的出台，虽然给银信等通道业务带来一定冲击，但“35%”和“4%”的限制还是为银行理财留足了发展空间，所以银信合作意在“规范”而非“限制”。

（二）“463号文”、“10号文”规范地方政府融资行为

四部委在“463号文”中针对地方政府融资行为提出了五方面要求：严禁直接或

间接吸收公众资金违规集资、切实规范地方政府以回购方式举借政府性债务行为、加强对融资平台公司注资行为管理、进一步规范融资平台公司融资行为、坚决制止地方政府违规担保承诺行为。“463号文”尤其针对地方政府与财务公司、信托公司、金融租赁公司等非银行金融机构的合作业务提出规范性要求，对公益性项目与财务公司、信托公司、金融租赁公司等非银行金融机构和地方政府的合作业务产生一定影响。

继“463号文”后，银监会于2013年4月下发“10号文”。在总体要求方面，银监会要求严格把握“融资平台”定义、完善“名单制”管理、动态调整风险定性、坚持退出分类制度，继续加强对“按平台管理类”和“退出为一般公司类”的监测和管理。在具体控制方面，银监会要求制订到期还款方案、密切监测到期贷款风险、控制平台贷款总量、实施平台层级差异化管理、严格新发放平台贷款条件、控制平台贷款投向、强化贷款审批制度、持续推进存量平台贷款整改、分类缓释存量贷款风险、建立全口径融资平台负债统计制度、审慎持有融资平台债券、防范融资平台再次融资、严格平台退出条件和平台退后管理，同时，表示在执行过程中将加强现场检查、实施问责机制。

三、2014年监管展望：稳健发展、防范风险

中国银监会主席助理杨家才在2013年中国信托业年会上，发表了关于信托业治理的重要讲话，主要内容有八项：一是公司治理机制，要求股东大会定章程、做决定，董事会定战略、做规划，监事会定规矩、做监督，经营层定绩效、做代理；二是产品登记机制，要建立信托产品登记信息系统，实现产品公示、信息披露、确权功能、交易功能；三是分类经营机制，促进差异化、特色化发展，实行分级管理、分类经营，同时建立升降级制度；四是资本约束机制，要求有合理明晰的分类资本计量方法，建立资本平仓制度，有补仓制度；五是社会责任机制，要求信托公司更应该负起社会责任，把公司社会责任约束的原则和具体条款公布出来，发布社会责任报告，社会责任必须在产品说明书和登记系统上写出来；六是恢复与处置机制，包括激励性薪酬怎么样回扣、红利回拨或限制分红制度、业务的分割与恢复安排、机构的处置与处理；七是行业稳定机制，探索建立一个“信托稳定基金”；八是监管评价机制。

2014年信托业面临的监管政策将围绕影子银行监管、业务风险防范、杨家才助

理的“八条要求”展开，监管形势将呈现以下特点：首先，国务院“107号文”提出了加强影子银行监管，但并没有细则，各监管机构在2014年将全面落实该文件，信托业可能面临规范第三方代销、规范“资金池”业务等监管要求；其次，业务风险防范监管将继续加强，在经济下行期，如何避免系统性风险、防范个案风险将是所有金融机构要面临的问题，2014年针对信托公司具体业务风险防范的规范政策还将继续出台；再次，推动信托公司转型的政策将陆续出台，信托公司经历了高速发展后，如今拐点隐现，在信托公司积极探索创新转型的同时，监管部门也将通过政策手段推动信托公司转型；最后，提高信托公司风险防范能力的系列政策有望出台，杨家才助理的“八条要求”中关于资本约束机制、恢复与处置机制、行业稳定机制等都是希望提高信托公司的风险防范能力，这些要求有望在2014年陆续得到落实。

业务篇

2013年信托业发展的外部环境充满了前所未有的不确定性。国际经济金融形势错综复杂，国内经济下行压力加大，利率市场化和资产管理市场改革加快推进，新出台的地方政府融资规范政策和商业银行理财业务运作政策压缩了信托公司传统的信政合作业务和银信合作业务空间。面对挑战，信托公司不断探索适应市场变化的业务模式，紧紧围绕服务实体经济和客户理财需求的主线，2013年受托管理信托资产规模继续保持平稳增长。从资金来源看，资金信托作为目前驱动信托业增长的主要信托品种，初步形成了低端的银行理财客户、中端的合格投资者客户和高端的机构和个人客户的分层，并且客户结构不断优化。从信托功能看，目前信托业务仍然以投资类和融资类等理财信托为主，但随着资产证券化、企业年金信托、公益信托、家族财富管理信托等业务的开展，依托信托制度功能本身的事务管理类业务占比开始提升。从资金投向领域看，信托公司以其“多方式运用、跨市场配置”的灵活经营体制，根据政策和市场的变化，始终紧紧围绕实体经济进行投融资服务，同时不断创新产品模式，持续改进管理水平。

第七章 信托业务总体概况

2013年信托公司经受住了外部环境剧烈变化的考验，发展增速略有放缓，仍继续保持了良性的发展态势。截至2013年末，信托资产规模接近11万亿元，达10.91万亿元，与2012年7.47万亿元相比，同比增长46%。从信托财产来源看，单一资金信托占比69.62%，同比增加1.32个百分点；集合资金信托占比24.90%，同比减少0.3个百分点；管理财产信托占比5.49%，同比减少1.01个百分点。

一、集合资金信托业务

集合资金信托产品数量和规模均保持增长势头，但在信托财产总额中的相对占比略有下降。从产品结构看，融资类仍占主导；在投向领域中工商企业占比较高；产品期限以中短期为主。清算的集合资金信托产品的数量和规模逐年递增，为投资者创造了可观的收益。

（一）规模结构

1. 产品规模创新高，增速逐步回落，在信托财产中占比略有下降

（1）存量情况。截至2013年末，全行业管理集合资金信托产品10,315个，总体规模为27,154.80亿元，较2012年增长44.24%。规模上，集合资金信托产品总规模从2010年第一季度末的不足3,000亿元，到2011年第三季度突破1万亿元、2013年第一季度突破2万亿元，再到2013年第四季度末已经接近3万亿元；增速上，季度同比增速于2011年第二季度达183%的峰值后持续回落，至2012年第四季度以后逐步稳定在40%左右的水平；环比增速在2010年、2011年始终保持在20%左右的较高水平，进入2012年以后逐步回落到10%左右的水平（见图7–1和图7–2）。

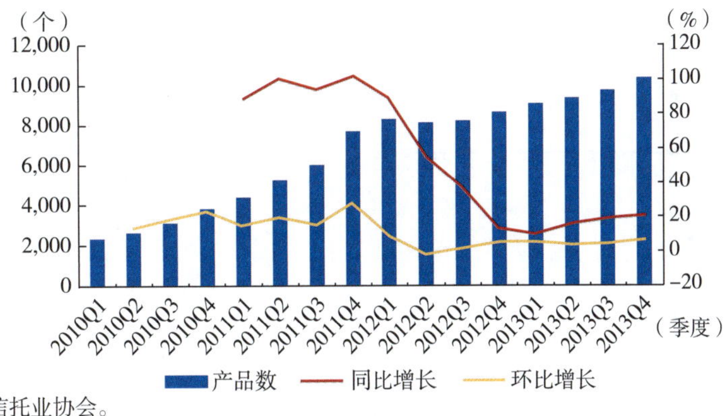

数据来源：中国信托业协会。

图7–1 2010—2013年集合资金信托产品数量

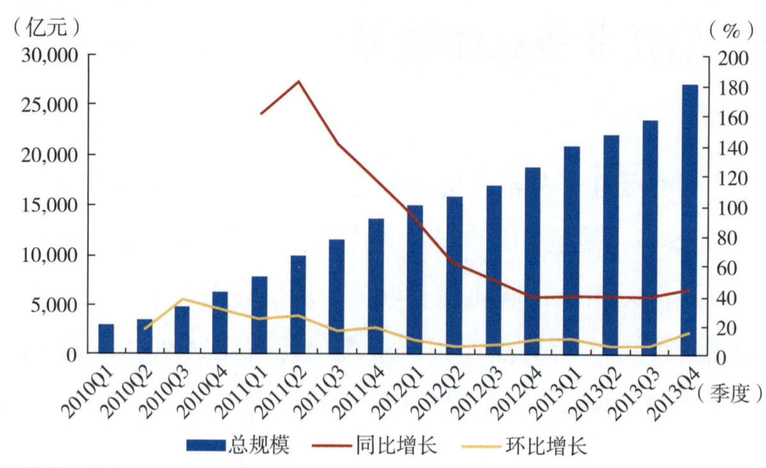

数据来源：中国信托业协会。

图7-2　2010—2013年集合资金信托产品规模

从存续规模看，截至2013年末集合资金信托产品在信托资产中的占比为24.90%，较2012年末减少0.3个百分点（见图7-3）。

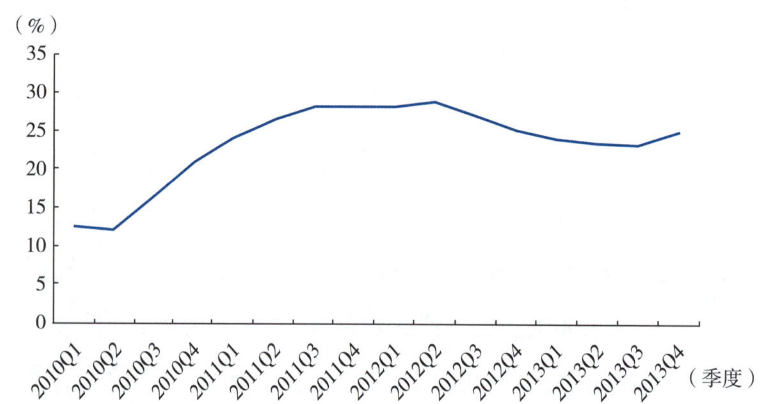

数据来源：中国信托业协会。

图7-3　2010—2013年集合资金信托产品占比

（2）新增情况。2013年全年新增集合资金信托项目6,436个，募集信托资金合计13,044.29亿元，新增规模较2012年增长28.38%。自2010年以来，年度新增的集合资金信托产品规模一直呈稳步上升趋势，但在产品数量上略有起伏，其中在2011年第四季度达到峰值，其后略有回落（见图7-4）。

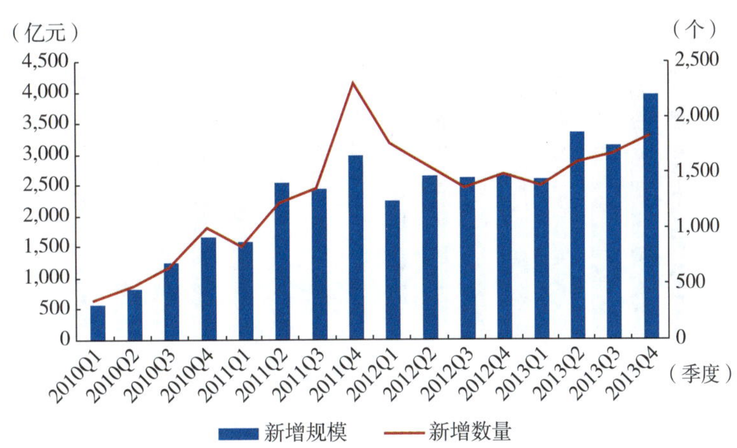

数据来源：中国信托业协会。

图7-4 2010—2013年新增集合资金信托产品数量和规模

2. 融资类信托仍占主导，但转型压力不断增大

在过去几年我国经济处于景气增长周期的背景下，企业的投融资需求十分旺盛。由于长期的金融抑制，以银行贷款为主导的间接融资受到额度限制，以资本市场为主导的直接融资发展相对滞后，大量优质企业和项目的融资需求无法从银行体系和资本市场获得满足。信托公司以融资类信托的方式开展私募投行业务正好满足了这一需求，融资类信托也成为支撑信托业快速发展的主流业务模式。截至2013年末，全行业管理的集合信托资金产品中，融资类信托为12,924.97亿元，占比47%；投资类信托为13,481.73亿元，占比50%；事务管理类信托为748.10亿元，占比3%（见图7-5）。

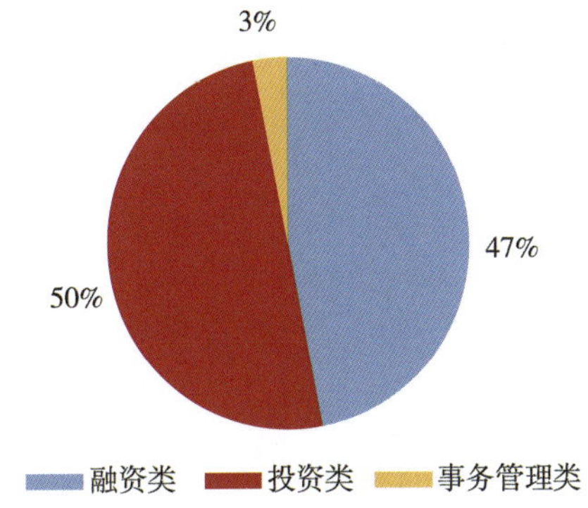

数据来源：中国信托业协会。

图7-5 2013年集合资金信托产品功能分类

从2010年以来集合资金信托产品功能分类结构变化情况看，融资类和投资类始终占据绝对比重，事务管理类基本保持3%~5%。尽管融资类和投资类二者呈现出此消彼长的特征，但融资类的真实比重一直要高于投资类（见图7-6）。

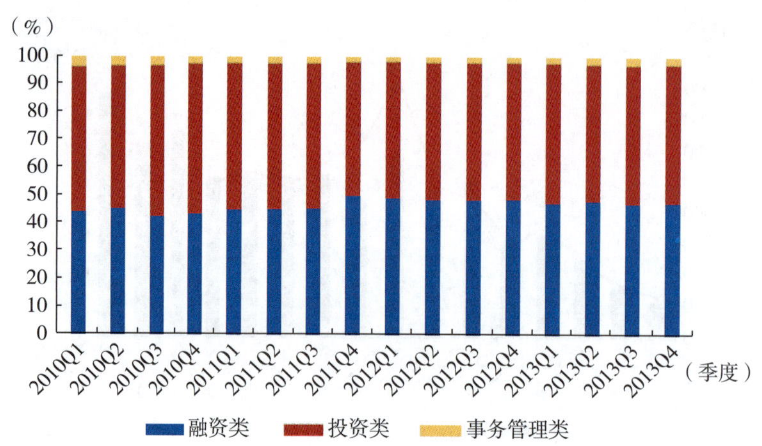

数据来源：中国信托业协会。

图7-6 2010—2013年集合资金信托产品功能分类变动情况

3. 贷款和可供出售及持有到期投资为主要的资金运用方式

集合资金信托产品的资金运用方式呈现灵活多样的特征，其中贷款、交易性金融资产投资、可供出售及持有至到期投资、长期股权投资、租赁等为主要的运用方式。

（1）存量情况。截至2013年末存续的集合资金信托产品中，可供出售及持有至到期投资规模为7,255.36亿元，占比26.72%；贷款的规模为6,974.33亿元，占比25.68%；长期股权投资的规模为4,278.82亿元，占比15.76%；交易性金融资产投资规模为3,356.08亿元，占比12.36%；其他规模为3,463.69亿元，占比12.76%（见表7-1）。

表7-1 2013年末集合资金信托产品资金运用方式结构

运用方式	产品数量（个）	占比（%）	产品规模（亿元）	占比（%）
贷款	2,662	26.27	6,974.33	25.68
交易性金融资产投资	2,172	21.43	3,356.08	12.36
可供出售及持有至到期投资	3,055	30.14	7,255.36	26.72
长期股权投资	1,141	11.26	4,278.82	15.76
租赁	18	0.18	19.15	0.07
买入返售	1,066	10.52	997.82	3.67
拆出	21	0.21	0	0.00
存放同业	—	—	809.54	2.98
其他	—	—	3,463.69	12.76
合计	10,135	100.00	27,154.80	100.00

注：合计数与加总数不一致是因为存在四舍五入。

数据来源：中国信托业协会。

从2010年以来集合资金信托产品资金运用方式结构变化的情况看，贷款占比自2012年第一季度以后持续上升，始终保持在25%左右的水平；长期股权投资占比不断提高，已由2010年第一季度的14%增加到2013年末的27%，在所有运用方式中处于首位；交易性金融资产投资占比从2010年第二季度开始逐步回落，一直持续至2012年第一季度末，之后规模占比有所回升，但到2013年末仍保持在13%~14%的相对较低水平；租赁占比从2010年第一季度开始不断提高，到2011年第二季度达29%的较高水平，此后持续回落至2013年16%左右的水平（见图7-7）。

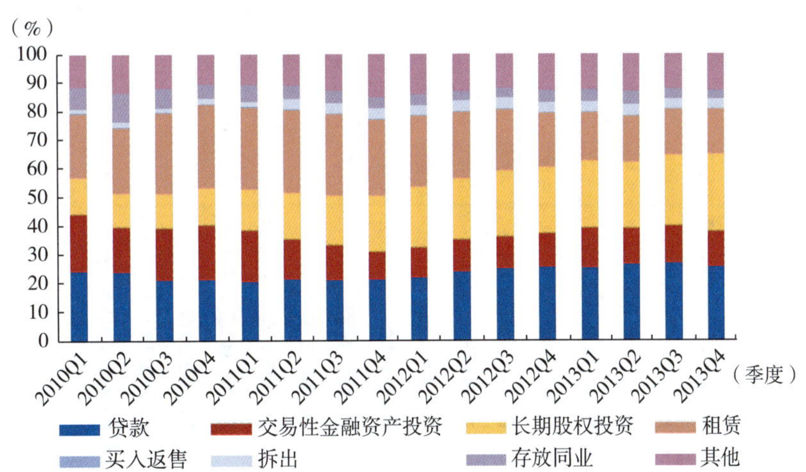

数据来源：中国信托业协会。

图7-7　2010—2013年集合资金信托产品资金运用方式结构

（2）新增情况。从2013年新增集合资金信托产品结构看，贷款规模为3,937.02亿元，占比30.18%；可供出售及持有到期投资规模为3,309.47亿元，占比25.37%；存放同业规模为848.67亿元，占比6.51%；交易性金融资产投资规模为973.99亿元，占比7.47%；长期股权投资规模为1,698.05亿元，占比13.02%；其他规模为1,896.30亿元，占比14.53%（见表7-2）。

表7-2　　2013年新增集合资金信托产品资金运用方式结构

	产品数量（个）	比例（%）	产品规模（亿元）	比例（%）
贷款	2,060	37.95	3,937.02	30.18
交易性金融资产投资	713	13.13	973.99	7.47
可供出售及持有至到期投资	1,871	34.46	3,309.47	25.37
长期股权投资	443	8.16	1,698.05	13.02
租赁	5	0.09	5.22	0.04
买入返售	325	5.99	375.57	2.88
拆出	12	0.22	0.00	0.00
存放同业	—	—	848.67	6.51
其他	—	—	1,896.30	14.53
合计	5,429	100.00	13,044.29	100.00

数据来源：中国信托业协会。

从2010年以来新增集合资金信托产品资金运用方式结构变化情况看，贷款占比较高，自2010年第一季度开始缓慢上涨到2012年第二季度的峰值35%，然后趋稳在30%附近；可供出售及持有至到期投资占比不断提高，由2010年第一季度的15%增加到2013年末的31%，占比翻倍；长期股权投资占比从2010年第三季度开始逐渐下降至2012年第二季度的9%，此后缓慢增长至2013年的16%；交易性金融资产占比则在7%左右波动（见图7-8）。

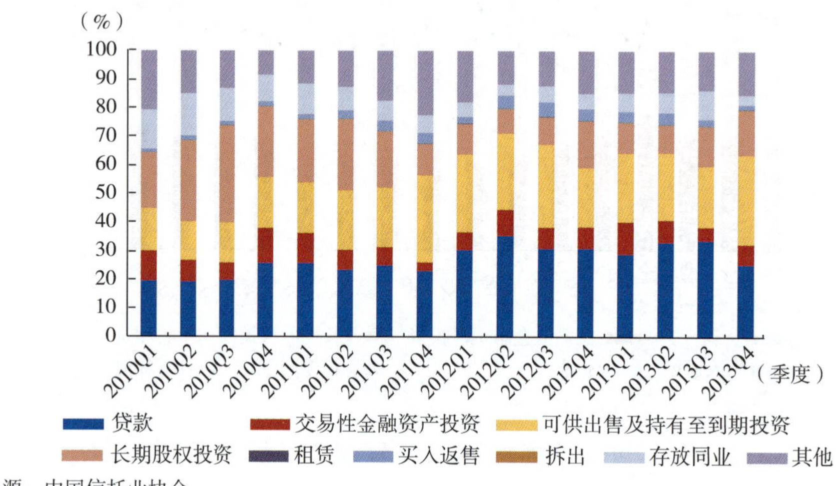

数据来源：中国信托业协会。

图7-8 2010—2013年新增集合资金信托产品资金运用方式结构变化

4. 投向工商企业的占比处于领先地位

信托公司以其“多方式运用、跨市场配置”的灵活经营体制，根据政策和市场的变化，适时调整信托财产的配置领域。

（1）存量情况。截至2013年末，集合资金信托产品的主要资金投向为工商企业、基础产业、房地产、证券市场以及其他领域，其中工商企业、房地产、基础产业居前三位，合计占比57.66%。工商企业投向规模位居第一，达6,285.97亿元，占比23.15%（见表7-3）。

表7-3 2013年末集合资金信托产品资金投向领域

行业分布	产品数量（个）	占比（%）	产品规模（亿元）	占比（%）
基础产业	1,402	8.91	4,257.63	15.68
房地产	1,230	7.82	5,112.37	18.83
证券市场	2,439	15.51	3,669.22	13.51
金融机构	2,503	15.91	2,502.00	9.21
工商企业	2,478	15.75	6,285.97	23.15
其他	5,677	36.09	5,327.62	19.62
合计	15,729	100.00	27,154.80	100.00

注：合计数与加总数不一致是因为存在四舍五入。

数据来源：中国信托业协会。

从近三年集合资金信托产品资金投向的结构变化情况看，投向房地产的比例自2011年第三季度达到38%的峰值以后逐步开始回落，进入2013年第一季度以后比例下降至20%以下，2012年第四季度由投向比例的首位滑落至第三位，投向房地产的规模在保持稳步增长的同时，在总资金规模中的比重有所下滑，虽受2013年房地产市场回暖的积极因素影响，但占比继续下降，这表明信托公司对房地产行业持谨慎的态度。投向工商企业的占比基本持续上升，由2010年第一季度的11%左右增加到2013年的25%左右，在投向占比中的排名由最初的第四位不断上升，2012年第四季度后一直保持在第一位，这说明信托公司抓住经济结构大调整的历史性机遇，加大了对实体经济的支持力度。投向基础产业的占比有较大起伏，2010年第三季度后一度低于10%，但从2012年第一季度以后稳步回升，2013年基本保持在16%~18%的水平，其市场发展得益于政府的持续性融资需求以及国家规范政府融资行为后信托公司的产品创新，但波动更多受到信政合作等监管政策调整和地方政府融资平台债务风险担忧的影响。受信托公司证券账户的冻结以及证券市场的持续低迷影响，投向证券市场的占比从2011年第一季度开始有所下滑，直到2012年第二季度以后才开始逐步回升，2013年基本稳定在13%~15%的水平。自2012年以后，随着信托公司证券账户的解封，信托公司加大了证券投资信托的力度，证券投资信托规模有了较大的增长。投向金融机构的占比一直稳定在4%~6%的水平，但2013年第四季度有明显提升，达到9%的近三年最高水平，这反映了信托公司加强信托产品流动性和安全性管理的结果（见图7–9）。

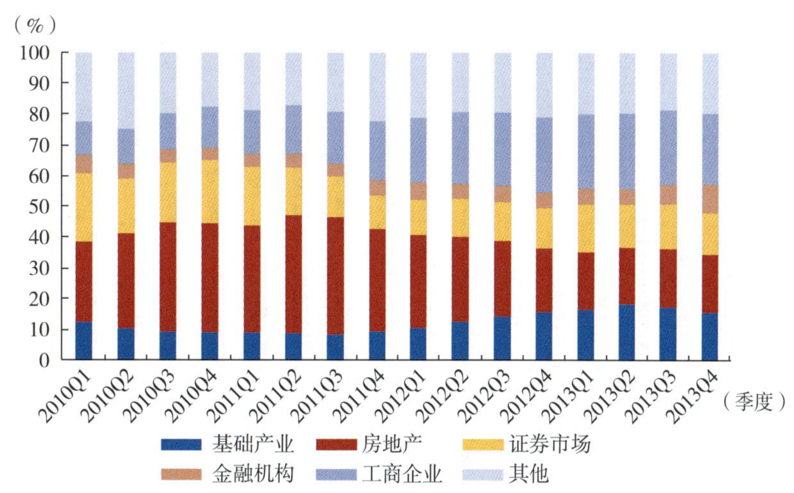

数据来源：中国信托业协会。

图7–9 2010—2013年集合资金信托产品资金投向结构变化

（2）新增情况。在2013年新增集合信托产品中，投向房地产领域的占比处于领先位置。从新增规模和结构情况看，投向房地产领域的新增集合信托规模为3,040.96

亿元，占比23.31%；投向工商企业的新增集合信托产品规模为2,879.48亿元，占比22.07%；投向基础产业的新增集合信托规模为1,875.33亿元，占比14.38%；投向金融机构的新增集合信托规模为1,261.38亿元，占比9.67%；投向证券市场的新增集合信托规模为1,127.11亿元，占比8.64%；投向其他领域的新增集合信托规模为2,860.03亿元，占比21.93%（见表7-4）。

表7-4　2013年新增集合资金信托产品资金投向结构

行业分布	产品数量（个）	占比（%）	产品规模（亿元）	占比（%）
基础产业	758	9.43	1,875.33	14.38
房地产	848	10.54	3,040.96	23.31
证券市场	902	11.22	1,127.11	8.64
金融机构	1,078	13.40	1,261.38	9.67
工商企业	1,839	22.87	2,879.48	22.07
其他	2,617	32.54	2,860.03	21.93
合计	8,042	100.00	13,044.29	100.00

数据来源：中国信托业协会。

2010年以来，从新增集合资金信托产品资金投向的结构变化情况看，投向工商企业的占比从2010年初开始增长，在2012年第一季度达到最高点29.56%，然后逐渐下降至2013年的17.35%；投向基础产业的占比从2010年第一季度开始持续上涨，在2012年第二季度达到最高点21.32%，之后开始逐渐下降至2013年的12.82%；投向房地产的占比在经历2011年的大幅下降之后，2011年末开始持续上升至2013年的25%左右；投向金融机构和证券市场的占比在10%附近波动（见图7-10）。

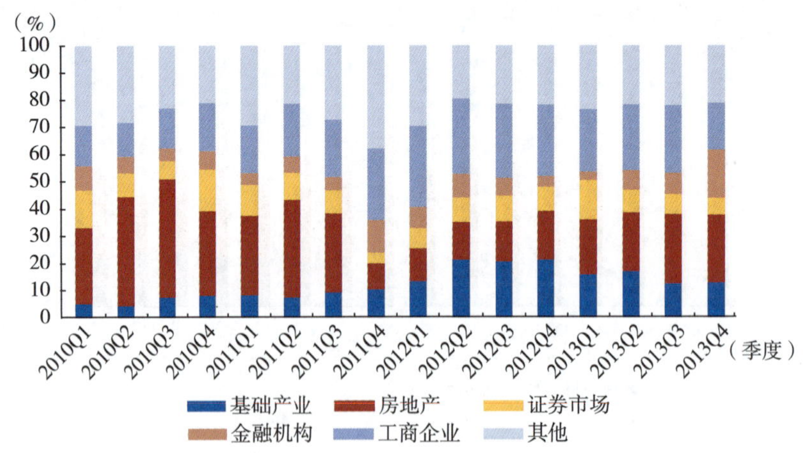

数据来源：中国信托业协会。

图7-10　2010—2013年新增集合资金信托产品资金投向结构

5. 从产品期限看，期限仍以中短期为主，但短期到期压力不大

从2013年末存续的集合信托产品的预计到期情况看，3年以下到期的信托产品

较多。按照预计到期产品的规模分布情况，0~6个月内到期的产品规模为3,005.89亿元，占比11.07%；6~12个月内到期的产品规模为4,567亿元，占比16.82%；12~24个月内到期的产品规模为7,338.48亿元，占比27.02%；24~36个月内到期的产品规模为3,179.81亿元，占比11.71%；36个月以上到期的产品规模为9,063.62亿元，占比33.38%（见表7-5）。

表7-5　2013年末集合资金信托产品预期到期结构

期限	产品数量（个）	占比（%）	产品规模（亿元）	占比（%）
0~6个月	1,737	16.84	3,005.89	11.07
6~12个月	2,290	22.20	4,567.00	16.82
12~24个月	2,776	26.91	7,338.48	27.02
24~36个月	777	7.53	3,179.81	11.71
36个月以上	2,735	26.51	9,063.62	33.38
合计	10,315	100.00	27,154.80	100.00

数据来源：中国信托业协会。

6. 从产品规模看，集合信托产品的平均规模稳步提高

随着社会财富的持续快速增长，信托公司不断加强营销投入，资金募集能力稳步提升，这带动了集合资金信托产品平均规模的稳步增长。从2010年以来集合资金信托产品的规模变动情况看，单个产品的平均规模已由2010年第一季度末的1.28亿元稳步增加到2013年第四季度末的2.63亿元；季度新增集合资金信托产品的平均规模也由2010年第一季度的1.58亿元增加到2013年第四季度的2.17亿元（见图7-11）。

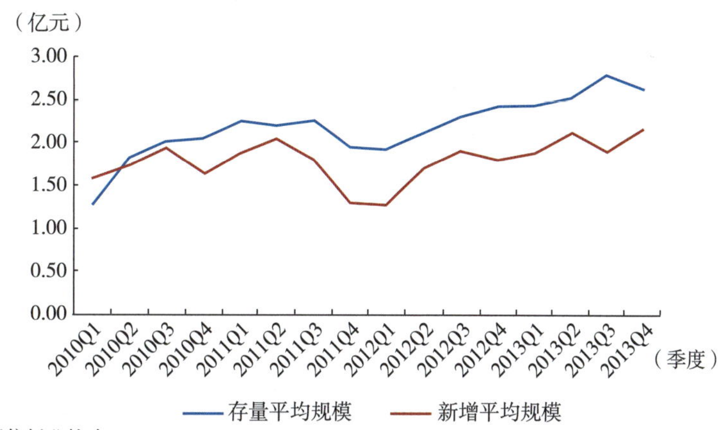

数据来源：中国信托业协会。

图7-11　2010—2013年集合资金信托产品平均规模

（二）产品清算

1. 信托本金给付额和信托收益分配额稳步上升

信托公司通过提供集合资金信托产品，为投资者提供了回报稳定、有吸引力且风

险可控的投资产品，满足了财富管理需求，增加了居民财产性收入。从2010年以来清算的集合资金信托产品看，清算的集合资金信托产品的数量和信托本金累计给付额从2010年第一季度开始持续增加，在2012年第二季度达到峰值，之后有所回落并趋于平稳，季度清算的集合资金信托产品数量在1,200个左右，信托本金累计给付额在2,200亿元左右。信托收益累计分配额在四年间稳定上升，2010—2013年分别达30.9亿元、54亿元、144.87亿元和244.68亿元（见图7-12）。

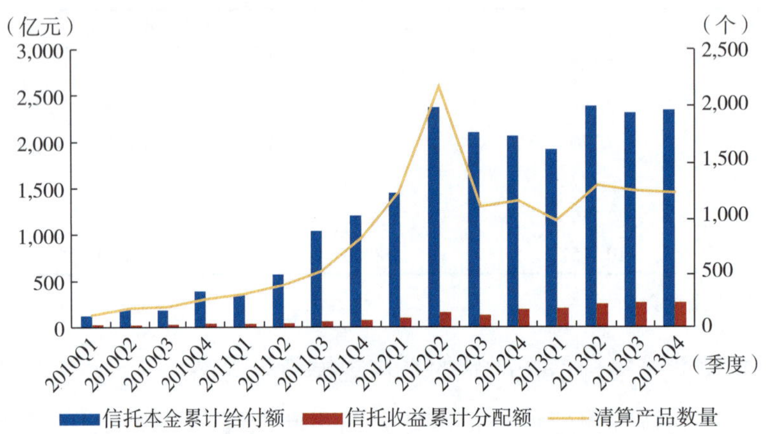

数据来源：中国信托业协会。

图7-12　2010—2013年集合资金信托产品清算情况

2. 信托实际收益率平稳，信托费用率和实际信托报酬率占比较低

从2010年以来清算的集合资金信托产品的实际收益率情况看，总体保持平稳，从2013年第一季度开始迅速增长，在2013年第三季度达到高点9.24%/年，2013年第四季度则小幅回落至7.55%/年。信托费用率和实际信托报酬率则相对稳定，分别在0.9%/年和1%/年左右。信托公司收取的实际信托报酬仅占其管理信托资产总收益的10%~14%（见图7-13）。

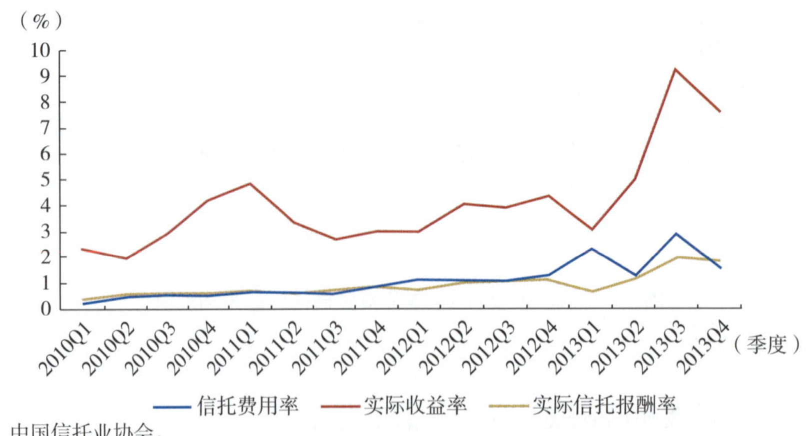

数据来源：中国信托业协会。

图7-13　2010—2013年清算的集合资金信托产品收益及信托报酬

（三）业务集中度

2013年全行业信托公司数量由2012年的66家增加到68家。从行业集中度情况看，排名前十的信托公司管理的集合资金信托规模达11,381.45亿元，占市场总体规模的41.98%，与2012年相比上升1个百分点，但近四年来业务集中度总体趋势向下。

表7-6　　2013年末集合资金信托管理规模排名前十的信托公司

序号	公司名称	管理规模（亿元）	序号	公司名称	管理规模（亿元）
1	中融信托	2,040.21	6	粤财信托	925.29
2	外贸信托	1,657.18	7	五矿信托	874.46
3	华润信托	1,277.89	8	上海信托	740.86
4	平安信托	1,244.96	9	建信信托	714.78
5	中信信托	1,198.33	10	华宝信托	707.49

数据来源：信托公司年报。

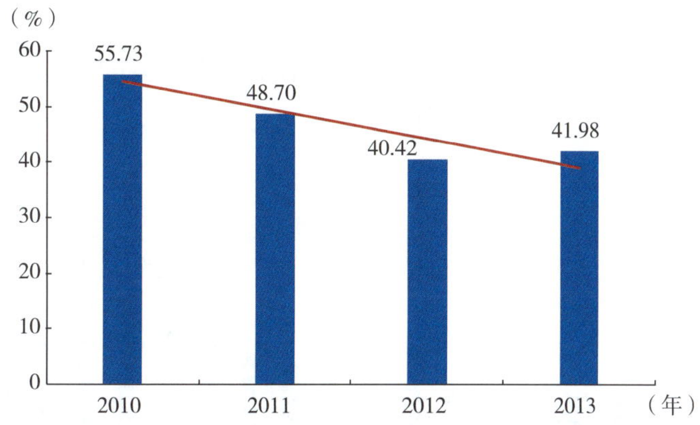

数据来源：中国信托业协会。

图7-14　2010—2013年集合资金信托规模排名前十的信托公司占比

二、单一资金信托业务

单一资金信托产品规模持续保持较高速度增长，尽管2013年中期以后有所回落，但仍保持较高水平，在信托总资产中的比重略有上升。与集合资金信托产品类似，单一资金信托产品也以融资类占主导，但近年来事务管理类占比逐步提高，投向工商企业的占比较高，产品期限以中短期为主。清算的单一资金信托产品的数量和规模在2012年达到峰值，进入2013年略有下降。

（一）规模结构

1. 产品规模增速逐步回归正常，在信托财产中的占比有所提高

2011年以后，单一资金信托资产规模增长的主动力不再是粗放的银信合作业务，

而演变为以高端机构为核心的大客户主导的“非银信理财合作单一资金信托”和以低端银行理财客户为主导的“银信理财合作单一资金信托”，单一资金信托走上了稳定的长期发展轨道。单一资金信托产品规模持续保持较高速度增长，尽管2013年中期以后有所回落，但仍保持较高水平。

（1）存量情况。截至2013年末，信托公司管理的单一资金信托产品为19,712个，总体规模为75,930.48亿元，平均每个信托产品规模为3.85亿元。从2010年以来单一资金信托产品数量变化情况看，从2011年起产品数量持续增长，2011年季度同比增速为13%左右，2012年季度同比增速达38.9%，到2013年季度同比增速达64.58%的峰值；季度环比增速在2010—2013年总体比较平稳，基本在10%左右。单一资金信托产品总规模持续增长，从2010年第一季度末的19,116亿元开始爆发式增长，到2013年第四季度末已达75,930.49亿元；季度同比增速一直在加快，2011年季度同比增速为23.38%，2012年季度同比增速为51.01%，2013年季度同比增速高达67.32%，2013年第二季度达到峰值81.94%后开始回落，到2013年第四季度下降至48.82%；2011—2013年季度环比增速则在10%左右波动（见图7-15和图7-16）。

数据来源：中国信托业协会。

图7-15　2010—2013年单一资金信托产品数量和增速

数据来源：中国信托业协会。

图7-16　2010—2013年单一资金信托产品规模和增速

从存续规模看，截至2013年末单一资金信托产品在信托资产中的占比为69.62%，较2012年末增加1.32个百分点（见图7–17）。

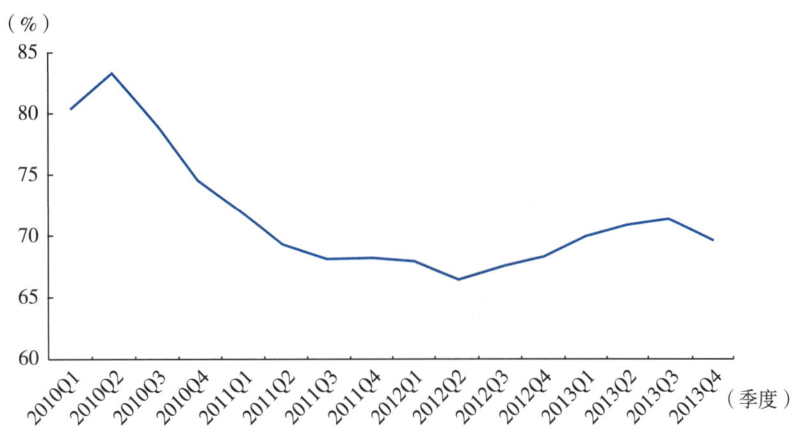

数据来源：中国信托业协会。

图7–17　2010—2013年单一资金信托产品占比

（2）新增情况。2013年新增单一资金信托项目13,634个，募集信托资金合计4.43万亿元，平均每个单一资金信托产品规模为3.25亿元。近三年来，新增项目数量和规模一直呈上升趋势，2013年第一季度新增数量和规模冲至峰值，回落至第三季度低点后回升（见图7–18）。

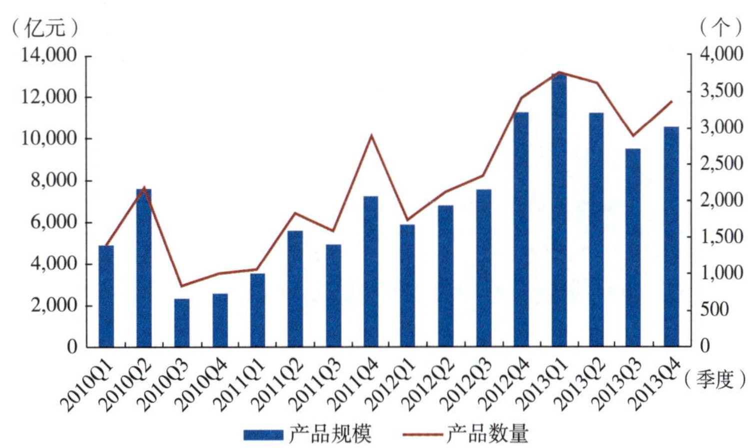

数据来源：中国信托业协会。

图7–18　新增单一资金信托产品

2. 融资类信托模式仍为主流，但占比逐年下降

从信托产品功能分类情况看，截至2013年末，全行业管理单一资金信托产品中，融资类信托为3.74万亿元，占比49.30%，投资类信托为2.12万亿元，占比27.96%；事务管理类信托为1.72万亿元，占比22.74%。事务管理类信托占比较高，是单一资金信

托业务与集合资金信托业务的重要区别，这主要是由银信理财合作、单一非银信合作等通道性质所致。从近三年来单一资金信托产品功能分类结构变化情况看，融资类占比较高，而投资类和事物管理类的比例基本相当（见图7-19和图7-20）。

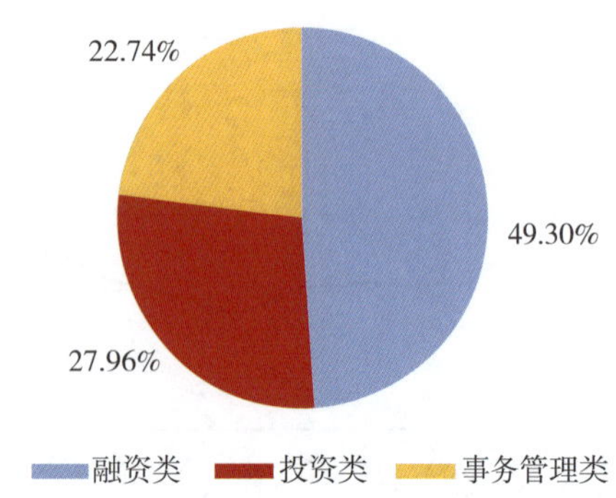

数据来源：中国信托业协会。

图7-19 2013年单一资金信托产品功能分类

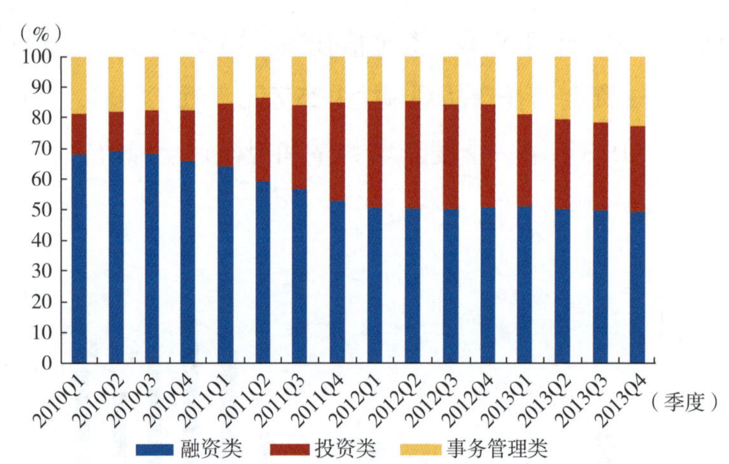

数据来源：中国信托业协会。

图7-20 2010—2013年单一资金信托产品功能分类变动情况

3. 以贷款运用方式为主，相对占比有所回升

在单一资金信托产品中，贷款、交易性金融资产投资、可供出售及持有至到期投资、长期股权投资、买入返售等为主要的运用方式。

（1）存量情况。截至2013年末，在单一资金信托产品的规模结构中，贷款规模为41,606.49亿元，占比54.80%；可供出售及持有到期投资规模为11,833.79亿元，占比15.59%；存放同业规模为6,215.34亿元，占比8.19%；交易性金融资产投资规模为6,020.17亿元，占比7.93%；长期股权投资规模为5,098.67亿元，占比6.71%；其他规模为4,182.85亿元，占比5.50%（见表7-7）。

表7-7　2013年末单一资金信托产品资金运用方式结构

运用方式	产品数量（个）	占比（%）	产品规模（亿元）	占比（%）
贷款	12,489	74.01	41,606.49	54.80
交易性金融资产投资	602	3.57	6,020.17	7.93
可供出售及持有至到期投资	2,458	14.57	11,833.79	15.59
长期股权投资	942	5.58	5,098.67	6.71
租赁	58	0.34	76.86	0.10
买入返售	302	1.79	896.31	1.18
拆出	24	0.14	—	—
存放同业	—	—	6,215.34	8.19
其他	—	—	4,182.85	5.50
合计	16,875	100	75,930.48	100

数据来源：中国信托业协会。

从近几年单一资金信托产品资金运用方式结构变化情况看，贷款方式总体占比较高，自2010年第三季度以后持续下降，在2012年第一季度达到43.75%的最低点，然后开始回升至2013年末的54.80%；可供出售及持有至到期投资占比不断提高，已由2010年第一季度的7.76%增加到2013年末的15.59%；长期股权投资占比从2011年第二季度开始下行，从10%下降到2013年末的6.71%；交易性金融资产投资占比一直缓慢增长，从2010年第一季度的3.05%增长到2013年末的7.93%；存放同业占比从2011年第一季度开始有显著的增长，从2010年的2.4%左右增长到2011年的8.6%，2012年继续增长到12.40%，在此后持续回落至2013年末8.20%左右的水平（见图7-21）。

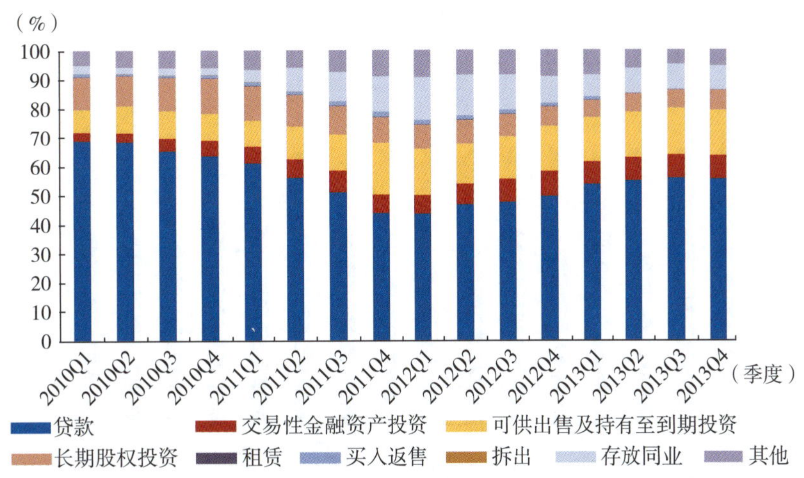

数据来源：中国信托业协会。

图7-21　2010—2013年单一资金信托产品资金运用方式结构变化

（2）新增情况。从2013年新增单一资金信托产品的规模结构看，贷款规模为

30,427.70亿元，占比68.57%；可供出售及持有到期投资规模为6,860.98亿元，占比15.46%；存放同业规模为723.39亿元，占比1.63%；交易性金融资产投资规模为966.56亿元，占比2.18%；长期股权投资规模为2,063.24亿元，占比4.65%；其他规模为2,930.56亿元，占比6.60%（见表7–8）。

表7–8　　2013年新增单一资金信托产品资金运用方式结构

运用方式	产品数量（个）	占比（%）	产品规模（亿元）	占比（%）
贷款	10,221	79.83	30,427.70	68.57
交易性金融资产投资	272	2.12	966.56	2.18
可供出售及持有至到期投资	1,779	13.89	6,860.98	15.46
长期股权投资	362	2.83	2,063.24	4.65
租赁	4	0.03	7.30	0.02
买入返售	138	1.08	394.78	0.89
拆出	28	0.22	0.00	0.00
存放同业	—	—	723.39	1.63
其他	—	—	2,930.56	6.60
合计	12,804	100.00	44,374.51	100.00

数据来源：中国信托业协会。

从2010年以来新增单一资金信托产品资金运用方式结构变化情况看，贷款占比较高，自2010年第一季度以后持续下降，在2011年末达到41%的最低点，然后开始持续回升至2013年末的68%；可供出售及持有至到期投资占比不断提高，由2010年第一季度的5%增加到2011年末的33%，此后开始回落稳定在14%左右；长期股权投资占比波动较小，基本稳定在5%附近；交易性金融资产占比在2011年第三季度后有所回落，稳定在2%左右；存放同业占比从2010年第一季度开始持续增长，在2012年第一季度达到峰值26%后大幅下滑，2013年末在2%左右（见图7–22）。

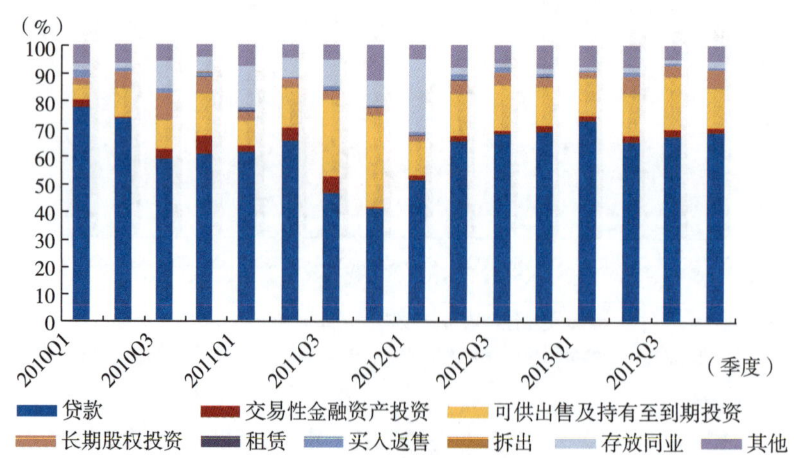

数据来源：中国信托业协会。

图7–22　2010—2013年新增单一资金信托产品资金运用方式结构变化

4. 从资金投向看，工商企业占比最高，处于上升趋势

工商企业、基础产业、金融机构、证券市场、房地产以及其他领域是单一资金信托产品的主要资金投向。

（1）存量情况。截至2013年末，投向工商企业的单一资金信托产品规模为22,718.59亿元，占比29.92%，居首位；投向基础产业的单一资金信托规模为21,770.92亿元，占比28.67%，居次席；投向金融机构的单一资金信托规模为9,867.91亿元，占比13.00%；投向其他领域的单一资金信托规模为9,345.77亿元，占比12.31%；投向证券市场的单一资金信托规模为7,002.16亿元，占比9.22%；投向房地产领域的单一资金信托规模为5,225.12亿元，占比6.88%（见表7–9）。

表7–9　　2013年末单一资金信托产品资金投向结构

行业分布	产品数量（个）	占比（%）	产品规模（亿元）	占比（%）
基础产业	4,558	17.88	21,770.92	28.67
房地产	1,383	5.43	5,225.12	6.88
证券市场	545	2.14	7,002.16	9.22
金融机构	2,885	11.32	9,867.92	13.00
工商企业	8,185	32.11	22,718.59	29.92
其他	7,933	31.12	9,345.78	12.31
合计	25,489	100	75,930.48	100

数据来源：中国信托业协会。

从近几年单一资金信托产品资金投向的结构变化情况看，投向基础产业的占比一直呈下降趋势，从2010年第一季度的44.47%下降到2012年末的26.52%，2013年开始逐渐企稳，保持在28.8%左右；投向工商企业的占比持续上升，由2010年第一季度的15.39%增长到2013年末的30%左右，从2013年第二季度开始超过基础产业，在单一资金信托占比中居首；投向金融机构的占比在2012年上半年达到峰值17%左右，然后开始下降，2013年稳定在12%~13%的水平；投向证券市场的占比一直缓慢增加，从2010年第一季度的3.63%增长到2012年末的10.99%，然后有所回落，2013年稳定在9%附近；投向房地产的占比自2010年末达到9.28%的峰值以后逐步开始回落，呈下降趋势，2013年稳定在6%左右（见图7–23）。

（2）新增情况。2013年投向工商企业的新增单一资金信托产品规模为17,583.39亿元，占比39.62%，居首位；投向基础产业的新增单一资金信托规模为12,468.95亿元，占比28.10%；投向金融机构的新增单一资金信托规模为3,786.74亿元，占比8.53%；投向其他领域的新增单一资金信托规模为6,081.73亿元，占比13.71%；投向

证券市场的新增单一资金信托规模为646.42亿元，占比1.46%；投向房地产领域的新增单一资金信托规模为3,807.27亿元，占比8.58%（见表7-10）。

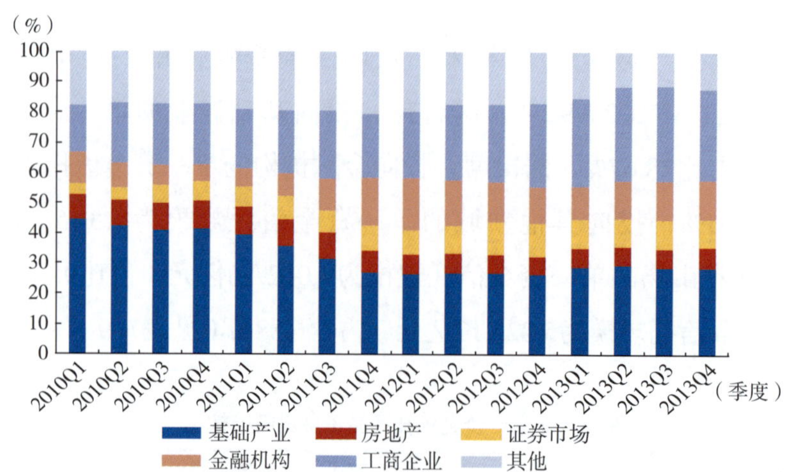

数据来源：中国信托业协会。

图7-23 2010—2013年单一资金信托产品资金投向结构变化

表7-10 2013年新增单一资金信托产品资金投向结构

行业分布	产品数量（个）	占比（%）	产品规模（亿元）	占比（%）
基础产业	3,159	20.25	12,468.95	28.10
房地产	1,048	6.72	3,807.27	8.58
证券市场	203	1.30	646.42	1.46
金融机构	1,068	6.85	3,786.74	8.53
工商企业	6,879	44.09	17,583.39	39.62
其他	3,244	20.79	6,081.73	13.71
合计	15,601	100.00	44,374.51	100.00

数据来源：中国信托业协会。

从2010年以来新增单一资金信托产品资金投向的结构变化情况看，投向工商企业的占比呈上升趋势，由2010年第一季度的26.23%增长到2013年末的41.48%左右，从2011年起长期在新增单一资金信托占比中居首位；投向基础产业的占比从2010年第二季度开始呈下降趋势，2011年第三季度有所反弹，在2012年第三季度达到阶段峰值34.03%后逐渐下降到2013年的24%左右；投向金融机构的占比在2011年大幅增长，在2011年末达到峰值21.22%，然后迅速下降，之后稳定在2013年的8%附近；投向证券市场的占比和投向房地产的占比走势迥异，投向证券市场的占比自2011年第二季度达到峰值9.17%后下降至2013年末的1.57%，投向房地产的占比在2011年达到最低值2.73%，2012年开始反弹，持续上升至2013年末的10.53%（见图7-24）。

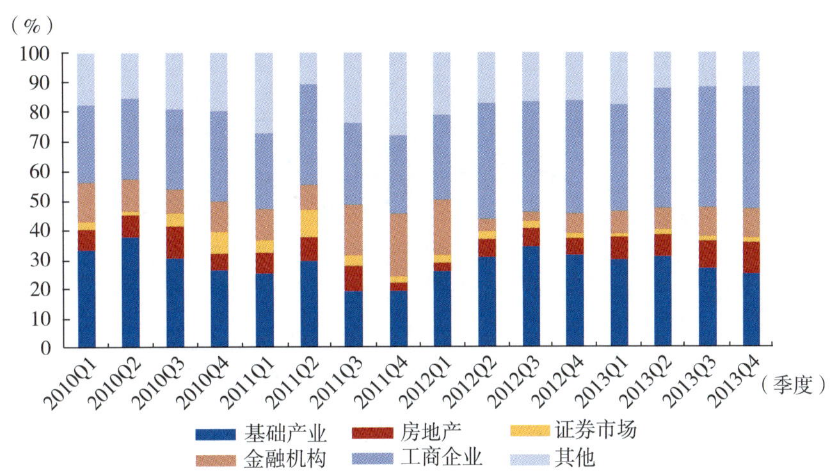

数据来源：中国信托业协会。

图7-24 2010—2013年新增单一资金信托产品资金投向变动情况

5. 从产品期限看，仍以中短期为主

从2013年末存续的单一资金信托产品的预计到期情况看，3年以下到期的信托产品较多。从预计到期产品的规模分布情况看，0~6个月内到期的产品规模为1.31万亿元，占比17.30%；6~12个月内到期的产品规模为1.44万亿元，占比19.00%；12~24个月内到期的产品规模为2万亿元，占比26.43%；24~36个月内到期的产品规模为0.85万亿元，占比11.24%；36个月以上到期的产品规模为1.97万亿元，占比26.03%（见表7-11）。

表7-11 2013年末单一资金信托产品预期到期结构

期限	产品数量（个）	占比（%）	产品规模（亿元）	占比（%）
0~6个月	4,750	24.10	13,138.89	17.30
6~12个月	4,343	22.03	14,428.35	19.00
12~24个月	4,931	25.02	20,066.57	26.43
24~36个月	1,629	8.26	8,535.73	11.24
36个月以上	4,059	20.59	19,760.92	26.03
合计	19,712	100.00	75,930.48	100.00

注：合计数与加总数不一致是因为存在四舍五入。

数据来源：中国信托业协会。

6. 从产品规模看，单一资金信托产品平均规模缓慢增长

从2010年以来单一资金信托产品的规模变动情况看，从2010年第二季度开始，新增单一资金信托的平均规模低于同期存量单一资金信托的平均规模，这也反映出单一资金信托委托人构成的变化。单个产品的平均规模缓慢增长，由2010年第一季度末的2.95亿元稳步增加到2013年第四季度末的3.85亿元；季度新增单一资金信托产品的平均规模变化幅度较大，由2010年第一季度的3.49亿元减少到2013年第四季度的3.14亿元（见图7-25）。

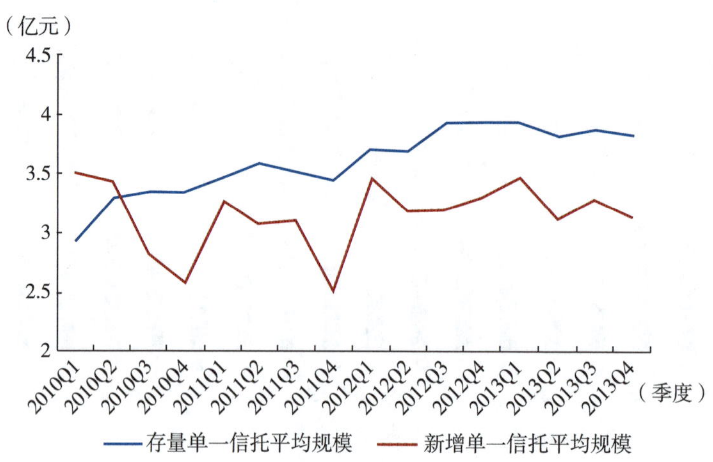

数据来源：中国信托业协会。

图7–25 2010—2013年单一资金信托产品平均规模情况

（二）产品清算

1. 信托本金给付额和收益分配额稳步上升

自2010年以来清算的单一资金信托的产品数量看，2010年总体比较平稳，在1,200个附近波动，2011年第三季度开始呈上升趋势，在2012年第二季度达到峰值2,178个，此后逐渐下降至2013年第一季度的1,292个，之后持续增加到2013年末的2,225个。信托本金累计给付额在2010年、2011年和2012年持续上涨，分别为3,388.78亿元、4,450.3亿元和1.14万亿元，2013年有所回落至9,402.02亿元。信托收益累计分配额在2010—2013年稳定上升，分别为141.38亿元、173.97亿元、339.67亿元和499.5亿元（见图7–26）。

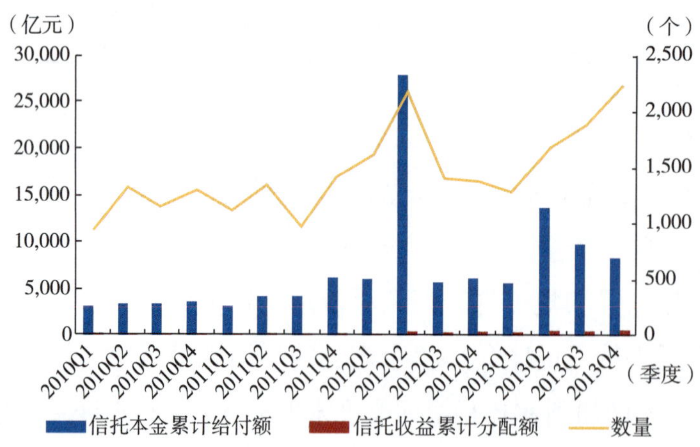

数据来源：中国信托业协会。

图7–26 2010—2013年清算的单一资金信托产品数量和信托本金给付额、信托收益分配额

2. 信托实际收益率缓慢增长，信托费用率和信托报酬率占比较低

2010年以来清算的单一资金信托的实际收益率一直呈缓慢上涨趋势，在2013年第二季度达到峰值12.24%/年。信托费用率和实际信托报酬率则相对稳定，分别在0.5%/年和0.4%/年左右（见图7-27）。①

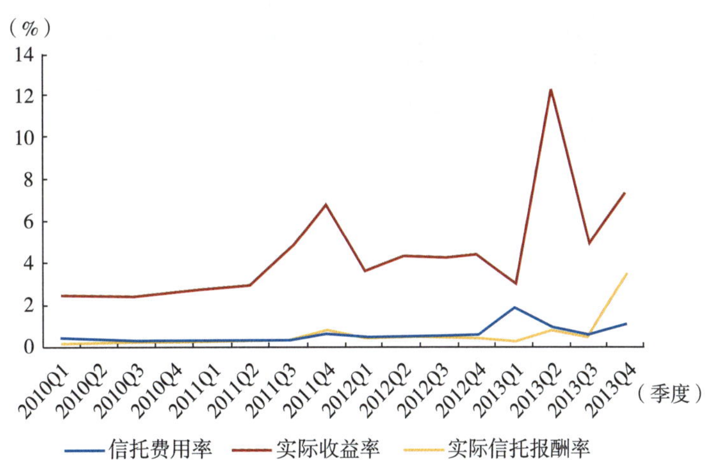

数据来源：中国信托业协会。

图7-27 2010—2013年清算的单一资金信托产品收益率、费用率及信托报酬率

（三）业务集中度

从行业集中度情况看，排名前十的信托公司管理的单一资金信托规模达29,525.36亿元，占市场总体规模的38.86%，与2012年相比下降约3个百分点，2010—2013年业务集中度总体趋势向下（见表7-12和图7-28）。

表7-12 2013年单一资金信托管理规模排名前十的信托公司

序号	公司名称	管理规模（亿元）	序号	公司名称	管理规模（亿元）
1	兴业信托	5,224.18	6	建信信托	2,541.93
2	中信信托	5,117.57	7	华润信托	2,354.15
3	中诚信托	2,680.69	8	山东信托	2,302.97
4	交银信托	2,633.77	9	华能信托	2,036.57
5	北方信托	2,605.00	10	云南信托	2,028.53

数据来源：信托公司年报。

① 2013年第四季度实际信托报酬率达到3.35%/年，疑为数据异常变化。

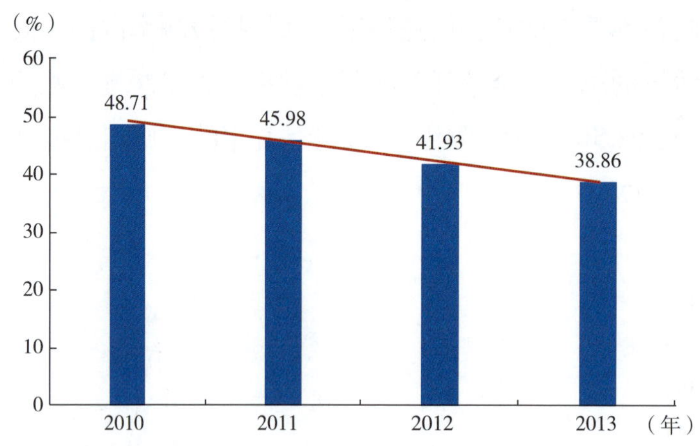

数据来源：中国信托业协会。

图7-28　2010—2013年单一资金信托规模排名前十的信托公司占比

三、管理财产信托业务

信托公司管理的财产信托产品数量和规模从2011年开始逐渐稳步增加，其中事务管理类信托占比最高，且增幅最快；在资金运用方式上，持有并管理类规模占比最高；产品期限以中短期为主；近几年清算规模和返还投资者的信托收益的相对变化较为平缓，信托费用率和实际信托报酬率普遍很低，信托公司在财产信托业务中的盈利水平较低。

（一）规模结构

1. 产品规模平稳增加，增速放缓

（1）存量情况。截至2013年末，全行业管理财产信托资金产品有1,611个，总体规模为5,985.83亿元，平均每个信托产品的规模为3.72亿元。

从2010年以来财产信托产品数量变化情况看，产品数量在经历了2010年的持续下降后，从2011年开始逐渐稳步增加，2011年、2012年和2013年全年环比增速分别为10.77%、25.95%和4.39%，季度同比增速在2012年末达到149.54%之后开始回落至2013年末的18.46%，2011年、2012年和2013年全年同比增速分别为-0.47%、110.89%和70.94%。财产信托产品总规模持续增长，从2010年第一季度末的1,643.42亿元增长到2013年末的5,985.83亿元。从增速看，同比增速在2012年第四季度达到184.6%的峰值后持续回落，到2013年末降至23.27%，2011年、2012年和2013年全年同比增速分别为8.37%、104.36%和88.31%；2011年、2012年和2013年全年环比增速分别为3.97%、30.13%和5.48%（见图7-29和图7-30）。

数据来源：中国信托业协会。

图7-29　2010—2013年财产信托产品数量和增速

数据来源：中国信托业协会。

图7-30　2010—2013年财产信托产品规模和增速

从信托公司管理的财产信托业务规模在信托总资产中的占比变化情况看，尽管有所波动，但总体仍保持在较低水平，到2013年末占比为5.49%，同比减少了0.15个百分点（见图7-31）。

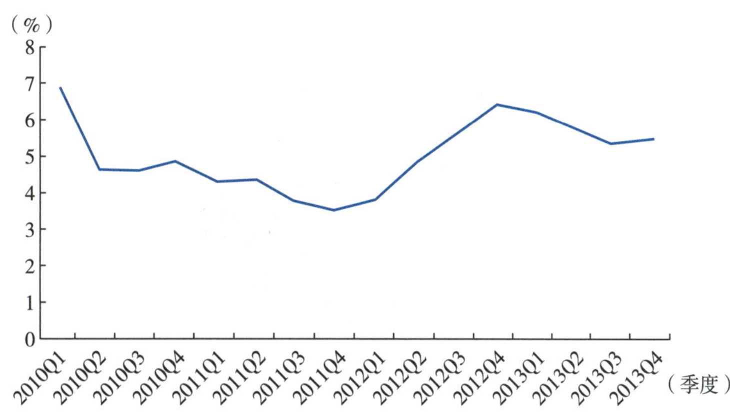

数据来源：中国信托业协会。

图7-31　2010—2013年财产信托规模占比

（2）增量情况。2013年新增财产信托项目602个，规模为2,574.87亿元，平均每个财产信托产品规模为4.28亿元。新增项目个数和规模在2012年有大幅增长，在2012年末双双创新高，2013年新增项目个数和规模开始回落（见图7-32）。

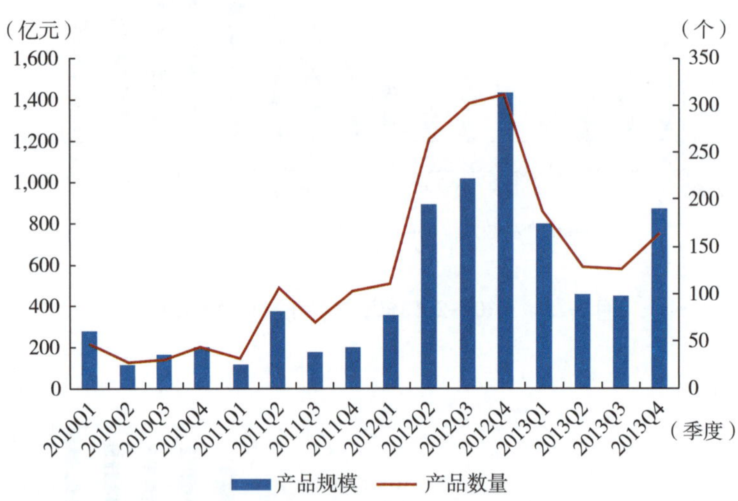

数据来源：中国信托业协会。

图7-32 新增财产信托产品

2. 事务管理类信托占比最高，增幅最快

从信托产品功能分类情况看，截至2013年末，全行业管理财产信托资金产品中，融资类信托达1,735.21亿元，占比28.99%；投资类信托达780.53亿元，占比13.04%；事务管理类信托达3,470.08亿元，占比57.97%。从2010—2013年财产信托产品功能分类结构变化情况看，事务管理类占比最高，增幅最快，融资类次之，而投资类基本保持10%~12%（见图7-33和图7-34）。

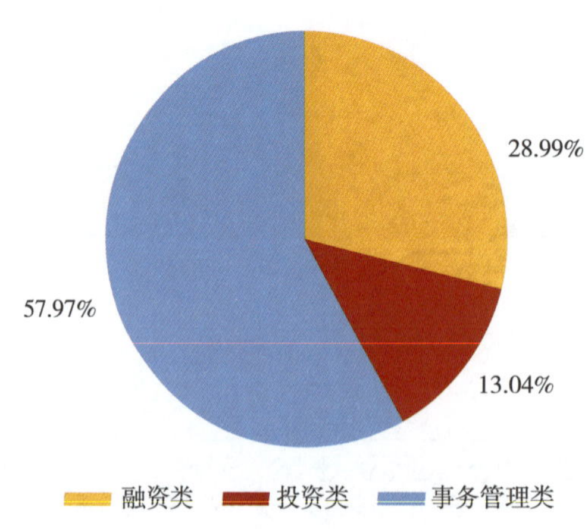

数据来源：中国信托业协会。

图7-33 2013年财产信托产品功能分类

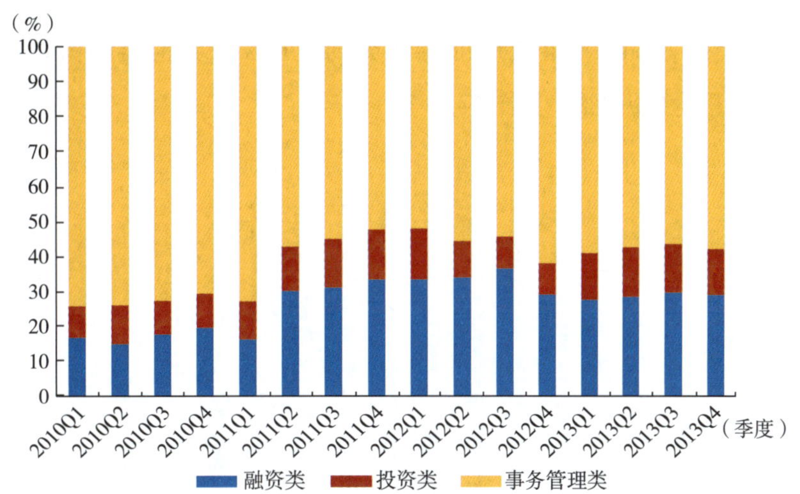

数据来源：中国信托业协会。

图7–34　2010—2013年财产信托产品功能分类变动情况

3. 从资金运用方式看，持有并管理类规模占比最高

在财产信托产品中，出售、出租、资产证券化、准资产证券化、持有并管理等为最主要的运用方式。

（1）存量情况。从2013年末财产信托产品的规模结构看，持有并管理类规模为4,228.95亿元，占比70.65%；准资产证券化类规模为792.3亿元，占比13.24%；资产证券化类规模为158.9亿元，占比2.65%；其他类规模为771.06亿元，占比12.88%（见图7–35）。

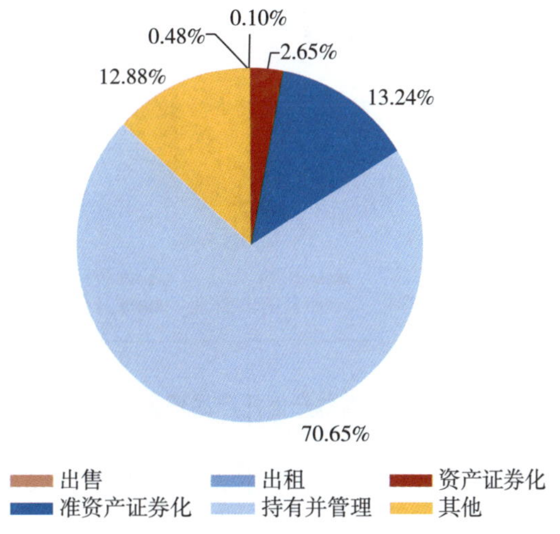

数据来源：中国信托业协会。

图7–35　2013年财产信托产品资金运用方式结构

从2010年以来财产信托产品资金运用方式结构变化情况看，各类占比总体保持稳定，持有并管理类约占64%，准资产证券化类约占15%，其他类约占15%，资产证券化类约占4%，出售类约占2%（见图7-36）。

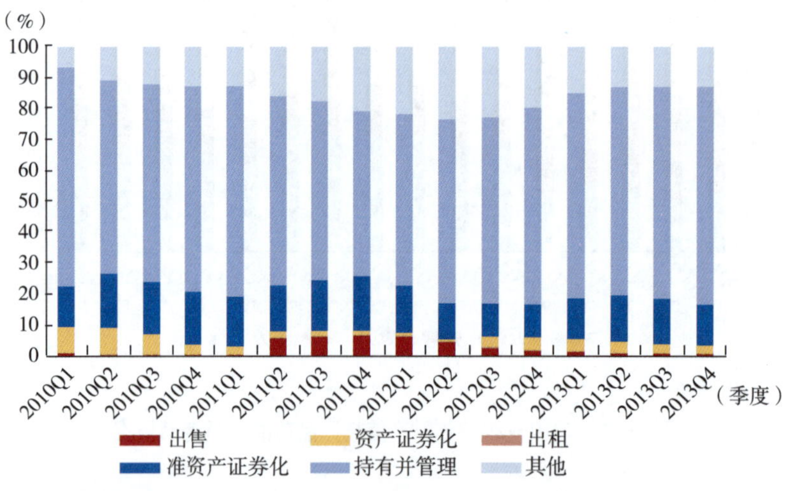

数据来源：中国信托业协会。

图7-36 2010—2013年财产信托产品资金运用方式结构变化

（2）新增情况。从2013年新增财产信托产品的规模结构看，持有并管理类规模为771.4亿元，占比88.54%；准资产证券化类规模为51.07亿元，占比5.86%；其他类规模为39.21亿元，占比4.50%。

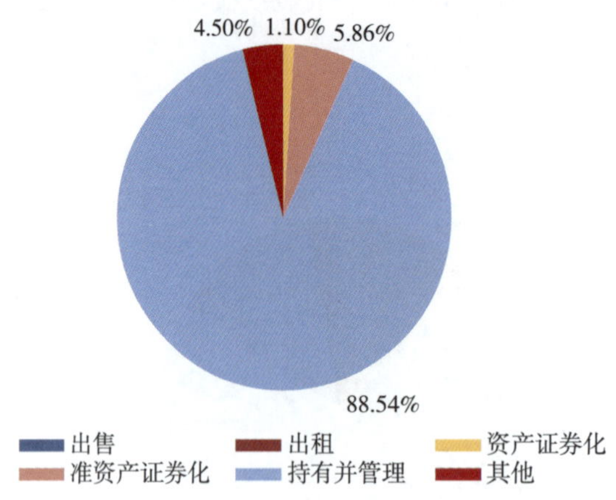

数据来源：中国信托业协会。

图7-37 2013年新增财产信托产品资金运用方式结构

从2010年以来新增财产信托产品资金运用方式结构变化情况看，各类占比总体保持稳定，持有并管理类约占68%，保持绝对领先；资产证券化和准资产证券化类约占16%，其他类约占16%。

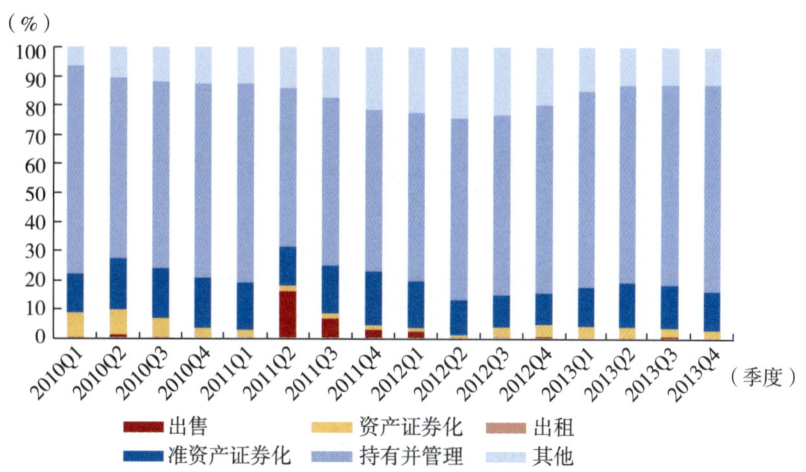

数据来源：中国信托业协会。

图7–38　2010—2013年新增财产信托产品资金运用方式结构变化

4. 从产品期限看，仍以中短期为主

从2013年末存续的财产信托产品的预计到期情况看，3年以下到期的信托产品较多。从预计到期产品的规模分布情况看，0~6个月内到期的产品规模为758.48亿元，占比12.67%；6~12个月内到期的产品规模为1,226.24亿元，占比20.49%；12~24个月内到期的产品规模为1,247.82亿元，占比20.85%；24~36个月内到期的产品规模为791.05亿元，占比13.22%；36个月以上到期的产品规模为1,962.23亿元，占比32.78%（见表7–13）。

表7–13　2013年末财产资金信托产品预期到期结构

期限	产品数量（个）	占比（%）	产品规模（亿元）	占比（%）
0~6个月	234	14.53	758.48	12.67
6~12个月	332	20.61	1,226.24	20.49
12~24个月	241	14.96	1,247.82	20.85
24~36个月	154	9.56	791.05	13.22
36个月以上	650	40.35	1,962.23	32.78
合计	1,611	100	5,985.82	100

注：占比合计数与加总数不一致是因为存在四舍五入。

数据来源：中国信托业协会。

5. 从产品规模看，财产信托产品的平均规模变化不大

从2010年以来财产信托产品的规模变动情况看，单个产品的平均规模由2010年第一季度末的2.32亿元增加到2013年第四季度末的3.72亿元；季度新增财产信托产品的平均规模也由2010年第一季度的5.94亿元下降到2013年第四季度的5.35亿元（见图7–39）。

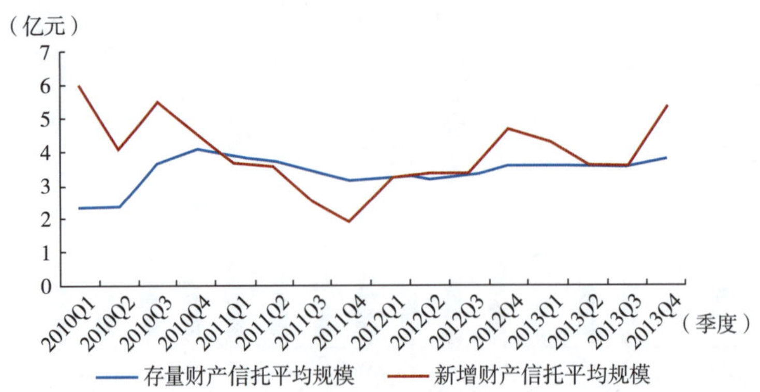

数据来源：中国信托业协会。

图7-39　2010—2013年财产信托产品平均规模

（二）产品清算

1. 信托本金给付额和收益分配额缓慢增长

从2010—2013年清算的财产信托产品看，清算的财产信托产品的数量和信托本金累计给付额呈“U”形：清算的财产信托产品数量从2010年第一季度的999个开始迅速下降至2010年末的67个，2011年和2012年稳定在36~49个，2013年开始缓慢增长至143个；信托本金累计给付额2010—2013年的年平均值分别为273.4亿元、137.4亿元、169.7亿元和318.3亿元。信托收益累计分配额在2010—2013年分别为10.8亿元、19.2亿元、10.2亿元和27.5亿元（见图7-40）。

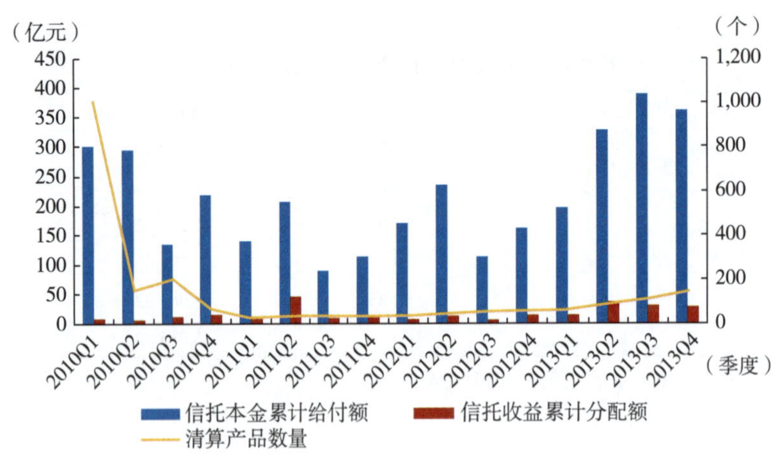

数据来源：中国信托业协会。

图7-40　2010—2013年财产信托产品清算情况

2. 信托实际收益率平稳，信托费用率有所增加

2010年以来清算的财产信托的实际收益率保持平稳，2011年第一季度高达25.98%，其余季度在1%附近小幅波动。信托费用率和实际信托报酬率则相对稳定，

分别在0.14%和0.1%左右，低于单一资金信托的信托费用率和实际信托报酬率水平，更是远远低于集合资金信托的相关指标水平，业务盈利能力较弱（见图7–41）。

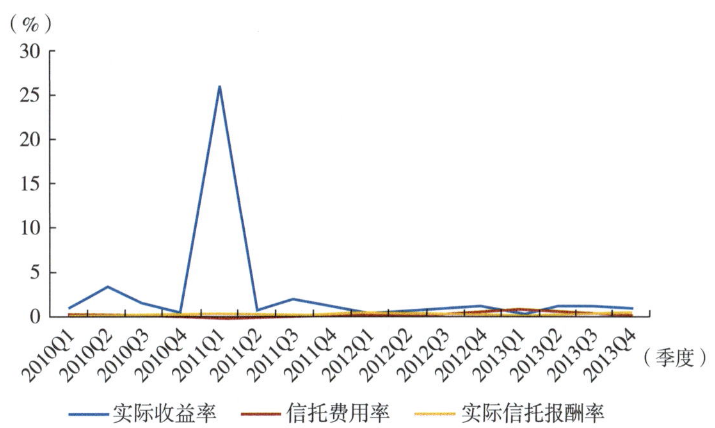

数据来源：中国信托业协会。

图7–41　2010—2013年清算的财产信托产品收益率、费用率及信托报酬率

（三）业务集中度

从行业集中度情况看，排名前十的信托公司管理的财产信托规模达到3,918.13亿元，占市场总体规模的65.82%，与2012年相比上升约8个百分点（见表7–14和图7–42）。

表7–14　2013年财产信托管理规模排名前十的信托公司

序号	公司名称	管理规模（亿元）	序号	公司名称	管理规模（亿元）
1	中信信托	980.70	6	英大信托	296.34
2	中融信托	833.98	7	天津信托	246.15
3	中诚信托	376.82	8	山东信托	180.18
4	长安信托	362.11	9	北京信托	168.48
5	华能信托	315.59	10	兴业信托	157.78

数据来源：信托公司年报。

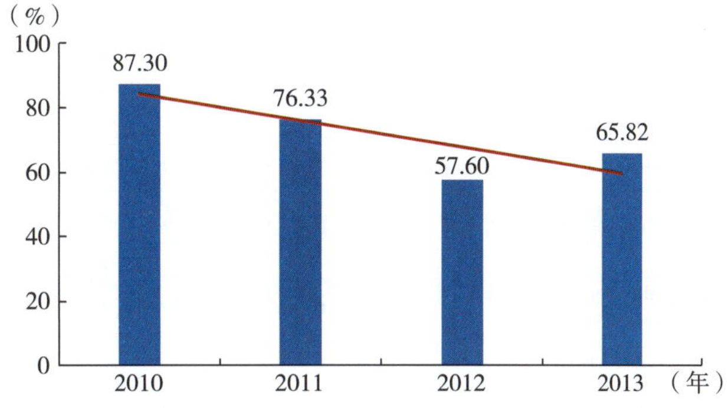

数据来源：中国信托业协会。

图7–42　2010—2013年财产信托规模排名前十的信托公司占比

第八章　主要信托业务（一）：房地产信托

房地产信托业务是信托公司的主流业务，也是重要的盈利来源，往往在货币政策偏紧、房地产企业信贷融资渠道受阻的情况下会实现快速发展，但受宏观调控和监管政策影响十分明显，也因此成为近年来变动幅度最大的信托业务之一。

一、发展轨迹回顾

2001年10月《信托法》实施，2002年人民银行先后发布《信托投资公司管理办法》（中国人民银行令〔2001〕第5号）和《信托投资公司资金信托管理暂行办法》（中国人民银行令〔2002〕第7号），信托公司完成重新登记，开始回归信托本源业务，房地产信托业务逐渐发展起来。但在发展初期，房地产信托在房地产融资活动中是以类似过桥贷款的角色出现的，并未引起过多重视。2003年人民银行出台《关于进一步加强房地产信贷业务管理的通知》（银发〔2003〕121号），对房地产开发链条中的开发贷款、土地储备贷款、个人住房贷款、个人住房公积金贷款等多个方面提高了信贷门槛，不允许银行资金进入“四证”尚未齐备的项目，房地产企业不得不寻求新的渠道进行融资，开始将目光投向信托资金。房地产信托作为房地产企业传统融资渠道的重要补充，以项目贷款融资方式为主，较好地契合了房地产企业的融资需求以及社会资金的投资理财需求，得到了较快的发展，开始在我国房地产融资体系中占据重要地位，并成为多家信托公司的重要支柱信托业务之一。据统计，2003年全年约有70亿元资金通过信托方式进入房地产领域，房地产信托产品也正式走入投资者视线，进入了快速发展阶段。

2005年8月中国银监会出台《关于加强信托投资公司部分业务风险提示的通知》（银监办发〔2005〕212号）文件，令2003年以来的房地产信托业务模式严重受阻。信托公司开始创新转变业务模式，市场中出现股权投资附回购、权益投资、组合运用等不同类型的产品。此后监管部门又陆续出台一系列规范和限制房地产信托业务的政策，房地产信托业务规模尽管仍然继续扩张，但快速增长势头得到了明显遏制，2006年房地产信托业务规模为341.83亿元、2007年为625.65亿元，2008年首次突破1,000亿元关口，达1,020.04亿元。

2009年房价的持续攀升，使房地产业再度成为国家重点监控行业之一。为了遏制房地产风险向金融系统进一步扩散的趋势，国家相继出台了对房地产业的监管措施。房地产企业又陷入融资困境，房地产信托再次得到发展机会，呈现迅速增长态势。房地产信托规模在此后一直到2010年持续保持60%以上的年均增长速度，2010年总规模达到4,381.53亿元，较2009年增幅达到136%。银监会陆续出台了《关于加强信托公司房地产信托业务监管有关问题的通知》（银监办发〔2010〕54号）、《关于信托公司房地产信托业务风险提示的通知》（银监办发〔2010〕343号）、《关于印发信托公司净资本计算标准有关事项的通知》（银监发〔2011〕11号）等文件，按照实质重于形式的原则对房地产信托融资进行监管。房地产信托业务从2011年开始在信托财产中的比重和地位逐步下滑，产品和运作模式也逐步转型。信托公司通过发挥信托机制的灵活性，加强自主管理能力建设，加大股权投资类信托业务比重，一批具有组合运用特征的基金型房地产信托产品开始出现。

表8–1　　　　房地产信托业务相关政策变动情况

时间	法规名称	内容要点
2003年6月	人民银行《关于进一步加强房地产信贷业务管理的通知》（银发〔2003〕121号）	1.加强房地产开发贷款管理，引导规范贷款投向，对未取得“四证”的项目，不得发放任何形式的贷款；自有资金应不低于开发项目总投资的30%。 2.严格控制土地储备贷款的发放，贷款额度不得超过所收购土地评估价值的70%，贷款期限最长不得超过2年；商业银行不得向房地产开发企业发放用于缴交土地出让金的贷款。 3. 规范建筑施工企业流动资金贷款用途。 4. 加强个人住房贷款管理等。
2005年8月	银监会《关于加强信托投资公司部分业务风险提示的通知》（银监办发〔2005〕212号）（已失效）	不得向未取得“四证”的项目、申请贷款的房地产企业资质低于国家建设行政主管部门核发的二级房地产开发资质，以及开发项目资本金比例低于35%的房地产企业发放贷款。
2006年7月	银监会《关于进一步加强房地产信贷管理的通知》（银监发〔2006〕54号）（已失效）	1.信托投资公司开办房地产贷款业务，或以投资附加回购承诺等方式间接发放房地产贷款的，要严格执行银监办发〔2005〕212号的有关规定。 2.用集合类信托资金发放房地产贷款，要严格执行信息披露制度。
2008年7月	人民银行、银监会《关于金融促进节约集约用地的通知》（银发〔2008〕214号）	各金融机构应以严格限制粗放低效用地、积极支持节约集约用地为原则，以重大基础设施、公共设施、工业设施建设、农村集体建设用地和商业性房地产等领域为重点，加强相应的信贷合法合规审查，进一步改进金融服务，积极引导和推动节约集约用地。
2008年10月	银监会《关于加强信托公司房地产、证券业务监管有关问题的通知》（银监办发〔2008〕265号）	1.严禁向未取得“四证”的房地产项目发放贷款，严禁以投资附加回购承诺、商品房预售回购等方式间接发放房地产贷款；要求具有二级资质，自有资本金不低于35%（经济适用房除外）。 2.严禁向房地产开发企业发放流动资金贷款，严禁以购买房地产开发企业资产附回购承诺等方式变相发放流动资金贷款，不得向房地产开发企业发放用于缴交土地出让价款的贷款。要严格防范对建筑施工企业、集团公司等的流动资金贷款用于房地产开发。 3.对政府土地储备机构的贷款应以抵押贷款方式发放，所购土地应具有合法的土地使用证，贷款额度不得超过所收购土地评估值的70%，贷款期限最长不得超过2年。

续表

时间	法规名称	内容要点
2010年2月	银监会《关于加强信托公司房地产信托业务监管有关问题的通知》（银监办发〔2010〕54号）	1.信托公司以结构化方式设计房地产集合资金信托计划的，其优先和劣后受益权配比比例不得高于3:1。 2.停止执行银监发〔2009〕25号文第十条中对监管评级2C级（含）以上、经营稳健、风险管理水平良好的信托公司发放房地产开发项目贷款的例外规定，信托公司发放贷款的房地产开发项目必须满足“四证”齐全、开发商或其控股股东具备二级资质、项目资本金比例达到国家最低要求等条件。 3.不得以信托资金发放土地储备贷款。
2010年11月	银监会《关于信托公司房地产信托业务风险提示的通知》（银监办发〔2010〕343号）	1.对房地产信托业务进行合规性风险自查。 2.督促信托公司在开展房地产信托业务时审慎选择交易对手，合理把握规模扩张，加强信托资金运用监控，严控大型房地产集团多头授信、集团成员内部关联风险，积极防范房地产市场调整风险。
2011年1月	银监会《关于印发信托公司净资本计算标准有关事项的通知》（银监发〔2011〕11号）	对融资类房地产信托通过更严格的审批措施及较高的折算比例进行控制。如将单一类融资业务中，公租房及廉租房融资风险系数为0.5%，其他房地产融资的风险系数为1%；集合类融资业务中公租房及廉租房的融资风险系数为1%，其他房地产融资的风险系数则为3%。

资料来源：根据公开资料整理。

二、2013年发展概况

2013年，是房地产市场复苏、活跃的一年，也是房地产调控政策思路开始转变的一年。从调控政策变化看，第一季度仍以“国五条”和各地细则为主，延续2011年以来抑制需求、控制房价的思路，但新一届政府上台后着力建立健全长效机制、维持宏观政策稳定，不动产登记、保障房建设等长效机制工作继续推进。调控的重心由以抑制房价、抑制需求为主，转向以加大保障房建设、健全住房供应体系为主。从市场运行情况看，在国家“稳中求进”宏观经济政策及相关货币信贷政策保持稳定的影响下，2013年我国房地产市场延续了2012年以来的回暖势头，且自住型需求不断释放，改善型需求持续增加，市场不断向好发展。2013年房地产行业全年实现8.14万亿元销售规模，较2012年增长26.3%。伴随房地产行业销售持续转暖，土地购置、新开工和投资均呈现不同程度恢复。2013年全国房地产开发企业的土地购置面积为3.88亿平方米，同比增长8.8%；房屋新开工面积为20.12亿平方米，同比增长13.5%；房屋竣工面积为10.14亿平方米，同比增长2%；2013年全国房地产累计开发投资为86,013亿元，同比增长19.8%，较2012年增加3.6个百分点；全年商品住宅投资为58,951亿元，同比增长19.4%，占房地产开发投资的比重为68.50%。

（一）产品规模

2013年房地产政策趋向宽松，房地产行业总体向好，房地产信托业务也保持了良性的发展势头。从绝对数看，存量房地产信托数量、存续规模均快速上涨；从相对占比来看，房地产信托规模在信托资产规模中的占比持续下降。

1. 存量产品数量和规模保持较快增长

截至2013年末，全国房地产信托产品有2,613个，业务存量规模为10,337.49亿元，较2012年增长50.24%（见图8-1）。

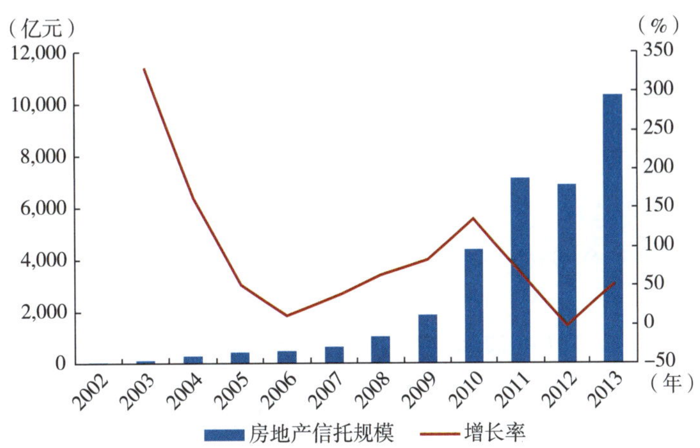

数据来源：中国信托业协会。

图8-1 2002—2013年房地产信托规模和增速

2. 新增产品数量和规模逐步回升

2013年新增房地产信托产品1,896个，规模达6,848.23亿元。在新增的房地产信托产品中，集合类信托产品有848个，规模为3,040.96亿元，占比44%；单一类信托产品有1,048个，规模为3,807.27亿元，占比56%。新增产品数量和规模从2012年第一季度开始稳步上升（见图8-2）。

数据来源：中国信托业协会。

图8-2 2010—2013年房地产信托新增产品数量和规模

3. 在信托财产中的占比持续下滑

从存续规模看，2013年末房地产信托业务在信托公司受托管理信托资产中的占比已经由2011年第三季度时的最高值17%下滑至2013年末的10%（见图8-3）。

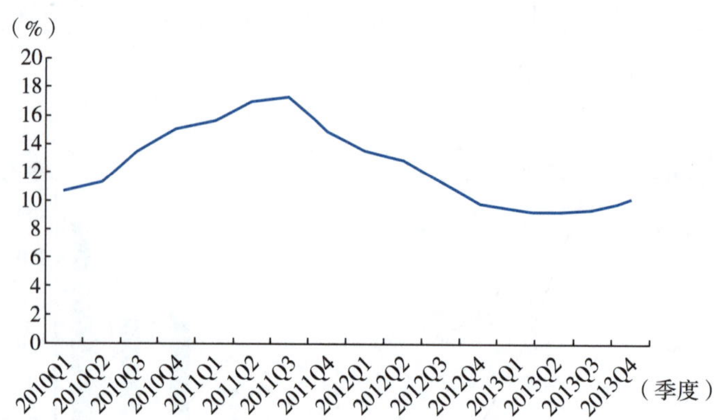

数据来源：中国信托业协会。

图8-3 2010—2013年房地产信托在信托资产总规模中的占比

4. 在发展增速上，集合类房地产信托新增规模增速较快

（1）在房地产信托存续规模上，集合类增速开始回升并超过单一类。集合类规模的季度同比增速自2011年第二季度开始高位滑落，进入2012年第三季度以后出现负增长，直到2013年第三季度以后才再度转正，而单一类规模在2011年、2012年基本保持在10%左右的较稳定水平，但从2012年第四季度开始增速迅速攀升，2013年全年保持在60%以上的较高水平（见图8-4）。

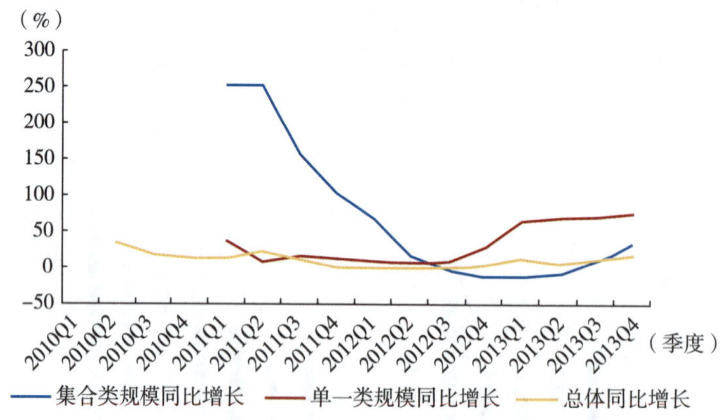

数据来源：中国信托业协会。

图8-4 2010—2013年房地产信托规模同比增长变化情况

从季度环比增长变化情况看，集合类规模在2010年、2011年均保持较高增长速度，从2011年第四季度开始增速不断下滑，2012年第四季度跌入−7%的低谷，2013年

开始逐季度稳步回升，最终保持在14%的水平；而单一类规模从2010年第三季度开始回落，并低位徘徊，2012年第三季度以后开始恢复增长，2013年第一季度之后又有所回落，最终2013年增速基本与集合类相近（见图8-5）。

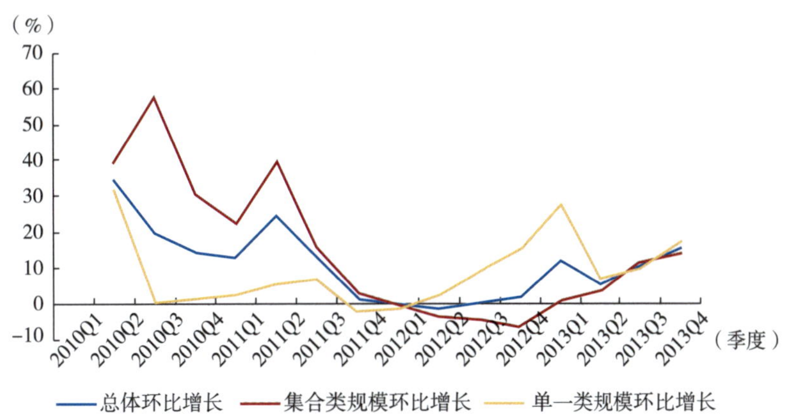

数据来源：中国信托业协会。

图8-5 2010—2013年房地产信托规模环比增长变化情况

（2）在新增规模上，集合类产品持续领先于单一类。从同比增长变化情况看，新增房地产信托业务规模经历了2012年的发展低谷，进入2013年以后再度保持较快增长。其中集合类新增房地产信托业务的同比增速从2011年第三季度开始高于整体增速水平，但进入2013年第二季度后回落至低于单一类新增房地产信托业务的增速水平（见图8-6）。

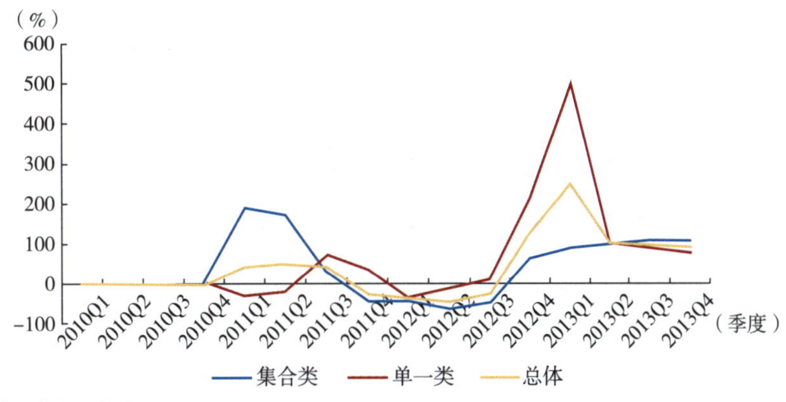

数据来源：中国信托业协会。

图8-6 2010—2013年新增房地产信托业务同比增长情况

从环比增速变化情况看，新增房地产信托业务规模波动较大，呈现出较明显的季度特征，总体从2012年第三季度开始波动幅度有所收敛。其中单一类新增业务规模的波动幅度要略大于集合类新增业务规模的变动（见图8-7）。

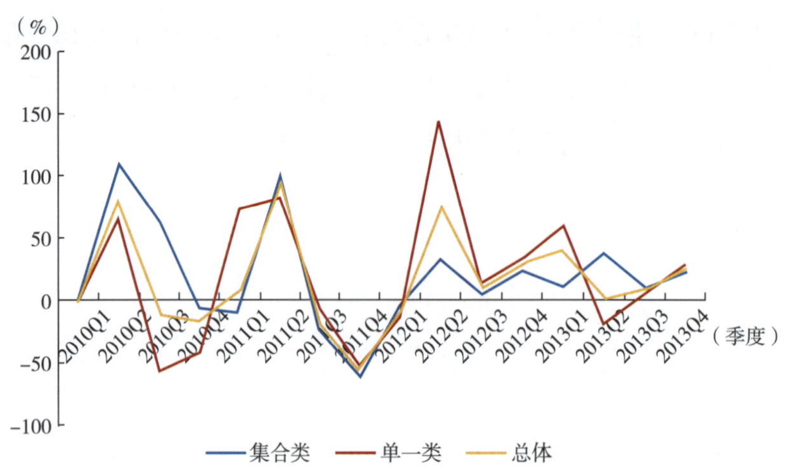

数据来源：中国信托业协会。

图8-7　2010—2013年新增房地产信托业务环比增长情况

（二）产品结构

1. 从存续规模看，集合类房地产信托2013年初起止跌回升，单一类持续增长

截至2013年末，全国房地产信托产品中集合类信托产品共有1,230个，存续规模为5,112.37亿元，占比49%；单一类信托产品共有1,383个，存续规模为5,225.12亿元，占比51%（见图8-8）。

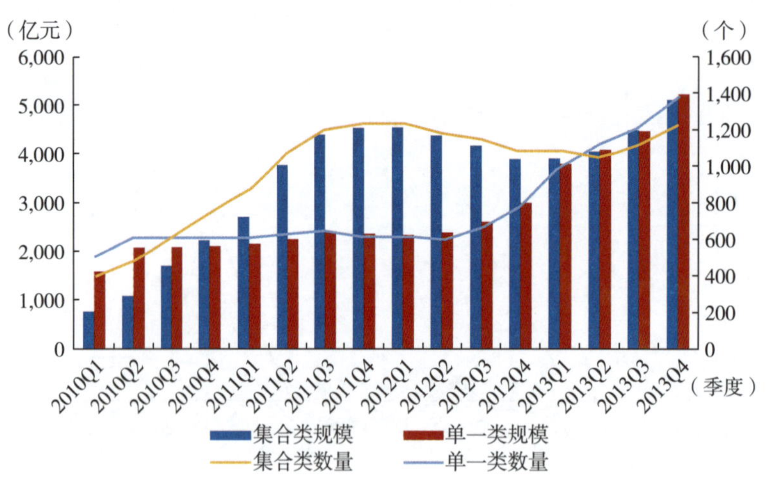

数据来源：中国信托业协会。

图8-8　2010—2013年集合类与单一类房地产信托数量和规模

2. 从新增规模看，新增房地产信托数量及规模均高速增长

2013年新增集合类房地产信托产品848个，新增规模为3,040.96亿元，占比44%；新增单一类信托产品1,048个，新增规模为3,807.27亿元，占比56%（见图8-9）。

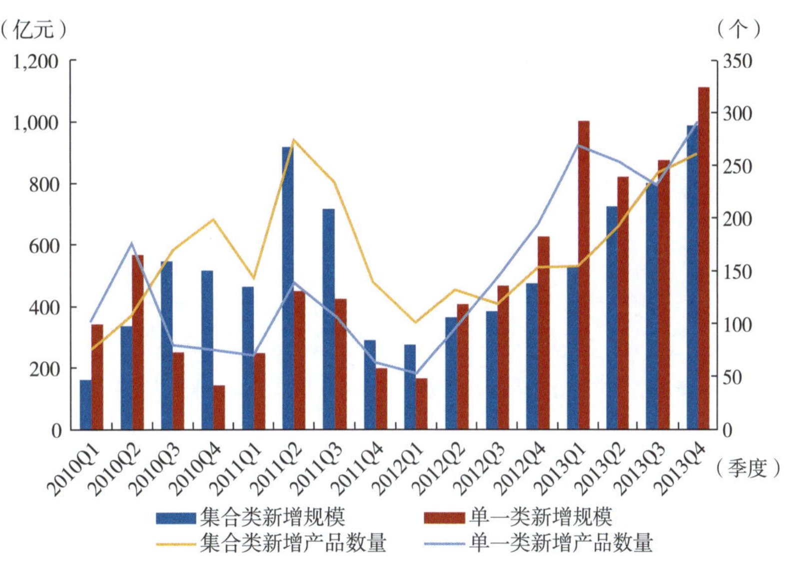

数据来源：中国信托业协会。

图8-9　2010—2013年房地产信托新增产品数量和规模

3. 从单只产品平均规模看，集合类及单一类均出现下降

截至2013年末，存量房地产信托产品中的集合类产品的平均规模为4.16亿元，单一类产品的平均规模为3.78亿元。2013年新增房地产信托产品中，集合类产品的平均规模为3.59亿元，单一类产品的平均规模为3.63亿元（见图8-10）。

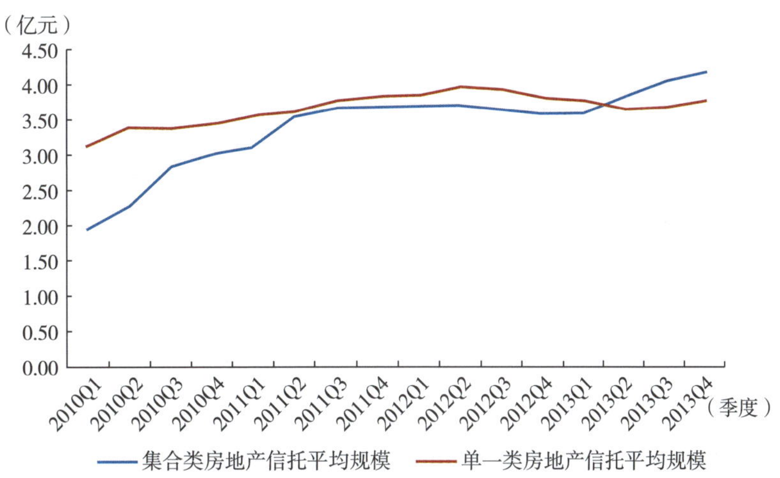

数据来源：中国信托业协会。

图8-10　2010—2013年存续房地产信托产品的平均规模

可以看出，2013年以来，新增集合类、单一类房地产信托产品的平均规模与2011年、2012年相比均出现下降，集合类产品的下降幅度超过单一类，新增单一类房地产信托产品的平均规模已超过集合类（见图8-11）。

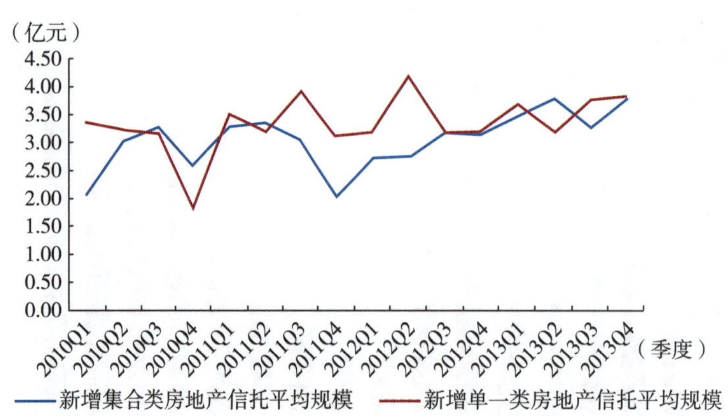

数据来源：中国信托业协会。

图8-11　2010—2013年新增房地产信托产品的平均规模

4. 从结构占比看，集合类房地产信托产品与单一类占比趋近

从房地产信托业务存续规模结构变化情况看，2010年第一季度以来无论是单一类房地产信托还是集合类房地产信托的规模都保持增长势头，其中集合类信托的上升势头明显，在2010年第四季度首次超过单一类规模，且在2011年第二季度到2012年第四季度始终保持较大幅度领先，其中2012年第一季度集合类规模一度超过单一类规模近一倍；进入2013年以后二者之间的差距显著缩小，2013年第四季度末单一类规模再度超过集合类（见图8-12）。

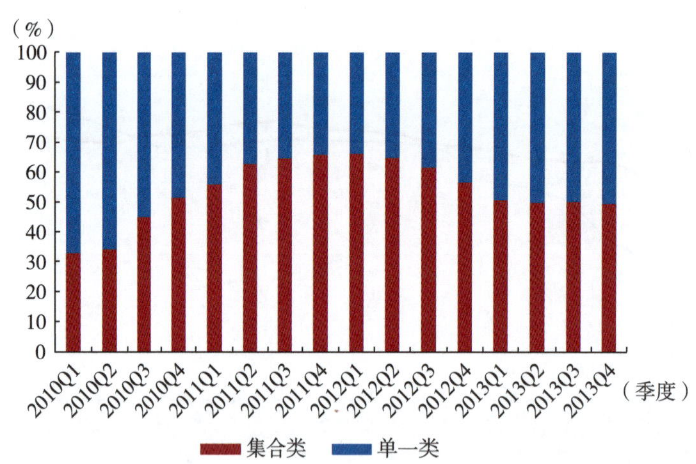

数据来源：中国信托业协会。

图8-12　2010—2013年房地产信托结构变化情况

从2010年以来的总体数据看，新增房地产信托业务规模在信托公司新增信托资产中的占比基本维持在12%~13%。从类型看，新增集合类房地产信托产品在新增信托产品规模中的占比始终高于新增单一类房地产信托产品在新增信托产品规模中的占比，这反映出集合类房地产信托业务发展一直快于单一类房地产信托业务（见图8-13）。

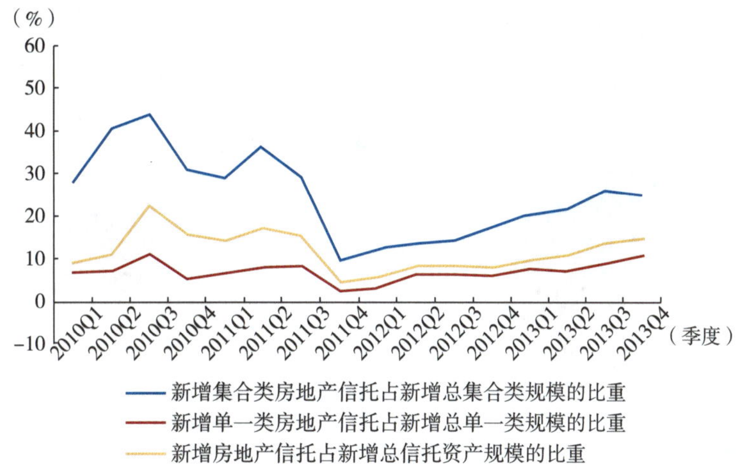

数据来源：中国信托业协会。

图8–13　2010—2013年房地产信托新增占比变化情况

从新增产品规模的构成结构看，新增单一类房地产信托占比从2010年第三季度的低点开始不断提升，由最初的22%不断提高到2013年第一季度的65%，此后略有回落，到2013年末基本保持在55%左右的水平，略高于集合类业务（见图8–14）。

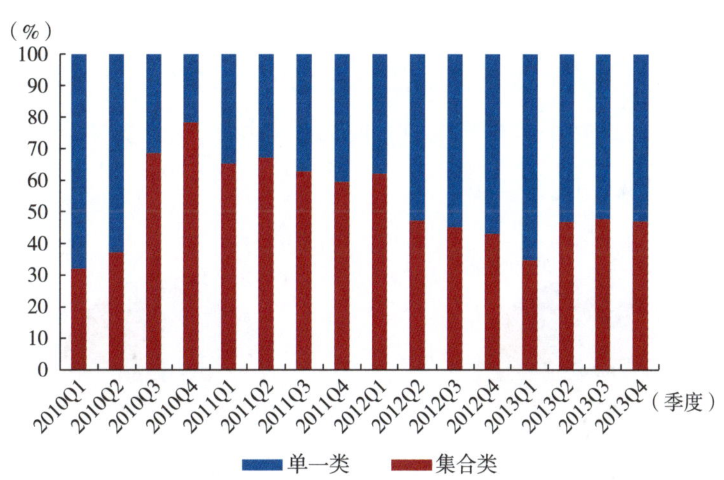

数据来源：中国信托业协会。

图8–14　2010—2013年新增房地产信托结构变化情况

5. 从期限结构分布看，1~2年内到期的产品较多

从2013年末存续的房地产信托产品的预计到期情况看，1~2年内到期的信托产品较多。从预计到期产品数量分布情况看，0~6个月内到期的产品占比为13.70%，6~12个月内到期的产品占比19.79%，12~24个月内到期的产品占比为45.66%，24~36个月内到期的产品占比12.32%，36个月以上到期的产品占比为8.53%。从预计到期产品的规模分布情况看，0~6个月内到期的产品占比为9.97%，6~12个月内到期的产品占比

为16.57%，12~24个月内到期的产品占比为43.06%，24~36个月内到期的产品占比为17.40%，36个月以上到期的产品占比为13.00%（见图8–15）。

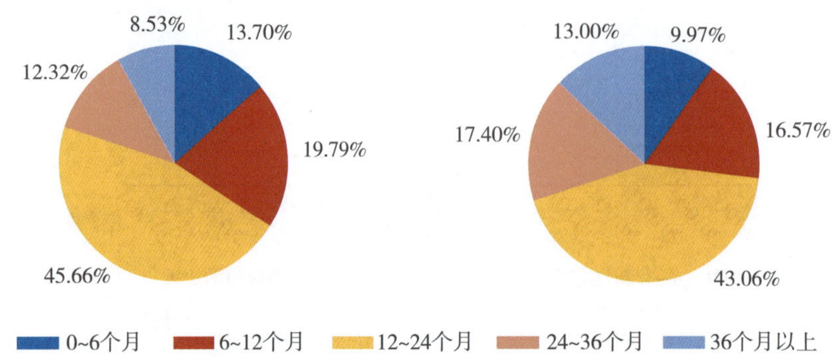

数据来源：中国信托业协会。

图8–15　2013年末房地产信托产品预计到期数量（左）及规模（右）结构

对于存续的集合类房地产信托产品，按照预计到期产品数量分布情况，0~6个月内到期的产品占比为10.89%，6~12个月内到期的产品占比为19.11%，12~24个月内到期的产品占比为47.15%，24~36个月内到期的产品占比为12.52%，36个月以上到期的产品占比为10.33%。按照预计到期产品的规模分布情况，0~6个月内到期的产品规模占比为6.89%，6~12个月内到期的产品规模占比为14.29%，12~24个月内到期的产品规模占比为40.34%，24~36个月内到期的产品规模占比为20.51%，36个月以上到期的产品规模占比为17.97%（见图8–16）。

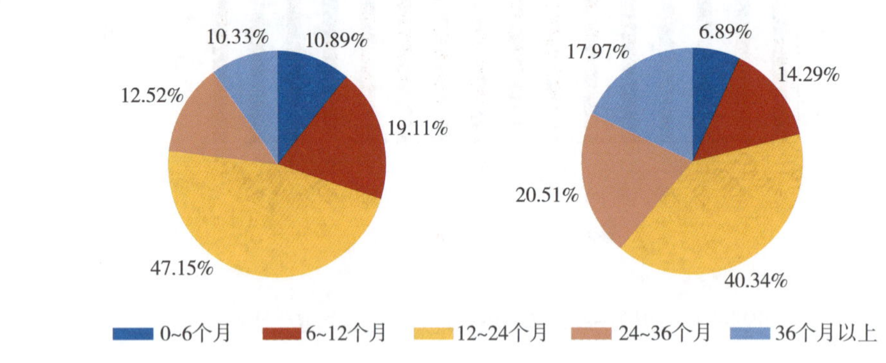

数据来源：中国信托业协会。

图8–16　2013年末集合类房地产信托产品预计到期数量（左）及规模（右）结构

（三）业务集中度

从2013年房地产信托业务的行业集中度情况看，排名前十的信托公司管理的规模达到4,752.11亿元，占市场总体规模的45.24%，自2010年以来业务集中度总体趋于下降，但2013年与2012年相比上升约3个百分点（见表8–2和图8–17）。

表8-2　　2013年末房地产信托管理规模排名前十的信托公司

序号	公司名称	管理规模（亿元）	序号	公司名称	管理规模（亿元）
1	华润信托	756.56	6	厦门信托	376.08
2	平安信托	693.52	7	山东信托	367.94
3	兴业信托	646.81	8	重庆信托	287.76
4	中信信托	562.23	9	中航信托	280.01
5	中融信托	530.59	10	昆仑信托	250.61

数据来源：信托公司年报。

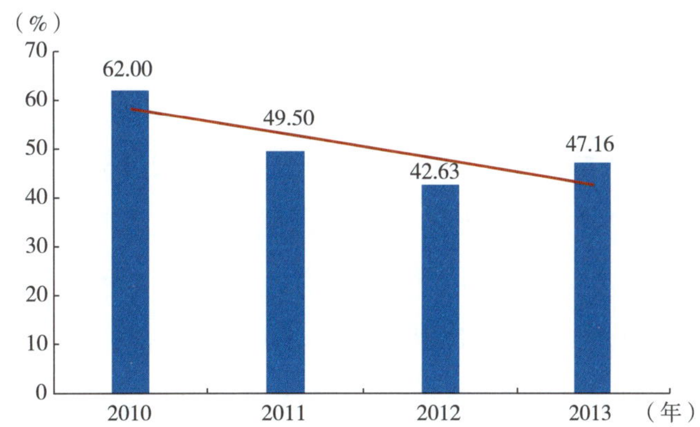

数据来源：中国信托业协会。

图8-17　2010—2013年房地产信托规模排名前十的信托公司占比

（四）发展特点

2013年是房地产市场面临转折的一年，快速发展势头放缓，行业风险加大。房地产信托作为重要的融资渠道，总体业务规模有所上升，但总成本及收益率有所下降，展业区域向一二线城市回归，交易对手更倾向于大中型优质房地产企业，项目更加注重抵押物的足值与安全性，中后期管理等风控更加深入和严格。

1. 展业区域回归一二线城市

近年来，三四线城市不断兴起造城之风，土地市场热度高，但部分城市由于规划超前，城市规模迅速扩张，房地产市场大规模开发建设远超当地需求，开发土地存量消化时间相当漫长，导致风险逐步显现。自2012年起，国内房地产市场在不同区域开始出现分化，个别城市、地区的房地产市场风险暴露，表现为该地区房屋成交量下降、入住率低、成交价格下滑等，该类风险主要出现在三四线城市。在经济增速和货币信贷投放趋缓的背景下，2013年以来不同企业结合自身规模和发展定位，理性判断城市发展潜力以制定城市进入策略，开始逐步回归一二线城市。从全国看，2013年，全国土地出让金额高达4.1万亿元，再创历史新高，土地市场热度不断提升，其中一二线热点城市表现突出，十大城市土地出让金总计超过1万亿元。多数三四线城市市场规模较小，需求不足，市场过度开发后或存过剩风险，与之相应，信托公司房地产信托业务的重点也呈现向一二线城市回归的趋势。

2. 交易对手“抓大放小”

从资金来源情况看，2013年全国房地产资金来源总量达到12.21万亿元，较2012一年同期增长26.5%。从总资金来源构成情况看，国内贷款占房地产资金来源的16%，利用外资占比低于1%，自筹资金占39%，其他资金占44%。相比2012年全年，房地产企业自筹资金比重下降，国内贷款、定金及预售款、个人按揭贷款的比重有所上升，房地产企业的资金面明显好转。尽管房地产行业整体的短期资金偿付压力不大，现金覆盖比例小幅提高，但不同企业分化加剧。2013 年以来，房地产调控政策仍在严格执行，随着2012 年下半年以来楼市回暖及货币政策的微调，国内外融资环境对房地产企业进一步宽松，但不同规模房地产企业的融资能力呈现明显分化。人民银行反复明确差别化信贷原则，加强“名单制”管理，内地银行贷款门槛仍然较高，内地大中型房地产企业无论在贷款额度还是在贷款利率方面都具有明显优势，而且通过债券、票据等的直接融资方式明显增多。2013年内地龙头房企纷纷通过搭建的“A+H”双重融资平台，顺利实现海外低成本发债融资，资金实力大大增强。与之形成鲜明对比的是，一批中小型房地产企业融资渠道十分单一，资金链十分脆弱，蕴藏着较大风险。2013 年，随着房地产市场回暖，企业融资需求增加，在房地产信托规模呈现明显增长的同时，信托公司更加注重交易对手的选择，业务重点向大中型优质房地产企业转移。

3. 交易模式不断创新

2013年房地产信托业务交易模式正在从简单的纯债权融资转型进入夹层甚至股权投资等多元化发展的阶段，信托公司推出一系列创新产品或特色产品。基金化信托业务是银监会鼓励的一个创新发展方向，不少信托公司也在这一领域积极进行尝试。截至2013年末，全行业存续的基金化房地产信托产品全部为集合类产品，共14个，规模达130.65亿元，占全部房地产信托业务的1.3%；信托公司与私募基金合作推出房地产信托产品7个，总规模达22.41亿元，占全部房地产信托业务的0.2%，其中，集合类产品6个，规模为18.41亿元；单一类产品1个，规模为4亿元。从具体案例看，2013年10月，上海信托推出“上信·万科房地产股权投资集合资金信托计划”，上海信托和万科各出资1,250万元，作为有限合伙企业的普通合伙人（GP），负责对基金进行投资与管理。该集合信托计划的期限为5年，募集资金27.875亿元，信托资金用于认购有限合伙企业的有限合伙份额，成为合伙企业的有限合伙人（LP）。投资者作为有限合伙人（LP）参与房产项目运作，享受项目分红，不参与项目管理。因此，在具体的收益分配上，投资者的信托收益完全与项目的利润水平挂钩，随项目利润情况浮动。通过采取有限合伙企业的方式投资房地产项目的股权，从融资模式向投资模式转变，成为该项目的创新亮点之一。平安信托助力平安寿险（海外）成功投资伦敦劳合社写字楼项目，开启了境内保险资金（海外）收购不动产的先河；首次成功运用养老险年金资金投向房地产信托计划，进一步开拓了平安信托房地产信托计划的资金渠道，同时为平安养老险年金丰富了投资方向。新一届政府推行的“小城镇”国家战略，也为信托公司开展房地产信托业务提供了新的机遇。实践中，有不少信托公司已经在研究、开发、实施与“小城镇”战略配套的房地产信托产品。

4. 非系统性风险逐渐释放

房地产信托的风险一直为投资者和媒体所关注，2013年房地产信托业务单体项目风险有所暴露。通过分析2013年房地产信托出现违约风险的项目，发现以下共性：一是主要集中在三四线城市；二是融资主体都为民营企业背景，并且多数实力一般，甚至薄弱。而且从城市区域风险看，未来将很难简单地以一线、二线或是三线、四线城市区分，同一城市的郊区与核心功能区、郊区与郊区之间也将可能出现分化。但随着2013年房地产市场的回暖和信托风险控制能力的加强，前两年累积的市场风险和信用风险逐渐释放。在整体房地产市场仍保持平稳的大背景下，房地产信托中的流动性风险成为信用风险最普遍的导火线，多数风险暴露的房地产信托项目多是由于融资方受到前期限购、限价和限贷等调控措施的影响，以及项目租售严重低于预期造成回款困难；同时在调控环境下，银行借贷、资本市场融资等筹资渠道都受到限制。各种因素叠加导致融资方违约风险，从而信托出现兑付风险。

从信托公司房地产信托业务风险处置情况看，房地产企业首先会筹资自救，主要是通过不同项目资金挪移、寻找其他融资渠道、降价促销、退地卖地等途径筹集资金以兑付房地产信托，如果自救失败，则信托风险转移至信托公司。如“青岛凯悦中心”通过资产拍卖获得的现金实际上是完全可以覆盖信托本金收益的，“南京联强项目”、“洋城锦都置业项目”等均被四大资产管理公司或是第三方企业接盘。尽管系统性风险基本不会出现，但违约事件的背后暴露出信托产品存在不容忽视的信用及运营风险。

三、2014年发展趋势

展望2014年，房地产市场走势依旧具有极大的不确定性。土地制度、财税改革将进一步推进，房产税等长效机制有望逐步确立。在热点城市房价仍然上涨的背景下，限购、限贷等现有行政化调控政策很难放松或短期内退出，不同城市的政策取向继续出现差别化。从中长期看，不动产登记、财产公示等制度的出台，房地产税改革试点的进一步扩大，将促长效机制的建立和完善。在全面深化改革的大背景下，房地产业也必将迎来更大的市场机遇和挑战，供需关系更趋良性，2014年乃至中长期房地产市场环境正在孕育变化，市场有望回归理性。监管政策鼓励信托公司提高专业管理能力和风控水平，进行房地产信托产品设计的创新。在信托业新的业务增长点尚未形成的背景下，由于房地产企业对资金的庞大需求以及其他可投资领域相对匮乏，房地产信托业务仍将维持稳定发展，预计发行规模将有所缩减，在信托总资产中的占比仍将保持现有较低水平；而随着利率市场化的逐步推进，预计房地产信托未来的融资成本将缓慢下降。

（一）密切关注城市分化态势，谨慎选择市场区域和交易对手

城市及其不同区域的供需结构与政策调控差异将推动城市之间的房地产市场分化，而城市间的结构分化将加剧，房地产企业市场的优胜劣汰将更加显著。总体来看，新一届政府的政策主导加大供应，目前全国供求关系缓和，将抑制房价的继续快速上涨。但部分热点城市，由于前期土地成本较高，商品房价格上涨压力仍然较大。2014年乃至更长时期，不同城市的量价走势和政策导向的分化将进一步加剧。一线城市和热点二线城市供不应求的压力持续，多数二线城市的供需已经趋于均衡，价格保持平稳；大多数三四线城市供应充足，部分城市需警惕供应过剩和价格下行风险，少数城市或将继续松绑政策，鼓励需求。经历了近五年的快速开发，城市之间的差异性越来越大，城市区域的分化程度明显，2013年部分城市已经开始出现较明显的房地产价格调整。从房地产产业结构变动趋势看，大型房地产企业的领先优势继续扩大，中型企业不进则退，小型企业更趋边缘化。品牌房地产企业已经基本形成覆盖全国主要城市的布局，抗风险能力较强，在主流城市的市场占有率持续扩大，市场集中度进一步提高；凭借较强综合实力以较低资金成本优势获取大规模的发展资金，融资优势明显，拿地十分活跃。而区域性中小型房地产企业更多面临资金短缺、融资渠道狭窄的考验，土地储备减少，生产空间进一步被挤压，未来发展面临更多挑战。因此，2014年信托公司开展房地产信托业务必须更加注重宏

观、区域市场特征的深入研判，审慎挑选交易对手，信托资金将更多地流向优质的中型以上房地产企业。

（二）投资类型逐步由住宅类向商业物业、保障房等多领域拓展

人口老龄化和城镇化的加速导致需求趋缓，过去多年量价的快速增长已经透支未来需求，房地产发展可能提前进入平缓增长期。根据中国指数研究院测算，2011—2020年我国住房潜在需求达160亿平方米，其中商品住宅为120亿平方米。但由于2011年以来市场迅速发展，部分需求已被提前透支，预计2014年将提前迎来行业峰值。多重风险积聚将促使行业增速明显放缓，长效机制逐步建立促使市场理性回归。2014年在市场惯性的作用下，商品房销售增速趋缓；受销售增速和流动性趋缓影响，投资增速将略有下降。新一届政府的房地产调控在思路和方法上有了重大调整，未来调控着力点从抑制需求和价格逐步转向加大住房供应，包括保障房的建设和供给。而且加快推进城镇化战略，经济和产业结构的转型，为商业地产、旅游地产等新兴地产类型的兴起创造了良好机会。商业地产的固有特性决定了商业地产信托具有保值增值的功能，投资收益相对比较稳定；商业地产受国家房地产宏观调控政策影响不大，巨大的业务空间有助于信托行业扩大资产规模；商业地产投资长期性、产生稳定的现金流等特点有利于信托由“融资”向“投资”转型，培养核心盈利模式。保障性住房建设作为关系国计民生的国家性工程，对于推动民生改善、促进房地产市场平稳健康发展具有重要作用。因此，房地产信托业务正逐步从以住宅类信托为重点转向以商业物业、保障性住房类信托为重点。

（三）投资方式由以债权为主向股权、夹层融资等方向逐步转变

监管部门始终强调引导信托公司加强自主管理能力，对债权型信托业务采取了严格的限制措施。房地产作为信托公司多年来精耕细作的领域，最可能成为今后具有较强市场竞争优势的专业领域之一。未来信托公司在开展债权性融资业务时，将深入研判风险，将重点选择大中型开发商作为交易对手，重点筛选市场基本面较好的一二线城市。尽管市场基本面并不乐观，但并不缺乏好的股权投资机会。信托公司进行房地产股权投资要更注重项目素质筛选、市场趋势研判、交易对手的信誉等，最大限度地确保投资者的利益，充分发挥其在投资管理方面的优势，向投资者做好风险提示，做真正高风险、高收益的股权投资，增强股权管理能力，加大财务监管与项目监管的力度，避免项目操作风险。同时，信托公司也将充分发挥信托投资理财多样化机制的优势，推出股权投资与债权融资相结合的信托产品，以债权为主求

安全性，以股权投资为补充求灵活性与高收益回报。

（四）房地产信托业务将更强调不同机构间的业务协作

随着房地产行业告别高利润时代，房地产企业实施金融创新将成为一种新的发展趋势。从国外的发展经验看，未来国内房地产或将逐步从以开发为主的经营模式转向以财富及资产管理为主的经营模式。目前，已经有部分房地产企业开始将发展触角伸向银行业等金融行业，进一步打通房地产行业和金融业的边界，实现降低融资成本的目的，并便于企业为所开发项目筹集资金。房地产私募基金得到快速发展，募集资金规模持续扩大，投资方向也从以住宅为主逐步延伸到商业、旅游、养老地产等多元化领域。许多房地产百强企业构建了“商业地产+金融”的模式，通过在企业内部成立或与机构合作的方式来发展房地产基金，为旗下项目提供资金支持；或者在项目开发前期选择与房地产私募基金合作，通过联合拿地的形式融通资金。未来，房地产企业融资将逐步呈现更为成熟的多元化格局。无论是银行传统的信贷融资、公司债券、股票上市融资等，还是信托、证券、基金等金融机构以资产管理为核心提供的投融资服务，以及私募基金、第三方机构等设立的私募房地产基金，都在房地产资金链中扮演着不同的角色。信托公司需要积极探索和拓展与商业银行、保险公司、资产管理公司、担保公司、房地产专业机构等的业务合作，通过合理的方案设计实现共享客户、分担风险、协作管理的目的。

（五）加快基金化房地产信托业务的模式创新

基金化房地产信托产品的资金运用方式涵盖了贷款、股权投资、权益投资及信托受益权转让等一系列策略，该产品可根据不同时点的具体项目特点灵活决定信托资金的运用方式及退出方式。相比于传统的单一项目型房地产信托产品，基金化信托产品可根据市场变化情况进行主动管理，充分发挥信托公司在投资管理方面的优势，根据相应的投资策略将资金投放到不同的项目，在风险把控上更有优势。基金化房地产信托产品将推动房地产信托业务的转型，降低房地产市场波动所带来的风险，在未来将得到进一步的发展。此外，随着金融市场的发展和相关制度的完善，目前国内的REITs已经从理论研究阶段逐步向实践阶段过渡，证券公司已经在国内率先推出股权型的REITs创新产品，未来REITs将成为信托公司房地产信托业务发展的重要趋势。

第九章　主要信托业务（二）：基础产业信托

基础产业信托是信托公司较早开展的主要信托业务之一，依托于政府良好的信用支持，通过灵活多变的产品设计，为基础产业发展引进了大量社会资金，同时也为投资者创造了良好的回报。但是，随着社会对政府债务负担问题的关注，监管政策的调整，基础产业信托发生了较大的调整变化。

一、发展轨迹回顾

基础产业是指为社会生产和居民提供公共服务的物质工程设施，是用于保证国家或地区社会经济活动正常进行的公共服务系统。基础产业包括基础工业和基础设施两部分。基础工业是指能源（包括电力）工业和基本原材料（包括重要矿产资源、钢材、石油化工材料）工业，基础设施主要包括交通运输、机场、港口、通信、水利等设施。

一般来说，信托资金投向基础产业领域的信托产品被称为基础产业信托产品。根据基础产业使用性质，把基础产业信托分为基础设施、交通、能源、矿产资源及开采和其他五大类。基础产业项目建设通常具有投资额巨大、建设周期长、管理要求高等特点。从资金运用角度看，基础产业信托投资包括信托贷款、股权投资、权益投资、组合运用和其他投资五大类，但最常见的、占比最高的一般为贷款、股权和权益投资三大类。对比银行贷款、市政债券、土地质押、吸引外资，信托融资方式灵活多样，既可以负债融资，也可以股权融资、结构性融资；基础产业信托由委托人和受托人自行商定，发行速度快，融资程序简单，不受银行贷款额度和审批程序等限制，从而在基础产业市场化融资进程中占据了重要位置。基础产业在引入信托资金投资后，通常以政府财政陆续到位的后续资金、所投项目公司阶段性还款以及项目预期收益形成的分红作为本金偿还保证，大多附有担保协议。担保方式有项目公司建设用地的使用权抵押、第三方提供连带责任担保，由地方政府出具担保承诺函（“信政合作”类项目），等等。因此在政府良好的信用支持下基础产业信托产品具有较高的抗风险能力，吸引了大量的投资者。

2002年7月18日，爱建信托推出了全国第一个集合资金信托计划——“上海外环隧道项目资金信托计划”，募集资金5.5亿元，探索了新的信托投资运作方式，充分发挥了信托公司向社会募集资金的优势，为上海市基础设施建设投融资方式的改革作出贡献，并为全国几十个大中型城市的数千个公用基础设施项目和重点建设项目，提供了具有可操作性的信托投融资成功模式。基础产业信托开始作为重要的信托业务之一发展起来。

自2007年信托业新“两规”——《信托公司管理办法》（银监会令 2007年第2号）、《信托公司集合资金信托计划管理办法》（银监会令 2007年第3号）实施以来，国内基础产业信托业务总体发展比较平稳。但在2008年中央启动四万亿元的经济刺激方案后，以基础设施领域为重点的基础产业信托规模随即快速膨胀。2009年初，银监会下发《关于当前调整部分信贷监管政策促进经济稳健发展的通知》（银监发〔2009〕3号），要求信托公司重点支持民生工程、生态环境建设、重大基础设施建设，并将集合信托贷款占信托计划实收余额的上限由30%放宽为50%。由此，推动了以“信政合作”（即政府与信托公司之间的合作）为代表的基础产业信托业务的大规模扩展。2011年以后，地方政府债务过重问题开始显现，国家对地方政府融资平台严加监管，人大保函等由政府平台出具的还款承诺和政府用土地抵押都被限制，政府类基建项目从信托的融资增速相对总体水平有了明显放缓。2012年以来，“十二五”规划使各地方政府欲借助加大基础设施投资项目来刺激经济增长，政府持续性的融资需求为信托公司提供了巨大的融资市场，基础产业信托得到迅猛增长，发行量和规模双双爆发式上涨。

尽管2012年12月24日财政部等四部委联合发布《关于制止地方政府违法违规融资行为的通知》（财预〔2012〕463号），进一步限制通过BT方式为法律和国务院允许之外的政府项目融资、通过信托方式为法律和国务院允许之外的公益性项目融资，禁止政府违规担保，但信托公司适时创新产品，对于具有直接经济效益的政府项目通过加强项目的风险管理，减少对政府信用的依赖，对于兼具经济效益和社会效益的政府项目，透过整合市场资源、政府资源和寻找期限、收益匹配的投资者来减少对政府信用的直接依赖，实现了基础产业信托业务规模的不降反升，并且更多的信托机构参与到发行基础产业信托的行列。

表9–1　　基础产业信托业务相关政策变动情况

时间	法规名称	内容要点
2009年4月	银监会《关于信托公司信政合作业务风险提示的通知》（银监办发〔2009〕155号）	1.信托公司要高度重视合规经营问题，积极探索创新，采取有效措施防范合规性风险和法律风险。在项目选择中应严格遵守国家宏观经济政策的各项要求，选择国家重点支持的行业领域进行合作，严禁向国家限制的行业、企业和项目提供融资或投资服务。严格遵守《担保法》及"信政合作"的相关监管规定，在合法合规的基础上开展业务。 2.加强对合作方资金实力、信用程度和综合偿债能力的跟踪分析，及时、全面掌握借款人的各类授信信息，按照统一授信要求，结合地方政府财政实力与实际负债状况，核定信用等级和风险限额，在符合信贷条件、权衡风险与收益的前提下，审慎选择服务支持对象。在产品设计方面，应注意信托资金的成本收益分析，以及资金和项目之间的期限配比安排，完善和落实多种形式的担保，并通过办理合法有效的质押登记、建立质押资金专户等方式，增强担保的法律效力和执行效果。项目实施后，应及时跟踪了解进展情况，切实做好项目的后期管理和信息披露工作。
2009年9月	银监会《关于信托公司开展项目融资业务涉及项目资本金有关问题的通知》（银监发〔2009〕84号）	1.对股东借款（股东承诺在项目公司偿还银行或信托公司贷款前放弃对该股东借款受偿权的情形除外）、银行贷款等债务性资金和除商业银行私人银行业务外的银行个人理财资金，不得充作项目资本金。 2.不得将债务性集合信托计划（包括以股权投资附加回购承诺等方式）资金用于补充项目资本金，以达到国家规定的最低项目资本金要求。
2009年11月	财政部《关于坚决制止财政违规担保向社会公众集资行为的通知》（财预〔2009〕388号）	1.严禁违反或规避相关法律的规定，为平台公司向社会公众集资等直接或变相提供财政担保。 2.财政担保正在向社会公众集资的，要立即终止。拟由财政担保向社会公众集资的，要及时终止集资计划。已经使用财政资金提供担保并集资的，要按照有关规定抓紧组织资金予以清退。
2009年12月	银监会《关于进一步规范银信合作有关事项的通知》（银监发〔2009〕111号）	1.银信合作产品投资于政府项目的，信托公司应全面了解地方财政收支状况、对外负债及或有负债情况，建立并完善地方财力评估、授信制度，科学评判地方财政综合还款能力。 2.禁止向出资不实、无实际经营业务和存在不良记录的公司开展投融资业务。
2010年11月	银监会《关于加强当前重点风险防范工作的通知》（银监发〔2010〕98号）	1.对地方政府融资平台贷款实施动态台账管理。 2.按现金流覆盖原则开展分类处置工作。 3.切实加强平台贷款押品、项目现金流和还贷条件以及资产分类、拨备计提的管理。
2010年12月	银监会《关于加强融资平台贷款风险管理的指导意见》（银监发〔2010〕110号）	1. 严格落实贷款"三查"制度，审慎发放和管理融资平台贷款。 2.准确进行融资平台贷款风险分类，真实反映和评价贷款风险状况。 3.加强对融资平台贷款的监管，有效缓释和化解融资平台贷款风险。
2011年7月	银监会《关于规范非银行金融机构中长期贷款还款方式的通知》（非银发〔2011〕2号）	进一步规范非银行业金融机构中长期贷款方式，合理确定中长期贷款期限，完善中长期贷款风险分类制度，建立健全中长期贷款内部管理制度。
2011年6月	银监会《关于印发地方政府融资平台贷款监管有关问题说明的通知》（银监办发〔2011〕191号）	1.各银行对平台贷款要按照"保在建、压重建、禁新建"的总体思路，将有限的信贷资源着重用于生产经营性项目的建成完工和投产上，严格按照政策要求管控新增平台贷款，以实现全年"降旧控新"的总体目标。 2.加强平台管理，包括"名单制"管理、集中审批管理、分类管理。 3.加强平台整改，包括抵押担保整改、贷款期限整改、还款期限整改。

续表

时间	法规名称	内容要点
2012年12月	财政部等四部委《关于制止地方政府违法违规融资行为的通知》（财预〔2012〕463号）	1.严禁直接或间接吸收公众资金违规集资。 2.切实规范地方政府以回购方式举借政府性债务行为。 3.加强对融资平台公司注资行为的管理。 4.进一步规范融资平台公司融资行为，符合条件的融资平台公司因承担公共租赁住房、公路等公益性项目建设举借需要财政性资金偿还的债务，除法律和国务院另有规定外，不得向非金融机构和个人借款，不得通过金融机构中的财务公司、信托公司、基金公司、金融租赁公司、保险公司等直接或间接融资。 5.坚决制止地方政府违规担保承诺行为。
2013年4月	银监会《关于加强2013年地方政府融资平台贷款风险监管的指导意见》（银监发〔2013〕10号）	1.总体要求延续了银监发〔2012〕12号文“总量控制”、“降旧控新”的原则，要求各银行业金融机构法人不得新增融资平台贷款规模，首次提出“隔离风险、明晰职责”的监管思路，要求完善“名单制”管理，动态调整风险定性，坚持退出分类制度。 2.化解到期：制订到期还款方案，密切监测到期贷款风险。 3.控制总量：控制平台贷款总量。 4.优化结构：实施平台层级差异化管理。 5.严控新增：严格新发放平台贷款条件，控制平台贷款投向，强化贷款审批制度。 6.缓释存量：持续推进存量平台贷款整改，分类缓释存量贷款风险。 7.隔离风险：建立全口径融资平台负债统计制度，审慎持有融资平台债券，防范融资平台变相融资。 8.审慎退出：严格平台退出条件，严格平台退出程序，严格平台退后管理。 9.明晰责任：明确各方职责，实施现场检查，加强问责机制。

资料来源：根据公开资料整理。

二、2013年发展概况

2013年我国固定资产投资增速较前几年明显回落，全年固定资产投资为43.65万亿元，对国内生产总值增长的贡献率为76.7%，固定资产投资仍是决定我国经济增长的核心要素。2013年9 月，国务院印发《国务院关于加强城市基础设施建设的意见》（国发〔2013〕36号），提出城市基础设施是城市正常运行和健康发展的物质基础，当前我国城市基础设施仍存在总量不足、标准不高、运行管理粗放等问题。加强城市基础设施建设，有利于推动经济结构调整和发展方式转变，拉动投资和消费增长，扩大就业，促进节能减排。文件中还强调建立政府与市场合理分工的城市基础设施投融资体制，这为民间资本参与基础产业建设项目创造了新的空间。近几年来，在地方政府性债务规模不断增大、增长速度居高不下的背景下，地方政府性债务问题成为我国金融业系统性风险的触发点，2013年下半年审计署最新公布的结果显示地方政府性债务风险总体可控。随着银行加紧地方政府融资平台贷款的清理，债务资金来源由银行表内向表外转化，由银行向信托、证券、保险等金融领域渗透，基础产业信托业务出现较快增长。

（一）产品规模

1. 产品总规模保持较快增长，增速有所回落

截至2013年末，全国基础产业信托产品有5,960个，业务存量规模为26,028.55亿元，较2012年增长57.73%（见图9-1）。

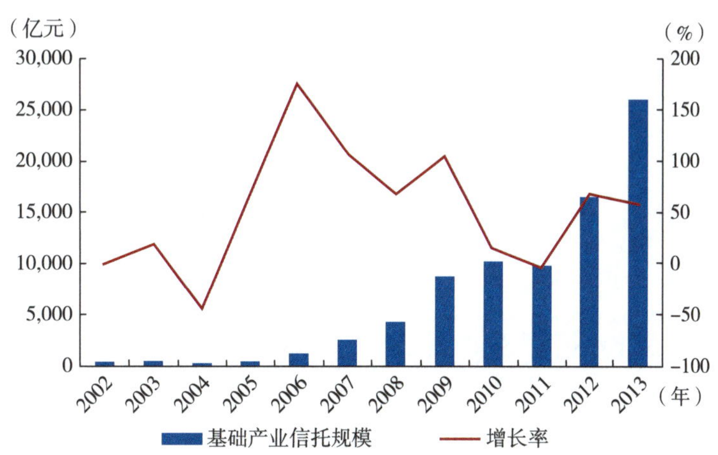

数据来源：中国信托业协会。

图9-1　2002—2013年基础产业信托规模

2. 新增规模从高位逐步回落

2013年新增基础产业信托产品3,917个，规模为14,344.27亿元，较2012年增长23.34%。新增产品数量和规模从2010年第三季度开始稳步上升，在2013年第一季度左右达到高点，之后稍有回落，仍保持高位（见图9-2）。

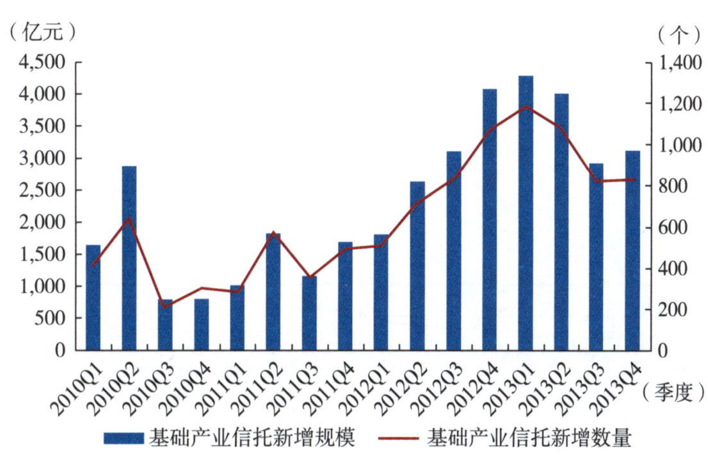

数据来源：中国信托业协会。

图9-2　2010—2013年基础产业信托新增产品数量和规模

3. 在信托财产中的占比略有回落

基础产业信托业务的存续规模在总信托资产中的比重于2010年第一季度达到40.16%的高点以后，2010年、2011年一路回落，在2011年第四季度跌至21.88%的低点，此后缓慢回升，2013年第二季度达到26.84%，到2013年第四季度末又略有回落至25.25%，在各类信托投资领域中的比重排位由最初的第一滑落到第二（见图9-3）。

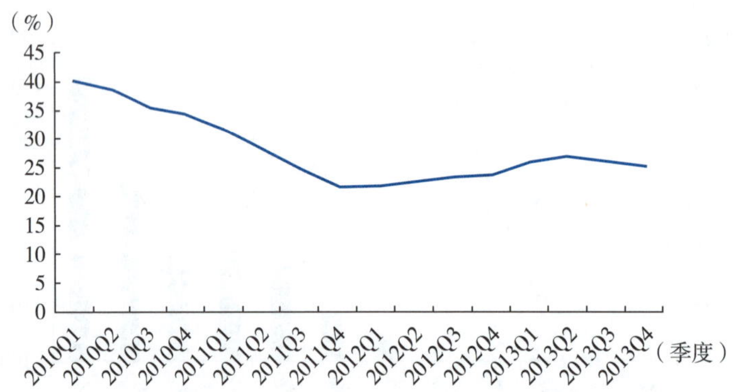

数据来源：中国信托业协会。

图9-3　2010—2013年基础产业信托规模占比

4. 在发展增速上集合类高于单一类

（1）从存量规模看，集合类增速总体高于单一类，且较早达到增速高点。从同比增长变化情况看，集合类规模同比增速自2012年第三季度末开始从高位滑落，由高点时的154%降至2013年第四季度末的43%，但仍保持相对较高水平；单一类规模的同比增速则从2011年第二季度开始稳步上升，在2013年第二季度达到峰值100%以后逐步回落，2013年第四季度末降至61%（见图9-4）。

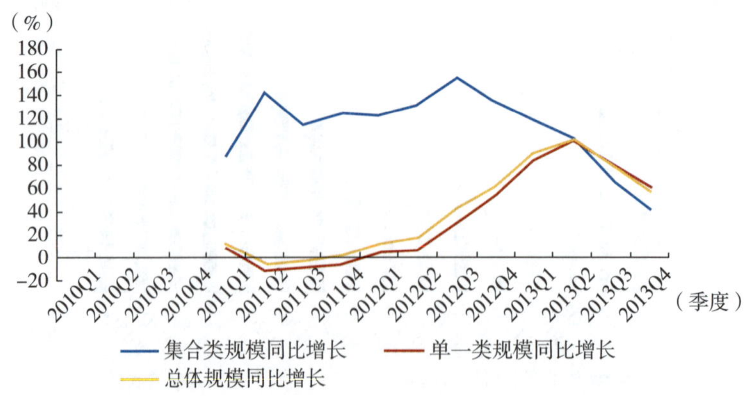

数据来源：中国信托业协会。

图9-4　2010—2013年基础产业信托规模同比增长变化情况

从环比增长变化情况看，集合类规模在2010年、2011年、2012年年均保持20%以上的增长速度，仅有2011年第三季度跌落至10%然后迅速反弹，但总体增长趋势从2001年第四季度开始逐步放缓，到2013年第四季度跌落至4%左右的较低水平；单一类规模从2010年第三季度开始一直到2012年第二季度末均保持低位徘徊，然后恢复增长至2013年第一季度，但之后又有所回落，最终2013年的增速基本与集合类相近（见图9-5）。

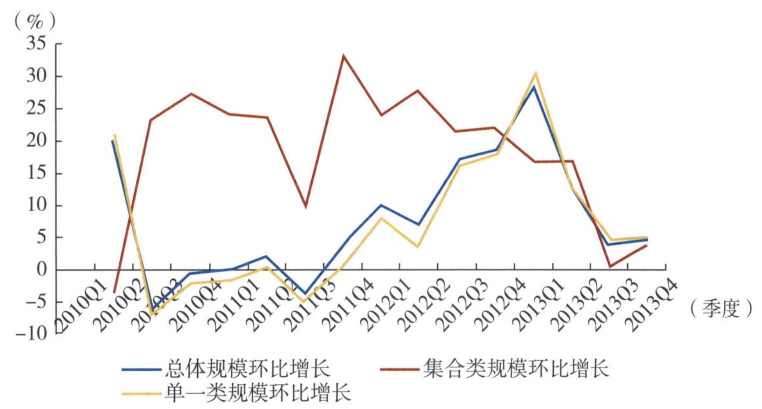

数据来源：中国信托业协会。

图9–5　2010—2013年基础产业信托规模环比增长变化情况

（2）从新增规模看，新增集合类基础产业信托业务的波动较为剧烈。从同比增长变化情况看，新增基础产业信托业务规模呈现出较明显的波动发展趋势，在2011年第四季度和2012年基本保持较高增速，但从2013年第二季度开始逐步跌落至负增长的水平。单一类基础产业信托规模占比始终较高，基本发展趋势与总体水平一致，而新增集合类基础产业信托业务则变动更加剧烈，在2011年第一、第二季度分别迎来爆发式增长，但从2012年第二季度开始也逐步进入增速下行通道（见图9–6）。

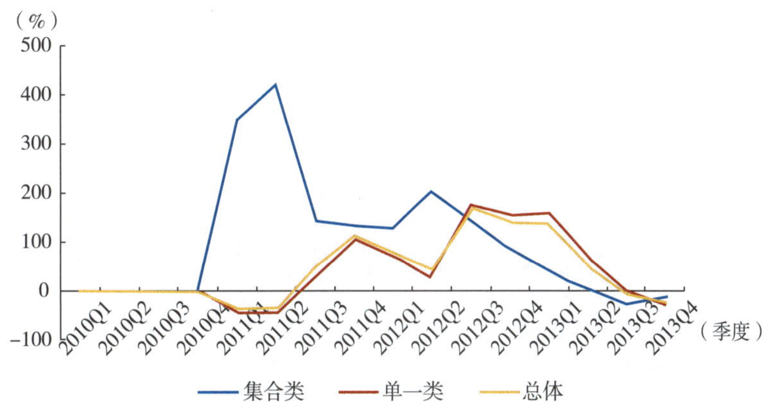

数据来源：中国信托业协会。

图9–6　2010—2013年新增基础产业信托同比增长情况

从环比增速变化情况看，新增基础产业信托业务规模呈现季节性波动，增速中心不断下行，相对来讲，在每年第二季度会出现增速高点，第三季度增速跌到低点，新增集合类业务规模的波动幅度要略低于新增单一类业务规模的变动（见图9-7）。

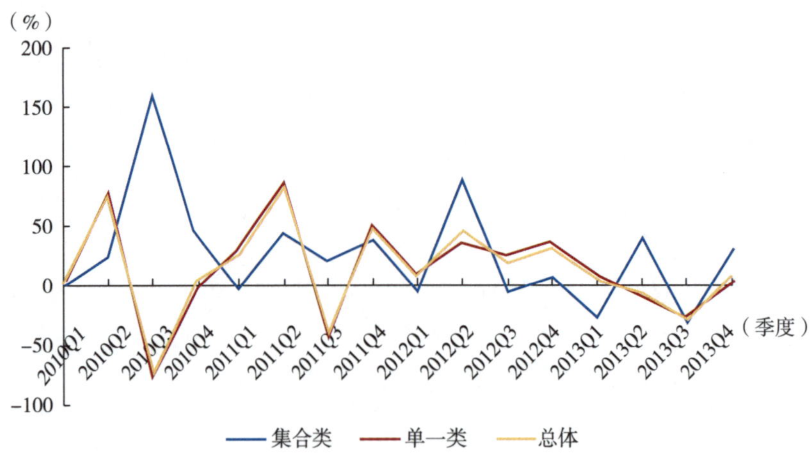

数据来源：中国信托业协会。

图9-7 2010—2013年新增基础产业信托环比增长情况

（二）产品结构

1. 从存量规模看，单一类始终高于集合类

截至2013年末，集合类基础产业信托产品有1,402个，规模为4,257.63亿元，占比16%；单一类基础产业信托产品有4,558个，规模为21,770.92亿元，占比84%。从变化趋势看，单一类产品的数量和规模从2012年第二季度末开始有较快增长（见图9-8）。

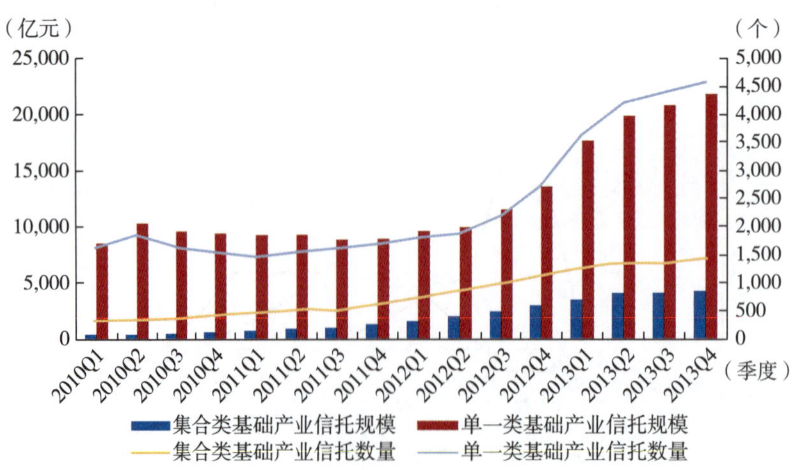

数据来源：中国信托业协会。

图9-8 2010—2013年集合类与单一类基础产业信托数量和规模

2. 从新增规模看，单一类的增速明显高于集合类

截至2013年末，在新增的基础产业信托产品中，集合类信托产品有758个，规模为1,875.33亿元，占比13%；单一类资金信托产品有3,159个，规模有12,468.95亿元，占比87%。从2012年第二季度开始集合类基础产业信托的季度新增产品数量和规模基本保持相对平稳，但单一类基础产业信托则在2012年发生较大波动，新增产品数量和规模在2013年第一季度达到峰值后逐步回落，但仍远高于集合类的水平（见图9–9）。

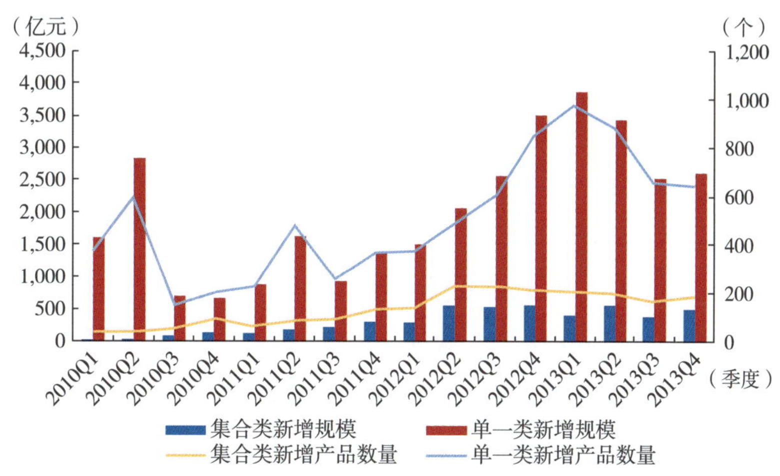

数据来源：中国信托业协会。

图9–9　2010—2013年基础产业信托新增产品数量和规模

2010年以来，新增基础产业信托业务规模在信托公司新增信托资产中的占比基本维持在20%以上水平。从类型看，新增单一类基础产业信托产品在新增信托规模中的占比始终高于新增集合类基础产业信托产品在新增信托规模中的占比，这反映出单一类基础产业信托业务始终为发展主力（见图9–10）。

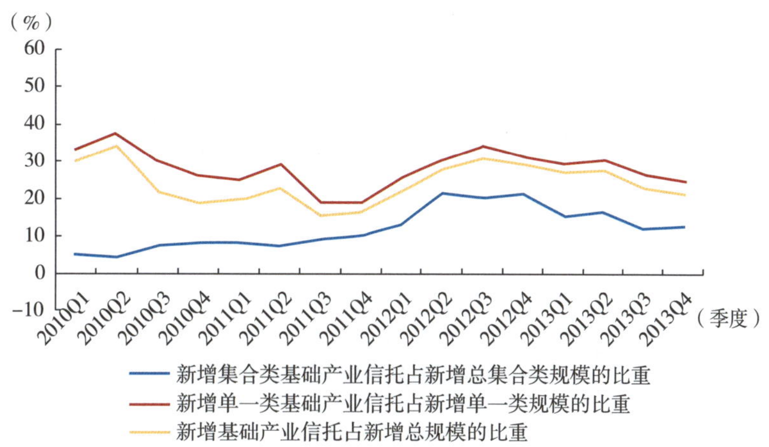

数据来源：中国信托业协会。

图9–10　2010—2013年新增基础产业信托规模占比

3. “信政合作”依旧扮演着重要角色

信政合作业务的快速发展始于2012年，在“稳增长”等政策背景下，各地方政府纷纷加快基础设施项目投资建设，这带动了融资市场的活跃。随着信政合作业务的大幅增长，平台债务不断累积，地方政府融资平台债务风险受到市场关注。自2012年以来，应收账款抵押成为基础产业信托的主要操作模式，其中不乏地方政府借用信托资金来偿还旧债。事实上，现有地方政府主导的许多基础设施项目属于效益低下甚至纯粹公益性的项目，必须依靠借新还旧来维持资金流平衡，而银行信贷资金相对受到严格监管，原有政府融资平台债务尚处于清理规范过程中，信托特有的期限灵活、审批迅速、资金匹配度好等优势得到关注，信托迅速被地方政府以及融资平台所倚重，信政合作业务在基础产业中扮演着重要角色。从总规模变化情况看，2012年第一季度以来规模稳步增长。截至2013年末，共有产品1,444个，总规模为6,039.96亿元，占全部基础产业信托业务规模的23%，其中，集合类产品630个，规模为1,624.38亿元；单一类产品814个，规模为4,415.58亿元。总体来讲，集合类信政合作产品的数量变化较为平稳，且在2011年、2012年超过单一类信政合作产品，但进入2013年以后，单一类信政合作产品的数量和规模的增长持续高于集合类信政合作产品（见图9-11和图9-12）。

数据来源：中国信托业协会。

图9-11　2010—2013年信政合作基础产业信托规模及占比

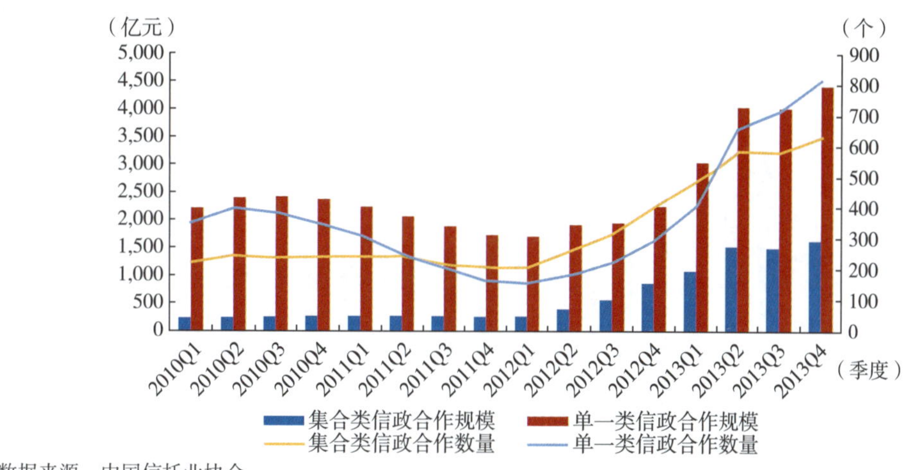

数据来源：中国信托业协会。

图9–12　2010—2013年信政合作基础产业信托产品结构

4. 银信合作基础产业信托的规模和占比逐步缩小

银信合作基础产业信托业务的实质是由银行类金融机构作为委托人，或者由银行类金融机构寻找合格投资者参与信托产品，且银行类金融机构在信托计划运行中掌握较多主导权。2009年以后，为应对经济过热与通胀，人民银行频频采用信贷规模控制、加息、提高存款准备金率等手段，对商业银行提供流动性的能力进行削减和限制，由于设立信托进行贷款与投资可以绕开这一限制，因而商业银行通过银信合作为市场提供流动性的热情激增，融资类银信合作信托理财产品的发展呈现加速趋势，并且创造了2万亿元的“天量”规模。2012年以来，商业银行理财资金直接或通过非银行金融机构、交易平台等间接投资于非标准化债权资产的业务增长迅速，通过跨业交易、跨机构合作进行风险资产腾挪或转移，规避了贷款管理和相关监管要求。2013年3月银监会出台的《关于规范商业银行理财业务投资运作有关问题的通知》（银监发〔2013〕8号）对理财资金投资于非标准化债权资产提出了控制要求。2013年12月国务院办公厅出台的《关于加强影子银行监管有关问题的通知》（国办发〔2013〕107号），明确对银行同业业务、非标准化业务等做出了较为详尽的规定，同时要求信托公司回归信托主业，运用净资本管理约束信贷类业务，不得开展非标准化理财“资金池”等具有影子银行特征的业务等。从市场规模变化情况看，银信合作基础产业信托规模从2010年第二季度开始逐步缩小，在总的基础产业信托业务规模中的比重也由最初的70%以上一路下滑至2013年第四季度末的10%左右，这反映出基础产业信托业务模式的剧烈变迁。截至2013年末，存续的信托产品有312个，规模达2,648.72亿元。其中，集合类产品7个，规模达16.32亿元；单一类产品305个，规模达2,632.40亿元（见图9–13）。

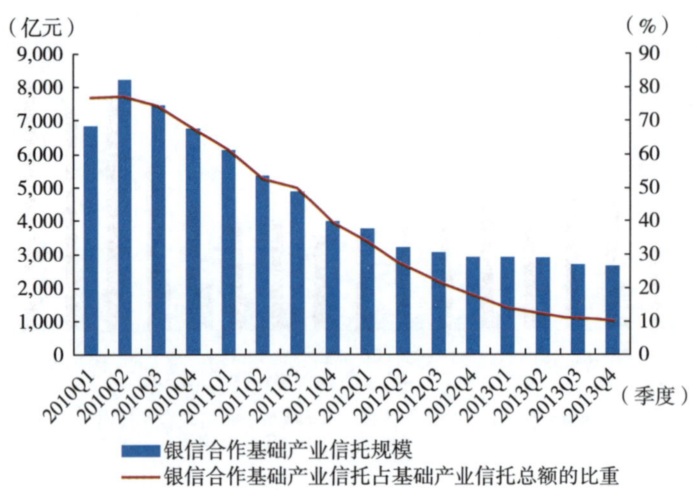

数据来源：中国信托业协会。

图9-13　2010—2013年银信合作基础产业信托产品情况

5. 从单只产品的平均规模看，单一类和集合类之间的差距缩小

截至2013年末，存量基础产业信托产品中的集合类产品的平均规模为3.04亿元，单一类产品的平均规模为4.78亿元，单一类产品的规模始终高于集合类产品。但是从2011年第二季度末开始，由于单一类产品的平均规模逐步降低，而集合类产品的平均规模不断提高，因而二者之间的差距已经明显缩小（见图9-14）。

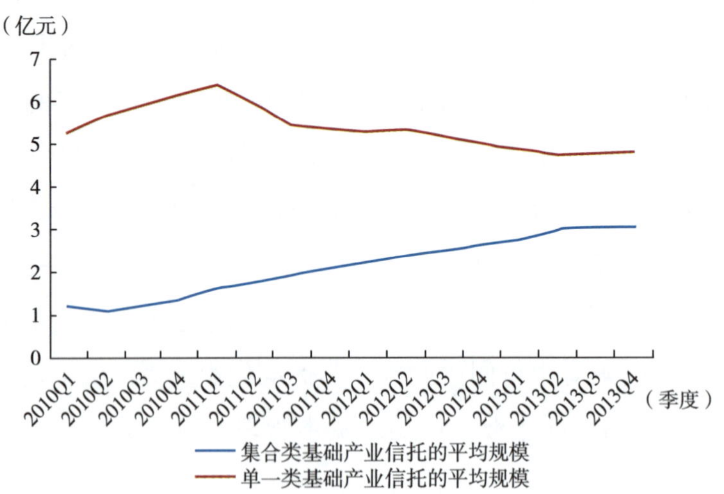

数据来源：中国信托业协会。

图9-14　2010—2013年存续基础产业信托产品的平均规模

2013年新增基础产业信托产品中，集合类产品的平均规模为2.77亿元，单一类产品的平均规模为4.06亿元。总体来看，2010年以来季度新增单一类基础产业信托的变动较小，而新增集合类基础产业信托的平均规模则从2010年第四季度开始快速提

升，由原先不到1亿元的水平增加到2013年末的近3亿元，这也反映出集合类基础产业信托产品日益得到投资者的认可，资金募集能力有了明显提升（见图9-15）。

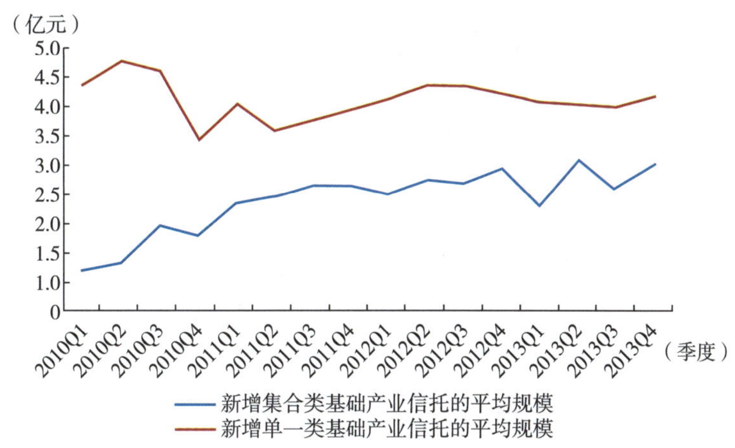

数据来源：中国信托业协会。

图9-15 2010—2013年新增基础产业信托产品的平均规模

6. 从结构占比情况看，单一类基础产业信托始终保持领先

从基础产业信托业务存量结构变化情况看，单一类基础产业信托始终保持绝对的比重，集合类基础产业信托规模占比则缓慢提升，于2010年第三季度首次突破10%，到2013年第四季度末达到16%左右的水平（见图9-16）。

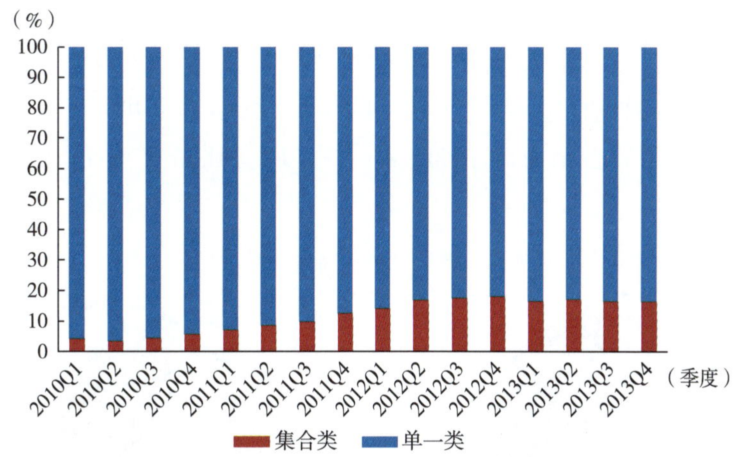

数据来源：中国信托业协会。

图9-16 2010—2013年基础产业信托结构变化情况

从新增产品规模的构成结构看，新增单一类基础产业信托始终保持绝对领先，总体保持在80%左右的水平，新增集合类基础产业信托占比呈现周期性波动，分别在2011年第三季度、2012年第二季度达到相对较高的25%左右的水平（见图9-17）。

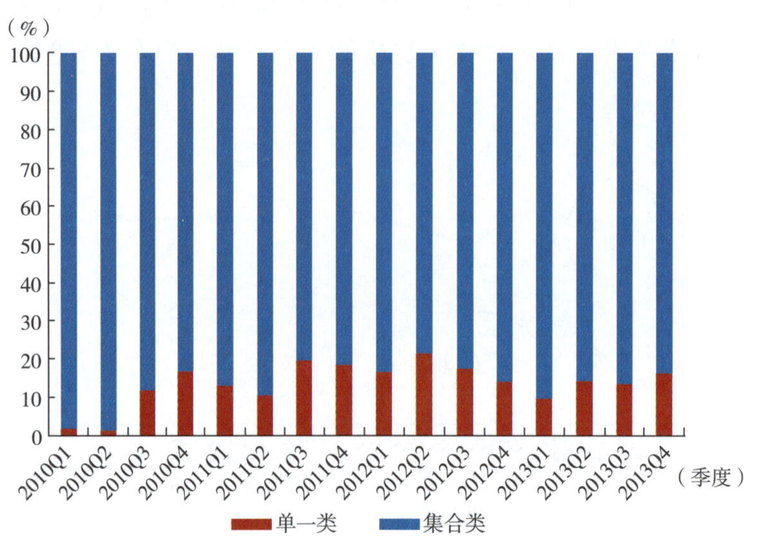

数据来源：中国信托业协会。

图9-17　2010—2013年新增基础产业信托规模构成

7. 期限分布相对较为平均

从2013年末存续基础产业信托产品的预计到期情况看，相对分布较为平均，期限多在2年以下。按照预计到期产品的数量分布情况，0~6个月内到期的产品占比为25.19%，6~12个月内到期的产品占比为23.05%，12~24个月内到期的产品占比为32.77%，24~36个月内到期的产品占比为9.51%，36个月以上到期的产品占比为9.48%。按照预计到期产品的规模分布情况，0~6个月内到期的产品占比为19.40%，6~12个月内到期的产品占比为19.95%，12~24个月内到期的产品占比为32.48%，24~36个月内到期的产品占比为11.14%，36个月以上到期的产品占比为17.03%（见图9-18）。

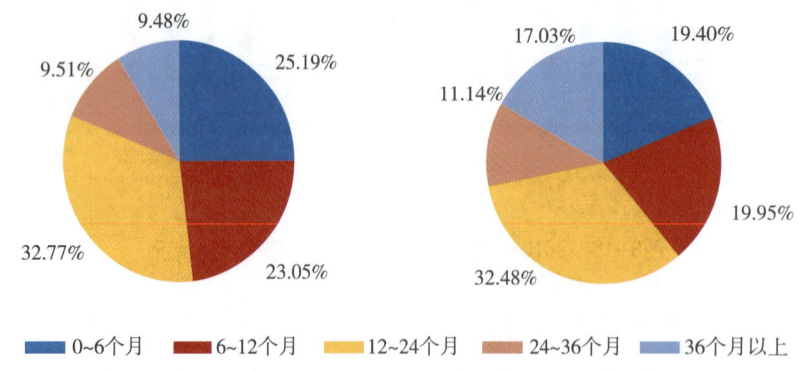

数据来源：中国信托业协会。

图9-18　2013年末基础产业信托产品预计到期数量（左）及规模（右）结构

对于存续的集合类基础产业信托产品，按照预计到期产品的数量分布情况，0~6个月内到期的产品占比为17.76%，6~12个月内到期的产品占比为24.61%，12~24个月内到期的产品占比为40.80%，24~36个月内到期的产品占比为9.99%，36个月以上到期的产品占比为6.84%。按照预计到期产品的规模分布情况，0~6个月内到期的产品占比为13.56%，6~12个月内到期的产品占比为20.39%，12~24个月内到期的产品占比为36.72%，24~36个月内到期的产品占比为11.14%，36个月以上到期的产品占比为18.19%（见图9–19）。

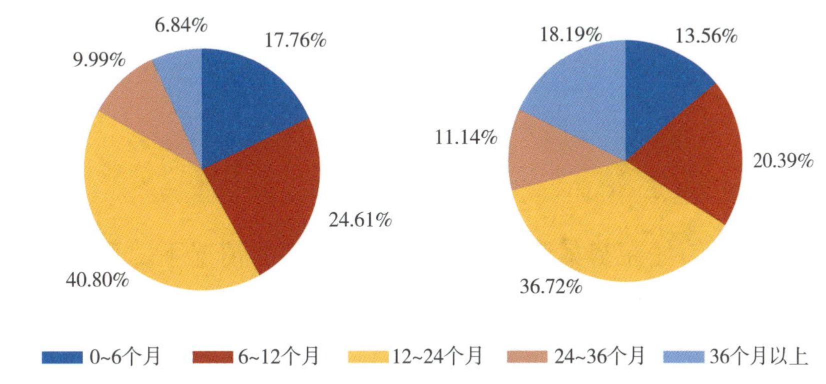

数据来源：中国信托业协会。

图9–19 2013年末集合类基础产业信托产品预计到期数量（左）及规模（右）结构

（三）业务集中度

从基础产业信托业务的行业集中度情况看，排名前十的信托公司的管理规模达13,159.66亿元，占市场总体规模的48.29%，与2012年相比下降约2个百分点，2010—2013年业务集中度总体呈下降趋势（见表9–2和图9–20）。

表9–2 2013年基础产业信托管理规模排名前十的信托公司

序号	公司名称	管理规模（亿元）	序号	公司名称	管理规模（亿元）
1	中信信托	2,997.35	6	云南信托	1,097.57
2	兴业信托	2,017.00	7	中融信托	856.48
3	英大信托	1,603.29	8	新华信托	764.77
4	华能信托	1,334.74	9	中航信托	697.08
5	交银信托	1,099.85	10	北方信托	691.53

数据来源：信托公司年报。

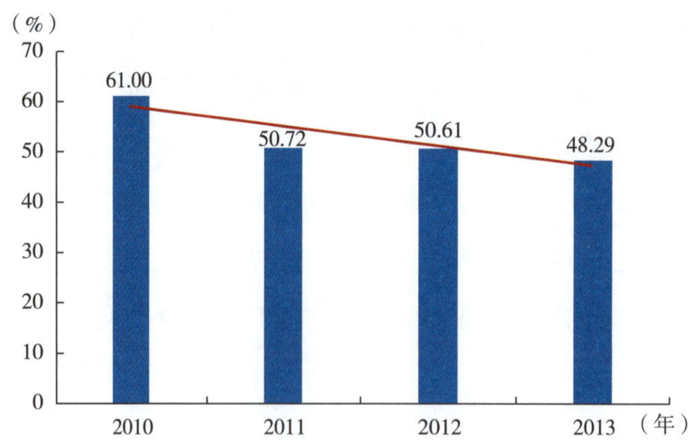

数据来源：中国信托业协会。

图9–20 2010—2013年基础产业信托规模排名前十的信托公司占比

（四）发展特点

2013年基础产业信托在密集监管、同业竞争加剧的情况下，仍然实现了快速增长。但在地方政府债务问题的影响下，信托公司开展基础产业信托业务趋于谨慎，在展业区域、交易对手的选择和业务开展过程中，更加关注区域风险、交易对手的实力以及业务自身的还款来源。

1. 严格风控标准，提高交易对手的选择要求

2012年末以来，监管机构多次采取发文等措施严控地方政府融资风险。2012年12月24日，财政部、发展改革委、人民银行、银监会联合发布《关于制止地方政府违法违规融资行为的通知》（财预〔2012〕463号），针对地方政府融资行为提出了五方面要求：严禁直接或间接吸收公众资金违规集资，切实规范地方政府以回购方式举借政府性债务行为，加强对融资平台公司注资行为的管理，进一步规范融资平台公司融资行为，坚决制止地方政府违规担保承诺行为。2013年4月9日，银监会下发《关于加强2013年地方政府融资平台贷款风险监管的指导意见》（银监发〔2013〕10号），要求各银行业金融机构遵循“总量控制、分类管理、区别对待、逐步化解”的总体原则，以控制总量、优化结构、隔离风险、明晰职责为重点，继续推进地方政府融资平台贷款风险管控。2013年12月末审计署发出公告，截至2013年6月末，全国各级政府负有偿还责任的债务为20.69万亿元，其中，中央政府债务为9.81万亿元，地方债务为10.88万亿元。尽管如此，2013年以来，地方政府融资需求未减，基建项目融资需求依然强烈，基础产业信托业务规模仍较快增长。在监管层的密集发文指导下，信托公司对信政合作类项目严格把

关，强化风控，提高对交易对手的选择要求，风控标准也日趋严格，由以往“依靠地方政府信用”、“依靠当地财政实力”转向对“融资主体实力”及“当地政府实力”等进行综合评估。

2. 基金化基础产业信托探索不断推进

2013年信托业积极支持城镇化建设，探索以产业基金、股权投资等创新模式进入水务等基础产业领域，积极支持实体经济发展。截至2013年末，全行业共有基础产业PE类信托6个，规模达64.12亿元。其中，集合类产品3个，规模达12.77亿元；单一类产品3个，规模达51.35亿元。如苏州信托推动了城市发展基金等基金化信托产品的发展，2013年设立城市发展基金、城镇化股权投资等创新信托产品。天津信托与天津银行和天津国通股权投资基金管理有限公司三方密切合作，推出了以股权投资基金模式投资示范小城镇建设的产品，解决了示范小城镇建设项目前期缺乏资本金的难题。中铁信托发起设立水务产业基金，深度参与水务市场。2013年6月“昆仑信托·中石油管道项目（养老金产品）单一资金信托Ⅰ”成立，开创了企业年金通过养老金产品渠道投资实体经济、国家级重点基础设施项目的先例，创造了国内信托公司与公募基金联合设计发行标准化金融产品的全新业务模式，为信托公司通过公募基金标准化产品渠道进入企业年金投资市场开拓了新型的稳定融资渠道，为信托公司的持续稳定发展提供了稳固的资金保障。

3. 资产管理新政下金融同业竞争加剧

2012年资产管理新政以来，证券公司、基金子公司等纷纷发行政府平台融资类资产管理计划。2013年，商业银行和保险资产管理公司的资产管理计划的推出，进一步加剧了市场竞争。尤其在信托公司提高风控标准、严格筛选交易对手的情况下，不被银监会监管所辖的证券公司、基金子公司等成为地方政府融资平台新的合作对象。一方面，证券公司、基金子公司与信托公司在基础产业信托业务领域形成激烈的正面竞争；另一方面，信托公司风控标准相对较高，监管更严，在交易对手上与证券公司和基金子公司存在一定的差异性，因而地方政府融资平台业务存在差异化竞争特点。同时，保险机构投资者对长久期、低风险的投资产品的需求十分旺盛，也使信托公司注意到发展基础产业信托产品的新机会。

三、2014年发展趋势

目前，我国基础设施建设在满足经济快速发展和人民生活水平快速提高方面还存在着一定的矛盾，经济社会的可持续发展也对能源、基础原材料、城市基础设施建设提出了更高的要求，基础设施投资建设的任务仍然艰巨。未来中国城市化和工业化仍会持续较长的时间，基础设施建设行业也必将保持一个较长时间的高速增长。中国各级政府经过多年的大规模融资建设，其债务总额较高。但基础设施投资，特别是铁路、公路及各大城市轨道交通投资的需求依然强烈。但中央政府调控力度加大，严控债务规模及融资成本的快速上升，通过预算管理和规范融资，逐步降低风险敞口。预计2014年基础设施投资仍可能保持在20%左右的较高增速，但增速相比2013年将有所回调。作为信托公司发展历史最悠久的基础产业信托业务在多元化的投融资机制中仍将扮演重要角色。综合来看，未来基础产业信托业务的规模将在相当长的时期内保持增长，但风险管理的防控要求将进一步提高。

（一）关注城市基础设施升级改造的投资热点

2013年9月国务院发布《国务院关于加强城市基础设施建设的意见》，这是新一届政府统筹“稳增长、调结构、促改革”，以薄弱环节建设为抓手，促进民生改善和经济持续健康发展的重要举措。文件明确了当前加快城市基础设施升级改造的重点任务：一是加强城市供水、污水、雨水、燃气、供热、通信等各类地下管网建设和改造。开展城市地下综合管廊试点。二是加强城市排水防涝和防洪设施建设，解决城市积水内涝问题。三是加强城市污水和生活垃圾处理设施建设。四是加强城市道路交通基础设施建设。发挥地铁等公共交通的骨干作用。积极发展大容量地面公共交通，增强城市路网的衔接连通和可达性、便捷度。尽快完成城市桥梁安全检测和危桥加固改造。加强行人过街、自行车停车等设施建设。五是加强城市电网建设。推进城市电网智能化，提高电力系统利用率、安全可靠水平和电能质量。六是加强生态园林建设。提升城市绿地蓄洪排涝、补充地下水等功能。其中各项任务都有明确的目标要求。同时，文件还特别提出要在保障政府投入的基础上，充分发挥市场机制的作用，建立政府与市场合理分工的城市基础设施投融资体制，这为基础产业发展提供了广阔的市场空间。此外，在城镇化进程中，外出农民的市民化过程伴随着医疗、教育的公共服务均等化需求，这将集中体现为对于医院床位、学校以及电影院等娱乐设施的投资需求。

（二）谨慎挑选合作区域和交易对手

从国际比较看，我国的基础设施建设并未过度。中国人均基础设施资本存量依然较低，即便是长三角地区也尚不及OECD国家1990年的水平。从资本产出比的角度观察，发达国家的资本产出比在经历了高速增长阶段后达到一个稳定阶段，而目前我国这一比值尚处于上升期。但是，未来的城市基础设施建设投资“遍地开花”格局已经不复存在，需要在区域、领域上有所甄别。根据新型城镇化的规划思路，基础设施建设投资将集中在四个领域城市群建设的“连接性”基建投资。我国政府基本已经确定以城市群、网络化城市为未来城市化进一步推进的主体形态，即通过现代化的交通、通信体系，把一个区域内的特大城市和中小城镇整合起来，形成网络，实现大、中、小城市的“同城化”。围绕城市群连接整合的建设将是下一步投资的重点领域。从现有的人均资本存量区域性差异和人口集聚变化趋势看，中部省份的基建投资会呈现继续的高增长。此外，融资主体实力一般、层级低、经营不太规范的企业的融资环境将会趋于恶化，所面临的外部经营环境不容乐观，整体风险偏大。信托公司在项目的选择上，应优先选择实力强、层级高、经营规范、经营时间长且项目还款来源可锁定的融资主体开展业务合作。

（三）加强与保险等中长期机构资金的合作

基础产业项目不仅投资周期长，投入规模大，而且与社保资金、企业年金等保险类资金具有很强的吻合性，能够为这些资金创造长期、稳定的投资回报。从国外机构的资产配置看，基础产业项目受长期资金机构投资者青睐，包括保险资金、养老基金、退休基金在内的长期资金占到对基础产业全部投资总量的50%左右。2012年保险资金投资新政的出台，企业年金投资信托计划产品的推出等，为信托公司设计出更适合保险资金等的信托计划提供了空间，基础产业信托业务将成为业务合作的重点领域。信托公司将深入研究开发新产品，利用在基础产业领域深耕多年的经验，广泛拓展债权类项目，谨慎挑选股权项目，设计具有稳定现金流和低风险的基础产业类投资产品，配备专业的投后管理实现产品增值，为以保险资金、其他机构客户为主的长期资金机构和部分高净值个群提供产品。

（四）加快基础产业信托业务模式和产品的创新

中共十八届三中全会发布的《中共中央关于全面深化改革若干重大问题的决定》中，明确提出“允许地方政府通过发债等多种方式拓宽城市建设融资渠道”等。在目前地方政府债务高企的情况下，单纯继续扩大融资规模和渠道无疑会进一步加剧地方债务问题，因此盘活资产存量、提高资金的使用效率将成为未来着力的方向。经过前些年的持续大规模投资建设，各地已经形成了一批具有较稳定现金流的基础产业资产。信托公司可以积极拓展资产证券化业务，通过将基础资产打包，以基础产业项目未来稳定的现金收益向投资者还本付息。为了扩大资产规模并提高产品流动性，信托公司可以与发起人共同争取将证券化产品在银行间市场或交易所流通。此外，信托公司也将不断提高资产管理经验和参与基础产业项目的运营管理能力，积极探索发起设立基础产业基金，实现信托产品的基金化运作。

（五）规范业务运作，防范地方政府债务风险暴露

近两年来，中央政府出台多项政策调控地方政府债务，并逐渐规范政府融资，在堵住“偏门”的同时打开“正门”。2013年12月召开的中央经济工作会议把“着力防控债务风险”作为2014年六大工作重点之一；银监会等也将控制和化解地方政府性债务风险作为年度重要任务。预计2014年，地方政府性债务增长将明显受限。虽然现阶段政府债务高企，地方债务规模较高，但政府掌握的资源较多，控制债务风险的意识较强，调控债务的手段较多，总体风险可控。2014年是地方政府性债务还款的高峰年。在地方政府预算收入增长放缓的背景下，地方政府性债务发生违约、逾期等事件的可能性较高。信托公司必须加强存续项目的跟踪管理，做好应急预案，防止个别区域、项目风险暴露造成的冲击。

第十章　主要信托业务（三）：工商企业信托

近几年来，工商企业信托在信托公司信托业务中的地位不断提升，2013年其业务规模在信托总资产中的占比已经超过基础产业、房地产、证券投资等传统领域，跃居首位。未来随着金融业服务实体经济的回归，工商企业信托仍将大有可为。

一、发展轨迹回顾

工商企业是指生产工业产品（商品）的一般性生产型企业，提供产品（商品）流通服务的商业、贸易企业等。严格意义上说，所有的营利性企业都要在工商局登记注册，都属于工商企业。工商企业信托的资金用途通常为补充企业的流动资金需求。工商企业信托可采用股权投资、权益投资、信托贷款、组合投资、其他投资、证券投资等多种投资方式。

工商企业信托的发行规模与宏观经济形势和货币政策联系紧密。宏观经济不景气使得工商企业的经营环境恶化，抑制了投资的活跃性和融资需求。在紧缩的货币政策下，银行等传统融资渠道将受到抑制。这些都是影响工商企业信托发行规模的因素。一般的工商企业有着更为严格的成本控制，对成本的承受能力相对较低，因而工商企业信托的收益率通常居中。而且除了少数有国企背景的工商企业信托外，一般工商企业信托在担保和增信方面无法与有地方政府平台等做后盾的基础产业抗衡。因此，很长一段时间，工商企业信托都不是信托市场的“重头戏”。但是，随着金融业服务实体经济的回归，工商企业信托将大有可为。

二、2013年发展概况

2013年以来，国内外经济形势十分复杂，房地产市场调控仍在持续，国内资本市场持续低迷，政府融资平台债务风险压力加大，信托公司亟须找到一类收益适中、能持续发展的项目作为补充来激活信托市场，寻找新的业务增长点；工商企业受到持续紧缩货币政策的限制，传统的银行等融资渠道受到阻碍，信托等非银行贷款融资受到关注；投资者的投资理念发生改变，从简单追求高收益逐渐转变成追求稳健收益，这也使得收益适中且安全性较高的工商企业信托不断受到青睐。在工商企业、信托公司和投资者三方的共同选择和推动下，2013年工商企业信托异军突起。

（一）产品规模

1. 存量产品数量和规模持续快速增长

截至2013年末，全国存续的工商企业信托产品有10,063个，业务存量规模为29,004.55亿元，较2012年增长56%（见图10–1）。

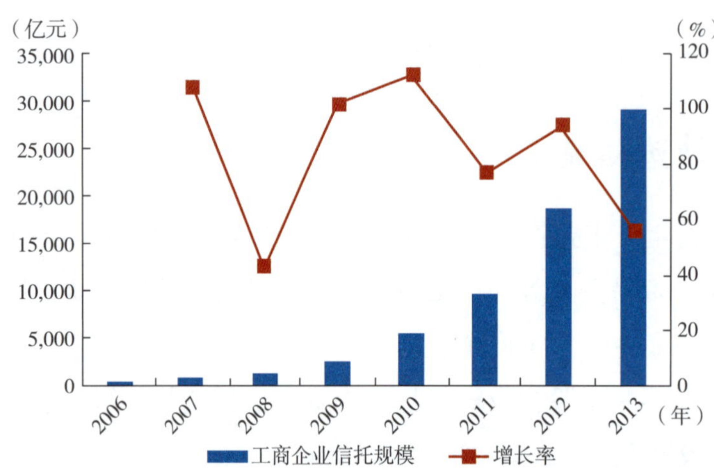

数据来源：中国信托业协会。

图10–1　2006—2013年工商企业信托规模和增长率

2. 新增信托产品数量和规模保持高位

2013年新增工商企业信托产品8,718个，规模达20,462.87亿元，较2012年增长52%。其中：新增集合类信托产品1,839个，规模达2,879.48亿元，占比14%；新增单一类信托产品6,879个，规模达17,583.39亿元，占比86%。新增产品数量和规模从2011年第三季度开始稳步上升，在2013年第一季度达到高点后逐步回落，2013年末仍保持高位（见图10–2）。

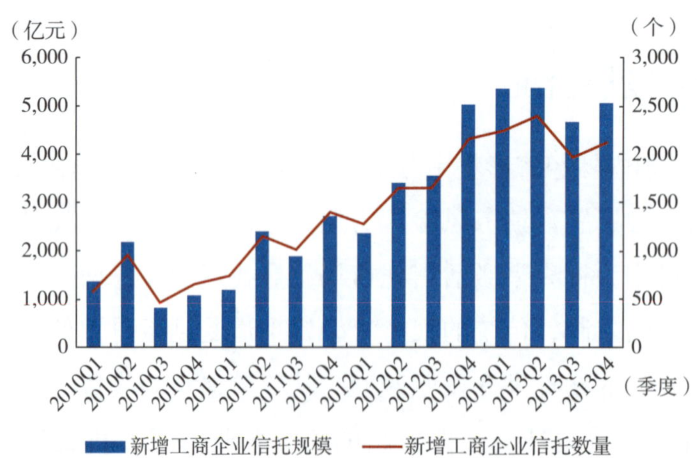

数据来源：中国信托业协会。

图10–2　2010—2013年新增工商企业信托数量和规模

3. 工商企业信托业务规模占比跃居首位

工商企业信托业务规模保持持续快速增长，在总信托资产中的比重不断提高，到2013年末提高到28.10%，在各类信托投资领域中的比重位居第一（见图10–3）。

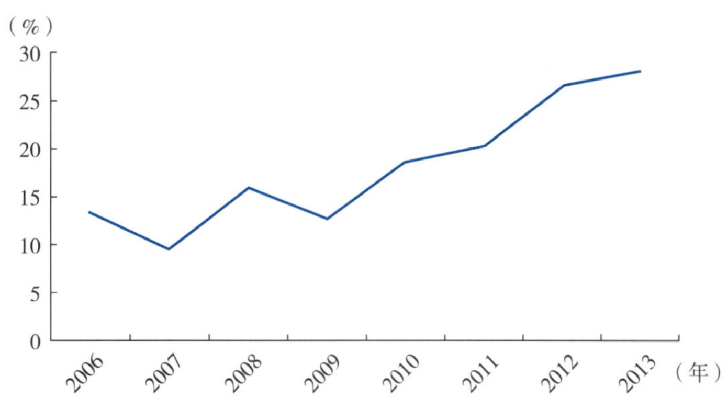

数据来源：中国信托业协会。

图10–3　2006—2013年工商企业信托规模占比

4. 发展增速开始逐步回落，但集合类要高于单一类

（1）从存量规模的同比增速看，集合类高于单一类。从规模同比增长变化情况看，集合类的规模增速在2012年第三季度以前一直高于单一类，且保持在相对较高的水平。其中集合类工商企业信托规模的同比增速从2011年第二季度的峰值开始不断降低，但在2012年第三季度以前始终都保持在100%以上；而单一类工商企业信托规模的同比增速从2012年第三季度开始异军突起，连续四个季度保持在100%以上高位，直到2013年第四季度末回落到62%（见图10–4）。

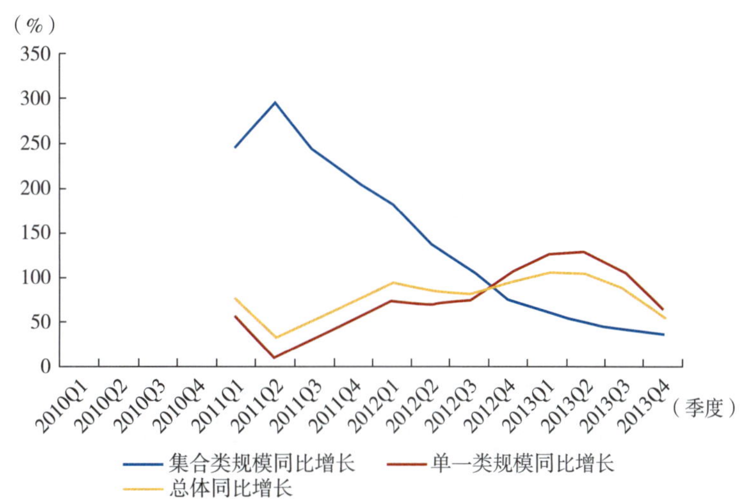

数据来源：中国信托业协会。

图10–4　2010—2013年工商企业信托规模同比增长变化情况

从存量规模环比增速看，集合类和单一类连续回落。从存量工商企业信托规模环比增长变化情况看，集合类从2010年第二季度的高位开始呈现逐步回落的趋势，增速由最初的40%以上回落到2013年第四季度末的10%左右；单一类增速从2011年第二季度开始稳步回升，一直到2013年第二季度始终保持在10%以上的较平稳增长水平，其后到2013年第四季度末回落至1%（见图10–5）。

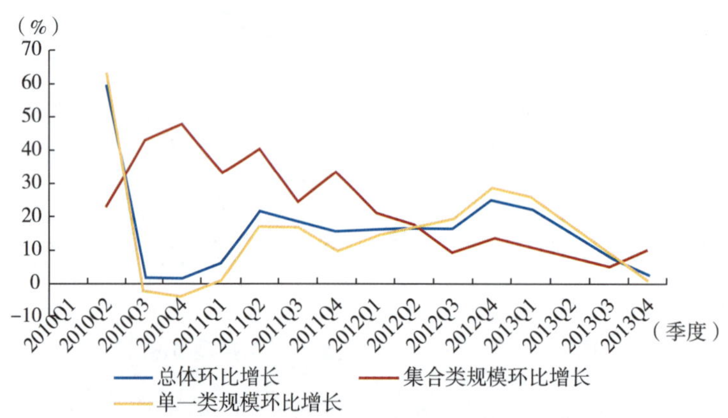

数据来源：中国信托业协会。

图10–5　2010—2013年工商企业信托规模环比增长变化情况

（2）从新增规模同比增速看，集合类先于单一类达到增速高点。从同比增长变化情况看，新增工商企业信托业务经历了2011年第三、第四季度和2012年第四季度、2013年第一季度两个波峰。单一类工商企业信托规模占比始终较高，基本发展趋势与总体水平一致，而新增集合类工商企业信托业务则要早于新增单一类工商企业信托业务迎来发展高峰，增速在2011年第二季度创最高点后一路回落，在2013年第四季度一度出现负增长（见图10–6）。

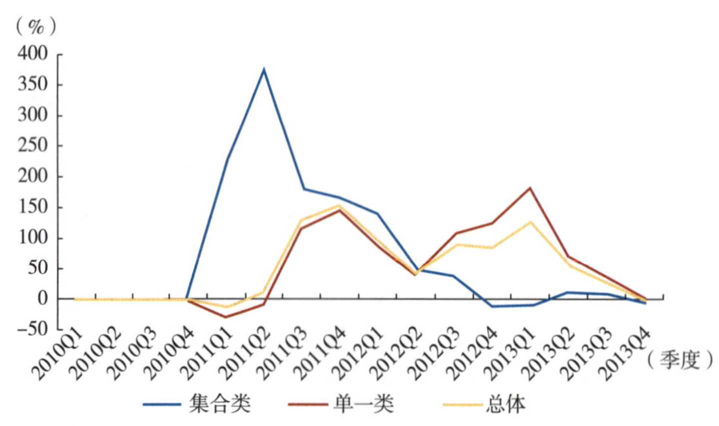

数据来源：中国信托业协会。

图10–6　2010—2013年新增工商企业信托同比增长情况

从环比增速变化情况看，新增工商企业信托业务规模的季节性波动显著，增速高点较多出现在第二、第四季度。相对来讲，新增集合类业务规模的波动幅度要略低于新增单一类业务规模的变动（见图10–7）。

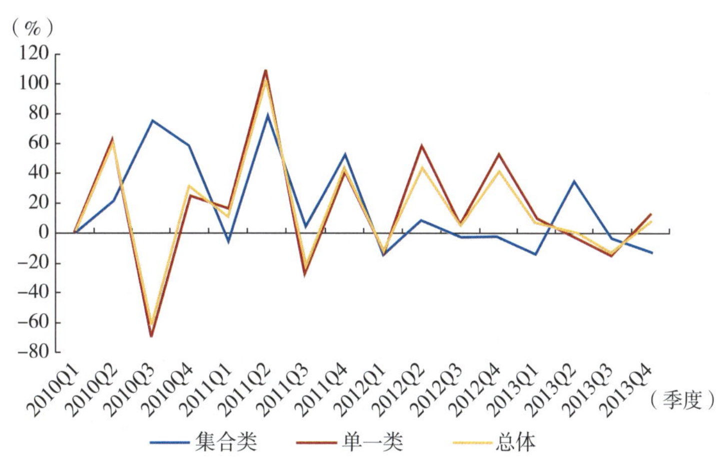

数据来源：中国信托业协会。

图10–7　2010—2013年新增工商企业信托环比增长情况

（二）产品结构

1. 在存量产品数量和规模上，单一类占比遥遥领先集合类

2010年以来，无论单一类还是集合类工商企业信托产品的数量和规模均保持稳定增长，但单一类规模和数量始终遥遥领先于集合类。截至2013年末，集合类信托产品有2,478个，规模达6,285.97亿元，占比22%；单一类信托产品有8,185个，规模达22,718.59亿元，占比78%（见图10–8）。

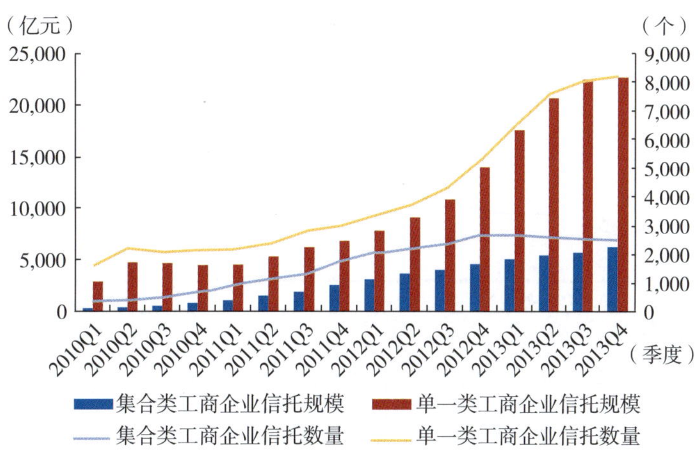

数据来源：中国信托业协会。

图10–8　2010—2013年单一类和集合类工商企业信托规模和数量

2. 存量集合类规模的占比近两年略有下降

从存量工商企业信托业务规模结构变化情况看，单一类工商企业信托始终保持相对较高比重。集合类工商企业信托从2010年第三季度开始有了显著提升，此后分别在2010年第四季度、2011年第四季度达到高点，接近总规模的30%，但进入2013年以后逐步回落，2013年第四季度末保持在22%左右的水平（见图10-9）。

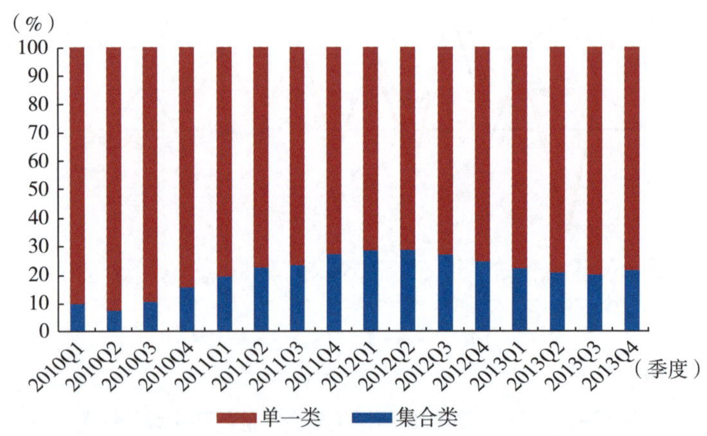

数据来源：中国信托业协会。

图10-9　2010—2013年工商企业信托结构变化情况

3. 单一类业务为新增工商企业信托规模的主要来源

近三年来，新增工商企业信托业务规模在信托公司新增信托资产中的占比稳步提高，2013年末达到35%左右的水平。从类型看，新增单一类工商企业信托产品在新增信托规模中的占比始终高于新增集合类工商企业信托产品在新增信托规模中的占比，成为新增业务规模的重要来源（见图10-10）。

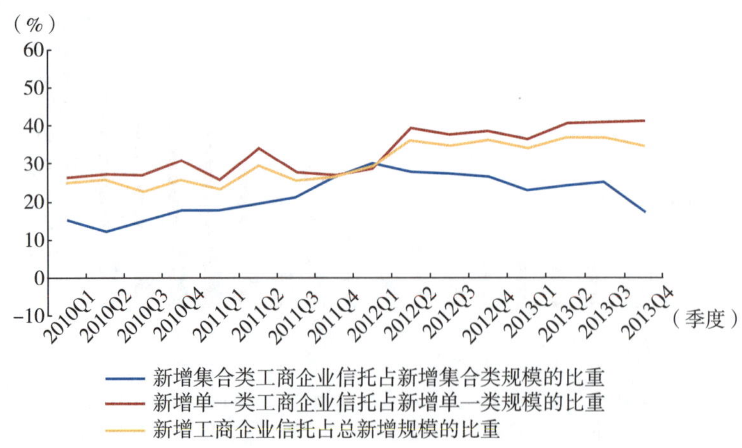

数据来源：中国信托业协会。

图10-10　2010—2013年工商企业信托新增规模占比

从新增产品规模的构成结构看，新增单一类工商企业信托的占比始终保持绝对领先，且从2012年第二季度开始略有上升，2013年第四季度保持在85%左右的水平。新增集合类工商企业信托占比呈现周期性波动，分别在2010年第四季度、2011年第四季度达到相对较高的30%左右的水平（见图10–11）。

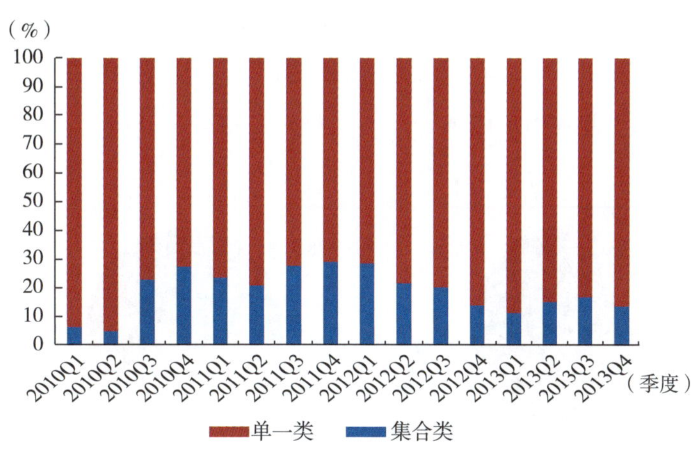

数据来源：中国信托业协会。

图10–11　2010—2013年新增工商企业信托规模构成情况

4. 产品以短期为主，预计到期期限分布较为平均

从2013年末存续工商企业信托产品的预计到期情况看，从预计到期的产品数量看，0~6个月内到期的产品占比为30.06%，6~12个月内到期的产品占比为28.02%，12~24个月内到期的产品占比为26.05%，24~36个月到期的产品占比为6.89%，36个月以上到期的产品占比为8.98%。从预计到期的产品规模看，0~6个月内到期的产品规模占比为21.69%，6~12个月内到期的产品规模占比为22.38%，12~24个月内到期的产品规模占比为28.61%，24~36个月内到期的产品规模占比为10.92%，36个月以上到期的产品规模占比为16.40%（见图10–12）。

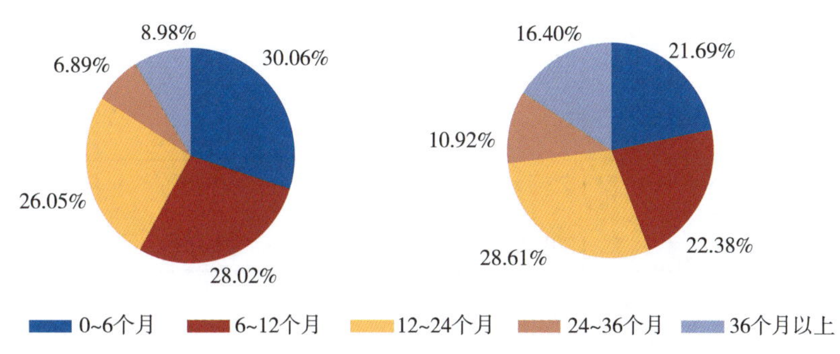

数据来源：中国信托业协会。

图10–12　2013年末工商企业信托产品预计到期数量（左）及规模（右）结构

在存量的集合类工商企业信托产品规模中，3年期以上到期的产品占比较高。从预计到期的产品数量看，0~6个月内到期的产品占比为25.91%，6~12个月内到期的产品占比为28.77%，12~24个月内到期的产品占比为29.54%，24~36个月内到期的产品占比为6.09%，36个月以上到期的产品占比为9.69%。从预计到期的产品规模看，0~6个月内到期的产品占比为13.69%，6~12个月内到期的产品占比为20.51%，12~24个月内到期的产品占比为26.87%，24~36个月到期的产品占比为10.22%，36个月以上到期的产品占比为28.71%（见图10–13）。

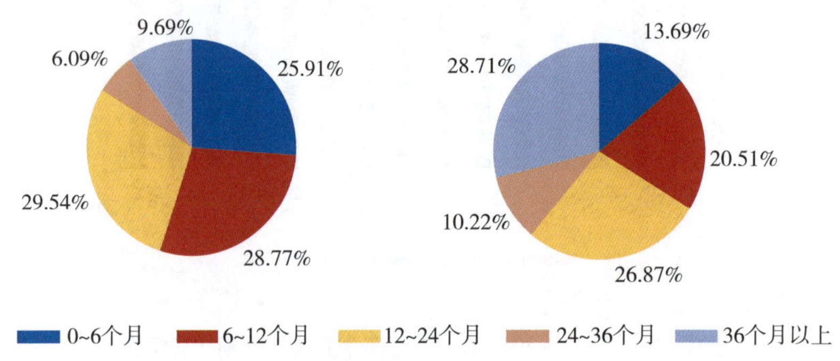

数据来源：中国信托业协会。

图10–13 2013年末集合类工商企业信托产品预计到期数量（左）及规模（右）结构

（三）业务集中度

从工商企业信托业务的行业集中度情况看，排名前十的信托公司的管理规模达11,389.69亿元，占市场总体规模的38.84%，与2012年相比下降近4个百分点，2010—2013年业务集中度呈明显下降趋势（见表10–1和图10–14）。

表10–1 2013年工商企业信托管理规模排名前十的信托公司

序号	公司名称	管理规模（亿元）	序号	公司名称	管理规模（亿元）
1	中融信托	1,680.86	6	中诚信托	1,006.48
2	兴业信托	1,495.07	7	中信信托	935.48
3	渤海信托	1,249.88	8	国元信托	873.62
4	新时代信托	1,235.17	9	粤财信托	865.12
5	山东信托	1,201.35	10	中航信托	846.66

数据来源：信托公司年报。

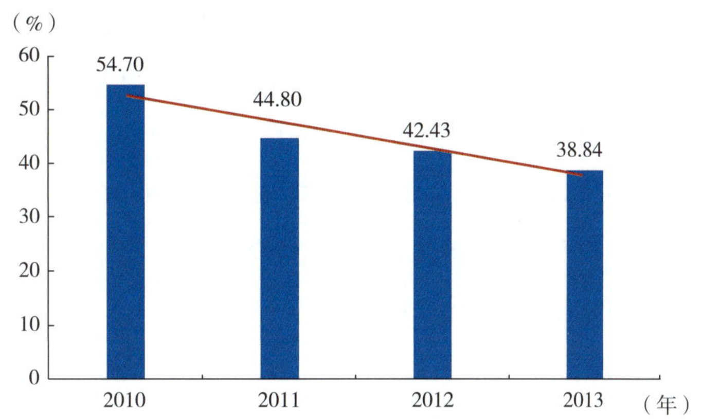

数据来源：中国信托业协会。

图10-14 2010—2013年工商企业信托规模排名前十的信托公司占比

（四）发展特点

对信托业来说，发挥创新优势、服务实体经济，既是责任，也是机会，在服务实体经济发展的同时，也可以实现信托业的发展。信托公司不断探索创新信托服务实体经济的业务模式，在信托产品创新上更贴近实体经济需求。目前，其服务实体经济的业务模式已在以下方面做出重要创新。

1. 创新结构化设计，支持中小企业发展

2013年以来，宏观经济下行对中小企业的影响明显，需求拉力减弱，市场竞争激烈，经营困难的企业不断增加。同时，中小企业又面临着劳动力成本、融资成本、原材料成本、税费成本、物流成本上升的压力。中小企业融资难、融资贵的问题始终十分突出。从直接融资看，中小企业板和创业板股票市场门槛较高，面向中小企业的债券类、信托类、票据类和短期融资券等金融产品创新不足，政策性创业引导基金规模小，中小企业集合债券等融资的成本高，综合融资成本往往高达12%~15%。信托是天然的产融结合工具，服务实体经济具有突出的优势。信托资金的运用方式涵盖股权、债权、介于二者之间的“夹层”，以及各种收益权投资。信托公司能够整合运用多种金融工具，通过灵活的交易结构设计，为企业量身定制融资方案。为了解决中小企业信用不足这一制约融资的核心难题，信托公司通过引入管理人、担保人角色，配以结构化设计，搭建了较为稳定的信用架构，扩充了部分中小企业的信用，使其获得信托资金支持。如2013年英大信托与北京首创融资担保有限责任公司、工商银行等三家金融机构积极合作，发起设立“英大成长·中小企业集合资金信托计划”，促进中小企业发展。山东信托先后发行了“阿里星”系列产品3期，累计募集资金约6亿元，集中支持了阿里巴巴及淘宝网平台上的上万家小微客户，在支持中小微企业发展方面进行了有益尝试。陕国投开发了伞形结构化信托基金的创新模式，推出“陕国投·塞上明珠小微企业发展基金”，引导社会资金扶持榆林地区发展。第1期的规模为2亿元，该产品为榆林神木地区近60户小微企业提供了资金支持，缓释了区域金融市场动荡后榆林神木地区民营小微企业的融资困难，在一定程度上促进了该地区金融生态环境的改善。

2. 整合产业资源，推出产业基金型信托

随着经济形势变化及行业政策整合，不少实体经济部门随之进行重整。信托具备横跨货币市场、资本市场、实业领域的制度优势，在服务实体经济中更多地体现出一种整合优势。信托公司通过自身的制度优势，同时借助与其他金融子行业机构的合作，为实体经济提供全方位的金融服务，满足实体经济多样化、多层次的深度需求。2013年以来信托市场推出了多款专门针对健康产业、农业、产业并购等领域的基金型信托产品，助力部分行业集中优秀资源，优化资源配置。如上海信托积极推动信托制度在医疗领域的实践和应用，2013年3月推出了上信新虹桥健康产业股权投资集合信托计划，成功完成四期资金募集并封闭。该产品通过有限合伙的组织架构，参与医疗机构的设立和投资，收益来源主要为投资的股权分红或出售股权所获得的收入。新华信托与中国东方资产管理公司合作，将信托和有限合伙模式结合起来，构建基金化、主动化的运营管理的核心资产并购基金，在严格把控风险的前提下，为投资者提供具有优先股性质的投资产品，使得高净值客户能够分享稳健收益。

3. 创新财产信托业务，盘活存量资产

2013年7月1日，国务院下发的《关于金融支持经济结构调整和转型升级的指导意见》所呈现的“盘活存量、用好增量”，无疑为金融机构服务实体经济提供了明确的指引。当前实体经济中有些企业的财产闲置不用，而同行业的另外一些企业，特别是中小企业却因没有充足的资金实力而无法购买财产。财产信托制度可化解此种财产配置不平衡，帮助财产闲置方在不改变财产所有权情况下，取得相应经济收益。随着《物权法》对于企业可用于担保的财产范围的修订以及人民银行征信中心建设的“应收账款质押登记公示系统”的逐步完善，越来越多的企业正通过应收账款质押的方式进行融资。2013年中诚信托、平安信托都与融资租赁公司合作，将一个或多个租赁项目未来的租金收入形成的租赁资产的应收账款转让，通过发行信托计划受让租赁资产应收账款债权，为融资租赁公司盘活存量资产、拓展新业务提供了空间。

4. 发展PE投资，支持新兴产业发展

信托通过参与金融体制改革促进中国经济转型，PE投资在支持新兴产业、新能源和节能减排，以及促进高新技术企业发展等方面发挥重要作用。不少信托公司探索创新信托制度与企业组织结合的模式，实现事实上的监管政策“隔离”，扩大了同一信托资产在实业市场的投资广度。目前已有多家信托公司利用合伙型基金优势，推出有限合伙基金产品。根据中国信托业协会披露的数据，截至2013年末，全行业PE类信托产品共有136个，规模达250.62亿元，占全部工商企业信托规模的1%。其中，集合类产品122个，规模达165.77亿元；单一类产品14个，规模达84.84亿元。信托公司与私募基金合作设立的工商企业信托的规模相对较小，且以集合资金信托产品为主。截至2013年末，全行业共有产品18个，规模达33.46亿元，其中，集合类产品13个，规模达28.79亿元；单一类产品5个，规模达4.67亿元。

5. 进军现代农业，服务“三农”领域

中粮信托发挥集团背景优势，2013年与中粮农业产业基金在通辽余粮畜业开发有限公司项目上展开了全面合作，通过协同投资信托为中粮农业产业基金保留优质客户的入股机会，在“三农”领域进行了积极探索。2013年中信信托、北京信托等创新土地流转信托业务。中信信托与安徽宿州埇桥区政府合作，正式成立了国内第一个土地流转信托计划——“中信·农村土地承包经营权集合信托计划1301期”，此后多个土地流转信托项目陆续落地，范围涉及山东青州、安徽马鞍山和合肥、湖北黄冈、贵州、吉林、内蒙古等，领域涵盖作物种植、养殖及其延伸的上下游产业，以及农机、农事服务、农业人才培养等。北京信托先后在江苏无锡阳山、镇江句容、安徽铜陵推出集约土地流转信托项目。

三、2014年发展趋势

展望2014年，我国经济正处于发展转型的关键时期，发展的外部环境仍然存在较大不确定性，经济增长下行压力依然存在，长期积累的深层次矛盾尚待缓解，但经济发展总体平稳，经济运行保持在合理区间。在城镇化快速发展阶段，产业结构变迁，小微企业、个体工商户数量显著增加。政府为进一步解决中小企业融资难问题，出台了各种鼓励金融机构为中小企业服务的相关政策，而监管层也不断引导信托资金向实体经济转移。从长远发展趋势看，信托公司作为“实业投行”，在服务实体经济、推动经济产业结构调整等方面有着巨大的潜力空间，这也要求信托公司在人才队伍、运作机制等方面继续投入，逐步培育形成真正的市场竞争力。总体判断，2014年工商企业信托的规模将有望继续增长，业务和服务模式创新将更加丰富，但相对增速会逐步回归正常，在信托资产总规模中的占比有望维持相对稳定的水平。

（一）关注中小企业投融资业务机会

中共十八届三中全会中关于经济体制的改革预计将有利于中小企业的发展。一方面处理好政府与企业的关系，有望对中小企业发展提供良好的机会。长期以来，国企垄断导致中小企业发展受限，某些领域可能逐步放开，未来中小企业的上市比例会明显提高。另一方面，市场在资源配置中的作用被强调，这有利于优化资源配置。目前信托公司已经通过向中小企业直接提供融资，设立中小企业发展基金，与地方政府、担保公司、银行等机构开发出多样化、系列化的中小企业信托产品等方式，助力中小企业发展。今后信托公司需要继续开拓创新业务和产品模式，不断拓宽中小企业融资渠道，同时为投资者创造良好的投资收益。

（二）探索参与产业并购和结构调整

通过资产置换、兼并、收购等市场化行为，调整企业业务结构，实现产业整合和升级，优化资源配置，提升企业质量，是实现经济增长方式转变和产业结构调整的重要途径之一。从企业层面看，经验表明，并购无疑为一些企业提供了一条做大做强之路。并购业务的开展也为信托公司开拓新业务提供了广阔的发展空间。信托公司借助自身多样化的金融工具，能够为企业并购提供综合性的金融服务支持，探索发展并购投资基金，在机制、产品、服务、管理上大胆创新，为企业并购重组提供直接的金融支持和专业服务。

（三）提升股权投资能力，继续推动业务转型

加快多层次资本市场建设，提高资本市场服务实体经济的能力，调整直接融资跟间接融资的比例，已成为金融改革的重要任务目标。随着主板（含中小板）、创业板、代办股份转让系统、场外市场等资本市场体系的不断健全，实体经济中大量真正初创的、新兴业态的、新商业模式的企业将逐步涌现出来，它们会寻找金融支持，并且在资本市场上实现价值重估。而信托公司目前所处的金融、经济和经营环境已经发生了深刻变化，以融资服务为主流的发展模式面临严重挑战。未来信托公司必须发掘并大力运用不同于银行等其他类型金融机构的比较优势，充分发挥现有金融体制赋予信托公司的股权投资的独特业务功能，探索通过与私募基金合作、发起设立PE基金等多种创新模式，在服务实体经济中推动业务转型。

（四）做好工商企业信托业务风险防控

与房地产信托不同的是，工商企业信托较少用土地或房产做抵押，通常会用生产设备、存货等做抵质押。没有实物可抵的，也会用股权进行质押。信托到期，融资企业偿还本金和利息，还款来源通常为公司经营性收入。工商企业的经营发展与宏观经济形势紧密相连，受所处行业的市场景气程度等因素影响较大，因此信托公司应具有较高的行业研判能力。部分涉足多个行业领域、集团架构较为复杂的集团公司的信托风险防控难度更大。受经济下行影响，过去一年来市场中陆续有少量工商企业信托产品出现风险。2014年我国经济发展面临较大的不确定性，信托公司必须未雨绸缪，高度重视工商企业信托业务的风险防控和化解。

第十一章　主要信托业务（四）：证券投资信托

证券投资信托业务是指信托公司将集合信托计划或者单独管理的信托产品项下资金投资于依法公开发行并符合法律规定的交易场所公开交易的证券的经营行为。我国目前证券投资信托业务的投资范围主要包括：国内证券交易所挂牌交易的A股股票、封闭式证券投资基金、开放式证券投资基金（含ETF和LOF）、企业债、国债、可转换公司债券（含分离式可转债申购）、1天和7天国债逆回购、银行存款以及中国证监会核准发行的基金可以投资的其他投资品种。

一、发展轨迹回顾

证券投资领域是信托公司的重要业务领域。伴随着信托业的成长历程，证券投资信托由小到大，由简单到丰富，成为连接投资者、市场专业机构和金融同业的平台，也成为证券投资市场中具有独特风格的板块。证券投资信托业务的发展路径充分体现了信托公司快速响应市场变化，抓住市场机遇和满足投资者需求的受托服务特征。

1.“阳光私募”模式的诞生

2004年中国银监会和中国证监会下发了《关于信托投资公司开设信托专用证券账户和信托专用资金账户有关问题的通知》（银监发〔2004〕61号），信托资金实现分户管理和分户核算。而当年最具里程碑意义的无疑是深国投发行的“赤子之心集合资金信托计划”，这是我国第一款真正意义上具有私募特征的证券投资集合资金信托计划，开始了私募基金“阳光化”的历程。

在信托产品基金化理念的引导下，信托公司在产品设计上开始注重信托产品投资方向的组合性。这一时期，上国投推出了“指数连接投资资金信托计划优先收益权信托产品”，杭州工商信托推出了“开放式基金精选受益集合资金信托计划”，通过组合投资，获取超额回报，进一步分散风险。

2. 新股发行带动证券投资信托业务快速增长

“阳光私募”诞生后，证券投资信托业务发展较为平稳。到2007年，随着新股发行制度改革等监管政策的变化，证券投资信托业务普遍转向打新股模式。2007年是新股发行额爆发式增长的一年，全年共有122只新股在沪、深上市。新股上市首日收盘价平均涨幅高达191.36%，机构发行的打新股理财产品成为当年的市场热点。但是，新股申购信托产品的收益率受新股发行频率与中签率的影响，特别是在新股发行的间隙期，资金的大量闲置会带来巨大的机会成本，导致信托资金收益率降低。这一时期江苏国投发行了“证券稳健投资集合资金信托计划”，在资金运用上，信托资金全部用于购买国债（包括06国债20、07央票15、07央票18三种债券），待有新股发行则将持有债券进行质押式回购，使用融资资金进行新股申购，在结构性存款中内嵌金融衍生品，以衍生品的杠杆效应来撬动整个存款的收益，显著增加投资组合的资金收益率。

多数新股申购信托选择的投资策略是中签新股上市首日卖出，这种被动的投资策略可能使投资者的收益受到股价波动的影响。国联信托发行的“国联汇富5号集合资金信托计划”增加了新股卖出的保留期，在出现上市首日股价低于申购价或收益较低等不利于受益人利益的情形时，信托计划将遵循所配新股上市流通后5个交易日内全部单向卖出的投资原则进行处理，提高了投资的主动性。

新股申购信托财产分配涉及受托人和受益人，受托人希望尽可能多地获取信托报酬，而受益人希望得到更多的投资回报，二者利益存在冲突。西安国投发行的“长安新股申购一号”，借鉴了公募基金的管理方式，将信托报酬与信托收益联系在一起，提高了信托公司主动管理的积极性。

3. 次贷危机带动证券信托投资策略变化

受次贷危机的影响，2008年股票市场波动较大。由于经济衰退下资金避险需求增加，银行存贷差不断扩大，存贷款基准利率下调以及CPI的逐月降低，使得债券市场成为证券信托关注的领域，同时多种投资策略的组合运用丰富了证券投资信托的内涵。天津信托发行的“嘉实2号证券投资集合资金信托计划”成为首只完全投资于固定收益品种的证券投资信托计划。同时以套利为目标的信托产品也开始出现，中融信托发行的“中融方得稳健成长一号集合资金信托计划”，主要投资于沪、深证券交易所首次公开发行的股票、债券和可转换债券的网上、网下申购，以及ETF套利、分离交易可转债股套利、沪深300指数期货的套利等。套利策略产品投资风险较小，符合信托公司投资者的投资偏好，同时使得投资者能够进入门槛较高和专业知识要求较高的投资领域。随着股票市场系统性风险增大，通过将优先受益人的预期收益设计为“固定+浮动”甚至本金安全型（指从产品结构设计上实现保本，非承诺保本），可以降低优先受益人的固定收益率，从而降低私募融资的刚性成本，实现优先受益人与私募公司的风险共担，提高结构化证券投资信托计划对私募基金的吸引力，促进产品的发行。

4. 证券投资信托的逐步转型

2009年《信托公司证券投资信托业务操作指引》（银监发〔2009〕11号）正式颁

布，推动证券投资信托业务规范化和标准化发展。2009年中国股市表现优异，领涨全球资本市场，证券投资信托发展迅猛。新股发行制度改革后，为遏制信托公司新开设“拖拉机账户”的现象，监管层叫停了信托公司新设证券投资账户。在证券信托账户被禁后，信托公司推出了TOT模式。由信托公司设立信托计划募集资金，投资于多个存续的证券投资信托计划，将信托公司选择私募基金、“阳光私募”信托计划组合的优势与所投“阳光私募”信托计划的投资顾问择时选股优势结合起来。如中铁信托发行的“金鼎优选配置1号集合资金信托计划”、平安信托发行的“东海盛世1号集合资金信托计划”、外贸信托发行的“阳光私募基金宝”等，解决了开户被禁给证券信托业务带来的制度约束。

在投资策略上，套利型产品成为新的市场亮点，如山东信托发行的“恒鑫套利+新股二期集合资金信托计划”、中信信托发行的“套利通2号集合资金信托计划”等。在打新类信托逐步淡出市场后，套利型产品为投资者提供了一个风险、收益和流动性特征与之类似的替代品。此外，指数投资也成为信托公司摸索的方向。

在投资范围上，部分信托公司已注意到传统证券信托产品只限于证券市场的局限性，开始尝试跨市场资产配置型产品。如中信信托发行的“股贷双利I期证券投资集合资金信托计划”，投资标的涵盖了沪、深证券交易所或者金融期货交易所公开挂牌交易或已公开发行并即将公开挂牌交易的所有投资产品，以及银行间债券市场投资品种、信贷资产、发放的信托贷款、货币市场工具等，从而将资产配置的范围延伸到金融、货币、产业三大市场，提高了证券信托产品对抗经济周期波动和宏观调控变动的能力。

在结构化产品风险控制上，部分信托公司也开展了创新尝试。上海信托在发行的“紫晶石系列证券投资资金信托计划”提高分层比例的同时，加入持仓限制条款和追加投资的条款。在保证优先受益人的信托利益的前提下，也降低了劣后受益人的真实杠杆率，提高了信托计划对私募基金的吸引力。

2010年，受货币政策从紧、新股天量发行以及股市解禁等因素影响，资金面的不确定性使得股票市场表现惨淡。证券投资信托创新的最大亮点是有限合伙制的引入。通过与私募基金合作成立有限合伙企业，以合伙企业的名义开设证券账户，可规避信托计划开户的限制。如西安信托发行的“长安投资5号、6号分层式集合资金信托计划”，信托计划作为有限合伙人与普通合伙人共同出资设立的合伙企业，通过合伙企业参与证券市场投资。由合伙企业聘请投资顾问为合伙企业的证券投资提供建议。通过这种模式，可吸引优秀私募公司到信托公司平台发行“阳光私募”产品，并为信托公司的TOT产品和自有资金提供良好的投资标的。

2012年金融“脱媒”化、利率市场化以及社会融资结构变化进一步加剧，社会融资结构大变迁、直接融资大发展等金融生态的变革直接促使债券市场的繁荣，债券市场大扩容，存量规模达25.6万亿元，与股票市场旗鼓相当。2012年8月31日中国证券登记结算有限责任公司发布《关于信托产品开户与结算有关问题的通知》，准许信托公司重新开立证券账户。信托公司证券投资类信托的发行规模迅速增长。在产品方面，2012年比较突出的证券投资信托产品是“交银国信·平安罗素MOM一期多元投资集合资金信托计划”，该计划属于证券投资基金管理模式，是MOM模式在国内市场的首次运用。从产品结构上看，与伞形信托产品有类似之处，仍属于组合投资。但其中最大的差异是事先不确定投资标的，而是由选定的基金经理确定投资策略。

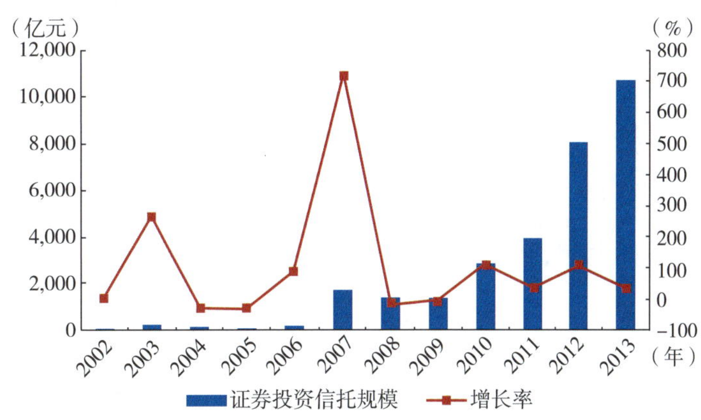

数据来源：中国信托业协会。

图11—1　2002—2013年证券投资信托业务规模

二、2013年发展概况

2013年证券市场增长偏弱，证券投资信托逆势保持了平稳增长。信托公司针对市场趋势，在投资主要标的、发行规模、结构安排和保障措施等方面进行调整，产品整体呈控风险和稳收益的特征。在激烈的市场竞争中，信托公司加大创新力度，在投资组合中增加固定收益等品种的配置，在投资区域上加大境外市场的探索，在投资方式上增加对冲和量化等工具的运用，取得了较好成果。

（一）产品规模

1. 存量产品数量和规模保持稳步增长

截至2013年末，全行业证券投资信托产品共2,984个，同比增加717个，业务存量规模达10,671.37亿元，较2012年增长32.31%。2013年证券投资信托业务无论在数量上还是在规模上均稳步增长（见图11-2）。

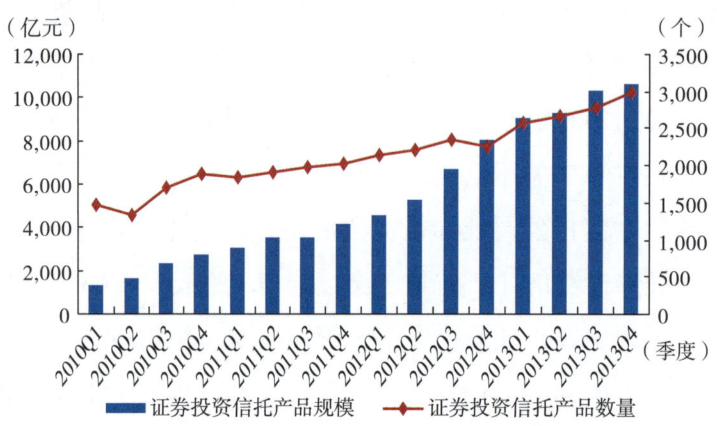

数据来源：中国信托业协会。

图11-2　2010—2013年证券投资信托产品数量和规模

2. 新增数量稳步上升但新增规模趋向回落

2013年新增证券投资信托产品1,105个，较2012年增长31.24%，新增规模1,773.53亿元，较2012年增长13.08%。从新增产品数量看，自2011年第四季度出现阶段性低点后，发行数量开始逐步上升，而新增规模从2013年第一季度开始回落（见图11-3）。

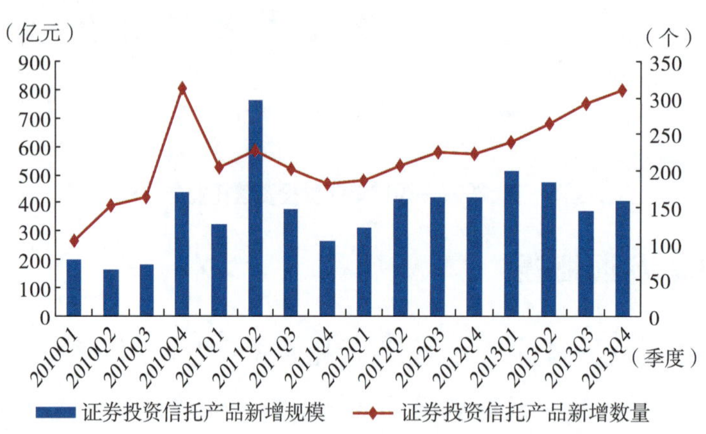

数据来源：中国信托业协会。

图11-3　2010—2013年证券投资信托产品新增规模与数量

3. 从增速看，单一类存续规模增速下降，而集合类在上升，集合类产品新增规模持续领先于单一类

（1）存续规模角度：从同比增长变化情况看，集合类规模同比增速自2011年第二季度开始高位滑落，在2012年第一季度出现低点以后开始稳步增长，2013年以来其增速有所回落，但仍处于50%左右；而单一类同比规模增速近年来则有较大的波动，

尽管一直以来增速较高，但自2012年第三季度以来开始处于下降通道。

从环比增长变化情况看，集合类和单一类的规模在大多数时点上仍维持着正增长，说明证券投资信托产品处于稳定的增长趋势，但从2013年各季度增速看，其增速开始放缓（见图11–4）。

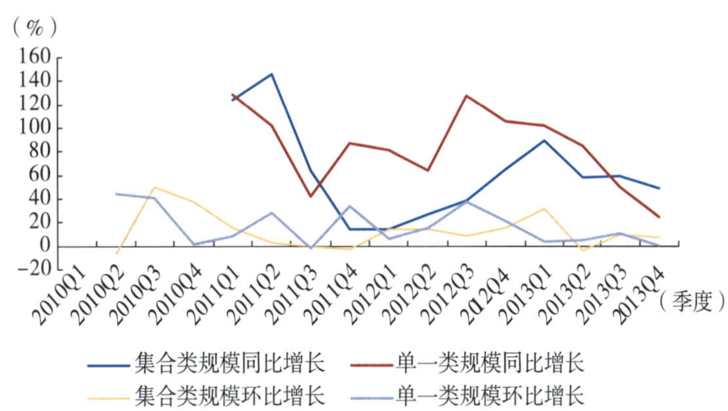

数据来源：中国信托业协会。

图11–4　2010—2013年存续证券投资信托规模的增长变化

（2）新增规模角度：从同比增长变化情况看，集合类与单一类的新增规模自2011年第二季度开始高位滑落，在2012年第二季度出现低点以后开始逐步回升，2013年以来其增速处于波动阶段。相较于集合类，近年来单一类新增规模的波动幅度较小，2013年下半年基本处于萎缩阶段。

从环比情况看，集合类和单一类的新增规模在大多数时点上处于增长与衰退的交替往复，这与同期股市与债市的变化情况基本吻合，这说明证券投资信托产品的新增投放依赖于整体环境的变化。从2013年的情况看，其增速趋缓，年末出现翘尾行情（见图11–5）。

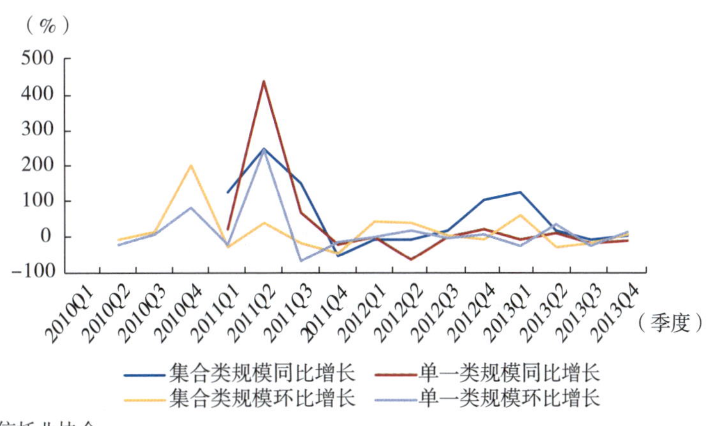

数据来源：中国信托业协会。

图11–5　2010—2013年证券投资信托新增规模的增长变化

（二）产品结构

1. 从存续情况看，集合类和单一类证券投资信托均在稳步增长

截至2013年末，全行业证券投资信托产品中集合类信托产品共2,439个，存续规模达3,669.22亿元，规模占比为34.38%；单一类资金信托产品共545个，存续规模达7,002.16亿元，规模占比为65.62%。总体来看，集合类和单一类的存续规模与数量均在稳步增长（见图11–6和图11–7）。

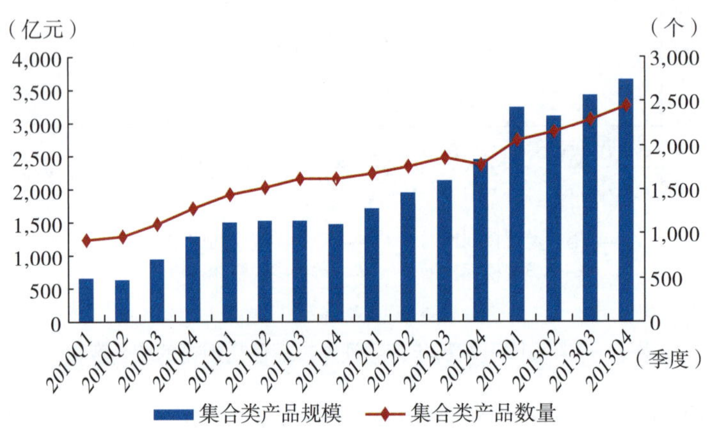

数据来源：中国信托业协会。

图11–6　2010—2013年集合类证券投资信托

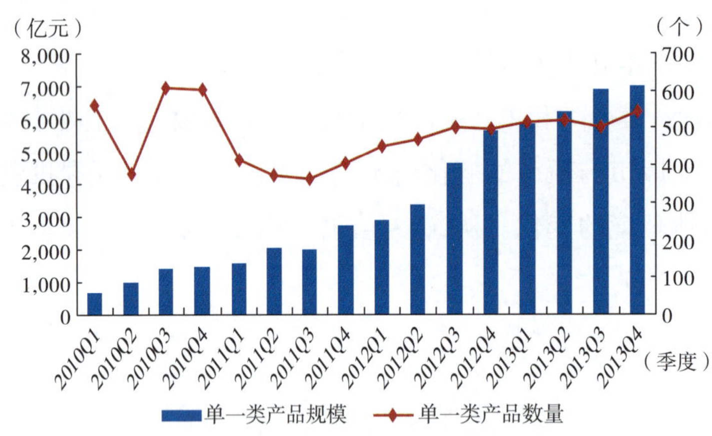

数据来源：中国信托业协会。

图11–7　2010—2013年单一类证券投资信托

2. 从新增情况看，集合类的新增规模与数量要远高于单一类

2013年新增集合类证券投资信托产品902个，新增规模达1,127.11亿元，规模占比为63.55%；新增单一类证券投资信托产品203个，新增规模达646.42亿元，规模占比为36.45%。集合类证券投资产品的新增规模与数量要远高于单一类产品（见图11–8和图11–9）。

数据来源：中国信托业协会。

图11-8　2010—2013年集合类证券投资信托新增产品的数量和规模

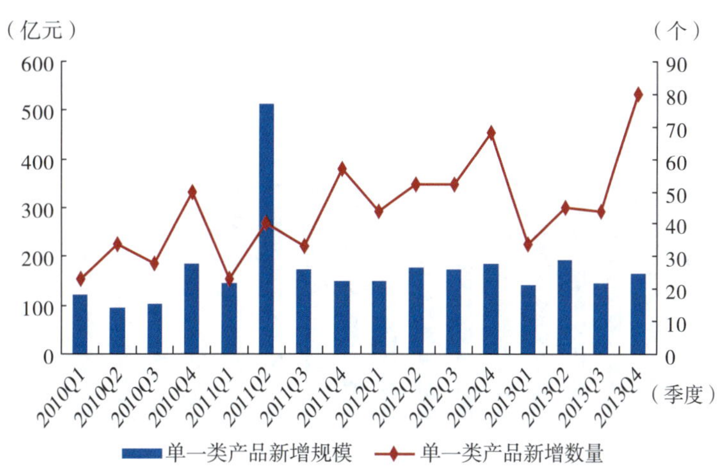

数据来源：中国信托业协会。

图11-9　2010—2013年单一类证券投资信托新增产品的数量和规模

3. 从单只产品平均规模看，存续产品均有所上升，而新增产品则出现下降

截至2013年末，存续集合类证券投资信托产品的平均规模为1.50亿元，单一类产品平均规模为12.85亿元，与2012年相比，集合类、单一类单只产品存续规模均有所上升。2013年新增证券投资信托产品中，集合类产品平均规模为1.25亿元，单一类产品平均规模为3.18亿元，与2012年相比新增规模均有所下降。

4. 从占比看，集合类的存续规模占比较小，但新增规模占比较大

从存续规模结构变化情况看，2010年第一季度以来，单一类证券投资信托产品的存续规模结构占比始终超过了50%。从2011年第四季度开始，其占比始终在六成以上（见图11-10）。

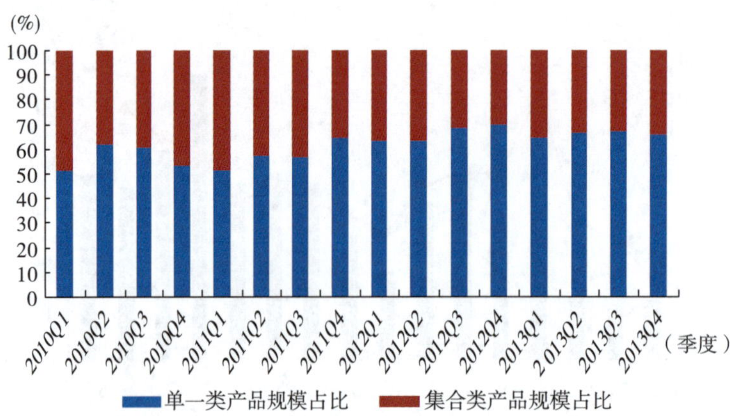

数据来源：中国信托业协会。

图11-10　2010—2013年存续证券投资信托的结构变化

从新增规模的构成结构看，新增集合类证券投资信托占比从2010年第四季度开始突破50%的占比后，基本维持在平均线以上。就2013年的情况而言，其占比已经接近六成（见图11-11）。

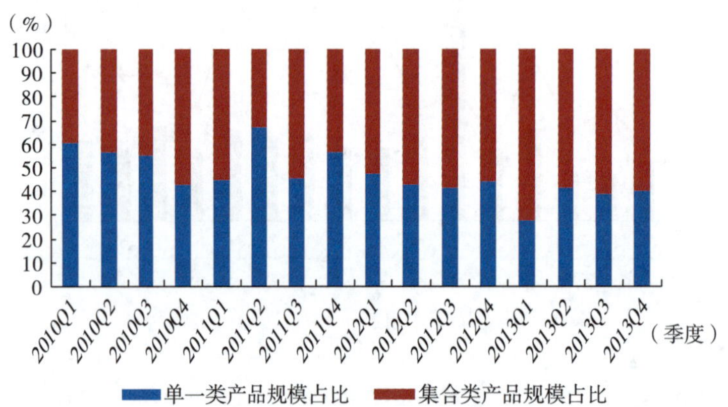

数据来源：中国信托业协会。

图11-11　2010—2013年新增证券投资信托的结构变化

5. 从期限结构分布看，3年以上到期产品较多

从2013年末存续证券投资信托产品的预计到期情况看，3年以上到期信托产品较多。按照预计到期产品的数量分布情况，0~6个月内到期的产品占比为11.06%，6~12个月内到期的产品占比为13.07%，12~24个月内到期的产品占比为13.47%，24~36个月内到期的产品占比为8.28%，36个月以上到期的产品占比为54.12%。按照预计到期产品的规模分布情况，0~6个月内到期的产品占比为11.25%，6~12个月内到期的产品占比为13.76%，12~24个月内到期的产品占比为11.90%，24~36个月内到期的产品占比为5.31%，36个月以上到期的产品占比为57.78%（见图11-12）。

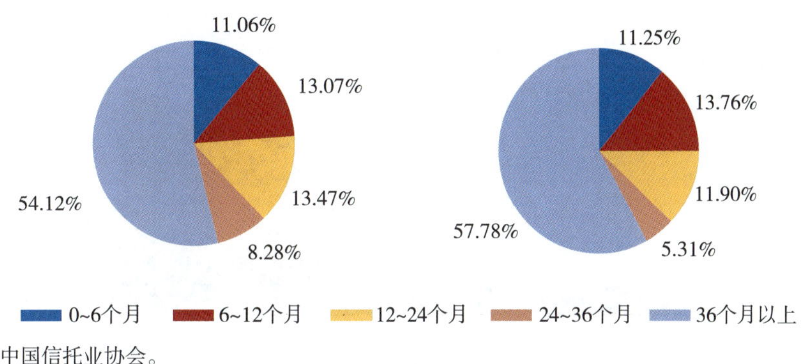

数据来源：中国信托业协会。

图11-12 2013年末证券投资信托产品预计到期数量（左）及规模（右）结构

对于存续的集合类证券投资信托产品，按照预计到期产品的数量分布情况，0~6个月内到期的产品占比为10.54%，6~12个月内到期的产品占比为12.14%，12~24个月内到期的产品占比为13.53%，24~36个月内到期的产品占比为8.41%，36个月以上到期的产品占比为55.39%。按照预计到期产品的规模分布情况，0~6个月内到期的产品占比为14.44%，6~12个月内到期的产品占比为16.52%，12~24个月内到期的产品占比为17.94%，24~36个月内到期的产品占比为5.35%，36个月以上到期的产品占比为45.75%（见图11-13）。

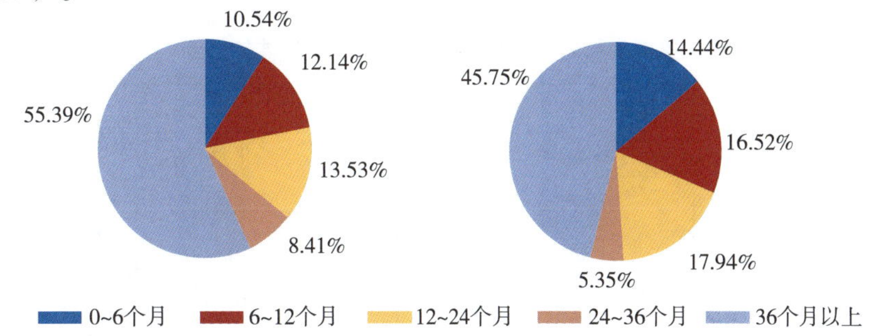

注：数据存在四舍五入，占比加总不等于100%。

数据来源：中国信托业协会。

图11-13 2013年末集合类证券投资信托产品预计到期数量（左）及规模（右）结构

6. 债券型产品的主流地位进一步巩固

相对于股票市场，债券市场的回报率较为稳定。随着监管层有意打破“刚性兑付”的枷锁，债券的信用利差将得以有效体现，这对证券投资信托业务是一个利好。2010年之前债券型产品的发行规模要远远低于股票型产品。进入2010年后，债券型产品的规模开始逐步攀升，自2011年第四季度开始，债券型产品开始成为证券投资信托产品的主流。2013年全年，债券型产品的主流地位得以进一步巩固，其规模占比始终维持在60%以上，截至2013年末，债券型产品的规模达6,876.25亿元，其占证券投资产品的比重为64.44%（见图11-14）。

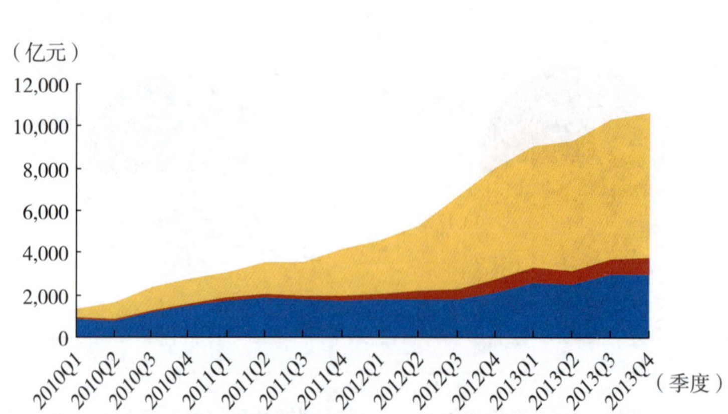

数据来源：中国信托业协会。

图11-14 2010-2013年证券投资信托投向结构

（三）业务集中度

从2013年证券投资信托业务的行业集中度情况看，排名前十的信托公司管理的规模达7,710.4亿元，占市场总体规模的69.28%，与2012年相比下降2.77个百分点（见表11-1和图11-15）。

表11-1 2013年末证券投资信托管理规模排名前十的信托公司

序号	公司名称	管理规模（亿元）	序号	公司名称	管理规模（亿元）
1	建信信托	1,329.03	6	北方信托	648.80
2	外贸信托	1,277.49	7	华宝信托	567.05
3	华润信托	872.86	8	中海信托	504.13
4	中诚信托	864.16	9	中融信托	499.19
5	中信信托	651.77	10	兴业信托	495.92

数据来源：信托公司年报。

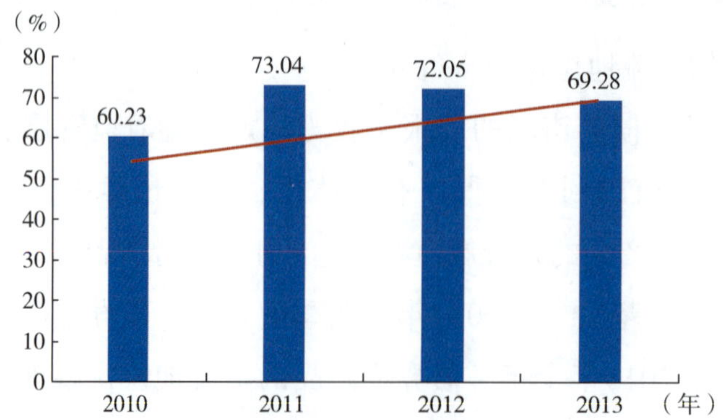

数据来源：根据各信托公司2010—2013年年报整理。

图11-15 2010—2013年证券投资信托规模前十的信托公司占比

（四）发展特点

1. 业务规模稳定增长

2013年中国股市处在低迷期，上证综指以2,289.51点开盘，年终以2,115.98点收盘，与2012年最后一个交易日的收盘价相比，全年指数下跌6.75%，深证成指和沪深300指数全年下跌10.91%和7.64%。在债券市场方面，2013年债市行情上行不再，受4月银行间债券市场监管风暴、6月“钱荒”和下半年利率市场化进程加速等事件影响，债券市场走低，中债总指数全年累计下跌2.1%，专项国债指数跌幅更是达2.86%。

尽管证券市场总体走势回落，但是市场也存在结构性分化。在股市方面，以创业板和中小板为代表的成长性指数一路上扬，全年分别上涨了82.73%和17.54%。在债市方面，下半年现券价格一路走低，但在利率互换衍生品上收益可观。作为标准化的资产，证券市场的投资价值仍为资金方所看重，加上客户对现金流管理的现实需求，信托资金投向股票、债券和基金的规模仍在增长，由此带来了证券投资信托产品的增长态势。

2. 创新产品比重逐步提高

随着整个证券市场创新步伐的不断推进，证券投资信托创新产品也得到持续发展。2013年市场资金面的相对趋紧、“大资管”行业的激烈竞争以及互联网金融的兴起，使得居民对财富管理日益重视，投资者对于投资绝对回报更为看重。由于创新产品收益较高，吸引着相当一批投资者，QDII型、对冲型、大宗交易型、定向增发型、套利非对冲型等创新产品的占比在2013年得以继续提高。根据欧美发达国家经济体的经验，此类产品是资产配置中较为重要的一部分，其未来比重也将会进一步提高。

3.“阳光私募”业务模式面临转变

2013年6月1日，修订后的《基金法》正式实施，新《基金法》允许证券公司、保险资产管理机构、私募机构开展公募基金业务，确认了私募证券投资基金的合法地位。自新《基金法》修改以来，信托公司“阳光私募”业务规模和比重均有所下降，私募基金通过信托公司发行的“阳光私募”产品从2013年第三季度的2,051.44亿元降为2013年末的2,000.95亿元，其所占信托公司证券投资业务的比重也由2013年第三季度的19.87%降为2013年末的18.75%。

对信托公司来说，在与私募基金的合作上，“阳光私募”业务仅是通道业务，不提供其他诸如配资、盯市和平仓等服务的信托公司的相关业务将受到更大冲击。从“通道”角度而言，信托公司该类业务的“制度红利”将会消失，整个“阳光私募”类业务的发展会呈现新的格局。对信托公司而言，挑战与机遇并存。如何服务好现有的私募机构、加强平台的黏性成为信托公司开展“阳光私募”通道业务的要点。

三、2014年发展趋势

未来，信托公司必须通过差异化的竞争策略来谋求自身的生存之道。首先，信托公司需要加强体系建设，申请证券投资全牌照，积极探索场外期权工具，提升核心能力；其次，信托公司在拓展证券投资渠道的同时，要服务中小私募基金，增强其平台黏性；最后，信托公司需要抓住高端客户，提升主动管理能力，为其提供更为优质的服务。

（一）探索证券投资全领域模式

随着国内衍生品市场的不断成熟、对冲工具的不断丰富，衍生品的收益将不断提高，衍生品有可能逐步替代目前固定收益类产品，成为高净值客户资产配置的重要方面。信托公司需要进一步探索衍生品的全牌照模式，在政策允许的条件下，积极申请商品期货、期权等衍生品牌照。一方面，衍生品的全牌照模式有利于改善产品结构设计，提高产品收益的稳定性，降低净值波动，增大信托公司为高净值客户提供风险较低、收益适中的资产配置产品的可能性。另一方面，衍生品的全牌照模式有利于吸引更多的私募基金公司在信托平台上发行策略更丰富的产品，从而不断提升证券类产品的规模和效益。

信托公司申请证券投资全牌照及推出场外期权工具产品将会为客户提供更为多样化的服务与产品，满足资金的避险需求，从而提高信托公司在证券投资领域的核心竞争力。场外期权是在非集中性的交易场所进行的非标准化的金融期权合约的交易。它的特点是量身定制，满足不同风险偏好的投资者在期限、流动性、投资风格、市场观点等多方面的需求，它是国际机构投资者对冲交易的常用交易工具。信托公司推出场外期权工具产品，对于私募基金而言，可以在未来一段时间行情不确定的情况下增加收益保障的可能性，其避险成本和风险要低于卖空相对应的期货产品，对于有避险需求的投资者而言，吸引力较大。

（二）加强服务中小私募基金

从短期看，中小私募基金尚难以向公募基金转型。首先，私募基金转向公募基金发行产品需从开户、投资到后台清算，在内部建立相应的业务部门和风控体系，这需要一个长期的过程。其次，从技术看，中小私募基金难以独立承担每日估值、净值的发布。再次，向公募基金转型必须在资产管理规模做大的同时，提升自身的研究和投资策略，以目前来说，大多数私募基金不具备这种实力。最后，投资者对私募基金，尤其是中小私募基金的不够信任不是短期内可以扭转的。

基于以上因素，对信托公司而言，"阳光私募"业务仍具有发展空间。信托公司需要努力提升自身平台的黏性，服务好中小私募基金，实现"阳光私募"业务的平稳发展。可以预见，不同信托公司的"阳光私募"业务规模将会逐步分化，目前规模较大的信托公司的市场份额将会继续得以扩大，而规模较小的信托公司的市场份额将会逐步萎缩。

（三）加大主动管理型产品的推出

与基金公司和证券公司相比，信托公司证券投资业务的主动管理能力较弱，尤其是在证券投研能力上较为欠缺。为改变这种局面，短期内，信托公司可以借助基金中的基金（FOF），通过持有其他证券投资基金而间接持有股票、债券等证券资产组合，它同样也能体现信托公司的主动管理能力。创设FOF型产品需要信托公司进一步扩充基金产品样本，同时做好对各样本的量化分析，提高自身主动管理能力。

长期而言，信托公司需要适时摆脱对其他金融机构投资顾问的依赖，增大主动投资管理的投入。信托公司需要组建独立的研究部门，开发成熟的研究体系，通过专业研究团队的持续研究，建立核心产品库。在产品设计上，可以考虑以指数型产品为突破口，逐步提高自主管理的能力。

信托公司在证券投资业务上只有不断提高管理能力，加强创新，探索新的业务机会，才能顺利转型，继续平稳发展。

第十二章　主要信托业务（五）：金融同业合作（银行）

分业经营和鼓励创新的金融环境为银信合作提供了良机，而银信合作业务的延伸也推动了金融体系改革的深化和利率市场化进程的加快。无论是对银行还是对信托公司，无论是对理财市场还是对其他金融服务，银信合作业务都起到了巨大的推动作用，使得资金流通效率显著提高，产业与资本实现前所未有的相互渗透。信托公司与银行在多领域、多行业中开展了多种方式和多个层次的合作，其中尤以银信理财合作产品备受社会关注，该产品不仅丰富了理财产品的资产标的范围，推动了利率市场化进程，而且拓宽了投资者的理财渠道。

一、发展轨迹回顾

从近几年的发展实践看，银信合作业务的具体形式主要包括客户推荐、信托计划代收付、信托资金保管、信用增级、投资管理、联合开发、资产置换、银团融资、辅助管理等，信托公司主要承担受托人角色，而银行多承担资源提供方、资金输出方、信托保管人、事务管理人、信用增级人等角色。从银行的风险参与程度看，通常将银信合作业务分成四个层次，即代收付、保管等交易结算层面的合作，项目推介和资金支持等交易安排层面的合作，银信理财合作业务，资源共享和创新联动等战略层面的合作。

银信合作业务发展之初，双方的合作形式主要限于银行为信托公司代理推介信托产品，以及银行作为信托财产的保管人。从2006年5月开始，信托制度的嵌入应用为理财产品带来了新的生命力，银行与信托公司联手推出了银行理财与信托计划直接对接的首款产品，这为银信在混业经营趋势下实现战略合作开创了富有想象力的发展空间。银行与信托公司之间紧密合作的技术优势和风险防范优势也逐渐开始显现，各种类型、各种层次的银信理财合作产品呈现迅猛发展态势。但当时，银信理财合作产品的资金投向还主要集中在申购新股、发放信托贷款、受让信贷资产等简单业务，仍存在资金运用集中、产品结构简单、流程衔接不畅等问题。

2007年之后银信合作业务逐步发展，到2008年已经形成规模。银监会为促进银信合作健康、有序发展，保护相关当事人的合法权益，十分重视银信理财合作业务的指导和规范。2008年，银监会出台《银行与信托公司业务合作指引》（银监发〔2008〕83号），第一次正式地定义分类银信合作业务，并制定了相应的业务规则，在当年末出台了《中国银监会办公厅关于进一步加强信托公司银信理财合作业务风险管理的通知》（银监办发〔2008〕297号），对信托公司的风险管理提出了更高的要求。

2009年，中国银监会发布了《中国银监会关于进一步规范银信合作有关事项的通知》（银监发〔2009〕111号），对银信合作可能涉及的潜在业务风险进行规范，不断引导信托公司实现内涵式增长，并禁止商业银行发行理财产品购买本银行自身的信贷资产。但是，这些文件并未对银信合作业务的发展造成实质性影响。2009年末银信理财合作业务规模达1.40万亿元，占同期信托资产总规模的比例高达67.96%。直到2010年上半年，银信合作业务不仅数量猛增、规模庞大，而且大部分银信理财合作资金都以信托贷款的形式存在，无须按照表内贷款的方式计提拨备和占用资本金，为企业客户提供了大量的“曲线贷款”。

2010—2011年，银监会出台了《中国银监会关于规范银信理财合作业务有关事项的通知》（银监发〔2010〕72号）、《中国银监会关于进一步规范银信理财合作业务的通知》（银监发〔2011〕7号）等相关监管政策，对融资类银信合作业务实施余额比例管理，即融资类业务余额占银信理财合作业务余额的比例不得高于30%。此外，在信托业进入“净资本管理”的政策框架下后，银监会还在2011年颁布的《关于印发信托公司净资本计算标准有关事项的通知》（银监发〔2011〕11号）中规定，引导信托公司主动减少通道类业务，改变“以量取胜、简单外延”的银信合作业务模式。

2012年，面临经济增速放缓、利率市场化加速、资本约束强化、监管政策趋紧等经济金融环境的深刻变化，商业银行尤其是中小银行在信贷规模受限的情况下不断拓展同业业务，使得同业业务规模在短期内迅速增加。中国人民银行在其《中国金融稳定报告（2013）》中显示，2012年银行业金融机构存放同业资产规模达10.06万亿元，买入返售资产达7.5万亿元，同业资产占总资产比例达15.13%，同业负债占总负债比例达13.87%。在此期间，买入返售资产因其操作简便、期限灵活和信息披露宽松，成为商业银行“资产出表”及扩大收益的理想工具，银行买入返售项下的标的资产也从汇票、债券、央行票据等流动性较高的金融资产，迅速扩展到信托受益权、资产管理计划等非标准化资产。同时，由于此类业务通常存在直接或间接、显性或隐性的第三方金融机构信用担保或同业授信担保，因此，部分银信理财合作业务也成为三方模式同业业务的一种载体形式，信托资金来自银行通过在银行间拆借市场进行短期拆借的资金，其规模也呈现快速扩张。引发监管忧虑的是，此类同业业务通过银行间市场资金的运作变相提高杠杆水平并降低风险资本占用，扩大了存量资金的货币效用，规避了信贷政策对部分领域的限制，影响到宏观货币政策的调控效果，增加了流动性风险。

表12—1　　银信合作业务相关政策变动情况

时间	制度名称	内容要点
2008年12月	《银行与信托公司业务合作指引》（银监发〔2008〕83号）	从广义上对银信合作业务做了相应的规定，并对各个合作模式给予初步规范；在风险控制方面，明确了信托公司投资银行的信贷资产、票据资产为真实转让，应采取卖断买断形式，银行不得回购，并告知相关权利人，同时信托公司可以委托银行代为管理。
2008年12月	《中国银监会办公厅关于进一步加强信托公司银信理财合作业务风险管理的通知》（银监办发〔2008〕297号）	提高信托公司对银信理财合作业务的风险意识；做好风险排查，制订应急预案，加强对有关产品的风险分析和后续管理；建立高效顺畅的沟通机制，建立银信理财合作业务重大事项报告制度。
2009年7月	《中国银监会关于进一步规范商业银行个人理财业务投资管理有关问题的通知》（银监发〔2009〕65号）	理财资金用于发放信托贷款的，商业银行应对信托贷款项目进行尽职调查，比照自营贷款业务的管理标准对信托贷款项目做出评审；并要求理财资金用于投资集合资金信托计划的目标客户应参照《信托公司集合资金信托计划管理办法》的规定执行。
2009年12月	《中国银监会关于进一步规范银信合作有关事项的通知》（银监发〔2009〕111号）	信托公司不得将资产管理职能委托资产出让方或理财产品发行银行，并要求交付全套原始权利凭证或盖有银行印章的复印件，重新办理抵押登记手续；银信理财合作产品也不得投资于理财产品发行银行自身的信贷资产或票据资产。
2009年12月	《中国银监会关于规范信贷资产转让及信贷资产类理财业务有关事项的通知》（银监发〔2009〕113号）	银信理财合作业务中的资产真实转让，不得安排回购，其相应担保物权应通过法律手续明确；信贷资产转让时应符合整体性原则。
2010年8月	《关于规范银信理财合作业务有关事项的通知》（银监发〔2010〕72号）	信托公司在开展银信理财合作业务中应自主管理；对信托公司融资类银信理财合作业务实行余额比例管理，即融资类业务余额占银信理财合作业务余额的比例不得高于30%。
2010年12月	《中国银监会关于进一步规范银行业金融机构信贷资产转让业务的通知》（银监发〔2010〕102号）	信贷资产应真实转让，担保手续需重新办理登记；信贷资产整体转让；财务上应反映信贷资产转让信息；银行不得用理财资金直接购买信贷资产。
2011年1月	《中国银监会关于进一步规范银信理财合作业务的通知》（银监发〔2011〕7号）	银信理财合作业务表外资产转入表内，信托公司需计提风险资本；信托公司信托赔偿准备金低于银信合作不良信托贷款余额150%或低于银信合作信托贷款余额2.5%的，信托公司不得分红。
2011年5月	《中国银监会办公厅关于规范银信理财合作业务转表范围及方式的通知》（银监办发〔2011〕148号）	原则上银信理财合作贷款余额应当按照每季度至少25%的比例予以压缩；对于2011年内按合同约定到期的，不再按季度计入风险资本和计提拨备；对于2012年及以后到期的，从2011年起，按每季度25%计入风险资产和计提拨备；调整“1104”表报。
2011年6月	《中国银监会非银部关于做好信托公司净资本监管、银信合作业务转表及信托产品营销等有关事项的通知》（非银发〔2011〕14号）	以银行理财资金作为受益人的信托业务，一律视为银信合作业务，应按照融资类银信合作业务不得超过银信合作业务余额30%等相关要求予以监管，在计算风险资本时也应按照银信合作业务计算风险资本。

续表

时间	制度名称	内容要点
2011年7月	《关于进一步落实各银行法人机构银信理财合作业务转表计划有关情况的函》（银监办便函〔2011〕353号）	各银行法人机构对截至2011年末未到期的银信合作应转表项目的转表情况逐一进行确认。
2013年3月	《中国银监会关于规范商业银行理财业务投资运作有关问题的通知》（银监发〔2013〕8号）	理财产品存续期内所投资的非标准化债权资产发生变更或风险状况发生实质性变化的，应在5日内向投资者披露；理财资金投资非标准化债权资产的余额在任何时点均以理财产品余额的35%与商业银行上一年度审计报告披露总资产的4%之间孰低者为上限。

资料来源：根据公开资料整理。

二、2013年发展概况

2013年，银监会陆续出台银信合作业务新政策，强化了分类监管标准和风险量化控制，对信托公司开展理财资金对接银行信贷资产起到了有效的长期约束效果。银信合作业务的规模虽然缓慢上升，但在信托业务中的占比继续下降，而在合作业务结构方面，也呈现出财产权类（以特定目的信托为主）占比提升的态势。银信合作业务比例下降，一方面是由于证券公司以及基金子公司的同业竞争，另一方面是受《中国银监会关于规范商业银行理财业务投资运作有关问题的通知》的影响。银行非标准化债权投资比例大幅减少，导致信托的相关通道类业务受限。总体而言，2013年银信合作业务仍保持了良性的稳健发展态势。

（一）产品规模

虽然监管层面不断加强对银信合作的管理和制度设计，但银行对利润提升的需求促使着银信合作业务的不断发展。仅从银信理财合作业务的绝对数看，存量银信理财合作信托数量缓慢减少、存续规模维持缓慢上涨；从相对占比看，银信理财合作规模在信托资产规模中的占比持续下降。

1. 产品数量和规模缓慢上涨

截至2013年末，全行业银信理财合作业务的信托产品共2,980个，业务存量规模达21,852.33亿元，较2012年增长7.63%。在银信理财合作不断深化的背景下，银信理财合作业务的存量规模却从2010年开始进入浅“U”形调整和缓慢恢复，这也说明以机构大客户为主导的“非银信理财合作单一资金信托”，逐步对以银行理财资金为主导的“银信理财合作单一资金信托”形成替代（见图12-1）。

数据来源：中国信托业协会。

图12–1　2010—2013年银信理财合作业务总体数量与规模

2. 在信托财产中的占比持续下降

从存续规模看，2013年银信理财合作业务在信托公司受托管理资产中的占比已经由2010年第二季度的最高值71.28%下滑至2013年末的20.03%，且同比下降26.28%。从存续个数看，2013年银信理财合作业务在信托公司受托管理资产中的占比已经由2010年第二季度的最高值45.15%下滑至2013年末的9.42%（见图12–2）。

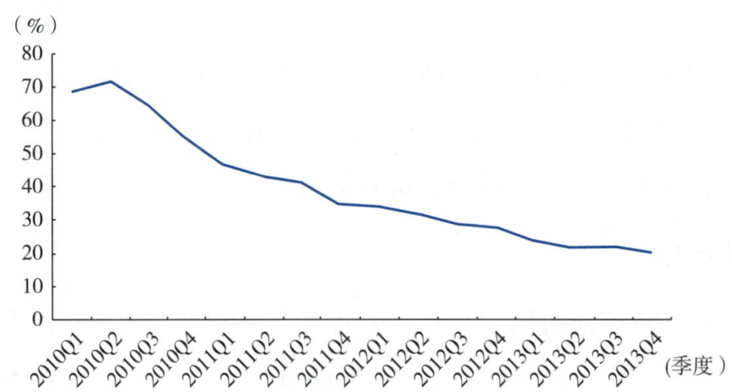

数据来源：中国信托业协会。

图12–2　2010—2013年银信理财合作业务规模在信托资产中的占比

3. 从增速看，各类业务增速各异

从存续规模角度看，集合类规模同比增速自2011年第一季度开始迅速攀升，在2012年第一季度相对稳定，直到2012年第四季度以后开始大幅下滑；单一类规模增速在2011年呈现负增长，直到2012年以后才开始转正，此后一直保持着相对稳定的增速；财产权类规模增速在2011年经历了大跨度的调整后，从2012年开始进入相对的稳定期。从环比增长变化情况看，集合类的规模在2010年第二季度、2011年第二季度均有较高增长，其他时间基本维持在10%~20%的增长速度；单一类的规模在2010年第三季度发生了大幅度的回落后，从低位开始逐步攀升；财产权类的规模自2010年起基本保持着持续上升的增长速度，在2011年第二季度大幅度地增长后增速又回落至5%左右的稳定状态（见图12-3和图12-4）。

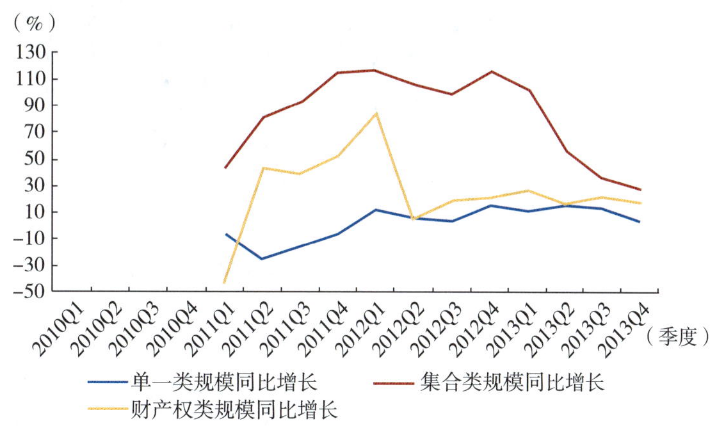

数据来源：中国信托业协会。

图12-3　2010—2013年银信理财合作业务规模同比增长变化

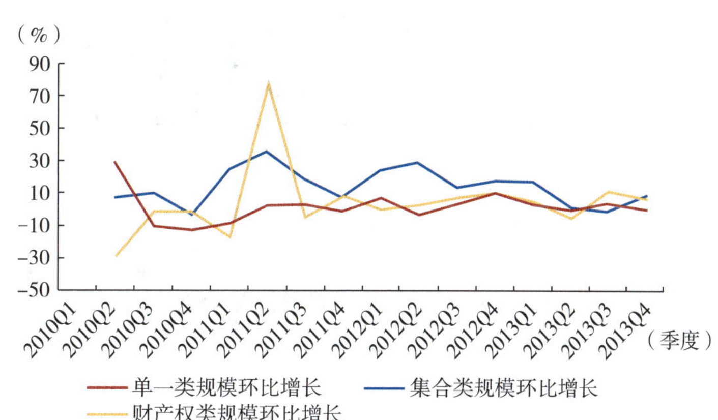

数据来源：中国信托业协会。

图12-4　2010—2013年银信理财合作业务规模环比增长变化

（二）产品结构

1. 从存续规模看，集合类和财产权类持续增长，单一类持续稳定

截至2013年第四季度末，全行业银信理财合作产品中集合类信托产品共529个，存续规模达2,361.90亿元，占比10.81%；单一类信托产品共2,135个，存续规模达18,524.14亿元，占比84.77%；财产权类信托产品共316个，存续规模达966.29亿元，占比4.42%（见图12-5、图12-6和图12-7）。

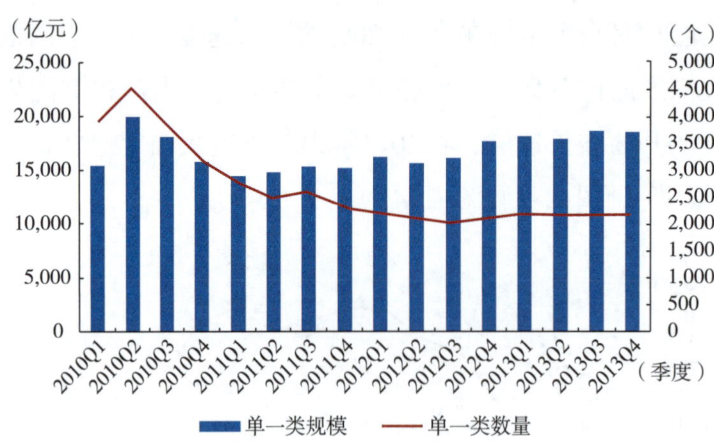

数据来源：中国信托业协会。

图12-5　2010—2013年单一类银信理财合作业务

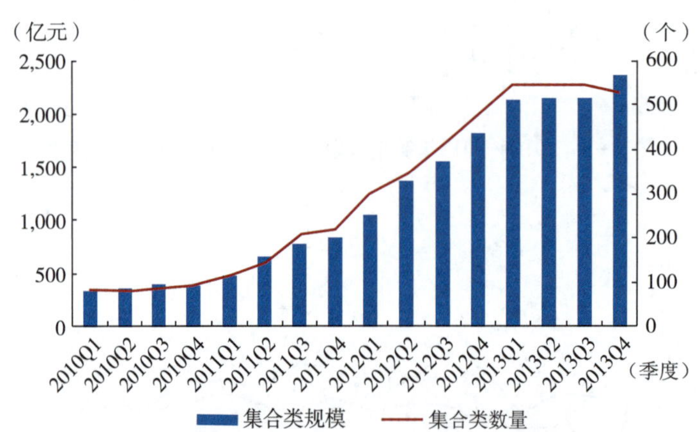

数据来源：中国信托业协会。

图12-6　2010—2013年集合类银信理财合作业务

数据来源：中国信托业协会。

图12-7　2010—2013年财产权类银信理财合作业务

2. 从单只产品规模看，单一类不断增加，集合类及财产权类相对稳定

截至2013年第四季度末，存续的银信理财合作产品中，集合类产品的平均规模为4.46亿元，单一类产品的平均规模为8.68亿元，财产权类产品的平均规模为3.06亿元。可以看出，2013年以来，存续的单一类平均规模与2011年、2012年相比均出现明显上升，单一类的平均规模已远远超过集合类、财产权类（见图12-8）。

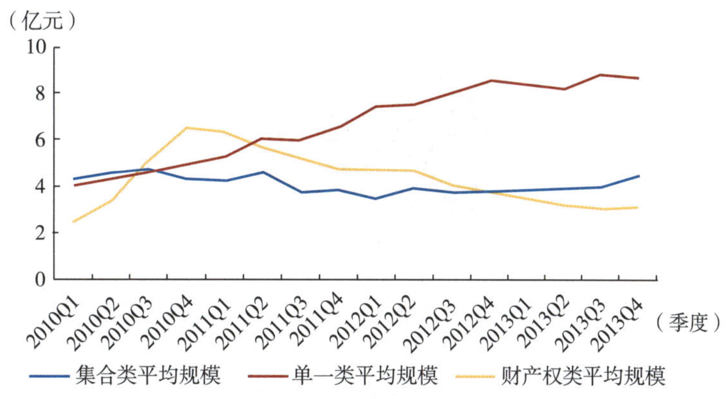

数据来源：中国信托业协会。

图12-8 2010—2013年银信理财合作平均规模

3. 从规模占比看，集合类和财产权类占比增加，单一类占比减少

从银信理财合作业务存续规模结构变化情况看，银信合作的业务结构仍然继续了以单一类为主、以集合类为辅的发展情况。可以看到，2010年第一季度以来单一类虽然始终占据主导，但是随着监管层面对通道类业务的监管力度持续加强，其占比正逐年减少，而集合类及财产权类随着信托公司主动管理能力的增强以及业务领域的扩宽，两者的占比逐步增加，集合类的占比已突破10%。

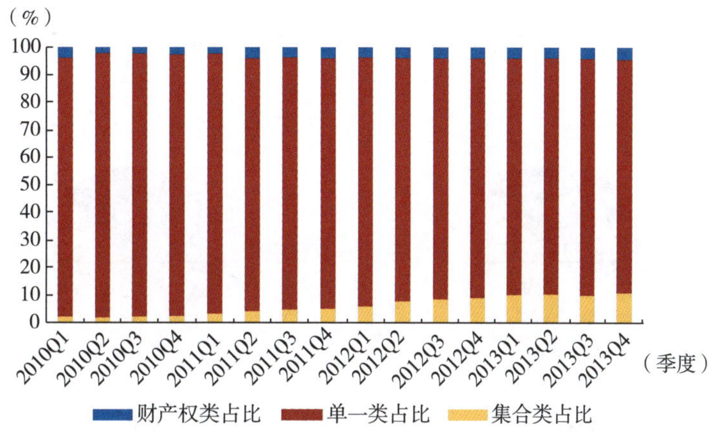

数据来源：中国信托业协会。

图12-9 2010—2013年银信理财合作结构变化

4. 从功能分类情况看，投资类产品占比最高

从2013年末存续的银信理财合作产品的功能分类情况看，投资类的银信理财合作产品较多。按照功能分类的规模分布情况看，融资类产品为4,379亿元，占比20%；投资类产品为14,857亿元，占比68%；事务管理类产品为2,616亿元，占比12%（见图12-10）。

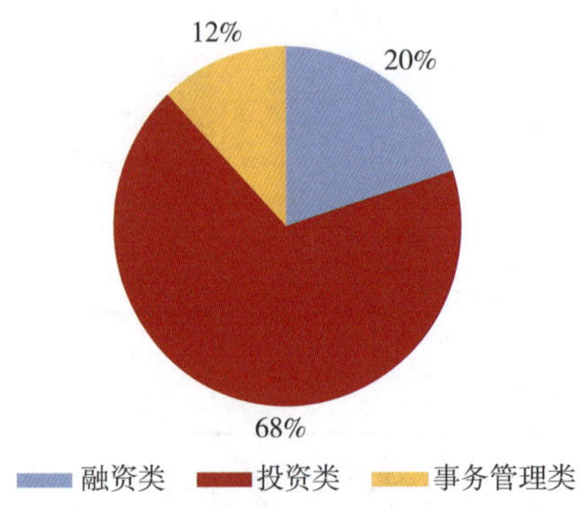

数据来源：中国信托业协会。

图12-10　2013年银信理财合作产品分类

5. 从资金投向情况看，以证券及工商企业为主

从2013年末存续的银信理财合作产品的资金投向情况看，规模上投向证券的产品占比较大，数量上投向其他类产品的占比较大。从存续产品的投向分布情况看，投向证券的产品个数为690个，占比21%，产品规模共计7,927.48亿元，占比38%；投向金融机构的产品个数为407个，占比12%，产品规模共计4,942.43亿元，占比24%；投向基础产业的产品个数为312个，占比10%，产品规模共计2,648.72亿元，占比13%；投向工商企业的产品个数为795个，占比24%，产品规模共计2,522.28亿元，占比12%；投向房地产的产品个数为67个，占比2%，产品规模共计282.28亿元，占比1%；投向其他类的产品个数为1,008个，占比31%，产品规模共计2,562.87亿元，占比12%（见图12-11）。

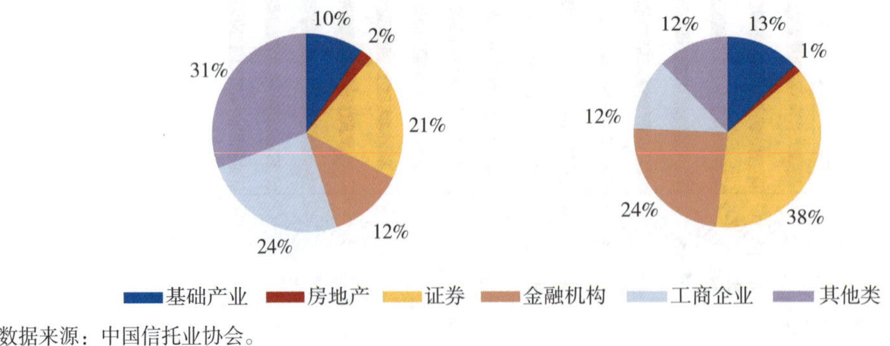

数据来源：中国信托业协会。

图12-11　2013年银信理财合作不同投向的产品数量（左）及规模（右）占比

从存续规模数量角度看，资金投向的规模格局在2010—2013年发生了一些改变。投向证券的规模自2010年第一季度开始不断攀升，到2013年末已接近8,000亿元；投向金融机构的规模在2010年相对稳定，进入2011年后一度增长至4,500亿元，之后进入相对的稳定期，2013年保持在5,000亿元的水平；投向基础产业的规模自2011年第一季度后从7,000亿元开始下滑，直至2013年开始保持在3,000亿元的水平；投向房地产的规模在经历了多年的下滑后，在2011年第四季度跌破了1,000亿元，进入2013年后，投向房地产的规模已处于历史低位；投向其他类的规模在2010—2013年中处于相对稳定状态，基本保持在2,000亿元左右的规模（见图12-12）。

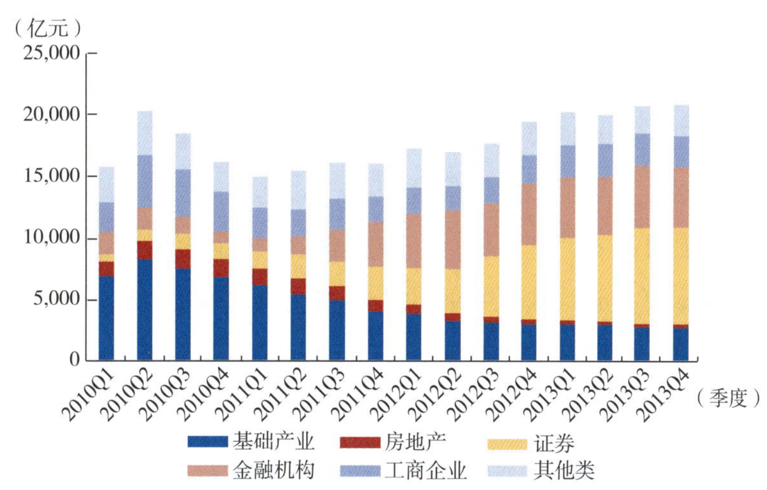

数据来源：中国信托业协会。

图12-12　2010—2013年银信理财合作资金投向规模变化

（三）发展特点

1. 业务形式不断演变，信托受益权投资占据重要地位

自2009年开始，在监管机构加强对信贷资产类银信理财合作产品的规范后，伴随融资类银信理财合作产品中的信托贷款余额不断压缩，市场资金面偏紧、融资需求旺盛的局面仍然持续。在存贷比触及红线、贷款额度紧张、信贷集中度过高的压力下，或是为了获取高额中间业务收入、致力于转化为资本充足率指标项下风险加权系数较低的资产，部分银行开始采取受让委托贷款债权、绕道发行委托贷款类融资产品，或通过金融资产交易所渠道进行理财产品投资等各类业务形式。其中，投资信托受益权也成为银行采取的重要业务形式，银行凭借优选基础资产、做好交易结构，防控好各类风险，可以在信托受益权投资业务中不断开拓表外业务空间，并合理规避贷款规模的限制。但是，在此类业务中，银行仍然是基础资产的决定者和主要风险的承担方，无论业务形式如何演变，信托公司在此类银行表外业务中主要利

用制度优势担当受托管理职责，就业务本质而言，信托公司仍为业务价值链中的通道类角色。就整个业务形态而言，银信理财合作产品也建立了有限的资源跨业流动机制，让不同的市场参与者可以按照自己的偏好重新配置风险和收益结构。

2. 资产管理市场的竞争异常激烈，银信合作受到挤压

随着我国金融业改革的持续推进，监管限制正逐步放开，同业边界日渐模糊，金融创新步伐也在加快。2012 年下半年以来，监管层密集发布并实施了一系列涉及金融机构资产管理业务的政策法规，尤其是证券公司创新大会召开后，证券公司的创新力度不断加强，可以设计发行自己的理财产品，其资产管理规模呈快速上升之势。2013 年，银信合作业务开始显现发展疲态，根本原因在于各类金融机构全面开展资产管理业务之后，主流的银信合作通道类业务模式开始遇到不可避免的挑战，这也加速推动了信托业的转型进程。从2013年的资产管理行业发展情况看，证券公司、基金公司的资产管理在一定程度上重复了当年银信合作的模式。此类资产管理的融资功能毕竟刚刚起步，无论是在项目准入、产品设计、制度理解、风险控制方面还是在项目后期的运用管理、清算核算等方面均缺乏专业的队伍和成熟的流程、经验，因此，很多证券公司、基金公司集中于承接近乎无风险的银行理财通道类业务，扩大自身在此种通道类业务上的机会，不少证券公司为了冲规模，不惜压低价格，甚至存在为做大资产管理规模而入不敷出的情形。严格来说，证券公司、基金公司的资产管理尚不能称为信托，而应该是委托关系，资产管理计划协议的有效性和独立性还存在争议，保障财产独立、实现破产隔离的法律效果还有待检验。但从实际情况看，相当数量的传统银信合作通道类业务正在向证券公司、基金公司转移。

表12—2　资产管理市场的监管政策比较

项目	金融机构	证券、基金行业监管规定	信托公司监管规定
业务准入	证券公司	事后报备制	缺乏法规层面上的统一而明确的报备制度
	基金公司	事后报备制	
投资者条件	证券公司	300万元以下的合格投资者人数为200人以下	300万元以下的合格自然人投资者人数限定在50人以下
受益权流动化	基金公司	通过证券交易所交易平台进行转让	限制机构所持有的受益权向自然人转让和拆分转让
	证券公司	以自有资金参与退出集合	
净资本管理	证券公司	风险资本系数为2%，连续三年监管评级为A类，打4折	融资类银信理财合作业务的风险资本系数高达10.5%
	基金公司	没有实行净资本管理	
分支机构	证券公司	拥有证券营业部的渠道和网络优势，还可以设立资产管理子公司	不允许设立分支机构，其资产管理子公司的设立也需严格限制并申请批准
	基金公司	可以方便设立分支机构，并可以设立资产管理子公司	

3. 通道类业务阳光化，信托公司的主动管理能力不断提升

尽管银信理财合作产品经过多年的发展在业务模式和产品设计方面已经日益成熟，但是信托公司在此类业务中作为通道的受托地位却没有显著改善，从近年来银信合作业务的发展经验看，社会各界对受托责任的普遍泛化和监管政策对主动管理的要求也使得信托公司面临两难境地。2010年，银监会发布《中国银监会关于规范银信理财合作业务有关事项的通知》（银监发〔2010〕72号），要求以融资类银信理财合作业务为主的通道业务在期限内转回表内或计提净资本，而当时通道业务的规模已经达到了2万亿元。在此基础上，明确交易各方的权利和义务，推行明晰合理的交易架构，促进通道类业务的阳光化已经成为信托业发展的必然要求。与此同时，信托公司也在提升自身在银信理财合作业务中的主动管理能力，随着信托公司在投资管理、产品设计以及人才培养等方面的改善，信托公司在银信合作中表现出更多的话语权、创新意识和服务能力。在通道类业务中，银行的强势主导难免会造成各类风险在业务表外化过程中向信托公司转移的现象，这使得信托公司的风险和收益不匹配。引以为证的是，在“刚性兑付”的社会环境下，如果银行要求信托资金投资于特定证券、特定领域、特定金融产品等，可能投向不完全符合审慎要求，存在相关风险，或有违自身业务范围的限制，这种交易结构缺乏法律上的严密性和安全性，如果此类产品出现相关风险暴露，那么可能会引发信托公司承担相关责任。2013年，投资类产品的运用逐渐成为银信理财合作产品的主流，信托公司正致力于真正回归到“受人之托，代人理财”的信托本源业务，信托公司的主动管理能力呈现增长态势，并开始加强对银行业务管理的融合和参与。

4. 加强银信互信协作，为业务融合打开新局面

对银信理财合作业务的监管日渐加强，也从侧面推动了银信理财合作业务模式的逐渐分化，2013年出现了很多颇具特点的银信理财合作业务。在银信理财合作业务近年来的发展过程中，银行对信托制度商业内涵的理解不断增强，对信托实现权益重构、交易结构灵活安排、信托财产破产隔离等制度的优越性有了充分认识，能够以更加开放的方式去应用信托工具。在此基础上，部分信托公司也开始探索深入银行的业务环节，尝试与银行进行资源共享及业务联动，优化合作机制并嵌入银行业务体系，致力于为银行及其客户提供多元化、多层次、有创新力的金融产品和服务，比如推动了同业金融业务、贸易项下融资业务、应收账款保理融资、私人银行和家族信托业务、消费类银信贷款、银信联合贷款、类资产证券化等各类颇具银行特色的业务的发展，而在此类业务中，银行通常不仅作为客户或项目的推荐人，也

担任融资管理人、权属文件管理人以及后续监管人等角色，形成了较好的优势互补。信托公司已逐渐与银行结成战略联盟，不少信托公司为把握业务机会，积极参加银行组织的客户路演和专项活动，通过介入银行前端的渠道建设和客户营销，不仅推广了自身形象，而且有利于用信托产品线配合银行挖掘重点客户需求，为双方后续共同拓展银信理财合作业务夯实了基础。

5. 非标准化债权业务受到限制，监管政策趋向严格

2013年3月25日，为防范化解商业银行理财业务风险，中国银监会发布“8号文”，对商业银行理财资金直接或通过非银行金融机构、资产交易平台等间接投资于“非标准化债权资产”业务做出相应规定。“8号文”对以间接融资为特点的商业银行理财主渠道进行了管控，这实质是对非标准化的社会融资总量进行了适当的限制，对各信托公司、证券公司、基金公司等的通道类业务的整体影响明显。银监会此番明确提出“坚持限额管理原则”，即商业银行应当合理控制理财投资非标准化债权资产的总额，理财投资非标准化债权资产余额在任何时点均以理财产品余额的35%与商业银行上一年度审计报告披露总资产的4%之间孰低者为上限，以防止业务规模过快扩张引发系统性风险。银行理财产品将会实现结构调整和平稳过渡，而未来的银信理财合作产品将呈现风险收益层级更明晰、权责更明确、产品投资期限有序分布等特点。2013年，监管规定的内涵和外延都在逐渐扩大，监管并非要求结束各类通道业务，而是对银行直接或间接投资非标准化债权的行为进行规范，其目的也在于推动商业银行做真实的理财业务，力促其逐步实现低资本消耗运作，从而推动其业务转型。

6. 互联网金融冲击明显，银信理财收益水涨船高

2013年是互联网金融、货币基金的狂欢年，以“余额宝”为代表的互联网金融理财产品的收益率一路走高。尽管这些理财产品实质上都是以货币基金和银行协议存款为基础，但对于普通百姓来说，确实在保持流动性的同时获得了较好的收益，比银信理财合作产品的期限更短、流动性更强、收益更高、表现更突出，给市场带来了非常大的冲击，银信理财合作产品的预期收益率也随之水涨船高。此外，2013年金融市场资金面趋于紧张，直至6月出现“钱荒”，中央银行虽然采取了措施，但并不能解决“钱荒”带来的恐慌以及短期内市场资金的饥渴状态。从下半年开始，银信理财合作产品的收益率开始逐步上升，而互联网金融理财也恰逢其时地发展起来，银行为缓解揽储压力，不得不提高产品收益率，收益率也创下新高。从2013年的市场变化不难看出，在互联网金融的冲击下，利率市场化的进程明显加快，客户

预期收益率的提高也导致了银行和信托公司的获利空间收缩，使得原本信托报酬不高的通道类业务的信托报酬率继续走低。

三、2014年发展趋势

银信理财合作业务发展的最初几年，信托公司利用横跨货币、资本、实业三大领域的制度优势，开展对资金、资产、人力、制度、金融主体等各类资源的整合，实现了银信理财合作业务的快速发展。但随着监管政策的调整和市场形势的变化，未来银信理财合作业务仍需继续加大创新力度，提升规范发展水平。

（一）重视风险管控，走向规范发展轨道

过去信托业的资产规模小、话语权弱、影响力不大，经过几年的“大干、快上”和高速增长，信托公司通过银信理财合作业务实现了以“吨位”换“地位”，成为资产管理行业“规模”意义上的顶点。但就银信理财合作业务整体而言，信托公司仍然会遭到社会各界关于银信合作创新改革乏力、游走“灰色地带”的批评。从风险角度看，虽然出现到期清算问题的项目占比很低，整体上出现系统性、区域性风险的可能性不大，但个体行业和个体项目的风险仍不可忽视。未来的银信理财合作业务可能会发生相应的变化，现有的业务实践、制度套利和隐形逐利会倒逼监管层出台相应的政策，传统银信理财合作业务模式的成本会越来越高，这将促使银信理财合作业务走向规范发展的轨道。最终，银信理财合作业务将要配合国内经济转型和金融改革深化的主基调，实现从量到质的转变，用“底线思维”代替“顶点思维”，明确银信理财合作业务的业务边界和风险底线，高度关注民间借贷、担保、假抵押、股权缩水、声誉风险等工作要求，防范和化解自然人兑付风险；严格履行受托责任，加强管理和动态估值，严防挪用；不断优化银信理财合作业务的结构和内容，健全风险管理体系，建立风险缓释机制，进而维护信托公司来之不易的品牌地位和市场形象。

（二）强调发展质量，培育核心竞争力

从目前银信理财合作业务存量结构看，信托公司仍然是“资源高地”而非“能力高地”，银信理财合作业务中的平台类、通道类的业务占比仍然较高，“资产池”模式也依然是银信理财合作产品运作中普遍采取的方式，而非标准化资产的配置比例也决定着“资产池”的总体收益，从这方面看，信托公司的市场研究、产品设计、投资运作、交易安排和风险控制等自主管理能力仍显欠缺，这也是导致信托

报酬收入增长低于信托规模增长的主要原因。展望未来，无论是在特定领域的精耕细作，还是提供资源整合的综合金融服务，信托公司的自主管理能力都显得更为重要。唯有通过金融产品的创新，银行、信托才能够利用多种工具赋予交易结构以先进性和价值性。只有专业管理的能力更强，承受风险的能力更强，未来银信理财合作产品的市场收益率才能更趋均衡和稳定。信托公司将在实现银信理财合作业务多元化的同时，更突出业务的发展质量，凸显自主管理能力，做好重点环节、重点领域的研究探索，提供比证券公司、基金公司等竞争对手更出色的解决方案，进而形成自己的核心竞争力。

（三）坚持独立判断，提升风险管理主动性

就银信理财合作业务的发展方式选择而言，信托公司从重新登记之日起就注定不会像银行那样能够获得简单的利差，信托恰恰在资产管理、平台整合方面展现出独特的优势，正是由于信托的复杂性和专业性，要求信托公司要有严密的逻辑判断，要明确自身的管理边际。事实证明，即使对于通道类银信合作业务而言，仅靠“信用验证”的发展方式也是难以支撑的，过去信托公司对银信理财合作项目的风险考量，主要是分析交易对手的信用状况，参考其还款能力和还款意愿，这些措施虽然重要，但仅凭此还不能满足信托业务未来发展的要求，还要关注业务背后的“商业逻辑”。要分析融资主体的资金用途和还款来源的匹配程度，认真评估行业发展和市场状况是否支持融资主体的发展，考量项目交易架构和权利、义务安排是否合理适当。“逻辑验证”将成为信托公司发展银信理财合作业务的重要工具，“商业逻辑”就是银信理财合作业务发展中的“常识”，去落实和验证这些“商业逻辑”将有利于避免后续管理中出现毫无征兆的“信用崩溃”、“兑付危机”等恶果。

（四）不断深化合作，创新标准化债权业务

展望“限制非标准化债权资产投资”的后期时代，银信理财合作业务的发展趋势变化可能将表现在三个方面：第一，鉴于非标准化债权投资方面的限制，信托公司未来将积极发展标准化债权，包括ABS、MBS、信托型ABN等多项公开市场业务以及非公开定向债务融资工具（即私募债）等标准债权资产，担当这些新型业务的受托人，促进原有非标准化债权的证券化、标准化、市场化。信托公司通过与银行的积极合作，充分发挥银行业务优势，满足银行对资产转让及流动性的需求，加强银信投行类业务联动，培育公司自身的管理能力和技术水平。第二，提高固定收益类产品的主动管理能力，引导银行将原有投资于非标准化债权的理财“资金池”建立在信托端，发展集合信托业务，未来推动从“银行理财直接投资非标准化债权”向“银行代为推介固定收益信托”的转变，促进信托公司加强现金管理类及集合类理财信托产品的研发，逐步向金融服务价值链的高端转移，实现以规模扩大收益。第三，信托公司将加大与银行同业部、市场部的业务合作，开拓其他资金来源渠道，丰富银信理财合作的业务模式和产品结构，实现银信理财合作的新突破。

第十三章　主要信托业务（六）：金融同业合作（非银）

在金融混业合作的大趋势下，银行、证券、保险与信托展开金融同业合作，是金融市场微观结构发展复杂化和客户需求多元化的必然选择，也是金融机构发挥自身优势、合作共赢的必然选择。随着证券“新政”、基金“新政”的陆续出台，同业市场格局在悄然发生着改变，一个崭新的泛资产管理时代已经来临。“新政”的主要特征在于打破原有的行业限制和服务边界，进一步放松监管，推动资产管理的混业经营，而信托公司也在与金融同业的竞争和合作中，不断推动着自身业务的综合化发展，积蓄着深化主动管理的力量。

一、保信合作业务

保险公司是资本市场最重要的机构投资者之一，已成为信托公司非常重要的合作伙伴之一。一方面，保险公司能够为信托产品提供体量较大、长期、稳定的资金来源，成为信托公司重要的资金渠道；另一方面，保险公司成熟的信用制度也能为信托公司提供借鉴经验。此外，在产品开发、财产传承等方面，保险公司与信托公司也有很大合作空间。①

（一）发展轨迹回顾

2006年3月，保监会颁布了《保险资金间接投资基础设施项目试点管理办法》（保监会令2006年第1号），首次明确保险公司可将保险资金委托给信托公司，由信托公司担任受托人设立投资计划并投资运用于基础设施项目。基础设施项目一般所需资金量较大、项目营运周期长，正好与保险资金规模大、期限长的特点相匹配。允许保险资金投资基础设施，对于提高保险业的投资收益水平，特别是改善保险公司资金的久期配置，有非常重要的支持作用。此后，保监会批准平安集团以保险资金投资于山西太焦高速公路、湖北荆东高速公路、柳州自来水等多个基础设施项目。2007年7月20日，首个保险资金间接投资基础设施项目落地，平安信托投资山西

① 2014年4月，保监会正式公布了《关于保险资金投资集合资金信托计划有关事项的通知（征求意见稿）》。该征求意见稿对保险机构的投资程序进行了明确规定，并对保险资金受托人重申了净资产不能低于30亿元等要求，对保险资金投资信托计划的要求进行了明确与细化。2014年5月5日，保监会正式下发了《关于保险资金投资集合资金信托计划有关事项的通知》，该通知实际上是对2012年10月保监会发布的《关于保险资金投资有关金融产品的通知》的进一步细化。此外，两个文件一致要求保险资金投资集合信托的基础资产限于融资类资产和风险可控的非上市权益类资产。

太长、长晋、晋焦高速公路公司股权项目正式实施。

2012年10月，保监会发布《关于保险资金投资有关金融产品的通知》（保监发〔2012〕91号），保险资金投资渠道首次对包括银行理财、信托计划和证券公司集合理财等在内的金融产品开闸，开启了信保合作的业务空间。从2012年末纳入投资范围到2013年末，在以非标准化资产为代表的新增投资渠道中，集合资金信托计划等金融产品较受保险资金青睐，配置比例不断提升，保险资金投资信托计划的规模增长非常快。

2013年3月19日，人力资源和社会保障部、银监会、证监会和保监会联合下发《关于扩大企业年金基金投资范围的通知》（人社部发〔2013〕23号），在2011年5月1日正式实施的《企业年金基金管理办法》的基础上，扩大了企业年金基金的投资范围，并做了详细说明。《关于扩大企业年金基金投资范围的通知》的出台，使得信托公司等其他资产管理机构与养老保险公司的合作更加紧密，为保信合作提供了更多的机会。此后，海富通基金与昆仑信托联手打造国内首只标准化运作的养老金产品——海富通昆仑信托型养老金产品，主要投资于“昆仑信托中石油管道项目单一资金信托I”信托产品，该产品不仅可为年金受益人带来较高的稳定收益，也实现了年金投资与实体经济、国家级重点基础设施项目的对接，为年金投资范围拓宽做出了积极的探索。

（二）主要业务模式

信托公司与保险公司有着天然的合作内因，随着保险资金运用范围的不断扩大以及中国金融业的日益开放，保信合作有着广阔的发展空间，通过不断开拓创新业务模式，保信合作将有力促进信托业和保险业的共同繁荣和发展。目前，信托公司和保险公司的合作主要集中在以下四个方面。

1. 保险资金投资信托计划

保险资金投资信托计划是目前保信合作的主要业务类型。保险公司充分利用信托公司的制度和平台优势，以保险资金对接集合信托计划的形式，实现对非标准化债权和实业的投资，满足保险资金对于风险、收益和流动性方面的投资需求。目前，我国保险资金在基础设施、资产证券化产品、房地产等方面的投资比例较低，制约了保险资金的资产配置效率，降低了投资收益。2012年，保监会发布的《关于保险资金投资有关金融产品的通知》（保监发〔2012〕91号），使得保险资金首次对包括银行理财、信托计划等在内的金融产品开闸，旨在拓宽保险资金运用渠道，提高保险资金使用效率。在已发行的信托产品中，多数信托产品在安全性、收益性和流动性方面符合保险公司的投资要求，同时由于信托产品收益率普遍较高而风险适中，所以在以非标准化资产为代表的新增投资渠道中，集合资金信托计划在保险资金中的配置比例不断提升。据华宝证券统计，截至2013年末，保险业已有42家机构通过直接方式和间接方式投资信托计划，资金达1,442.9亿元，占保险资金总投资资产的1.9%。总体而言，通过投资贷款类信托产品，可以优化保险公司债权类资产配置结构，对保险公司有十分积极的意义。

2. 保险金信托

保险金信托是将保险与信托相结合的一种金融产品，主要是指人寿保险信托业务。在该业务结构中，被保险人作为委托人将寿险保单在信托公司设立信托，以人寿保险金债权为信托财产而设立的信托，在保险事故发生或保险金给付时，由信托公司根据保单向保险公司申请保险金并交付给委托人指定的受益人，减轻受益人理财的压力；或者领取保险金后继续留存在信托账户中加以管理运用，以达到保险金保值增值的目的。保险金信托是高附加值的“事务管理+资产管理”的单一资金信托产品，能够实现委托人在保险理赔后对受益人如何获取财产的管理意志的延续，不但具有事务管理的内涵，同时具有资产管理的特征。从业务特征看，保险金信托具有破产隔离机制，当身为企业经营者的投保人面临债务风险时，基于信托财产的独立性，投保人的债权人无权对人寿保险信托财产强制执行，从而确保受益人应享有的权益不受影响；依照所得税法、保险法以及遗产税法的相关规定，将人寿保险与信托相结合，会产生更大的避税空间。

3. 保险为信托产品提供信用增级

信托公司在推出信托产品时为了增强信托产品的吸引力和投资者的信心，在确保资金安全、控制风险方面采取了多种保障措施，如进行资产抵押和质押、股权回购、第三方担保等，在具体业务实践中，信托公司也常常引入保险产品，为信托计划进行信用增级。财产保险是信托计划项下使用最为广泛的保险险种，通常由融资方或信托计划交付保险费，以便承保的信托财产或与其相关的其他财产在发生损失时能够获得赔偿。从近几年的信托实践看，财产保险包括财产险、责任险、保证保险、信用保险、利润损失保险等各种保险，信托财产为房地产的信托计划通常要求承保综合险或一切险等，信托财产为交通工具的通常承保运输险、责任险、交通工具险，甚至一切险。而保证保险、信用保险是随着道德风险的频发而发展起来的，保证保险用于填补保证人履约保证后不作为或作为不足造成的损失，信用保险用于弥补经营过程中到期后未收回账款造成的债款损失，此类产品可增强信托产品的安全性。利润损失保险（又称“营业中断保险”）是依附于财产保险的一种扩大险，它承保的是被保险人停业或停工的一段时期内的可预期的利润损失，或是仍需开支的费用，进而间接保障信托产品的到期兑付。比较典型的案例有：在中信信托与平安财险合作的“国宾世贸中心（B座）”项目中，平安财险除为项目统筹安排建设相关财产及第三方责任保险外，还为本项目提供不少于5,000万元的预期利润损失保险，即在相关房地产项目如期保质保量完工的前提下，保证有不少于5,000万元的净利润，其保障范围为预计的租/售收入、延期支付的财务费用、固定成本和额外的其他成本等，该保险为信托计划提供了风险控制、信用增级和兑付保障的有效手段。

4. 保险机构与信托公司的战略合作

在分业经营的体制下，为了开拓市场，降低成本，金融机构间调整战略，加强合作，建立联盟的趋势日盛。保险业和信托业正在积极推进建立多层次的战略合作关系，促进共同发展，其主要合作的内容如下：一是信托公司与保险公司联合成立资产管理公司。中英益利资产管理股份有限公司就包含信托公司和保险公司的股东，华润深国投信托有限公司持股20%，中英人寿持股41%，信泰人寿持股34%。二是销售合作，资源共享。保险公司的资源优势在于拥有庞大的营销队伍和长期的客户群体，而信托公司则由于不可对外公开宣传等因素的制约，一直面临销售渠道狭窄和客户资源有限的困局。信托公司可以利用保险公司的销售渠道扩大产品的销售规模，保险公司可以充分发挥营销资源的优势，通过代理信托产品，增加中间收入，为客户提供多种理财产品和服务，实现双方共赢。三是信托公司与保险公司相互参股投资。2014年4月保监会同意都邦财产保险公司转让股权，中泰信托受让都邦财险5.15亿股，持股比例达19.07%，除了上述中泰信托受让都邦财险股权外，目前10余家信托公司已经跃升为保险公司的股东。其中，国民信托同时持有汇丰人寿50%的股权和北京新域保险经纪有限公司35%的股权，成为持股保险公司比例最高的信托公司。而中信信托对中德安联人寿的持股比例也高达49%。同时，保险公司在近几年也逐步入股信托公司。2013年末，国投信托以增资扩股方法引进泰康人寿，更名为国投泰康信托有限公司。

（三）2013年发展特点

1. “强强联手、互补互利”的格局初步形成

保险资金的配置基本都集中在公开市场上，而少数权益资产往往导致保险投资收益的巨大波动，具有中间层风险收益特征的金融产品亟待填补。在放开保险资金对

金融产品的投资渠道后，作为一种金融产品，信托计划有利于规范保险资金运用，丰富保险资金配置结构，使保险资金收益率趋向稳定，促进保险业的创新发展。保险资金规模大、偏好期限长等特点，也引起了信托公司的关注，信保合作对信托服务功能渗透拓展和信托业做大做强都具有深远的意义。相关研究报告显示，保险业可用于投资非标准化信托资产的规模最高可达2万亿元，保险资金将很有可能成为信托及另类投资业务的重要资金来源。在泛资产管理时代同业“竞合”深化的背景下，信保合作已经具备了快速发展的基础和条件。

2. 保信合作尚不深入，行业管理和互信协作需要磨合

在保险资金投资信托计划放开一年多来，虽然业务规模迅速增长，对保险业以及信托业的业务发展起到了良好的推动作用，但是，就整体而言，保信合作还处于初期发展阶段，双方在各个业务领域的沟通和互信还有待加强，在具体投资项目中的尽职调查、后续管理、定期监控、风险处置等运营操作环节还需要互相磨合。

二、证信合作业务

证信合作业务涵盖面广泛，主要包括证券投资信托业务、资产证券化业务、私人股权投资（PE）信托业务、产品开发和销售。伴随着监管政策对信贷业务不断收紧，证信之间的资产管理合作越来越深入，跨机构、跨市场、跨境交易更加频繁，信托公司充分发挥证券公司以及信托公司的制度优势，加强主动管理能力以及项目的营销能力，不断扩大同业业务的市场份额。

（一）发展轨迹回顾

2003年，全国首单“证信合作”创新证券投资信托产品——“鲁信证券投资信托计划”的发行，受到了市场的热烈追捧。但好景不长，在衡平信托（现变更为中铁信托）与闽发证券合作的“恒发债券投资信托计划”中，因闽发证券将信托财产中约4,000万元的国债挪用，对证信业务的合作产生了一定的影响。直到客户证券交易结算资金第三方存管业务的顺利实施，证券投资信托逐步推广，才再次打开了证信合作的空间。此后，证券公司与信托公司的合作越发密切。证券公司凭借股权投资信托产品投资顾问方面的优势，以更加专业的企业上市条件判别能力、更为丰富的市场资源，为目标公司提供改制、辅导、保荐上市等一系列的资本市场服务。而信托公司可以凭借证券公司的专业能力，利用双方的业务资源和网络渠道，在PE股权投资过程中有效控制项目风险，创造巨大的投资收益。双方的合作为市场带来新的

机会。2007年4月6日，湖南信托与深圳达晨创业投资管理有限公司合作推出“深圳达晨信托产品系列之创业投资一号集合资金信托计划”，开启了PE信托产品的新时代。

2012年10月18日，证监会发布了《证券公司客户资产管理业务管理办法》（证监会令第87号）和《证券公司集合资产管理业务实施细则》（证监会公告〔2012〕29号）、《证券公司定向资产管理业务实施细则》（证监会公告〔2012〕30号）（统称“资管新规”），对《证券公司客户资产管理业务试行办法》（证监会令第17号）及其配套实施细则进行了重大修订。2013年6月26日，证监会发布了《关于修改〈证券公司客户资产管理业务管理办法〉的决定》（证监会令第93号）以及《关于修改〈证券公司集合资产管理业务实施细则〉的决定》（证监会公告〔2013〕28号），对《证券公司客户资产管理业务管理办法》和《证券公司集合资产管理业务实施细则》进行了修订。

（二）主要业务模式

信托公司和证券公司充分利用对方金融产品，丰富自身客户理财计划，实现客户价值最大化。证券公司可以利用丰富的客户资源和研究能力，为信托公司开发信托产品提供投行业务支持和其他投资咨询服务等。而信托公司利用灵活的信托计划设计能力为证券公司提供产品架构和交易模式上的支持，支持证券公司为客户提供综合性的信托解决方案。信托公司在接受客户资产管理、开拓业务过程中，如遇到发展战略制定、企业并购、经营管理咨询等业务活动时，也可依托证券公司或与证券公司一起为客户提供服务，共同满足客户的需求。

1. 证券投资信托业务的合作

随着监管政策对证券业务的支持，证券投资信托业务的发展规模也在不断扩大。截至2013年末，信托业资金信托总额达10.91万亿元，证券投资信托总额为1.09万亿元，规模占比接近10%。证券投资信托主要分为开放式证券投资信托、结构式证券投资信托等形式。在证券投资信托业务中，主要包括产品委托人（投资者）、产品受托人（信托公司）、投资顾问（证券公司、基金公司等）、资金托管人（银行）和证券经纪人（证券公司）。在这些参与主体中，信托公司负责投资行为的具体执行和整体管理，证券公司等负责产品的投资指导，并对产品的运作业绩起决定性作用。作为证券经纪人的证券公司为产品提供证券交易渠道并收取交易佣金，托管银行负责资金的托管服务。

2. 结合同业业务需求，加强资管业务合作

2012年10月，证监会发布实施“资管新规”后，以“放松管制，放宽限制”为主旨的新管理办法对证券公司资产管理的审批、投资范围、设计、交易转让等方面进行了“松绑”，促进了证券公司资产管理业务的快速发展。其中，定向资产管理业务投资范围广，近两年呈现爆发式增长。根据中国人民银行发布的《中国金融稳定报告（2014）》，截至2013年末，证券公司定向资产管理业务规模达4.83万亿元，较2012年末增长186%，占全部资产管理业务规模的93%。在此过程中，信托公司参与证券公司的创新过程，与证券公司携手开拓相关财富管理市场。

证券公司与信托公司合作开展资产管理业务主要分为定向资产管理计划以及集合资产管理计划两种方式。在定向资产管理操作过程中，信托公司与证券公司签订《定向资产管理合同》，对合作方式、合作条件及投资范围、投资限制进行约定，对信托公司设立的信托计划通过证券公司的专门账户进行专业化管理，拓宽信托计划投资渠道，引导证券公司将其定向资产管理计划投向信托公司管理的信托计划，增加信托计划的资金来源。根据“资管新规”，证券公司开展定向资产管理业务的投资范围无明确限制性规定，主要由管理人和客户进行协商，所以无论单一类还是集合类资金信托计划，均可接受定向资产管理计划的投资。在集合资产管理的操作过程中，根据相关规定，证券公司的集合资产管理业务分为一般集合计划、限额特定集合计划、专项资产管理计划三类，投资范围存在一定差异，信托公司可根据信托计划委托人的需求及具体业务结构设计情况选择具体合作方式。信托公司与证券公司签署《集合资产管理合同》，按照信托文件的约定投向不同类别的集合计划，丰富信托计划投资种类。同时，引导证券公司将其限额特定集合资产管理计划、专项资产管理计划投向信托公司管理的集合类资金信托计划，实现信托计划资金来源的多元化。

3. 资产证券化业务的合作

在资产证券化业务不断扩大试点的背景下，信托公司和证券公司在企业资产证券化及信贷资产证券化，如个人住房抵押贷款、应收账款、未来收益资产证券化等的过程中加强合作，具有很强的现实意义。合作内容通常包括两种：一种是银行间信贷资产证券化。信托公司作为资产支持证券的发行人和受托人，证券公司作为主承销商/簿记管理人。借鉴国外投资银行的经验，证券公司在总体策划、交易工具设计与创新、证券化资产的交易和流通等方面发挥作用，安排资产证券化产品在公开市场进行募集和发行。另一种是交易所市场资产证券化。通过采用双SPV的形式，在信

托计划端，由银行将信贷“资产池”信托给予信托公司设立自益财产信托，在专项资产管理端，银行作为原始权益人，将持有的信托受益权转让给专项资产管理计划的管理人，管理人以信托受益权所产生的现金流为偿付基础发行资产支持证券。资产证券化为各类投资者提供了安全、收益较高的投资品种，对发展我国资本市场具有深远意义。以2013年信贷资产证券化市场为例，全年共有6家银行发行了资产证券化产品，发行规模达157.73亿元，资产证券化市场为信托公司及证券公司都提供了丰富的展业机会。

4. 开发创新业务模式，加强投资银行领域合作

信托公司和证券公司在投资银行领域的合作一直是双方探索并协力发展的重点，主要合作领域包括：一是PE业务的合作。一方面，证券公司为信托公司提供项目资源，同时帮助信托公司解决PE投资的退出机制问题；另一方面，信托公司发行信托计划募集资金，缓解证券公司直接投资PE项目的资金压力。证券公司将一部分自有资金投资该项目，其余资金部分或全部由信托公司设立集合资金信托计划募集取得。在项目的后期运作中，证券公司利用其投行业务优势，作为保荐机构，履行保荐职责，按照证监会的规定对发行人进行辅导，在发行企业达到证监会规定的条件后，保荐证券发行上市，解决信托资金的退出问题。二是股权质押业务合作。在针对上市公司的股权质押项目中，信托公司与各证券公司营业部保持了业务上的合作关系，证券公司通过合作席位等方式为信托公司提供项目监控和项目补仓、警戒线监控、项目资产处置等功能。对于一部分通过信托公司发行的产品，证券公司也部分为信托公司提供了净值计算、资金监控等职能。三是房地产投资信托基金业务合作。信托公司通过契约与投资者约定资金信托关系，信托资金的具体投向是成熟的商业物业，并引进证券公司作为承销商承担具体的房地产投资信托基金的发售工作。在该项业务中，信托公司作为受托人，证券公司作为保荐机构，发行房地产投资信托产品。目前上海证券交易所正在重点研究推出房地产投资信托基金。

此外，信托公司作为证券公司的股东参股证券公司，证券公司作为信托公司的股东参股信托公司，通过双方共同发起成立基金管理公司、金融期货公司、保险公司、货币经纪公司等方式，实现相互参股投资，成为对方的战略投资者。

（三）2013年发展特点

1. 证券公司通过制度差异抢占银信同业市场

在同业业务的竞争中，证监会连续发布了多项新政策，不仅开放了证券公司资产

管理的通道业务，还扩大了证券公司的产品范围，产品范围从原有的证券公司集合理财产品和基金产品，进一步扩大到包括银行理财产品、保险产品、信托产品在内的几乎所有类型的产品。在同业的竞争中，证券公司的资产管理核心优势在于风险资本计提的优势，证券公司的通道业务仅需要1%左右，费率可达到万分之五以下，而信托在融资类银信合作中的计提比例达到10.5%，因而造成通道业务被证券公司的资产管理业务大量替代，信托通道业务的增长速度明显减缓。此外，在票据类资产的银信合作无法开展后，证券公司的定向资产管理计划中的通道业务承接了此类业务。在证券公司资产管理业务不断激增的同时，证监会也逐步加强了对证券公司资产管理业务的监管力度，要求证券公司进行全面自查，并对操作中的一些要点进行了限制。

2. 以资源为导向，寻求合作共赢方式

信托公司凭借已有的金融资源优势，通过开展证信连接、私募证券投资信托业务等方式，充分运用证券公司、基金公司资本市场的专业投资能力和高端客户资源，灵活运用信托制度安排和法律关系设计，使得证券私募基金合法化、阳光化，也使信托公司和证券公司优势互补、战略双赢。同时，由于信托公司在跨区域经营方面存在障碍，在项目来源上不够广泛，下沉客户层面不够，而大型证券公司有覆盖面较为广泛的分支机构，在发掘项目上更有优势，因此，证券公司可以在通过自身的渠道获取项目的过程中，接触较多的项目资源，借道投资集合信托的形式进入实体经济。因而，信托公司也可以作为证券公司资管的下游载体与证券公司开展合作。

3. 金融市场波动强烈，资本市场投资类合作业务风险显露

回顾2013年，尽管A股指数整体负增长，但资本市场却在经历一系列的改革洗礼，新股发行改革、IPO重启、新三板扩围、优先股试点等成为改革重点。在证券投资项目以及上市公司股权质押项目中，股价的波动将影响证券投资业务的收益情况以及股权质押项目的风险边际，特别是股价的急跌将有可能导致融资方“无股可押”，甚至是发生无法兑付的风险，对整个市场资金链带来较大的影响。不管是作为项目监控方和顾问方的证券公司，还是作为信托财产受托人的信托公司，都会承受更多的投资风险管控压力，对融资方偿债能力的分析、对投资标的或质押股票的市值管理以及对市场整体走势的判断也成为证信合作业务中不得不考量的因素。

4. 销售渠道加速合作，代销模式面临加强管理

2012年“资管新规”的出台标志着证券公司代销多种金融产品闸门正式打开，按照“资管新规”的规定，证券公司代销的金融产品应当是在境内发行，并经国家有

关部门或者其授权机构批准或者备案的各类金融产品。证券公司代销各类信托等理财产品已经多年，随着金融行业混业化经营，证券公司打造综合性业务平台已成为发展趋势，通过向客户提供各类信托产品，拓展了证券公司为客户提供理财服务的渠道，扩大了证券公司的托管资产规模，对于进一步提升服务能力，满足投资者的多样化需求，优化收入结构，增加收入来源具有重要意义。销售渠道的合作同时提升了信托公司业务开展的效率，成为证信合作中的必不可少的重要部分。

三、基信合作业务

中国的基金业与信托业密不可分，不仅在法律关系上传承延续，而且在主体关系上也多有依存。虽然基金子公司的项目经验和资源没有信托公司充裕，自身资本实力也普遍不如信托公司，但是基金子公司仍然能凭借其灵活的制度优势和差异化监管在与信托公司的合作中获得快速发展。目前已有数家信托公司谋求控股基金公司以便设立基金子公司，并将信托公司的资源优势嫁接至基金子公司层面，推动融资业务的发展。

（一）发展回顾

中国采用契约型基金模式，《证券投资基金法》与《信托法》在调整基金法律关系时，采取了特别法与一般法的关系，遵循特别法优先适用、一般法补充适用的原则。从基金业的诞生发展看，1998年第一只封闭式基金“基金金泰”设立，由国泰基金公司负责管理，其股东为国泰证券、中国电力信托、上海爱建信托、浙江省国际信托四家金融机构。2001年第一只开放式基金“华安创新”设立，由华安基金公司负责管理，其股东为上海国际信托、申银万国证券等五家金融机构。

在证券市场上，基金公司与信托公司保持着良好的合作，双方通过信托投资购买公募基金份额、信托计划设定基金专户、基金公司提供投资顾问服务等方式开展合作。自2003年开始，证券投资信托在资本市场的推动下逐渐兴起，2004年发布的《关于信托投资公司开设信托专用证券账户和信托专用资金账户有关问题的通知》（银监发〔2004〕61号），实现了信托资金分户管理和分户核算，开启了私募基金“阳光化”的历程。此后，各类基金产品（包括ETF、LOF等）始终是证券投资信托的重要投资领域，也是各类资金信托计划为提高收益而运用客户资金的重要配置领域。

伴随2007年新股发行的爆发式增长和市场分割下的套利性需求，以打新股为主要运用方式的信托产品成为当年的市场热点，无论是银行发行的银信理财合作产品还是信托公司发行的集合类资金信托计划，都需要解决发行主体缺乏投资管理能力的问题，由基金公司为信托计划提供投资管理服务的合作模式也就应运而生，基金公司作为此类信托产品的投资顾问，成为随后数年信托公司与基金公司合作的一种主流的创新模式。

2009年以后，在资本市场的大幅回调和估值重构的背景下，基信合作维持稳定发展态势。2012年9月20日，证监会发布的《证券投资基金管理公司管理办法》及其配套规则修订草案公开征求意见稿，首先从基金公司的股权结构、内部治理等整体架构方面对基金公司进行规范。2012年10月29日，证监会还配套发布了《证券投资基金管理公司子公司管理暂行规定》，允许基金公司在境内设立子公司，从事未上市公司股权投资、债权投资、另类投资等资产管理业务。2012年11月，首批基金公司子公司获批，业务迅速发展。在信托公司面临一些政策限制的情况下，投资限制较少的基金子公司往往作为通道参与到基信合作的业务中。

（二）主要模式

1. 信托投资于基金份额

基金公司发行的公募基金作为一种金融投资产品，为信托公司管理的信托计划提供了又一投资渠道。证券投资基金已经成为信托计划投资组合中的重要投资标的。在此种合作模式中，信托公司与基金公司只是将对方作为交易对手。从2012年开始，信托投资于基金的规模就在不断扩大，其间由于资本市场整体表现欠佳，投资规模略有下降，截至2013年第四季度末，基金产品投资存量规模已经近乎600亿元（见图13–1）。

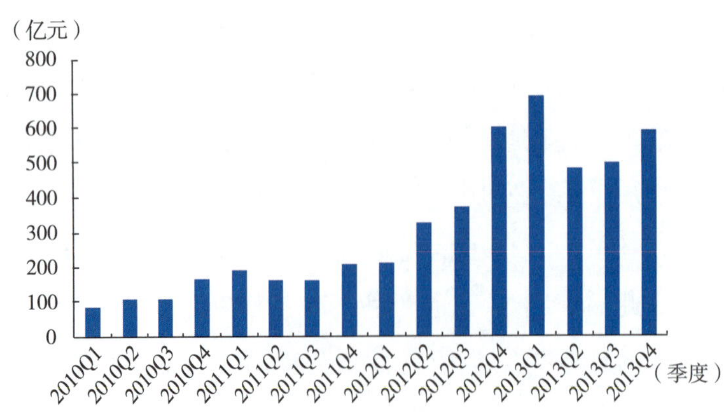

数据来源：中国信托业协会。

图13–1　2010—2013年信托投资于基金的规模

2. 基金公司担任信托计划的投资顾问

从法律结构看，证券投资信托通过信托这种组织形式和合同框架来明确各方的权利与义务，通常共有四方参与：基金公司作为信托产品的投资顾问，实际进行投资组合、投资策略等投资决策，是信托业绩的主要决定因素；信托公司是产品发行的法律主体，提供产品运作的平台，并进行证券交易、核算估值、申购赎回等日常信托运作工作，在约定的原则和范围内执行指令，同时按照信托契约保障参与各方在合同约定的框架内实现利益；银行作为资金保管人，保证资金的安全，并对信托估值进行审核，确保委托人的利益不受损害；证券公司提供证券经纪业务服务和证券托管。基金公司作为投资顾问的主要职责是以信托财产价值最大化为目标，基金公司根据《投资顾问协议》对信托计划的投资运作提出建议，并获得作为投顾的服务报酬。在主动管理型基信合作产品中，基金公司通常依照《投资顾问协议》获取固定的投资顾问服务费和浮动的超额业绩分成，而在结构型基信合作产品中，基金公司除担任投资顾问外，还作为投资人认购一定数量的信托单位并取得特定受益权，可以依照信托文件约定取得特定信托利益，如上海信托发行的“紫晶石”系列证券投资资金信托产品就是结构型基信合作产品。

3. 定向投资信托产品

定向投资信托产品，是指信托公司根据事前与特定基金公司的约定，制定发行定向投资于基金公司的一对一专户信托计划。具体模式为信托公司与基金子公司签订投融资协议，由信托公司负责寻找项目及资金，利用基金子公司发行专户理财计划。信托公司将信托财产投资于基金公司一对一专户，而这一基金专户的投资范围主要是参与定向增发。这一合作模式在近两年得到广泛的认可和欢迎。目前已有数家信托公司谋求控股基金公司以便设立基金子公司，并将信托公司的资源优势嫁接至基金子公司层面，推动融资业务的发展。如陕国投在2011年9月23日设立了5期产品定向投资于广发基金的专户，同时该公司还与汇添富基金、国泰基金、兴业全球基金合作发行了多只同类产品，总数超过10只。

4. 与基金子公司的业务合作

银行在自身拥有项目和资金的情况下，通过借助基金子公司实现信托资金的投放，而提供通道的基金子公司则从中收取低廉的“过桥费”。基金子公司通过与信托公司的业务合作，可实现银行资金的合规运转，保证项目的高效运转、无缝对接。具体的模式为：银行作为基金子公司资产管理计划的委托人，委托基金子公司设立专项资产管理合同。基金子公司再委托信托公司设立单一类资金信托，以信托贷款方式（适用于经营周转融资、固定资产建设融资、经营性物业融资等业务类型），给予融资人资金支持。银行依据合同约定享有资产管理计划的收益，并承担投资风险。

（三）2013年发展特点

1. 基金子公司发展迅速，信托参股支持发展

基金子公司通过与信托公司的合作，利用业务成本优势，嫁接基金专户理财平台，规避项目投资限制，这种有效的合作模式受到了同业普遍的认可。据中国人民银行发布的《中国金融稳定报告（2014）》，截至2013年末，基金公司已设立的62家子公司的资产管理规模达9,414亿元。一些信托公司，通过让旗下基金公司设立基金子公司，直接把一些占用资本金较多、利润较薄的通道业务转移至基金子公司进行操作。截至2013年末，89家基金公司中，信托公司控股的基金公司达25家。信托公司通过旗下基金公司成立子公司，或直接参股的方式，参与到多家基金子公司的设立和投资运作中。

2. 基信合作尚处初级阶段，业务发展需进一步规范

基信合作仍处于探索阶段，基金公司的投资顾问角色还尚无明确的制度性规范以约束其行为。首先，在基信合作产品中，基金公司通常只是受信托公司聘请担任投资顾问，与委托人（投资者）并无直接的法律关系。信托公司实质上直接承担了基金公司因投资顾问行为过失或未能履行投资顾问职责的法律风险。其次，信托公司与基金公司签署的投资顾问协议对投资顾问的行为通常并无严格的约束，尤其是投资顾问的投资绩效、权利和义务并不匹配。最后，在信托公司与投资顾问对投资建议执行与否以及执行的时效产生分歧时，解决双方的分歧通常只能依据信托公司与投资顾问之间的“友好协商”。因此，基信合作在业务模式和具体操作上仍有许多需要解决的问题，跨业监管也需逐步予以规范。

四、2014年发展趋势

2012年，证监会针对同业业务陆续出台了一系列关于放松监管、拓宽投资范围的法律法规，此后同业发展的竞争逐渐进入白热化阶段，类信托业务的专营权开始不仅仅属于信托公司。从未来的趋势看，一是五大金融行业的融合愈加明显，各个行业之间不再是简单的竞争关系，二是呈现出“你中有我，我中有你”的竞合模式。

（一）“去通道化”在所难免，同业合作之间的竞争愈发激烈

2014年是同业业务的关键之年，随着监管机构规范同业力度的加强，同业业务的市场参与主体（特别是银行）可能会受到了较大影响，银信合作业务和买入返售业务的业务量可能会出现较大变化，同业合作的高强度竞争迫使各方主体寻求合作共赢的空间。尤其是在监管部门逐步明确对信托公司通道类业务的相关指导意见后，非标准化资产的“去规模化”会推动融资类通道业务的萎缩。同时，信托同业间的竞争也将愈演愈烈，信托公司依托自身资源、深挖管理能力、实现精耕细作将成为在金融同业内立足的主要手段。

（二）同业主体功能逐渐趋同，各类主体上演同台竞技

为了符合整个大经济发展的步调，在同业业务管理上，监管层或将逐步考虑整个资产管理行业的共同发展，而跨市场、跨行业的金融混业经营是目前金融市场最活跃的领域，也是金融监管的难点，银行、信托、证券、基金、保险、互联网金融、第三方理财等主体在新金融时代模糊了各自的界限，“大资管”时代呈现出“七龙治水”的局面，金融监管部际联席会议制度的回归，也意味着金融混业经营和同业主体功能趋同对当前监管体制的冲击。若同类业务、不同参与主体能够在未来得到同样的监管支持，同业市场将会呈现更加良性的竞争态势，各参与主体有望实现互补式发展，整个同业市场也能得以快速繁荣。

（三）同业模式逐渐清晰，提高自主管理能力势在必行

监管机构将引导还原同业市场的短期交易型功能，避免其过度投机化，如严格规制买入返售，明晰同业存款结算与非结算功能的同时，为相关资产的标准化、证券化等提供出口。行业的规模竞争将不是仅仅体现在信托资产规模增速上，而是更多地体现在差异化的、以创新为推动力的规模竞争当中。因此，一方面，信托公司将通过交叉业务模式，搭建“渠道”和“客户”的获取平台，以建设渠道为中心，以获取客户为目的，使其成为支持信托业务有力的支撑点，拉动信托业绩增长。另一方面，信托公司的经营方向也将出现分化，业务重心将向专业财富管理、专业投资银行等不同领域倾斜，而以主动管理为特征的金融创新所涉及的政策考量、风险考量、收益考量、成本考量等方面，将成为衡量同业业务创新是否成功的主要决定因素。

创新篇

创新是信托业的重要特征。在当前行业转型发展关键阶段，依靠创新方可能赋予信托公司新的竞争能力，推动行业走向新的增长高地。在市场需求的牵引力、监管机构指导“回归本源”的推动力和公司自身升级的内驱力三种力量的联合驱动下，信托公司做出多方面的探索，并取得了积极的成果。在资产证券化、企业年金、受托境外理财和股指期货等创新资格类业务的规模和模式上实现了进一步扩大和优化；在拓展新业务、服务新客户和服务社会公益方面，也实现了不少领域和方式上的新突破，特别是在土地流转、家族财富管理和公益慈善信托等典型业务中取得了成果。这些探索是信托业固有禀赋特征的发挥，也奠定了未来成长的基础。

第十四章　信托业务创新概述

创新是信托业发展之源。信托作为财富管理方式的重大创新，源于中世纪的土地用益权转让和传承，从工业革命时期用于集中企业股权形成的“托拉斯”，到引入近代保险金融领域，再到以投资基金为标志形成现代金融信托业，这显示出稳定的制度优势、持续的设计弹性和广阔的运用空间。2001年《信托法》颁布实施后，信托业凭借“基于信任而托付”的基本制度优势，发力于民事与商事并举、跨领域产业运用的金融功能设计，以持续的创新推动着中国金融市场的繁荣。

一、信托业务创新的动因

2002年信托业整体恢复营业后，被界定为“受人之托、代人理财”的行业，这也划定了信托公司以资金信托和财产权信托为主的业务范围，但信托公司并没有得到类似银行、证券和保险等机构的特定领域专营权。整个行业必须灵敏而准确地把握客户需求，快速和优质地提供产品和服务，发挥信托和金融功能来获得生存和发展空间。这是信托业务创新的根本动因，具体体现在三个方面。

（一）为快速响应市场需求而创新，提供资产管理服务

近十余年是国民经济增长、居民财富积累和金融市场快速发展的时期，企业和居民的融资和财产管理需求也日益增长和多元化。其中，许多新增的资产管理需求并未得到充分满足。在低风险、低收益的存款和高风险、高收益的股票之间的投资工具、实物资产保值增值、企业股权改制、财富传承等要求是金融机构原来未曾涉及的，传统金融工具无法提供解决方案。信托业捕捉到这些需求并且提出了具有可复制性的解决方案。在基础产业、房地产和证券投资等领域，按照委托人风险承受程度的优先劣后分层设计，按照流动性的不同要求，实现收益率的结构化设计，按照交易的主体和项目情况，创新出使用权、收益权交易或担保等新模式，为信托业成长为资产管理行业的先行者奠定了基础。信托业以管理层收购、持有型物业或准REITS等财产权信托方式开展的业务，以基金化模式开展的产业投资、中小企业融资等创新业务，丰富了我国金融服务的品种。家族信托、公益慈善信托等方面的创新发展更加凸显了信托满足民间事务和公益事业需求的独特作用。

（二）为活化金融交易、突破管制而创新

我国金融市场的准入受到严格的管制，可供投资者选择的投资渠道和投资工具比较匮乏，尤其是分业监管的体制使得各类金融机构的产品和服务呈“割据化”特征。这种状况难以满足企业和居民日益增加的综合化和一站式的金融需求。信托公司充分发挥在货币、资本和实业市场的跨界投资优势，为各类金融机构的创新提供了整合纽带和管理平台。有资金盈余的企业或居民有获得较高收益的需求和风险承受能力，而直接放贷或投资又面临政策限制和管理风险，债权或股权型的信托计划使问题迎刃而解。银行理财收益率偏低，且不能直接投资于风险收益匹配更好的信贷资产，信托公司介入后形成“银信连结理财产品”，同时解决了居民理财收益和信贷资产转让等多种问题，开辟了理财市场的新时代。保险资金收益率偏低，且被禁止投资于收益与久期都合适的实业资产，信托公司创设出适合的产品为保险公司提供了盘活资源的方案。中小金融机构在交易所市场开户受限，兼具稳定收益和流动性管理的证券投资信托可以充分解决此类同业客户的难题。低成本的金融同业资金通过信托受益权对接高收益的基础资产，支撑起了规模达到数万亿元的同业交易市场，在解决商业银行资本约束的同时支持了实体经济的发展。

（三）应对竞争而创新，降低交易成本

信托公司拥有制度优势，但少有“监管栅栏”的保护。在资产管理市场中，其他金融机构均在发行具有信托性质的理财和资产管理产品，与信托公司形成直接竞争。同时，信托公司之间对客户和项目的竞争也日趋激烈。信托公司运用优势，加大创新，以应对竞争，总体上形成三种路径。一是通过信托管理平台整合跨界资源，降低信息搜寻成本，快速增强专业竞争优势。“阳光私募”业务就属于典型之作，通过信托计划实现了技术、资金和金融品牌等资源的有机整合，部分信托公司由此打造出具备全市场竞争优势的专业资产管理能力，形成了具有市场影响力的私募投资顾问筛选体系，打造了发行TOT和FOF产品在内的证券投资管理平台。信托公司依靠专业能力的培育可以形成在多个领域组合投资的基金化产品。二是发挥整合资源、创设结构的优势，降低资产转换成本，进行业务模式和结构上的创新，比如引入股权收益权、租金收益权、债权收益权和收费权等方式，进行债务融资、股权和物权融资交叉运用、结构化设计。信贷资产证券化业务中的特定目的载体受托业务，以及“类资产证券化型信托投资计划”都显示出信托公司独特的竞争优势。三是在投资服务领域上创新。信托公司将基金模式复制运用于新产业。比如，在金融机构竞争激烈的政府基础设施建设、房地产投资等领域之外，设立诸如节能环保等新兴产业、现代农业、养老服务、旅游消费等多个领域的产业投资基金。

二、信托业务创新的历程

自百年前中国信托业从海外舶来至今，其设立都是以融通资金、繁荣经济为直接目标。2002年信托业整体恢复营业后，在参与支持经济建设的基础上，提出了“受人之托、代人理财”的行业要求。这为信托业的创新奠定了理念基础。此后信托业围绕着客户需求、市场引导和政策竞争，开始了一轮又一轮的创新之旅。信托业的创新主要有三种方式，即运用方式的创新（创设新结构）、运用领域的创新（扩展新领域）和服务群体的创新（拓展新客群）。三种方式同时存在，且因环境和需求等内外要素的变化，以及各个公司的禀赋差异而在不同阶段或机构中有所侧重。从恢复营业至今，以2007年“新两规”颁布为界，信托业务的创新可分为两个阶段。

（一）第一阶段：2002—2007年

2002—2007年，从信托业起步到“一法两规”颁布。这个时期的创新方式以创设新结构为主，并以此为基础开发新客户和拓展新领域。2002年“新两规”颁布后数日，“上海外环隧道集合资金信托计划”即正式推出，这是我国金融市场中第一款以“集合计划”命名的资产管理产品①，也是我国第一款市政基础设施或“政信合作”的集合资金信托计划。该产品的结构设计和管理机制迅速被行业复制，成为信托业的基本产品模式。在基础设施、房地产投资和证券投资领域中，信托计划这一新的融资工具的结构性设计，弥补了市场传统投融资品种的不足，降低了融资企业、投资客户和专业合作机构的交易成本，促使三个领域的业务成为支撑信托公司发展的三大盈利板块。

1. 基础设施和房地产领域的创新

2002年正值我国新一届政府开启新的经济上升周期，基础设施、房地产成为两大重要金融基础资产。信托公司的创新也围绕着行业发展主题渐次展开。在市政基础领域，第一款结构化基础设施投资信托（苏州信托·苏州天然气管网股权集合资金信托计划）和第一款组合型、开放式实业投资信托计划（杭州工商信托·杭信鸿利1号公用事业稳健组合投资集合资金信托计划）等产品显示出信托公司适应基础

① 由于其新颖性，该信托计划当年作为新金融产品还成功入选吉尼斯世界纪录。

建设要求的灵活设计。在房地产领域，在第一款房地产投资信托计划（新上海国际大厦项目资金信托计划）发行之后，信托公司围绕这一重要盈利来源陆续延伸创设了多款新的交易结构，提供灵活增信方案的房地产夹层融资信托（联信・宝利7号中国优质房地产投资集合信托计划）、解决资金规模的伞形房地产投资信托（天津信托・高校学生公寓有限收益权信托计划）、持有型商业物业投资信托（北京国投・法国欧尚天津集合资金信托计划）等新的交易结构产品陆续落地。

2. 证券领域的创新

经过2002—2003年的治理整顿，我国证券行业的运行进一步规范，市场逐渐进入上升周期。在此背景下，证券投资信托业务进入崭新阶段。具有代表意义的是2004年深圳国际信托投资公司（现为华润深国投信托公司）发行的"深国投・赤子之心证券投资集合资金信托计划"，以全方位的结构化创新设计实现了资金、平台和专业的多赢结合，开辟了资产管理市场中"阳光私募"的新航道。

这一阶段是证券投资领域以新颖的结构设计为手段，加强风险控制、增大盈利空间、满足客户需求的典型时期，奠定了信托公司在证券私募市场的良好基础。

在组合化和基金化方面，上海国际信托投资公司（现为上海信托公司）推出的"指数连接投资资金信托计划"和杭州工商信托公司推出的"开放式基金精选受益集合资金信托计划"，通过组合投资，实现了信托计划分散风险并增进回报稳定性的功能。

在收益分配模式方面，行业中形成了"上海模式"和"深圳模式"两类结构。前者的主要特征是投资顾问以流动性金融资产作为劣后担保，优先投资人收取固定收益（如"指数连接投资资金信托计划"是首次设置优先和劣后收益权的不同风险收益配置机制的典型产品）。后者的主要特征是投资者收益以净值为基准，信托公司收取一定比例的信托报酬，投资顾问收取管理费或浮动报酬（如"赤子之心集合信托计划"和"云南国投・中国龙资本市场资金信托计划"）。

在流动性设计方面，中投信托的"隆圣一号主题精选证券投资集合资金信托计划"，增设中期赎回和费用机制；厦门国投的"鹰格投资一号证券投资集合信托计划"设定了巨额赎回时受托人的相机决策机制。这些结构创新平衡了投资者流动性需求与组合策略的持续稳定要求。

在资金投资效率方面，江苏信托发行的"证券稳健投资集合资金信托计划"，通过投资国债、质押式回购、新股申购的整合设计，实现了内嵌金融衍生品撬动固定投资收益的效果，增加了投资组合的资金收益机会。

3. 工商领域的创新

此阶段正值国企改革热潮兴起，中国制造业渐入发展高峰，信托业也积极从创新结构设计入手，以事务管理和资金支持等方式积极参与国企改革、振兴制造业等实体工商企业之中。在国企改制领域，首款MBO受托信托（“衡平信托·全兴管理层收购资金信托计划”）、首款股权改制信托（“深国投·农产品企业股权分置改革信托计划”）和首款企业重组信托（“新疆国投·企业重组信托投资计划”）最具有代表性。在大量对工商企业的投融资产品中，信托业发挥多种方式管理资产的功能优势，推出一批融资租赁信托计划，丰富了服务实体经济的产品线条。比如，“外贸信托·医疗器械融资租赁信托计划系列”和“北京国投·中联新奥工程机械融资租赁信托计划”成为此类业务的标志。

4. 资产证券化受托业务的破题

信托公司与金融同业特别是银行业的合作从此阶段发端，主要以资产证券化和银信理财合作为代表。

在我国信贷资产证券化试点实施之前，应对银行信贷资产转让的需求，信托公司即开始以集合或单一信托计划方式试水“类资产证券化”受托业务。其基本模式为，信托公司发行集合信托计划向银行购买特定的贷款资产组合，一定期限后由银行溢价回购，从而解决银行资产负债管理的问题，代表性产品有中诚信托2004年发行的“金丽温高速公路间接银团贷款受让项目集合资金信托计划”等。此外，信托公司还发挥资产隔离功能，配合银行不良资产交易和处置，如“中诚信托·宁波工行不良贷款证券化受益权信托计划”，该产品借鉴标准证券化的分层结构，信托受益权分为三档，A档由投资人认购，B档和C档作为安全垫和劣后级由发起银行承诺回购或持有到期。

2005年，经国务院批准，银行信贷资产证券化试点正式启动。信托公司作为受托人和发行人参加了国家开发银行、建设银行的信贷资产证券化和住房抵押贷款证券化的试点发行，开始了标准化的银信合作模式。之后信托公司还积极参与信贷资产证券化的模式创新，比如中诚信托作为受托人发行的“2007工元一期信贷资产支持证券特定目的信托计划”和“2007兴元一期信贷资产支持证券特定目的信托计划”，在过手型证券的基础上，创新设计了摊还型和支持型证券两种方式，进一步满足了投资机构的差异化需求。

5. 银信理财合作启程：信贷类理财产品兴起

这一阶段的市场环境为：商业银行市场化经营的提速，迫切需要提高资本盈利能力，同时广大居民对提高财产收入的需要已经不满足于普通存款收益，各类企业发展的资金需求旺盛。在这种环境下市场亟待新型的金融设计在连通资金与项目的同时，满足银行节约资本的要求。“信托+银行理财”的模式应运而生。2006年，“平安信托·吉林江珲高速公路项目贷款资金信托计划”发行成功，标志着银信理财合作的开始。民生银行发行“非凡人民币理财T1计划（12个月）产品”，其理财资金投资于信托计划由相应贷款项目形成的受益权，该产品成为国内第一款人民币信贷类理财产品。该产品中，民生银行代表所有客户作为该信托计划的单一委托客户，对信托计划受托人以及高速公路项目进行监控。国家开发银行在贷款到期日按约定发放后续贷款，为借款人提供还款资金，同时负责贷后监控和管理。此类产品模式有效连接了银行的融资客户和理财客户的需求，提高了理财产品的竞争力。此后，信托业与银行联手开发了理财资金通过信托投资于信贷资产等类型的产品模式，从而缓解了商业银行的贷存比限制。此类模式成为银行重要的资本节约型业务，推动银信理财合作产品快速增长。

6. 金融股权投资信托

金融机构股权投资具有稳定性和较高收益等特征。信托公司与银行、券商、基金等金融机构具有高度关联性，对其他金融机构的投资价值具有更为深入的认识，具备金融机构股权投资的良好基础。此时期，信托业务中出现了具有代表性的金融股权投资案例。例如，2005年天津信托发行“渤海银行股权投资信托计划”，信托资金用于与其他合格投资者共同发起设立渤海银行股份公司，信托规模为5亿元，信托期限为20年，信托收益包括现金分红、股票分红、净资产增值以及信托财产所产生的其他增值。2007年，中信信托发行“中信锦绣一号股权投资基金信托计划”，所募集资金用于中国金融领域企业的股权投资、IPO配售和定向增发项目，沉淀资金用于银行存款、货币市场基金、新股申购和债券逆回购。信托计划规模为10亿元，其中次级受益权0.5亿元由中信信托认购。这两款产品都受到较高程度的市场认同。

（二）第二阶段：2008年以来

2008年以来，信托业在“新两规”颁布后，借助应对次贷危机和配合经济振兴计划，信托规模快速增长。这个时期的创新方式以拓展新的客户群体为主，从而带动运用领域的扩展和交易结构的优化。

1. 基础产业和房地产领域的创新

四万亿元投资计划为信托在基础产业的拓展提供了基础。这一阶段，基础产业信托的创新主要有几个特征：一是交易合作主体或融资客户分布广泛，从城市道路、燃气管网到核电能源，覆盖到基础设施建设的各类主体。二是从资金运用方式看，股权投资、信托贷款、融资租赁、组合运用均有体现，后期受监管政策限制，转向对应收债权、收益权等设立信托，进行财产权或事务性管理。如“中信民惠5号·武进交发应收账款流动化信托计划”，该计划的优先级受益权分A、B两类，A类由信托公司向合格投资者募集，B类由融资人以应收账款债权认购。三是基金化产品创新趋势突出。信托资金专门设定投资范围，信托资金募集开始采用滚动发行方式。代表产品如2010年华信信托发行的15期“胜祥系列”和13期“和祥系列”信托计划，其采取滚动发行的基金化交易结构，设置赎回期，允许投资人无限制赎回信托份额，增强了流动性。四是信托资金通常采用结构化设计，采用信托受益权分层方式或者多个有限合伙方式，引入融资方提供的资产作为普通投资人信托资金的安全垫。如“北京信托·城市发展系列Ⅰ期集合资金信托计划”，在该产品中信托资金认购有限合伙（LP1）份额，某开发总公司作为有限合伙人（LP2）以自有资金认购有限合伙份额。

本阶段房地产投资信托创新的突出特征是基金化和真实股权投资模式的发展。部分信托公司发行了期限长、全程参与项目各阶段开发、结构化安排风险收益的基金化房地产投资信托产品。代表性产品有“中信信托·聚信汇金地产基金Ⅱ号集合资金信托计划”、“北京信托·稳健系列房地产投资集合资金信托计划Ⅰ期”和“平安财富睿石房地产投资（信托）基金”等。该种模式的优势有：利用信托平台将开发商整体资产、项目原有投入和信托融资进行整合，提高信托项目的综合风险保障水平和信托公司对项目开发的控制能力；通过交易结构设计，实现对项目的完全控制和最终融资目的；灵活的期限和预期收益率设计，使信托计划的最终收益和项目实际销售价格直接挂钩，有利于最大限度地分享管理增值收益。此外，房地产投资信托出现了真实股权投资的新趋势，如“中诚信托·2009年汤山项目股权投资集合资金信托计划”，该产品不设置股权回购设计和土地抵押条款，完全以项目公司股权控制和资金封闭监管来控制风险，信托公司代表受益人全程参与项目公司决策管理来体现受托价值，并利用认购次级受益权分享开发收益。

2. 证券领域的创新

此阶段证券市场出现较大波动，证券投资信托领域的创新呈现出以服务客户、满足客户流动性和具有避险需求为主的特征，具体有四个方面。

一是特定策略创新，满足特定客户的需求。比如天津信托发行的“嘉实2号证券投资集合资金信托计划”为首批完全投资于固定收益品种的证券投资信托计划。中融信托发行的“中融方得稳健成长一号集合资金信托计划”、山东信托发行的“恒鑫套利+新股2期集合资金信托计划”、中信信托发行的“套利通2号集合资金信托计划”以及云南信托发行的“套利通1号证券投资集合资金信托计划”等，都属于以套利为策略目标的信托计划，主要投资打新股、债券和可转换债券的网上、网下申购，以及ETF套利、分离交易可转债股套利、沪深300指数期货套利等。套利型产品成为市场亮点，在打新类信托逐步淡出市场后，成为在风险、收益和流动性特征方面与之类似的替代品。

二是分配结构和流动性组合设计的增强，熨平收益波动。如山东信托发行的“金瀛1号证券投资集合资金信托计划”，在产品结构上仅保本不承诺收益率，同时将信托计划期限设定为无固定期限，信托计划成立一年以后每半年开放一次，优先受益人在开放日可以申购和赎回受益权份额。该产品在提高流动性的同时，提高了对私募基金的吸引力，增加了信托公司信托报酬收入的稳定性。上海信托发行的“紫晶石系列·证券投资资金信托计划”在提高分层比例的同时，加入持仓限制条款和追加投资的条款，在保证优先受益人的信托利益的前提下，降低了劣后受益人的真实杠杆率，平衡了风险收益的分配。在流动性设计方面，信托公司结合管理水平的提升，进一步创新方便投资者流动性安排的设计。如平安信托发行的“平安财富·现金赢利0901集合资金信托计划”具备基金化业务雏形，该信托产品为开放式设计，存续期内投资者每日均可认购或赎回受益权份额。

三是“TOT模式”创新，实现对存量资源的优化利用。在信托公司信托计划被暂停新设证券投资账户期间，“TOT模式”成为行业中快速推广的新模式。该模式由信托公司设立信托计划募集资金，投资于多个存续的证券投资信托计划，将信托公司筛选私募基金、筛选“阳光私募”信托计划组合的专业优势与所投阳光私募信托计划的投资顾问择时选股优势结合起来，如平安信托发行的“东海盛世1号集合资金信托计划”、外贸信托发行的“阳光私募基金宝”，中铁信托发行的“金鼎优选配置1号集合资金信托计划”等。为突破开户限制瓶颈，信托公司发挥跨界合作优势进行创新，通过信托计划与私募基金合作成立有限合伙企业，以后者名义开设证券账户，如西安信托发行的“长安投资5—6号分层式集合资金信托计划”，这种模式也可吸引优秀私募公司，为信托TOT产品和自有资金提供良好的投资标的，拓宽了信托公司资产配置组合范围。

MOM模式的首款产品是“交银国信·平安罗素MOM一期多元投资集合资金信托

计划”，该产品属于证券投资基金管理模式，在产品结构上类似于伞形信托产品，其中最大的差异是事先不确定投资标的，由选定的基金经理确定投资策略。

四是在投资策略上对组合范围的创新。上海信托发行的“红宝石系列·锁赢策略指数连接证券投资信托计划”，主要投资于ETF指数基金和封闭式基金。指数型产品要求投资机构具有较强的选时能力，同时逐步提高选股和投资组合构建能力，有利于信托公司逐步提升自主管理开发能力。在投资范围上，部分信托公司已注意到单一市场投资的局限性，开始尝试跨市场资产配置型产品。如中信信托发行的“股贷双利I期证券投资集合资金信托计划”，投资标的涵盖了沪、深证券交易所或者金融期货交易所公开挂牌交易或已公开发行并即将公开挂牌交易的所有投资产品，以及银行间债券市场投资品种、信贷资产、发放的信托贷款、货币市场工具等，从而将资产配置的范围延伸到金融、货币、产业三大市场，提高了证券信托产品对抗经济周期波动和宏观调控变动的能力。

3. 工商领域的创新：私募股权投资与中小企业基金化信托

私募股权投资（PE）是本阶段信托产品创新的一大亮点。特别是在银监会2008年出台《信托公司私人股权投资信托业务操作指引》后，以“湖南信托创业投资一号集合资金信托计划”为代表的PE信托发展较为迅速，共有13家信托公司推出了32个PE信托产品。虽然此类PE信托之后遭遇到上市发行的障碍，发行量大幅减少（2009年仅有5家信托公司推出了13款产品），但信托公司将此业务作为提高投资管理能力、服务实体经济和满足投资者需求的重要业务板块，持续地为其注入创新元素。如“交银国信·颐金稳健股权投资集合资金信托计划”，直接或间接投资于节能环保、新型材料类企业股权，采取了结构化设计来满足不同风险偏好投资者的需求，并引入结构性担保和投资顾问等元素，兼顾了差异化资源的匹配和专业能力保障。

此阶段工商企业领域创新的突出特征是基金化的中小企业投资信托兴起。面对宏观经济内外部需求不足、产业结构调整和保障就业等多重压力，信托公司为应对中小企业融资难问题，开始了一系列的创新尝试。如“滨湖春晓中小企业集合资金信托计划”、“兴业信托·中小企业精选基金信托计划”、“华澳信托·中小企业发展基金集合资金信托计划”、“重庆国投·长江润源壹号中小企业短期融资集合资金信托计划”等均为典型产品。

4. 艺术品、酒类等另类投资创新

在投资需求多元化和流动性充裕背景下，国内艺术品投资、酒类消费和收藏市场进一步繁荣。部分信托公司针对高净值客户的需求和专业机构管理融资的意愿，推出了包括艺术品信托、白酒信托、红木信托等在内的另类投资领域产品，为服务和产品创新提供了新的路径启示。

2009年“国投信托·盛世宝藏1号保利艺术品投资集合资金信托计划”的发行标志着艺术品投资信托业务的开始。截至2013年末，国投信托、中融信托、中信信托等公司发行了近40款产品。按照运用方式不同，艺术品信托可分为三类。第一类是融资型艺术品信托。此类是为艺术品藏家或机构提供融资服务的产品，通常会设置回购或第三方担保，如“中融信托·融美1—9号艺术品集合资金信托计划”。第二类是结构化艺术品信托，信托公司通常按照投资顾问策略购入艺术品，以艺术品自身升值为投资者提供收益，多数产品采用结构化设计，投资顾问或融资方为普通投资者提供相应安全垫，如“北京信托·懋源富雅1号艺术品投资集合资金信托计划”、“中信文道·中国书画投资基金”等产品。第三类是管理型艺术品信托。信托公司通过投资顾问签约艺术家，并进行市场推广宣传来提升艺术品的升值空间，之后择机获利退出。此类信托产品更强调发行公司通过主动管理来提升投资品的价值，如上海信托“香花石系列·中国新绘画艺术品投资信托计划”和“香花石系列·艺术家定投集合资金信托计划”等产品。

在此期间，信托公司结合我国悠久的“酒文化”和市场消费投资需求开发了包括白酒收藏、酒庄投资、酒类融资等在内的信托产品。酒类投资信托是指信托公司募集投资者资金购买酒类企业的高端酒产品，在信托到期时赋予投资者现金分配或者实物分配的选择权。若投资者选择现金分配，则酒类企业按约定的溢价率回购投资者购买的酒产品。如“四川信托·舍得30年年份酒（天工绝版酒）收益权投资集合资金信托计划”，通过募集资金受让某酒业公司的品牌年份酒“天工绝版酒”收益权。投资者可以选择参照预期收益率到期获得现金支付，也可选择在理财期内通过提取实物白酒的方式支付收益。酒类融资信托是指信托公司募集资金购买酒类企业的高端酒，通过实现信托财产或酒类企业到期溢价回购信托财产等方式实现信托资金的退出。如“上信1号·泸州陈年窖优质白酒受收益权投资信托计划”，其受益权分为优先级、一般级和次级三种类型，资金用于受让陈年窖酒厂增量白酒的收益权，次级信托财产由酒业公司认购持有，并聘请其他专业机构参与管理，如金融资产管理公司对技改工程资金使用节点进行控制，保险公司和国家品尝师协会参与项目管理。

（三）2013年信托业务的创新特征

在宏观经济转型、资产管理市场竞争加剧、监管部门要求信托业“回归本源”业务和行业发展内在驱动增强等多重作用下，2013年信托业升级转型特征明显。本年的创新特征是新领域拓展成为全行业关注重点，而客户群体和交易结构的创新优化也有了新的发展。

1. 寻找蓝海投资领域

信托公司转型的重要方面是投资领域的转变。随着经济结构和增长方式的转变，基础设施投资、房地产投资等传统投资领域增长的边际空间逐步减少且不确定性同步增加，信托公司必然探寻新的投资领域。最具标志意义的当属农村土地承包经营权流转信托的兴起。在中国城镇化快速发展和新农村建设持续推进，加强对18亿亩耕地的保护与充分集约利用，现代农业企业成长与信托金融拓展服务等多重背景交叉重合之下，此业务改革的示范效应异常突出。“中信信托·农村土地承包经营权集合信托计划1301期”、“北京信托·金色田野土地信托1—5号土地承包经营权信托计划”等土地承包经营权流转信托相继落地。此外，中国进入人口老龄化快速发展期，养老产业市场发展潜力巨大，预计养老产业市场规模在2020年将达到8万亿元，在2030年将达到22万亿元。信托公司也开始在此领域发力，代表性产品如上海信托的“新虹桥健康产业股权投资集合信托计划”、“中信信托的嘉丽泽国际健康岛项目”等。

2. 客户群体精细化

以家族财富管理信托为代表，对客户群体的精细化开发成为信托业务的重要创新特征。2013年平安信托成立家族财富管理信托“平安财富·鸿承世家系列单一万全资金信托”，引起普遍关注。家族财富管理的服务对象个体差异较大，需要的是全面、综合、专业、个性化的服务。信托公司的服务水平体现在专业知识的积累、服务过程中的精细化管理、服务的差异化。众多信托公司开发此类业务的主要目的是通过对家族信托综合需求的研究实践，带动客户精细化服务能力的系统性提升。

服务对象的精细化还体现在诸如上市公司股东等类型客户的专门定制化。随着国内中小板、创业板、新三板上市公司数量的迅速增加，信托公司服务于上市公司股东的市场也日益扩大。该领域典型的信托业务有上市公司股权质押贷款、收购、定向增发、增持业务中的股权代持，以及以股权为标的的财产信托等，例如，四川信托受广发证券股份有限公司工会委员会委托，推出的员工股权激励信托产品“川信·广发图强长效计划单一资金信托计划”。此外，面对巨大的旅游消费者群体，中信信托还联合招商银行推出了一系列旅游度假型的“消费信托”产品。

3. 结构创设模式的多元化

交易结构创新是信托业务的典型优势，在本阶段配合投资服务领域和客户群体的创新拓展，交易结构方面的创新层出不穷。特别是在债权模式之外，股权投资、股加债和持有型物业等融资方式或组合不断增多。例如，房地产信托从早期的纯债型信托贷款项目，发展到股债混合型单体项目以及基金化组合项目等。

此外，资产管理市场的空前活跃，带来了跨界合作的盈利空间。信托公司与证券公司、基金子公司等合作成为这一阶段的特色。典型产品以“吉信·国吉2号定向资产管理计划投资单一资金信托计划”为代表，该产品延伸了信托公司与证券公司的多维度合作，将定向资产管理计划与股票托管相结合，将限额特定资产管理计划与券商保底相结合，将定向增发项目与定向资产管理计划相结合，将股票质押类定向资产管理计划与信托接盘相结合，为领域延伸和客户群体开拓提供了服务工具。在交易结构方面创新的重要特征还包括提高风险控制能力的基金化产品安排。比如新华信托的“普天东方核心资产投资基金集合资金信托计划”，将信托和有限合伙模式结合起来，构建基金化、主动化运营管理的核心资产并购基金，通过交易结构的创新，来防范股权投资中的不确定性。此类产品包括四个方面的设计：其一，双层结构化设计。在信托层面，根据投资者风险偏好设计A、B、C、D四类信托单位及分批退出机制，通过退出先后顺序逐级保障信托单位本金及收益。有限合伙层面，为保障投资优先级LP份额的信托资金安全，引入中间级LP和劣后级LP，中间级LP的退出顺序次于优先级LP，但优于劣后级LP。其二，安全垫设计。即项目公司原股东承诺其对项目公司的任何投资权益均劣后于有限合伙投资基金。其三，通过股权控制安排来控股项目公司，从而控制其名下的土地及在建工程等足额资产。其四，抵质押登记和处置权安排，即对项目公司采取土地抵押、股权质押登记等足额担保措施，并有权对项目公司名下资产进行处置。

4. 中小微企业金融服务方式

中小微企业是缓解就业压力、保持社会稳定的基础力量，也是新兴产业发展的主要推动力量。为响应扶持中小微企业、支持实体经济的政策引导，以及拓宽信托公司服务范围，信托公司进一步开拓中小微企业金融服务领域，在运用手段和产业领域都有了新的进展。山东信托发行了“阿里星”系列产品3期，累计募集资金约6亿元，集中支持了阿里巴巴及淘宝网平台上的上万家小微客户。陕国投的“塞上明珠小微企业发展基金第1期”，规模为2亿元，为榆林神木地区近60户小微企业提供资金支持，支持特定区域经济恢复发展。信托公司通过交易结构设计引入地方政府提供的优质企业担保、金融扶持政策，为区域中小微企业提供系列化信托金融支持。如渤海信托与河北省AA+级担保机构——河北融投担保集团合作，设立系列中小企业信托产品，为88家中小企业提供融资48亿元。英大信托发行“英大成长·中小企业集合资金信托计划”，联合“首创担保”、工商银行，为符合北京市经信委创新融资奖励政策的企业，提供创新发展的系列金融支持。

5. 金融资产拓展的多元化

2013年金融资产投资类信托的投资标的日趋多元化，广泛涉及金融衍生品、海外市场、大宗商品。2013年中融信托推出的“中融·冰剑1号证券投资集合资金信托计划”，突破传统证券业务模式，积极探寻股指期货的业务领域。华澳信托的“华澳·泛亚稳健策略系列产品”，投资于昆明泛亚有色金属交易所的交易品种“铟”。QDII业务已经被更多信托公司用来帮助客户寻找海外投资机会，如上海信托的“铂金系列信托计划”和华宝信托的“全球财富管理系列信托计划”。此外，金融租赁的快速发展，也为信托公司拓展资产服务提供了市场机遇，中诚信托推出的“中飞租赁债权集合资金信托计划”最具代表性。该产品的资金规模约为40亿元，期限为12年，主要用于受让中飞融资租赁（天津）有限公司对中国国际航空股份有限公司的应收租金（美元）请求权以及向中飞融资租赁有限公司发放贷款。

三、信托业务创新趋势展望

信托公司在市场需求的牵引力、监管机构指导“回归本源”的推动力和公司自身升级的内驱力三种力量的联合驱动下，向着成长为优秀的资产管理和财富管理机构的方向迈进，必然将在挖掘资金、资产来源和产品设计等方面进一步提供更快捷、更高效和更稳健的创新安排。

（一）财富管理综合化

国民财富的迅速积累为私人财富管理信托提供了市场需求。根据《2013中国私人财富报告》，2013年中国高净值人群规模达84万人，同比增长20%，高净值人群持有的个人可投资资产规模达27万亿元，同比增长22%。高净值人群财富的快速积累，不仅带来旺盛的投资需求，更提出了综合化的财富管理需求。有机地分解和组合保值增值工具、财务解决方案，以及家庭财产规划与财富代际传承等需求，提出灵活、模块化系统方案，是信托公司财富管理的新课题。

私人财富管理业务的核心是发现客户的综合需求，并定制化地提供系统化和一体化的解决方案。该业务必须依靠创新来提升财富管理团队的服务品质、专业水平、资源整合能力，提高服务内容的专业技术含量。因此，建设具备综合化能力的团队是财富管理综合化的必由之路。相应地，信托公司风险隔离手段、业务管理流程和系统建设也将配合财富管理综合化的要求而升级。

（二）资产管理多元化

信托业的创新特征之一就是在资产管理市场不断开拓新的品种，以满足客户资产回报边际增长的需求和客户体验的多样化要求。除了在标准化市场如股票和债券领域的创新，在各类实业市场如基建和房地产领域的多样化设计之外，在另类投资领域，新品种也不断被包揽其中，如红酒、红木、字画、珠宝、邮票等，一些另类资产还实现了较高的回报。大多数另类投资品种的流动性水平不高，价格区间的标准不易统一，投资者在专业知识不足、对市场了解不深、无法把握未来趋势的情况下盲目投资很可能遭受较大损失。信托公司需要运用系统化的风险控制技术和资源整合能力，帮助投资者增强鉴别标的物、保管、变现等方面的能力。信托公司在这些领域的尝试已经初见成效，如红酒信托（中海信托·君顶酒庄红酒收益权信托）、红木信托（华澳信托·长盈55号昇茂木业集合资金信托计划）、紫砂壶信托（兴业信托·紫玉金砂天甲1号艺术品投资集合资金信托计划）以及玉器和钻石信托等已经出现。以多元化标的为基础资产的信托投资管理，可以实现投资者丰富资产配置和分散风险的目的，可能成为业务创新的重要内容。

（三）产融结合的特色化

当前我国正处产业转型期，为信托公司开展产融结合方面的业务提供了广阔舞台。一方面，产业结构在转变，生物科技、环保、新能源等新兴产业正在快速成长，钢铁、煤炭、造纸等高能耗、高污染的行业正在被逐步削减产能。在此背景下，信托公司可以开展涵盖企业资产的重组、并购，以及公司理财、财务顾问等的投行业务，业务模式可以多种多样。在环保产业，信托公司可以设立环保产业基金，也可以开展绿色信托贷款。比如，信托业中出现的“节能产业基金”与“水务产业基金”都是具有环保、基金化特征的特色信托业务。另一方面，混合所有制经济正待兴起和发展，政策进一步鼓励非国有资本参股原国有资本投资项目，同时国有资产管理体制正逐步完善。区域经济发展、跨国资本并购的需求也为金融信托服务提供了巨大空间。如建信信托的“并购投资信托计划”，实现了国内企业海外并购目标。对于全景式的产业投资需求和全国化、全球化的区域扩展机会，金融服务机构必须面对自身投研能力和风控能力的边界，有所为有所不为。信托公司在多个领域普遍试水后，逐步结合股东背景和团队经验等禀赋优势，有重点地培养和打造具有核心竞争力的产业服务领域。部分信托公司在设立农业、制造业和医疗养护等产业基金过程中，开始重点布局相关的研究体系和专业资源的整合机制，打造特色化的投资服务领域。可以预见，特色化的产融结合业务模块的形成，将有可能转化为信托业成长的强劲动力。

（四）投融资模式的直接化和标准化

信托公司私募投行的业务模式正在受到来自金融市场其他机构“泛信托化”业务的竞争冲击和经济周期变化中优质资产减少等多重影响的挑战。但市场中相应企业融资难和资金方投资渠道不畅等问题依然突出，信托公司在优化投融资服务模式、发挥破产隔离功能和受托服务的优势等方面依然有较大空间。年内银行理财“债权型直接融资工具”的试点以及“非公开定向债务融资工具（PPN）”模式引起信托公司的关注和研究。此类融资工具的基本原理为融资人和投资人对接，信息对称。信托公司如发行此类工具，则既可撮合融资和投资方对接，降低融资成本，又可收取财物顾问费用，避免重复提供隐性增信的融资化功能。信托公司在项目过程中做好“尽责”管理，投资风险则可实现“买者自负”，这符合监管层对信托公司减少融资型业务和“回归本源”的要求。因此未来信托公司有望大力开发此类直接融资工具，并积极推动建设相应发行市场并完善相关交易制度规则。

同时，信托公司有望从战略和资源投入上重视“标准化”业务，最为典型的标准化业务为信贷资产证券化业务。在监管部门扩大信贷资产证券化试点的背景下，信托公司将不断提高开展此类业务的技术含量和服务效率，增强开展标准化业务的竞争能力。

信托的创新优势“只有人类的想象力才能媲美”。在行业进一步“回归本源”和广泛参与经济发展的双重背景下，信托业务创新将发挥更为积极的作用。

第十五章　创新资格类业务的发展

创新资格类业务是指信托公司开展特定业务之前需要取得相关部门的行政许可的业务类型。目前该类业务主要有资产证券化、企业年金、受托境外理财和参与股指期货交易业务等。创新资格类业务是监管部门支持治理完善、内控有效、资产管理能力较强的信托公司走差异化发展道路的重要手段，因此符合条件的大中型信托公司都在积极申报该类业务资格。

一、特定目的信托受托业务（资产证券化受托业务）

由于资产证券化为银行流动性管理、资产负债管理、风险管理和经营模式转变带来诸多益处，发展潜力十分巨大，因此，它也是信托公司未来的重要业务领域。2005年，《信贷资产证券化试点管理办法》、《金融机构信贷资产证券化试点监督管理办法》以及税收政策、会计处理等一系列规定出台，启动了首批信贷资产证券化试点，为我国资产证券化市场建立了良好的开端。在后续试点过程中，发起机构逐步扩大至金融资产管理公司、汽车贷款公司。截至2013年末，已有29家信托公司获批特定目的信托受托机构资格，在银行间市场共计发行资产支持证券1,026.65亿元，其中，2013年的发行规模为157.73亿元。

（一）发展轨迹回顾

资产证券化是指银行业金融机构作为发起机构，将信贷资产信托给受托机构，由受托机构设立特定目的信托，以资产支持证券的形式向投资机构发行受益证券，以该财产所产生的现金支付资产支持证券收益的结构性融资活动。银行信贷资产证券化是激活货币信贷存量的主要手段，可以在很大程度上减小银行的资本充足率压力，减小其不断在资本市场进行融资带来的溢出效应；同时，通过信贷资产证券化可以将银行贷款转变为直接融资，还可对直接融资和间接融资比例进行适度调整，改善目前金融体系风险主要集中于银行的局面，因此信贷资产证券化试点的推出具有重要的现实意义。

2005年是资产证券化业务发展的“元年”。当年，人民银行和银监会发布了《信贷资产证券化试点管理办法》（中国人民银行、中国银监会公告〔2005〕第7号），银监会发布了《金融机构信贷资产证券化试点监督管理办法》（中国银监会令2005

年第3号）。紧随其后，人民银行、住建部、财政部、国家税务总局等相关部门相继出台了一系列法律法规，对信贷资产证券化的交易结构、审批流程、会计处理、发行与信息披露要求、登记托管等事项进行了全面的规定和细化，使信贷资产证券化得以顺利执行（见表15–1）。

表15–1　信贷资产证券化监管法规汇总

法律规定	文号
《金融机构信贷资产证券化试点监督管理办法》	中国银监会令2005年第3号
《信贷资产证券化试点管理办法》	中国人民银行、中国银监会公告〔2005〕第7号
《关于发布〈资产支持证券交易操作规则〉的通知》	银复〔2005〕53号
《资产支持证券信息披露规则》	中国人民银行公告〔2005〕第14号
《资产支持证券在银行间债券市场的登记、托管、交易和结算等有关事项公告》	中国人民银行公告〔2005〕第15号
《信贷资产证券化基础资产池信息披露有关事项公告》	中国人民银行公告〔2007〕第16号
《全国银行间债券市场进行质押式回购交易的有关事项公告》	中国人民银行公告〔2007〕第21号
《信贷资产证券化试点会计处理规定》（已失效）	财会〔2005〕12号
《资产支持证券发行登记与托管结算业务操作规则》	中债函字〔2005〕37号
《关于个人住房抵押贷款证券化涉及的抵押权变更登记有关问题的试行通知》	建住房〔2005〕77号
《关于信贷资产证券化有关税收政策问题的通知》（部分失效）	财税〔2006〕5号
《关于进一步加强信贷资产证券化业务管理工作的通知》	银监办发〔2008〕23号
《关于规范信贷资产转让及信贷资产类理财业务有关事项的通知》	银监发〔2009〕113号
《商业银行资产证券化风险暴露监管资本计量指引》（已失效）	银监发〔2009〕116号
《关于进一步规范银行业金融机构信贷资产转让业务的通知》	银监发〔2010〕102号
《关于进一步扩大信贷资产证券化试点有关事项的通知》	银发〔2012〕127号
《关于进一步规范信贷资产证券化发起机构风险自留行为的公告》	中国人民银行、中国银监会公告〔2013〕第21号

资料来源：根据公开资料整理。

2005年3月，国家开发银行和建设银行获准分别进行信贷资产证券化和住房抵押贷款证券化的试点，首批共发行三只产品，总规模为130亿元。首批试点也暴露出一些问题，主要是运作发行不够系统连贯、信息披露不充分、流动性较差等。2007年第一季度，监管当局出于审慎原则放缓审批。当年，人民银行再次请示国务院扩大试点，于4月获批。第二批试点在制度框架上适度创新，加强了发起人对“资产池”的信息披露等；试点机构从国家开发银行、建设银行扩大到工商银行、招商银行等七家金融机构。证券化资产也由简单的公司和住房信贷资产，扩大到不良贷款、汽车贷款等。按照人民银行的计划，第二批资产证券化试点规模预计在600亿元左右。但2008年的金融危机导致资产证券化第二批试点暂停。

2012年5月，人民银行、财政部以及银监会下发了《关于进一步扩大信贷资产证券化试点有关事项的通知》（银发〔2012〕127号），标志着因美国次贷危机而停滞多年的信贷资产证券化重新获批启动，这轮试点额度为500亿元。在本次试点中，国内信贷资产证券化在多个层面有突破，在监管放松和银行盘活存量资产需求的双重推动之下，信贷资产证券化逐步显现出常态化发展趋势。

2005—2008年，在银行、信托公司和证券公司的共同探索下，我国先后发行了17只信贷资产支持证券产品，发行规模达636.6亿元（见表15-2）。从基础资产类别看，这一阶段信贷资产证券化也在不断尝试开展不同类型贷款的证券化，除了传统的信用和保证贷款以外，以企业抵押贷款、个人住房抵押贷款、汽车抵押贷款以及不良贷款为基础资产开展的信贷资产证券化都有成功案例，信贷资产证券化市场品种不断丰富，市场活跃度不断提升。

2008年金融危机后，由于担忧风险，监管层面暂停了相关试点。直到2012年6月，信贷资产证券化第二轮试点才正式启动。2012年9月12日，国家开发银行101.66亿元资产支持证券12开元ABS成功发行，成为试点重启以来的首个产品。2012年全年，信贷资产证券化共批准了500亿元的试点额度，为未来业务发展奠定了新的基础。

表15-2　　2005—2008年信贷资产证券化发行统计

发起机构	名称	发行总额（亿元）	发行日期	基础资产	发行人	主承销商
国家开发银行	05开元	41.77	2005/12/15	优质公司贷款	中诚信托	承销团
建设银行	05建元	30.16	2005/12/15	个人住房抵押贷款	中信信托	承销团
国家开发银行	06开元	57.3	2006/04/25	优质公司贷款	中诚信托	承销团
信达资产管理公司	06信元	48	2006/12/11	不良贷款	中诚信托	中金公司
东方资产管理公司	06东元	7	2006/12/18	不良贷款	中诚信托	银河证券
浦发银行	07浦发	43.83	2007/09/11	优质公司贷款	华宝信托	国泰君安
工商银行	07工元	40.21	2007/10/10	优质公司贷款	华宝信托	中信证券
建设银行	07建元	41.6	2007/12/11	个人住房抵押贷款	中诚信托	中金公司
兴业银行	07兴元	52.43	2007/12/13	优质公司贷款	外贸信托	国泰君安
国家开发银行	08开元	37.66	2008/04/28	优质公司贷款	平安信托	中信证券
上海通用汽车金融公司	08通元	19.93	2008/01/15	个人汽车贷款	华宝信托	中信证券
建设银行	08建元	27.65	2008/01/24	不良贷款	中诚信托	中金公司
工商银行	08工元	80.11	2008/03/27	优质公司贷款	中诚信托	中信证券
中信银行	08信银	40.77	2008/10/08	优质公司贷款	中诚信托	中信证券
招商银行	08招元	40.92	2008/10/28	优质公司贷款	中信信托	中金公司
浙商银行	08浙元	6.96	2008/11/12	中小企业贷款	外贸信托	国泰君安
信达资产管理公司	08信元	20	2008/12/26	不良贷款	中诚信托	中金公司

资料来源：根据公开资料整理。

（二）2013年发展概况

自资产证券化试点重启以来，资产证券化规模迅速恢复到了中断前的水平，并保持了较强的发展势头。2013年8月，李克强总理主持召开国务院第22次常务会议，会议决定进一步扩大信贷资产证券化试点，国内信贷资产证券化在多个层面有所突破，在监管放松和银行盘活存量资产需求的双重推动之下，信贷资产证券化逐步显现出常态化发展趋势。

1. 总体情况

2012年，信贷资产证券化重启，500亿元的试点额度获批；2013年，资产证券化市场承继2012年的发展势头，共有6家银行发行了资产证券化产品，产品分别由3家信托公司担任受托机构，发行规模达157.73亿元。资产证券化业务的大力发展有效降低了企业的融资成本，改进了银行等金融机构的盈利和风险管理模式，有效推进了中国金融系统的改革和发展（见图15-1）。

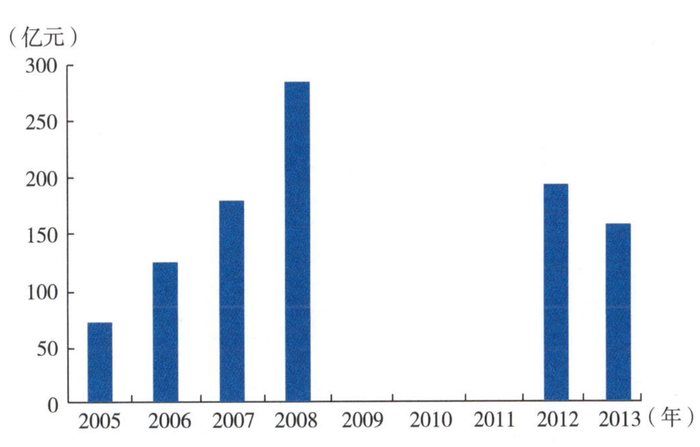

图15-1　2005—2013年信贷资产证券化发行规模

2. 产品比较

目前，我国资产证券化业务主要有三种实践模式：银监会、人民银行审批监管的信贷资产证券化，证监会监管的证券公司企业资产证券化，中国银行间市场交易商协会注册发行的资产支持票据（ABN）。在这三种资产证券化业务模式中，信贷资产证券化对于基础资产的信托设立和资产支持证券的发行交易最为规范系统，证券公司企业资产证券化与资产支持票据目前还难以在法律层面实现资产池的真实销售，从而无法使基础资产与发起人的风险隔离。因此，证券公司企业资产证券化与资产支持票据目前也很难使得基础资产实现会计意义上的出表。信托公司主导和主要参与的资产证券化模式为信贷资产证券化（见表15-3）。

表15–3　国内三种资产证券化业务模式的比较

项目	信贷资产证券化	企业资产证券化	资产支持票据（ABN）
发起机构	金融机构（商业银行、政策性银行、邮政储蓄银行、财务公司、信用社、汽车金融公司、金融资产管理公司，以及银监会监管的其他金融机构）	对发起机构未作明确限制	发起机构为非金融企业
受托机构	信托公司（或中国银监会批准的其他机构）	证券公司 （目前信托公司主要开展类资产证券化业务）	1. 应收账款质押型ABN没有受托机构 2. 信托型ABN以信托公司为受托机构
基础资产	各类信贷资产	企业应收款、信贷资产、信托受益权、基础设施收益权等财产权利，商业物业等不动产，证监会认可的其他财产或财产权利	财产、财产权利或财产和财产权利的组合
监管部门	银监会（资格准入和项目审批），人民银行（发行审批）	证监会（发行审批）	银行间市场交易商协会（注册）
发行方式	在全国银行间债券市场公开或定向发行	私募发行（200人合格投资者）	公开发行或非公开发行
信用评级	双评级（中债资信为必选）	可由资信评级机构进行初始评级和跟踪评级	1. 公开发行需双评级 2. 鼓励采用投资者付费模式等多元化评级
主承销商	证券公司	证券公司	证券公司和银行
交易市场	全国银行间债券市场	证券交易所、中国证券业协会机构间报价与转让系统、证券公司柜台市场以及中国证监会认可的其他交易场所	全国银行间债券市场
证券登记托管机构	中央国债登记结算有限公司	未明确规定	清算所或监管部门指定的其他提供资产支持票据登记托管服务的机构
信托公司角色	受托人、发行人	类资产证券化中的受托人、代理人，企业资产证券化中的受托人、发行人	信托型ABN中的受托人

资料来源：根据公开资料整理。

3. 产品发行情况

2013年，资产证券化市场承继2012年的发展势头，共批准了7款信贷资产证券化产品，发行了6款信贷资产证券化产品，发行规模达到157.73亿元。其中，农业发展银行、邮储银行、中国进出口银行、民生银行均为首次发行信贷资产支持产品，华融资产管理公司和兴业银行的信贷资产证券化信托计划于2014年1月发行。在基础资产类型方面，一般企业贷款、铁路贷款、中小微企业贷款以及不良贷款等均有涉及，信贷资产证券化品种逐渐丰富（见表15–4）。

表15-4　　2013年信贷资产证券化发行统计

项目名称	发起人	发行人	基础资产	发行或批准规模（亿元）	批准时间	发行时间
工元2013年第一期信贷资产支持证券	工商银行	中海信托	涉及29个借款人的贷款	35.92	2012/12	2013/03
2013年第一期发元信贷资产证券化	农业发展银行	中信信托	36个借款人向农业发展银行借用的42笔贷款	12.74	2013/05	2013/10
2013年第一期开元铁路专项信贷资产证券化项目	国家开发银行	中信信托	国家开发银行向中国铁路总公司发放的中期流动资金贷款	80	2013/11	2013/11
2013年第一期进元资产证券化项目	中国进出口银行	中信信托	信贷资产	10.4	2013/03	2013/12
邮元2013年第一期信贷资产证券化	邮储银行	中信信托	河南能源化工集团3亿元和湖南电广传媒股份有限公司2亿元的贷款	5	2013/03	2013/12
民生2013年第一期信贷资产支持证券	民生银行	中诚信托	41个借款人的47笔中小微企业贷款	13.67	2013/12	2013/12
兴元2014年第一期信贷资产证券化信托资产支持证券	兴业银行	中诚信托	信贷资产	51.84	2013/11	2014/01
华元2014年第一期信贷资产证券化信托资产支持证券	华融资产管理公司	中诚信托	信贷资产	12.38	2013/11	2014/01

资料来源：根据公开资料整理。

4. 2013年信贷资产证券化业务的发展特征

（1）银行需求和监管政策共同推动业务常态化发展。2013年，在监管放松和银行盘活存量资产需求的双重推动之下，信贷资产证券化逐步显现出常态化发展趋势。一方面，扩大试点工作政策的起点高，推行力度大。李克强总理在2013年8月主持召开的国务院常务会议上，清楚界定了“坚持真实出售、破产隔离；总量控制，扩大试点；统一标准，信息共享；加强监管，防范风险；不搞再证券化”的业务基本原则，体现了中央政府对于信贷资产证券化业务的高度重视，为业务发展提供了有利的政策环境。另一方面，鼓励发行方式、基础资产类别创新。在跨市场发行方面，本次扩大试点发行人可以自主选择发行交易场所，监管部门将引导大批优质信贷资产证券化产品在银行间市场（以信托为SPV载体）和交易所市场（以资产管理计划为SPV载体）进行跨市场发行；在基础资产类别方面，鼓励银行业金融机构选择符合条件的国家重大基础设施项目贷款、涉农贷款、中小企业贷款、战略性新兴产业贷款、保障性安居工程贷款、汽车贷款等多元化信贷资产作为基础资产开展信贷资产证券化。

（2）单一行业、单一借款人资产证券化产品首次获得发行。2013年银监会批准的第一、第二、第三期开元铁路专项信贷支持证券的资产池全部为国家开发银行向中国铁路总公司的贷款，同年11月“2013年第一期开元铁路专项信贷资产支持证券”发行，发行规模为80亿元，证券品种全部为优先级，成为国内首次发行的单一行业、单一借款人的信贷资产证券化产品。

（3）双SPV模式参与交易所市场的资产证券化取得进展。2013年12月，证监会受理了东证资管“建元一号”产品申报，该产品采用了双SPV的形式：在信托计划端，由银行将信贷资产池信托交给信托公司设立自益财产信托；在专项计划端，银行作为原始权益人，将持有的信托受益权转让给管理人，管理人以信托受益权所产生的现金流为偿付基础发行资产支持证券。虽然该产品目前尚未发行，但是其以双SPV模式参与交易所资产证券化在实践上取得实质性进展，该模式在行业内也具有广泛的推广借鉴意义（见图15-2）。

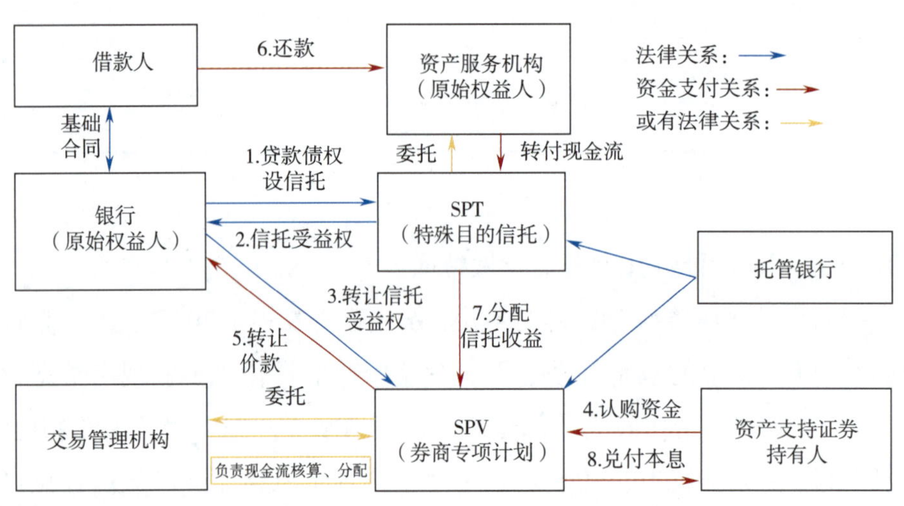

图15-2 双SPV交易所信贷资产证券化交易结构

（4）私募资产证券化开始悄然兴起。与公募资产证券化相比，私募资产证券化具有不占用试点额度、不需要监管审批、流程快、效率高等特点，在目前资本硬约束制约银行资产业务过快发展的背景下更能解决银行实际的业务限制。从2013年8月开始，陆金所作为财务顾问，先后推出了多款私募资产证券化产品，募集总规模超过百亿元，该产品采用市场化的方式发行和运作，基础资产均为银行的信用卡贷款和汽车贷款等消费类贷款，该产品成为国内私募资产证券化实践领域的首例尝试（见图15-3）。

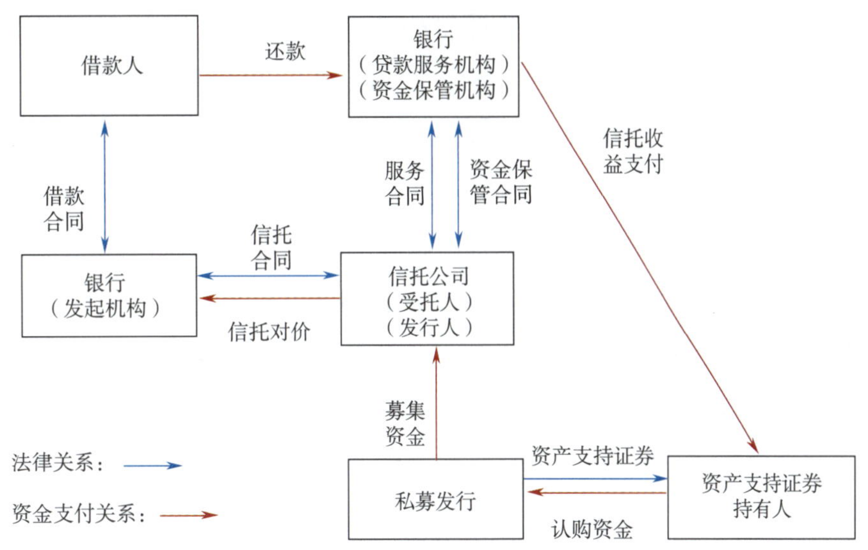

图15-3　私募信贷资产证券化交易结构

（5）中小企业贷款支持证券发行明显偏少。尽管人民银行等三部委在2012年5月《关于进一步扩大信贷资产证券化试点有关事项的通知》中明确鼓励金融机构选择符合条件的中小企业贷款等信贷资产作为基础资产开展信贷资产证券化，但从过往发行以及拟发行的信贷支持证券产品看，中小企业贷款资产支持证券的发行量明显偏少。目前以中小企业贷款作为入池资产的证券化项目仅有民生银行2013年发行的13.67亿元产品（仅占2013年信贷支持证券全部额度的8.67%），以及此前浙商银行在2008年发行的6.96亿元产品，其他银行发行的产品多数选择了优质的国有企业贷款作为基础资产。尽管监管部门清楚中小企业贷款的证券化有利于缓解中小企业融资难题，并也付诸政策实施当中，但中小企业贷款较多为短期贷款，而资产证券化产品期限较长，因而银行对此有争议（见图15-4）。

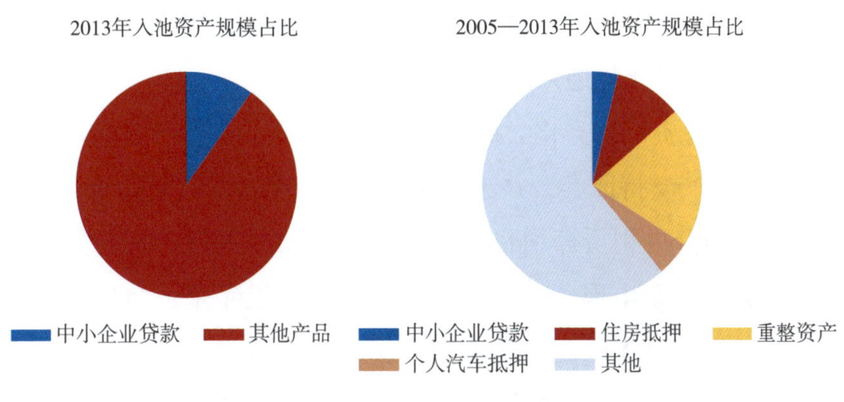

图15-4　中小企业贷款证券化占比

（6）资产证券化业务的证券法规监管趋于完善。首先，监管层面逐步推动资产证券化由试点走向常规。2013年7月，国务院印发《关于金融支持经济结构调整和转型升级的指导意见》（国发〔2013〕67号），要求逐步推进信贷资产证券化的常规化发展，盘活资金支持小微企业发展和经济结构调整，可以预计信贷资产证券化业务完全常规化指日可待。其次，资产证券化业务的监管水平不断提高。为了防范在试点扩大阶段发生系统性风险，2013年8月召开的国务院常务会议明确要求风险较大的资产不纳入试点范围；而在同年年末，人民银行与银监会联合发布了关于规范信贷资产证券化发起机构风险自留比例的21号文件，将商业银行自持最低档次资产支持证券的比例由2012年规定的每一单全部资产支持证券发行规模的5%，调整为不低于整个该档次资产支持证券规模的5%。这相当于在放松限制、降低自持比例以更好地风散风险，可以提高银行参与证券化的动力，提高银行业金融机构的主动权，也显示了监管部门风险管理水平的日益提高。

（三）2014年发展趋势

1. 住房抵押贷款资产证券化规模的扩大可期

自国内资产证券化试点以来，国内多家银行均有开展资产证券化业务，但多数是将企业贷款打包成资产上市流通，鲜有涉及房屋抵押贷款，仅有的两单还是建设银行分别于2005年和2007年发行的总额度为71.77亿元的信托计划，仅占银行间市场全部发行信贷支持证券规模的6.99%。2012年以来尚未有该类产品，即便在2012年试点扩大时，人民银行、银监会和财政部联合发布的《关于进一步扩大信贷资产证券化试点有关事项的通知》中也未将住房抵押贷款纳入银行开展信贷资产证券化的基础资产中来。而在美国，发行资产支持证券一直是住房抵押贷款资金来源的主要方式。我国房贷规模已经超过10万亿元，国家调控力度日益加大，银行加强房贷风险管理和推动房贷表外化的意愿将会极大增强，2014年住房抵押贷款资产证券化可能有所突破。

2. 金融租赁资产证券化将迎来突破

租赁公司此前已有资产证券化尝试，远东国际租赁公司早于2006年就在交易所市场发行了首单租赁资产支持证券，并于 2011年8月又成功发行了远东二期专项计划。但是银监会所监管的金融租赁公司目前还尚未有成功的案例，2012年工银租赁、民生租赁的资产证券化甚至出现“批而不发”的情形。近年来，金融租赁公司的资产规模快速膨胀，但与之不相匹配的是租赁公司普遍融资渠道狭窄，其资金来源主要有股东增资和银行借款两种，后者占80%以上。因此，金融融资租赁业迫切需要通过资产证券化渠道来解决资金来源困局，加强租赁资产流动性管理。2013年末，银监会发布的《金融租赁公司管理办法（征求意见稿）》，让金融租赁行业看到了新的曙光，2014年金融租赁资产证券化有望迎来突破。

3. 信托公司的专业技术能力及项目协调能力将成为竞争关键

基于目前的监管规定，信托公司需担任特定目的信托受托人和资产支持证券发行人的角色，信托公司实质承担的义务要高于其他中介机构，在实践中更应该积极参与项目准备，承担项目协调人角色，统筹安排证券化交易架构和准备工作。因此，信托公司应当加强对资产证券化技术的研究，培养资产证券化专业人才，在资产证券化项目中输出证券分层与定价、交易结构设计、基础资产选择等技术，帮助银行提高信贷资产证券化效率，推进资产证券化业务常态化发展。未来，信托公司需要努力培养专业能力，建立专业型、技术型的公司地位，使资产证券化业务技术输出成为信托公司在资产证券化领域的竞争优势。

4. 受托管理业务系统将助力信托公司有效履行受托义务

信托公司是信贷资产证券化特定目的信托的受托人，信贷资产证券化业务相关管理制度明确规定了其受托责任与义务。在信贷资产证券化项目存续期间，信托公司应当提升主动管理能力，加强对基础信贷资产现金流的预测和核算能力，核对贷款服务机构提供的现金流信息，切实保障资产支持证券持有人享有的利益。同时，在信息系统建设方面，信托公司应具备评估、预测和管理信贷资产证券化业务基础资产和现金流的能力，实现对信贷资产证券化受托管理和会计核算的系统处理，适应未来批量开展信贷资产证券化业务的要求。

二、企业年金受托业务

企业年金是指在政府强制实施的公共养老金或国家养老金之外，企业在国家政策的指导下，根据自身经济实力和经济状况建立的，为本企业职工提供一定程度退休收入保障的补充性养老金，是对国家基本养老保险的重要补充。随着各类企业进一步成长以及我国老龄化社会的到来，企业年金市场潜力巨大。我国的企业年金制度采取信托型，以充分发挥信托拥有的资产隔离、所有权分离等方面的制度优势。信托公司在发挥财产隔离和资产管理运用方面具备综合优势，具备担任企业年金管理人的制度和市场优势。在目前企业年金的四项管理人资格中，信托公司可以担任受托管理人、投资管理人和账户管理人（见表15-5）。

表15-5 企业年金管理人资格一览表

受托管理人	投资管理人	账户管理人	托管人
华宝信托	平安养老	华宝信托	工商银行
中信信托	太平养老	平安养老	建设银行
平安养老	长江养老	长江养老	招商银行
太平养老	国寿养老	国寿养老	中国银行
长江养老	泰康资产管理	泰康养老	交通银行
国寿养老	中国人保资产管理	新华人寿保险	浦发银行
泰康养老	华泰资产管理	工商银行	光大银行
工商银行	中金公司	建设银行	民生银行
建设银行	中信证券	招商银行	农业银行
招商银行	国泰基金	中国银行	中信银行
	工银瑞信	交通银行	
	海富通基金	浦发银行	
	华夏基金	光大银行	
	南方基金	民生银行	
	易方达基金	中信银行	
	嘉实基金	农业银行	
	招商基金	太平养老	
	富国基金		
	博时基金		
	银华基金		

资料来源：根据人力资源和社会保障部的相关信息整理。

（一）发展轨迹回顾

我国自试行建立企业补充养老保险制度（企业年金）以来，经历了起步试点和规范发展两个阶段，信托公司在这其中均有参与。

起步试点阶段（1994—2003年）。各地于1994年开始试行建立企业补充养老保险制度，并逐步对实行补充养老保险的原则、范围、对象、条件、缴费比例、个人账户分配等做出了规定，明确企业和职工个人在规定的数额内缴纳的补充养老保险免征税费。随着养老保险制度改革的深化，为规范和加快企业年金制度的发展，在总结试点经验基础上，各地进一步发文，通过加强基础管理和提高服务水平，推进企业年金的进一步发展。在此期间，我国企业年金实现了高速增长。

在这一阶段，信托公司已经开始参与补充养老金管理的业务。中信信托于2001年即被劳动和社会保障部选为试点单位，引进国外先进经验，进行了四年的企业年金基金规范管理实践，培养出一批专业的受托管理和账户管理人员，建立了一套规范和实用的账户管理系统。但由于年金市场起步阶段规模较小，同时在税收和操作规则等方面尚待完善，该项业务难以取得合理的收益回报，和多数金融机构一样，信托公司并未深入开拓。

规范发展阶段（2004年至今）。为贯彻落实国务院按市场化原则管理和运营企业年金计划的要求，劳动和社会保障部自2004年起颁布了《企业年金试行办法》、《企业年金基金管理试行办法》等文件，制定了市场化管理运营企业年金计划的政策框架。同时各地政府制定具体的实施意见，积极指导企业按照市场化管理运营的要求建立和实施新的企业年金计划。2011年人力资源和社会保障部等发布了新修订的《企业年金基金管理办法》，进一步规范促进了年金市场的发展。

2005年华宝信托、中信信托和中诚信托成为首批获批的企业年金基金法人受托机构，中信信托和华宝信托还获得了企业年金基金账户管理人资格。自取得年金管理资格后，信托公司在该领域多方尝试，比如中诚信托先后与淮北矿业集团、淮南矿业集团等大型企业签署了企业年金管理受托合同，华宝信托率先推出首例国内外商独资企业委托的企业年金业务等。信托公司的企业年金受托业务获得较大发展。

截至2013年末，华宝信托、中信信托、中诚信托、上海信托这4家信托公司，已获得企业年金基金管理受托人资格，其中中信信托和华宝信托还同时获得了账户管理人资格。随着信托业转型发展的要求日益迫切，企业年金市场受到更多信托公司的重视。企业年金业务具有长期性，可以不断产生现金流，有可能为信托公司带来新的资金和客户来源。同时，企业年金的投资管理对团队、流程和系统要求较高，有利于信托公司借此发挥管理优势和提高主动管理能力。

（二）2013年发展概况

1. 2013年企业年金市场分析

企业年金市场呈现良好发展的趋势，年金资产规模稳步增长。基于对企业年金市场总体规模及增长前景的良好预期，商业银行、证券公司、基金公司、保险公司等各类金融机构更多地加入企业年金市场的竞争中。2013年企业年金市场发展平稳，年末规模达6,034.71亿元，同比增长25.17%，增速较2012年有所放缓。年度新增11,383个企业，其中单一计划新增79个，其余均参与集合计划。实际运作金额增速提升至29.92%，高于积累基金增长速度，年金市场化投资运作规模继续稳步提升。待遇领取仍以一次性领取为主[①]，领取人数和领取规模均显著增长。相比2012年，企业年金参保企业、职工人数、积累资产规模均稳步提升（见表15-6）。

表15-6　　2013年企业年金受托管理市场情况

	2013年	2012年	同比增长（%）
1. 总体情况			
建立企业（个）	66,120	54,737	20.8
参加职工（万人）	2,056.29	1,846.55	11.36
积累基金（亿元）	6,034.71	4,821.04	25.17
2. 建立计划情况			
建立计划数（个）	1,312	1,233	6.41
单一计划	1,234	1,157	6.66
法人受托	1,017	915	11.15
理事会	217	242	-10.33
集合计划	48	48	0
其他计划	30	28	7.14
3. 实际投资管理情况			
实际运作金额（亿元）	5,783.6	4,451.62	29.92
建立组合数（个）	2,519	2,206	14.19
当年投资收益（亿元）	179.59	212.82	-15.61
当年加权平均收益率（%）	3.67	5.68	-35.39
4. 待遇领取情况			
当年领取人数（万人）	57.83	50.55	14.4
一次性领取	37.41	32.84	13.92
分期领取	20.42	17.71	15.3
当年领取金额（亿元）	196.05	148.49	32.03
一次性领取	169.01	127.59	32.46
分期领取	27.04	20.9	29.38

数据来源：人力资源和社会保障部。

2. 2013年信托公司年金业务概况

信托公司年金受托业务尚处低潮期。从整体信托业在年金市场中的占比看，与银行类、养老保险类机构相比，无论是受托管理规模，还是管理企业数和员工数等指标的占比都较微小，同时行业占比呈下降趋势。此外，由于股权变更调整和业务规模等原因，部分信托公司主动或被动转出了有关年金业务资格（见表15-7、表15-8和表15-9）。

① 根据表15-6中第4项“待遇领取情况”，选择一次性领取方式的人员占全部（领取人）的65%。一次性领取的资金占全部领取资金的86%。

表15-7　　信托业受托管理企业数与行业情况对比　　单位：个、%

项目	2010年	2011年	2012年	2013年
华宝信托有限责任公司	211	306	270	291
中信信托有限责任公司	27	29	24	30
上海国际信托有限公司	14	12	6	6
信托公司小计	252	347	300	327
年金市场合计	33,210	38,890	44,508	48,040
信托类机构的市场占比	0.76	0.89	0.67	0.68

数据来源：根据人力资源和社会保障部的相关信息整理。

表15-8　　信托业受托管理职工数与行业情况对比　　单位：人、%

项目	2010年	2011年	2012年	2013年
华宝信托有限责任公司	114,763	145,933	150,043	152,983
中信信托有限责任公司	8,048	8,438	5,597	5,989
上海国际信托有限公司	481	480	150	139
信托公司小计	123,292	154,851	155,790	159,111
年金市场合计	5,634,538	7,481,415	10,184,277	11,069,143
信托类机构的市场占比	2.19	2.07	1.53	1.44

数据来源：根据人力资源和社会保障部的相关信息整理。

表15-9　　信托业受托管理金额与行业情况对比　　单位：万元、%

项目	2010年	2011年	2012年	2013年
华宝信托有限责任公司	294,678.96	486,559.57	551,917.64	609,997.22
中信信托有限责任公司	1,565.05	20,726.40	23,410.46	27,852.76
上海国际信托有限公司	472.52	536.24	433.42	504.43
信托公司小计	296,716.53	507,822.21	575,761.52	638,354.41
年金市场合计	14,732,581.47	20,509,578.93	28,702,753.69	35,457,283.59
信托类机构的市场占比	2.01	2.48	2.01	1.80

数据来源：根据人力资源和社会保障部的相关信息整理。

信托公司的企业年金业务出现这种逐渐走弱的市场趋势，主要有规模、盈利、投入等几方面原因。

一是年金市场的吸引力不足。年金市场由于税收优惠政策不到位、制度设计，以及投资受限较多等原因，发展较为迟缓。最初获得资格参与年金市场的信托公司并未享受到预期增长带来的红利，反而持续地处于业务的资源投入期。

二是年金业务的盈利过低。企业年金的四个管理人分设牌照、分设管理费收入上限的制度设计导致受托人的核心地位空壳化。信托公司在信托关系中处于核心的受托人地位需要承担相应风险，却仅收取低微的管理费，远低于其他投资管理人的收费水平。近几年信托公司凭借灵活的资产运用手段和横跨实体、货币、资本三大市场的资产运用领域优势，取得了较高的业务回报。与这些信托业务相比，企业年金过低的佣金收入也使得信托公司难以投入更多精力。

三是年金业务的投入过高。企业年金市场是一个典型的机构市场，发起年金计划的主动权掌握在企业方面。在第二批年金资格的批复中，人社部允许银行作为受托人进入市场，银行类机构凭借着较强的业务优势在受托人的市场占比中快速增长。同时，企业年金的业务特点决定了受托人的投入回报周期较长，而且仅系统投入就达数百万元，信托公司的年金受托业务实现盈亏平衡的难度较大。

（三）2014年发展趋势

1. 信托公司参与年金市场的方式有望增加

2013年3月人力资源和社会保障部下发了《关于扩大企业年金基金投资范围的通知》（人社部发〔2013〕23号）和《关于企业年金养老金产品有关问题的通知》（人社部发〔2013〕24号）两份文件，拓宽了企业年金投资范围，将商业银行理财产品、基础设施债权投资计划、信托产品、特定资产管理计划以及股指期货这五类新型金融产品纳入了投资范围，允许年金基金在风险可控的前提下适度地进行配置。同时文件还规定企业年金投管人可以发行标准化养老金产品，实现跨组合、跨计划的资金归集运用，提高投资管理效率。由此企业年金投资不再局限于股票和债券市场，相应地，信托公司有可能通过发行产品等方式更多地参与企业年金市场。

目前企业年金投资于信托产品可以通过两种方式：一是直接投资于底层的基础金融产品——信托产品。该信托产品不仅仅面向企业年金销售，还可面向市场上所有的合格投资者销售，做出投资决策的主体是投资管理人。二是投资于中间层信托型养老金产品，由信托型养老金产品再投资于底层信托产品。该信托型养老金产品仅限于企业年金基金购买，由投资管理人设计发行，做出投资决策的既可以是受托管理人，也可以是投资管理人（见图15-5）。

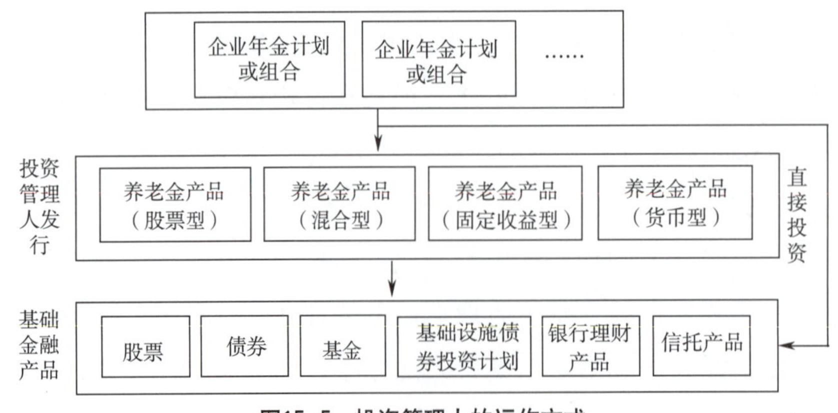

图15-5　投资管理人的运作方式

与此同时，23号令也对信托产品、银行理财等新型产品的发行主体资质进行了严格规定。根据相关发行资质的规定，拥有了四项年金管理人牌照中的任意一项牌照，就相当于具备可供年金基金投资的信托产品发行资质。对于金融集团来说，年金牌照具有较强的外部溢出效应，金融集团内的任意一个控股子公司拥有年金牌照的优势都可辐射至整个集团，令集团内的公司具备可供年金投资的产品发行资质（见表15-10）。

表15-10 具备发行资格的主体要求

具有企业年金管理资格的商业银行、信托公司、保险资产管理公司	如工商银行、中国银行、建设银行、交通银行、民生银行、华宝信托、中信信托、人保资产、华泰资产、泰康资产
金融集团公司的控股子公司具有“企业年金基金管理机构资格”，发行商业银行理财产品、信托产品、基础设施债权投资计划的该金融集团的其他控股子公司	如太平资产、国寿资产、平安资产等
已建立年金计划的大型企业或其控股子公司	仅限于其自身或其控股子公司的年金计划购买，且投资事项需向人社部备案

2. 信托公司或可整合金融资源，重点发展个人养老金业务

目前年金的发展趋势体现出三个较为明显的特点：一是在年金领取方式上，尽管一次性领取的人数和规模仍占主要地位，但有35%的个人和13.7%的金额是分期领取的，这表明针对个人到期领取的分期养老金产品具备一定市场潜力；二是在覆盖机构性质方面，新设年金计划的企业数创历史新高，单个企业的平均员工人数大幅下降，这表明随着市场拓展的深入，机构将营销的重点从央企、国企向中小企业转移，越来越多的中小企业参与到年金市场中；三是在年金市场地域特征方面，在北京、上海、广州等一线城市以外，越来越多的二线城市显现出发展潜力，年金体量发展较为迅速。

信托公司或将顺应这些需求，提升相关系列产品的开发能力，为客户积累的养老金资产在到期领取后提供丰富、安全的投资选择和产品。同时，为客户提供综合服务，为更多的中小客户服务而合理控制相应的成本。信托公司还可充分发挥整合金融资源的能力，提供年金管理多项职能的“一站式”服务，在未来年金市场竞争中建立独特优势。

此外，具备金融控股特征或具有相应整合能力的信托公司在企业年金市场上也将大有可为。此类信托公司成为受托管理人后，可协调体系内的证券公司、基金公司、银行或保险公司，一揽子地提供投资管理、托管服务、账户管理等业务。这种“一站式”服务模式具有较强的竞争优势，不仅谈判成本小、管理费用低，而且有

利于整合集团内部资源，形成综合与协同优势，从而在企业年金市场的竞争中获得优势。

三、信托公司受托境外理财（QDII）业务

受托境外理财（QDII）业务是指在人民币资本项下不可兑换、资本市场未开放的条件下，在一国境内设立，经该国有关部门批准，有控制地允许境内机构投资境外资本市场的股票、债券等有价证券投资业务的一项制度安排。2007年3月，银监会和国家外汇管理局共同发布《信托公司受托境外理财业务管理暂行办法》，明确信托公司经过审批可以获得QDII业务资格，并对信托公司开办QDII业务的资格审批、投资付汇额度管理、账户及资金管理等做出了详细规定。

（一）发展轨迹回顾

2004年8月，保监会、人民银行颁布了《保险外汇资金境外运用管理暂行办法》，首次允许保险公司在核准制下在境外运用外汇资金对银行存款、债券、票据等金融工具进行投资。2005年1月，中国平安保险公司获得了第一笔17.5亿美元的保险外汇资金境外运用额度。2005年6月，保监会公布了《关于保险外汇资金投资境外股票有关问题的通知》（保监发〔2005〕55号），其中规定保险外汇资金可投资境外成熟资本市场证券交易所上市的股票，投资品种仅限于中国企业在境外发行的股票。2006年5月，《全国社会保障基金境外投资管理暂行规定》正式开始实施，拥有2,000多亿元资产的中国社会保障基金正式启动海外投资。

2006年4月，《商业银行开办代客境外理财业务管理暂行办法》（银发〔2006〕121号）发布，QDII完成了从试点到制度化的转变。同年9月，中国内地首只基金QDII产品——“华安国际配置基金”向内地投资者公开发行。之后，工商银行、建设银行、中国银行、交通银行、汇丰银行、东亚银行获得了首批QDII资产管理资格，并相继推出了代客境外理财产品。

2007年5月，银监会颁布了《关于调整商业银行代客境外理财业务境外投资范围的通知》（银发〔2007〕114号）。2007年6月，保监会会同人民银行、国家外汇管理局制定的《保险资金境外投资管理暂行办法》正式实施。2007年7月，证监会颁布的《合格境内机构投资者境外证券投资管理试行办法》（证监会令第46号）以及《关于实施〈合格境内机构投资者境外证券投资管理试行办法〉有关问题的通知》（证监发〔2007〕81号）正式实施。至此，我国QDII业务发展速度有所加快。

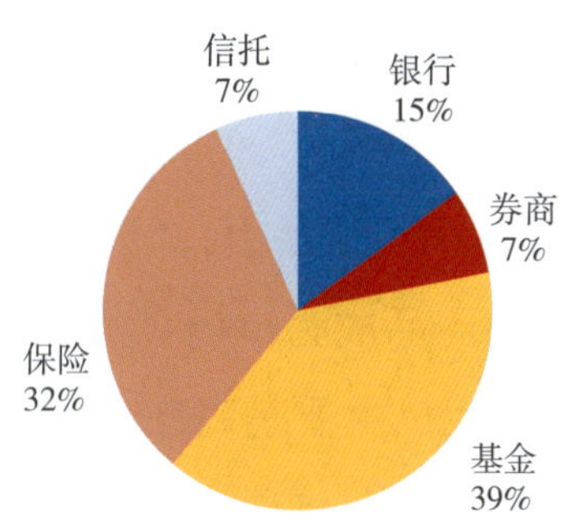

数据来源：Wind、中国信托业协会。

图15-6　QDII业务投资额度比例

自QDII业务推出以来，信托公司积极参与，推出了具有代表意义的信托产品。2009年上海国际信托推出QDII产品“上海信托铂金系列信托计划”；2010年中诚信托与国内外私募基金合作，以借助私募基金投资管理能力的方式合作开展QDII业务；2012年8月，华宝信托推出QDII产品“华宝·境外市场投资1号”。

截至2013年末，全市场共有117家机构拥有QDII业务投资额度，总额度为850.42亿美元。其中基金公司类33家，投资额度335亿美元；保险公司类33家，投资额度268.53亿美元；银行类29家，投资额度129.9亿美元；证券公司类14家，投资额度61亿美元；信托公司类8家，投资额度56亿美元。

（二）2013年发展概况

截至2013年末，取得QDII业务资格的8家信托公司分别是中诚信托、上海信托、中海信托、平安信托、华信信托、华宝信托、中信信托、新华信托，获批总额度（换汇额度）为56亿美元。截至2013年末，全行业QDII业务余额为82.06亿元，同比增长11.28%（见表15-11）。

表15-11　　信托公司QDII业务资格情况

信托公司	获批时间	额度（亿美元）
中诚信托	2009/12/08	13
上海信托	2009/12/08	10
中海信托	2009/12/30	2
平安信托	2011/09/30	3
华信信托	2011/12/20	3
华宝信托	2012/07/17	9
中信信托	2012/11/21	11.5
新华信托	2013/01/24	4.5
总计		56

数据来源：国家外汇管理局。

从2013年信托公司推出的受托境外理财信托看，主要有四个特点。

1. 单一类产品占主流

截至2013年末，在存续的90款QDII产品中，单一类为60款，占比66.67%，金额为60.06亿元，占比73.20%，单一类产品成为市场主流。目前信托公司单一类QDII产品的实质是“专户理财”，其目标客户主要是高净值的私人银行客户和机构投资者，门槛一般为1,000万元，产品方案也是与这些客户的需求紧密相连并量身定制的，产品设立比较便捷。

2. 证券投资更偏重股票市场

截至2013年末，信托公司QDII业务投向境外证券市场的余额为23.95亿元，其中投向股票市场的余额为12.9亿元，投向债券市场的余额为11.05亿元。在目前发行的产品中，H股IPO投资占比较高。这是因为2013年多家中国内地企业赴中国香港上市，信托公司的QDII产品基于投资策略而侧重于相应资产的配置。此类产品的委托方主要是机构投资者，兼有少量的个人投资者。

3. 资金流向以中国香港市场为主

2013年，信托QDII产品的主要投资地区为中国香港。信托公司推出的QDII产品大多都选择中国香港市场的原因如下：一是由于政治、地缘关系，内地投资机构对香港市场相对熟悉；二是香港与内地不存在时差问题，实际操作相对简单，可以避免多市场、多时区对结算交收造成的压力以及因此引起的运营困难；三是从汇率波动看，对比其他主要币种的汇率，港元和人民币之间的汇率相对平稳，有利于QDII产品控制汇率风险。

4. 产品发行制约较多

与其他金融机构的QDII产品相比，信托QDII产品的投资门槛较高。目前银行型、基金型、券商型QDII产品的投资门槛一般为10万元，而信托QDII产品的投资门槛至少要100万元。此外，信托公司还存在机构网点受限、产品流动性较弱、无法分割转让等问题，这在一定程度上制约了信托公司的QDII业务。

（三）2014年发展趋势

1. 配置功能日益受到重视

从客户需求角度看，QDII作为国内投资者进行海外投资和资产配置的重要工具，能够为机构客户与高净值客户提供更加综合性、多元化的服务，可以使国内投资者分散投资组合的风险，分享全球经济增长的收益。从信托公司的发展角度看，开展信托QDII业务能够推动业务领域和管理方式的变革，增强拓展客户群体的能力，是信托公司应对资产管理行业竞争、增强主动管理能力、探索转型发展的重要举措。

2. 向高端化、长期化和个性化发展

目前市场中多数QDII产品的主要特征是门槛低、具有流动性和普适性。由于合格投资者的要求，信托公司QDII产品具有门槛高、期限长和定制化的“小众化”特征。“小众化”对信托公司既是限制又是优势，信托公司可以把握“小众化”的特征，加速自身发展。

首先，高端客户对QDII产品的需求更为强劲。高端客户相较一般投资者拥有更多的外汇资产，更具有分散投资的国际化需求，其承受风险的能力更强，更能接受国际化游戏规则。信托公司可以此为支点，完善对高端客户的服务，通过创新产品增强高端客户的黏性。

其次，长期投资能使QDII产品表现更为出色。许多国际著名投资基金都有较长的封闭期间。信托QDII产品的长期规划特性可以充分应用于多元投资组合，规避周期性和区域性风险，充分分享全球经济成长的收益。

最后，个性化能最大限度地与QDII的多元性契合。从投资者的角度看，QDII产品就是借助全球投资渠道实现资产的保值增值等综合目标。信托公司QDII产品除了可以投资境外股票、债券市场，还可以通过国际合作、设立离岸信托等方式在跨国投资、多边贸易等方面发挥信托优势，充分满足客户的综合化要求。

特别重要的是，信托公司是国内唯一同时具有上述三种特色的金融机构，可以将三种特色密切结合，从而形成整体优势。

四、股指期货业务

股指期货是指以股价指数为标的物的标准化期货合约，合约双方约定在未来的某个特定日期，按照事先确定的股价指数的高低，进行标的指数买卖。对信托业务而言，股指期货增加了套期保值和套利的工具，使证券投资类信托多了一种避险的路径。相比于盈利性，股指期货更多地具有风险控制特征，通过减少杠杆率和总额资产配置，有利于信托在锁定风险的条件下，提升产品净值。信托公司在股指期货方面开展创新业务不仅有利于其增加风控手段，完善风控体系，还有利于其为客户丰富资产配置形式，提供综合化金融服务。

（一）发展轨迹回顾

华宝信托于2011年12月成为首家取得股指期货交易业务资格的信托公司。截至2013年末，全行业有华润信托、华宝信托、外贸信托、兴业信托、平安信托、中融信托、中信信托、长安信托等信托公司先后获准进入期指期货市场。目前业内有多家公司正在积极申报股指期货业务资格。

2012年9月，淘利资产通过外贸信托发行了一款以股指期货跨期套利为主的“多策略量化套利产品”，在一个月内募集3.2亿元资金。中融信托发行了“中融·融期集合资金信托”系列产品，总计四期，每期为5,000万元，其中约15%的资金通过基金专户投资于股指期货。此外“华宝·申毅对冲1号”、“外贸·翼虎量化对冲”等产品的募资规模较大，均达1亿元。总体来看，2012年以来大部分得以成功面市的股指期货对冲产品的规模多在5,000万元左右。

股指期货进入我国金融市场较晚，信托公司也是近年来才逐渐参与其中，相比于其他信托业务，股指期货业务目前规模较小，数量较少。比起基金专户、券商资产管理这两大发行平台，信托公司发行“阳光私募”股指期货产品处于起步阶段。

（二）2013年发展概况

1. 2013年信托公司开展股指期货业务的总体情况

股指期货同沪深300指数走势密切相关，2013年沪深300指数整体运行区间在2,000点至2,800点，2月出现当年高点，6月出现当年低点，两者整体走势未出现背离现象。2013年股市的持续低迷为股指期货功能的发挥提供了机会，2013年股指期货市场活跃，成交量和成交额分别达到19,322.05万手和140.7万亿元，同比分别增长83.91%和85.52%。

2013年华宝信托的股指期货产品成立最多，达到了15款，总规模为158,499万元。此外，华润信托、平安信托、外贸信托、兴业信托、长安信托和中融信托分别成立了14款、4款、14款、8款、5款和13款股指期货信托产品。中国信托业协会的调研结果显示：从产品类型看，以采用套利策略的产品为主流，有36款套利产品，同时也有越来越多的综合采用套期保值和量化对冲策略的产品出现。从平均收益率看，信托公司股指期货产品大都实现了正平均收益率。2013年股指期货信托产品总规模达109.09亿元，约占证券投资信托规模的1%（见表15-12）。

信托公司开展的股指期货业务仍处于数目不多、规模不高的状态。其原因在于：一方面，在2013年的市场环境下，新产品很难募资，发行并不乐观；另一方面，存续产品如果要用股指期货开展对冲交易必须经过较严格的审批程序，耗时过长，投资者的意愿受到抑制。

表15–12　2013年信托公司股指期货产品主要情况

信托公司	信托计划成立数量（个）	成立总规模（万元）
华宝信托	15	158,499
华润信托	14	85,463
平安信托	4	17,590
外贸信托	14	570,164.71
兴业信托	8	85,420
长安信托	5	64,776
中融信托	13	108,994

资料来源：中国信托业协会。

2. 市场竞争激烈

随着监管层的政策松绑，基金专户、证券公司资产管理业务的投资标的比信托公司更为广泛，投资策略更为灵活。大部分阳光私募选择与基金专户或证券公司合作发行对冲基金。此外，公募基金“一对多”专户理财的投资范围广泛，除交易所和银行间的证券产品之外，还包括股票、债券、基金等，还可发行结构性产品和QDII产品。从公募基金“一对多”账户的投资范围看，其包含了所有目前信托平台私募基金的投资范围，可以充分地将公募业务的客户群体管理平台和市场品牌等优势与私募对冲基金的需求结合起来，实现综合效应。这些都对信托业务的发展带来较大压力。

3. 信托公司的股指期货业务处于积累和建设期

银监会于2011年6月施行《信托公司参与股指期货交易业务指引》（银监发〔2011〕70号）。相关规则对卖出买入头寸的限制，控制了信托公司做空的规模，有利于防范市场剧烈波动，同时也限制了信托公司的对冲规模，使信托公司无法仅依靠套保来完全规避系统性风险。信托公司的集合信托业务可以套期保值和套利为目的参与股指期货交易。信托公司单一信托业务可以套期保值、套利和投机为目的而开展股指期货交易。信托公司申请以投机为目的开展股指期货交易，要满足开展套期保值或套利业务一年以上的要求。短期内，在监管要求不变的条件下，信托公司无法大规模地介入股指期货。同时，对大部分获得牌照的信托公司而言，参与股指期货市场意味着在系统搭建、人才建设和投顾资源等方面投入了巨大资源。信托公司作为管理平台，必须和期货公司之间建立交易通道，建设IT系统和交易通道需要高昂的投入。目前信托公司的股指期货业务量有限，短期内利润空间尚不足以弥补投入。信托公司的股指期货业务需经历较长的建设期。

（三）2014年发展趋势

随着金融需求的综合化，“泛资管”行业的竞争日益加剧，信托公司利用股指期货为其客户提供全面完善的金融资产配置的需求将提高。信托公司要吸引更多优秀私募公司在其平台上发行收益更稳定的产品，以便为高净值客户提供更多资产配置选择，合理应对同业竞争。从调研情况看，信托公司将积极探索股指期货业务，不断创新发展。

1. 开发量化高频交易模式，提升信托公司的核心竞争力

由于股指期货具有T+0交易、杠杆交易、复杂定价计算的特点，比较适合作为量化交易的投资品种。股指期货的套利过程比较复杂，市场的瞬息万变使得套利机会短暂，在这种情况下高频交易能够适应这种复杂快速的市场特点。信托公司发行量化对冲高频交易信托产品，可以有效利用产品通道与交易通道相分离的特点，充分发挥信托公司产品通道的优势，在控制成本的情况下，较好地解决个性化与第三方管理问题，优化交易和风控及时性的兼容问题。部分信托公司已经开展量化对冲高频交易模式的探索，这将有助于开发交易新模式，满足市场需求，提升竞争力。

2. 积极探索衍生品的全牌照模式

随着国内衍生品市场的不断成熟，对冲工具的不断丰富，衍生品的产品收益将不断稳定，衍生品将与固定收益类产品互相补充，成为高净值客户资产配置目标之一，信托公司将进一步探索衍生品的全牌照模式，积极申请商品期货、期权、掉期等衍生品牌照，探索场外期权等工具产品，增强衍生品不同牌照之间的协同性，这更有利于股指期货的价值发挥。衍生品的全牌照模式有利于改善产品结构设计，提高衍生品的收益稳定性，降低净值波动，为高净值客户提供风险较低、收益适中的资产配置产品。同时衍生品的全牌照模式有利于吸引更多的私募基金公司在信托公司平台上发行更丰富的产品，以不断提升证券类产品的规模和效益。

3. 培育优秀专业队伍

股指期货业务的发展，关键在于培养优秀的量化团队，需要有不断更新的优秀产品策略出现，需要不断有优秀的产品在信托公司平台上发行。这对信托公司培养专业队伍提出了明确要求。业内已有信托公司开始进行布局，与期货公司共同打造优

秀资产管理人孵化平台，推进期货私募“阳光化”。信托公司为股指期货等衍生产品方面的投资人才提供具有公信力的业绩鉴证服务，并通过合规方式，将信托公司的融资渠道与之对接，协助遴选出优秀资产管理人以扩大资产管理规模。通过此类方式，信托公司引入优秀的量化管理技术能力，与合作机构实现共赢。

第十六章　典型创新业务的发展

随着信托业近年来持续高速增长，业界迫切意识到信托公司要发展成为风险可控、守法合规、具有核心竞争力的现代金融机构，必须不断加大创新。近年来，信托公司在扩展资产领域、细分客户需求以及扩大社会影响等方面积极探索，在土地流转信托、家族信托和公益信托等典型业务上取得了进展。

一、土地流转信托

土地流转信托的全称为“农村土地承包经营权信托”，是指在坚持土地集体所有制和保障农民承包权的前提下，由信托公司接受农户的委托，通过规范的程序将农村土地承包经营权在一定期限内有偿流转给其他经营主体进行农业开发经营的活动。信托公司作为受托人为农户利益而流转土地承包经营权，而非流转经营主体。流转经营主体一般是利用农村土地进行育种、种植等农业生产活动的承包大户、农业合作社（联合社）、农业企业和农业运营服务商等机构。

（一）土地流转信托的背景

土地流转产生的社会背景是城镇化发展出现问题与农业集约化需求凸显。在各地探索中形成了各具特色的流转模式。信托公司进入土地流转领域，有望弥补以往流转模式的不足，盘活土地资源。

1. 土地流转的市场需求

（1）农户转出土地的需求。在城镇化加速发展的背景下，农村劳动力大量转移，出现耕地抛荒现象。国家统计局公布数据显示，截至2012年末，全国农民工总量达到2.63亿，占农村劳动力总数的45%，其中外出6个月以上的农民工达到1.63亿，约占农村劳动力总数的1/3。劳动力由农村流入城市，造成不少农户承包土地因缺乏盘活机制而闲置，而一些耕种能力强的生产能手和企业则同样需要相应途径获得相应可用之地。在此背景下，农村存在大量农户需要转出土地承包经营权的市场需求。

通过土地流转，有助于增加农民的财产性收入，缩小城乡收入差距。国家统计局数据显示，2012年农村居民家庭人均纯收入为7,917元，仅为城镇居民家庭人均可支配收入的32.2%。而在农村居民家庭人均纯收入中，财产性收入仅有249元，仅占

3.1%。通过土地流转，农民可以从农地耕作中解放，在获得工资性收入的同时，又可获得财产性收入。

（2）农业产业化发展的需求。我国农村耕地的土地“碎片化”问题表现在两方面。一是人均土地面积少。按2011年我国耕地18.26亿亩、农户数2.2亿户计算，每户平均耕地规模仅为8.3亩。二是农户承包权对应的土地比较分散。农村集体组织为公平分配，通常根据土地的肥沃程度、地理位置和周边环境等为每家农户配置不同的地块。因此，农户承包的土地往往是优劣搭配、互不相连。这使得农业统一化种植、机械化作业难以实现，降低了生产效率。

土地流转能促使土地资源的归拢集中，优化土地、劳动、资金的组合，提高集约化经营水平，提高大型农业机械耕作和现代化田间管理及新技术的推广应用，改善农业基础设施条件，稳步提高农业综合生产能力，加速传统农业向生态农业、规模农业、集约农业、现代农业转变。

（3）政策制度不断演进。与农村土地流转的需求相呼应，土地流转相关政策制度也随之演进。1984年“中央1号文件”首次提出允许农户经集体同意转包承包土地给种田能手。2002年颁布的《农村土地承包法》把土地承包经营权流转政策上升为法律规定。2003年中共十六届三中全会指出，农户在承包期内可依法、自愿、有偿流转土地承包经营权，完善流转办法，逐步发展适度规模经营。2008年中共十七届三中全会提出，要加强土地承包经营权流转管理和服务，建立健全土地承包经营权流转市场，鼓励转包、出租、互换、转让、股份合作等土地流通形式，支持农业的适度规模经营。2013年中共十八届三中全会明确指出，赋予农民对承包地占有、使用、收益、流转及承包经营权抵押、担保权能，允许农民以承包经营权入股发展农业产业化经营，鼓励发展多种形式的规模经营。

从“允许流转”到“建立健全流转市场”，从“支持农业适度规模经营”到“发展多种形式规模经营”，政府推动土地流转的政策向广度和深度不断拓展。这在一定程度上促进和保障了土地流转的发展。截至2013年末，全国承包耕地流转面积3.4亿亩，流转比例达到26%，经营面积在50亩以上的专业大户超过287万户，家庭农场超过87万个。

2. 土地流转的既有模式

随着党和国家的政策鼓励，全国许多地区陆续在土地流转方面进行探索，涌现出了一批富有借鉴意义的模式。

（1）土地入股模式。20世纪90年代，广东佛山南海区实行农村土地股份合作制。该模式首先明确分区规划，确定股份份额和范围，遵循村集体内部“人人参与，个个有份”的制度设计，考量村集体年龄结构和股份分配的匹配度，考虑人口变动等原则，构建股份合作组织，出租土地或修建厂房再出租，凭股权分享增值收益。

（2）政府服务中心模式。2001年，浙江绍兴试行以建制化的服务中心推动农村土地流转。该县设立了县、镇、村三级土地服务机构。服务机构的主要功能是登记和发布土地供求信息，协调供求双方关系，促成流转。县级服务机构是设立在县土地经营管理总站的土地流转服务中心。镇级服务机构是设立在镇农办内的土地服务站。村级服务机构是村经济合作社，由村经济合作社主任牵头，以村委负责农业的副主任为成员，负责管理村土地流通的日常工作。

（3）民间互换模式。村民为提高生产效率，通过自发互换来归拢土地的活动由来已久。典型的是新疆沙湾县四道河子镇下八户村于2004年的发起土地互换模式，该模式将农户原本分散在3处到4处的土地集中成2处统一种植。2005年，全村所有耕地10,368亩全部实现了互换，滴灌等节水技术普及率达100%，土地利用率提高3%~5%。之后，土地互换模式扩散到四道河子镇下其他6个行政村，土地互换面积达到4.27万亩。

（4）土地市场模式。从2006年开始，福建沙县组织开展土地流通试点。2009年11月沙县建成县级土地流通交易市场。2011年沙县政府成立源丰和金茂两家农村土地承包经营权信托有限公司（此类信托公司是地方政府为探索流转服务市场化设立的专门服务土地流转的公司，在工商行政管理局办理登记，一般与地方土地流转中心等类似机构重合，属于“一套人马、两块牌子”的探索）。运作的模式一般是：村民与村委会建立委托关系，由村委会代表村民进行土地流转的运作；村委会与沙县土地流转信托公司签订信托合同，流转公司按每亩实际干谷产量给农民回报；土地流转公司将土地使用权租赁给农业企业经营。沙县的土地流转实现由政府主导转变成政府指导下的企业运作。

（5）政府主导模式。2007年，重庆获批成为统筹城乡综合配套改革试验区后，在土地流转领域探索出“九龙坡”模式。农民可自愿将土地承包权出租，收取租金。九龙坡区制定相应“土地换社保”政策，凡拥有稳定的非农收入来源，又自愿退出宅基地使用权和土地承包经营权的，可申报城镇居民户口，并在子女入学、就业扶持、养老保险、医疗保险、生活保障等方面与城镇居民享有同等待遇。

以往的土地流转模式不同程度地实现了土地集约化运营的目的，提高了农业生产效率，增加了农民收入，但是这些模式仍存在相应问题。比如，土地入股模式、民间互换模式中，农户自发流转，法律形式不够规范，且单笔流转规模较小，集约程度有限。而政府主导模式，带有较强的行政色彩。市场调节机制作用不足，经营主体发挥作用的空间不够，影响其效率提升和可持续性。此外，以上模式普遍缺乏外部资源，特别是缺乏金融资源来配合土地流转促进农业产业化发展。

3. 信托公司参与土地流转的可行性

信托制度最早即从土地权益转让的需求中产生，至今仍在英美等国被广泛运用于土地权属的维持和流动。我国《信托法》规定的信托财产独立性和长期性等特性能够满足土地流转各方主体对稳定性的需要。同时，信托公司严密的受托管理体系、丰富的资产管理经验和市场化的运性机制能够对保障农户权益和促进流转效率起到应有作用。

（1）建立更为稳定的流转法律关系。我国的农村土地制度以集体所有制和家庭联产承包责任制为基础。国土资源管理制度要求各地区发展农业产业必须以确保耕地保有量为前提。信托公司作为受托人参加土地流转，将充分履行受托人对流转行为合规性和妥当性的谨慎审查义务，确保所参与流转土地活动的主体、目的、各方关系均符合法律法规确定，并预判该活动是否符合国家和地方的长期战略目标。这样就保障了土地流转的合规性。

同时，信托公司作为受托人，在依法与农户或集体组织建立信托关系，以及与经营方建立租赁等关系之前，都会按照相应法律法规的要求，审核农户和经营方参加流转的资质和能力，并设计相应的激励与约束机制来提示对方违约的后果。这种机制的安排，使无论是委托方的农户或集体组织，还是承租方的企业都会更倾向于按照约定行使权力和义务，从而维持稳定的法律关系。

特别是农户土地承包经营权经信托成为独立的信托财产后，在法律上即具破产保护功能，可避免该权利因农户债务纠纷受到限制而影响流转的完整性和持续性。这样可增强对农户、集体组织和经营方的长期预期。

（2）引入金融管理的优势。信托公司作为具有多种资产管理经验的金融机构，通过严密的投资论证程序、丰富的项目管理经验，事先对准备承租土地的经营企业进行筛选。事后还可以通过系统的监管，确保承租土地的农业企业规范运营，进而保护农户的利益。

对于承租土地的经营方，信托公司可以通过融资、租赁、股权等多种金融手段，为其发展提供完备的综合化金融服务。信托公司通过创新的经营模式、灵活的产品设计及严密的风险防控措施，能够多渠道、多方式满足现代农业发展的融资需求。另外，信托公司可以发行投融资信托产品，广泛地吸引城市资本、企业资本、金融资本流向农村，加速形成多元的、长期的农业投入机制。

（3）促进土地使用权资本化。农民通过将土地承包经营权委托给信托公司，获得份额化的信托权益权后，既可参与土地收益分配，还可将其作为资本参与市场融资和交易。随着相关配套法律的进一步完善，农户所持有的信托受益权有可能获得更广泛的运用空间。

（4）提高土地要素配置的市场化程度。比起村民自发流转或政府直接主导的流转，信托公司参与土地流转将能够带来更多市场化元素，提高资源配置效率。信托公司一方面可以发挥研究咨询功能，通过参与经营规划、土地整理、基础设施建设等方式，帮助农户和经营方提升土地利用率，另一方面可以发挥资源整合能力，结合具体土地特征，引入高水准的种子、肥料、技术等提供商，提高农业经营的市场竞争力。

（二）当前土地流转信托实务分析

中信信托、北京信托在2013年相继成立了五款土地流转信托计划，虽然总数不多，在全国土地流转规模中的占比微乎其微，但两家公司推出的这项新业务是在长期研究和调研的基础上产生的，为业界提供了宝贵的经验。

1. 土地流转信托案例介绍

2013年，中信信托和北京信托在安徽、山东、江苏等地先后设立了五款土地流转信托计划。

10月，中信信托、帝元农业公司与埇桥区政府共同推动了第一款土地流转信托“中信信托·农村土地承包经营权集合信托计划1301期”（以下简称“安徽宿州项目”）。埇桥区政府作为相应农户的共同委托人与中信信托签订为期12年的《农村土地承包经营权信托计划信托合同》，并向埇桥区农村土地流转管理部门办理登记备案。受托人中信信托将整理后的土地，出租给帝元农业公司。帝元农业公司同时作为受托人的服务商，按照《服务商合同》进行土地之上的综合种养殖规划经营，完成承包经营权收入等业绩指标。在信托计划存续期内，中信信托可根据投资需求等发行适当规模的B类信托单位，提供土地归集整理与开发的建设资金。此外，当帝元农业公司出现向A类委托人支付租金的缺口时，中信信托还可发行相应规模的T类信托单位募集资金提供流动性支持（见图16–1）。

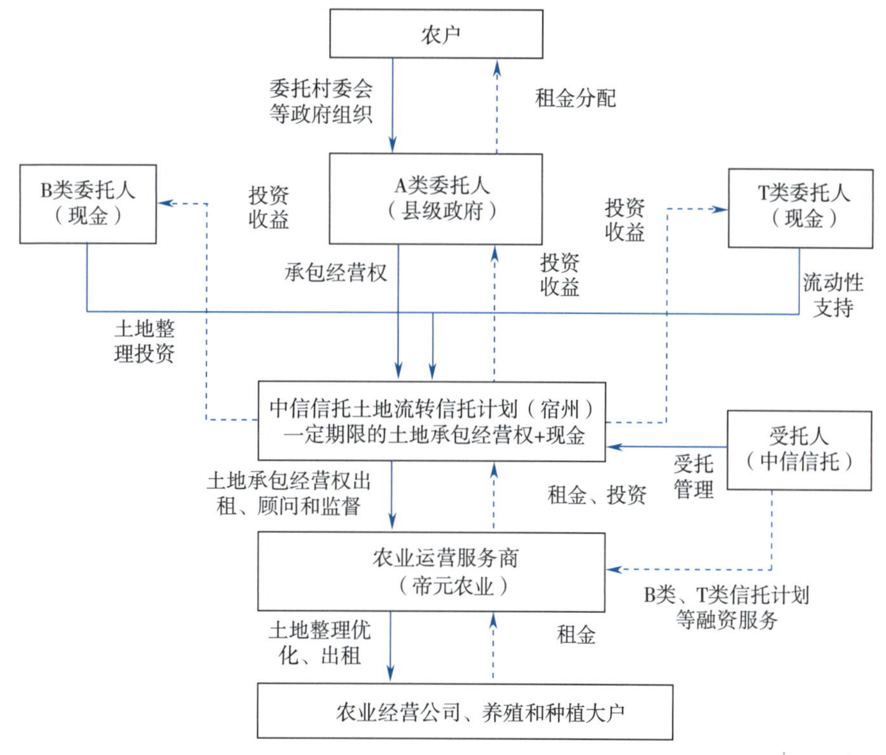

图16–1　中信信托安徽宿州项目交易结构

12月，中信信托在山东青州市设立了一款涉及约1,850亩土地的“中信信托·山东青州农村土地承包经营权流转信托计划”。委托人为当地农民自发形成的合作社，该信托计划选择青州市南小王融和种植专业合作社联合社作为该项目的服务商，目标是将所流转土地项目建设成为现代农业种植基地。

北京信托于2013年11月，在中国水蜜桃主产地无锡惠山区阳山镇落地“北京信托·土地信托之无锡桃园村项目”。由桃园村233户村民共同加入的土地股份合作社以已确权的约159亩土地承包经营权，委托北京信托设立财产权信托，北京信托将土地租赁给当地种桃能手成立的水蜜桃专业合作社（见图16–2）。

2013年11月，北京信托与江苏句容市后白镇相关各方合作，成立了“北京信托·金色田野土地信托”系列土地信托计划（该系列包括1—5号信托计划，以下简称“镇江句容项目”），受托土地规模达到9,928.46亩。该系列土地信托是农民以土地经营权作为出资入股土地合作社，再由土地合作社以土地经营权委托北京信托设立财产权信托。北京信托将受托土地经营权流转给句容市新农村发展实业有限公司。该公司开展农地平整与增肥、农田水利设施建设、农产品物流基地建设、销售网络建设等基础经营，并将整理完毕的农用地流转至专业大户、家庭农场、农民合作社及农业企业等多元化的农业生产主体。

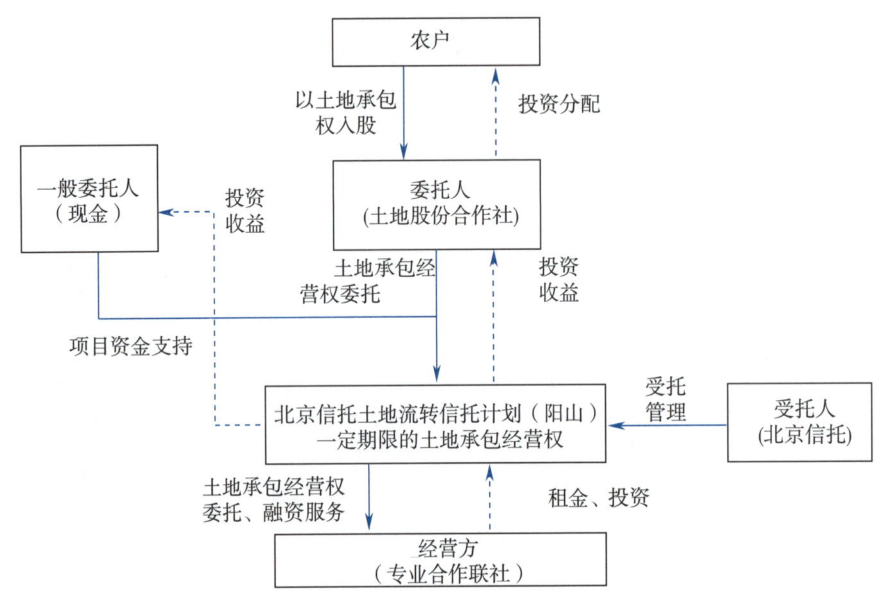

图16-2　北京信托无锡阳山项目交易结构

12月，北京信托第三款土地信托“北京信托·铜陵牡丹农村土地承包经营权信托”（以下简称“安徽铜陵项目”）在安徽铜陵市铜陵县落地。铜陵县为民土地流转合作社将流转的土地作为财产，交由北京信托管理。由铜陵市投资公司、中合供销（上海）股权投资基金管理有限公司及北京信托共同发起的牡丹集团，作为承租经营方，在流转土地上开发种植用于提炼食用油和精油产品的牡丹品种。

表16-1　2013年土地流转信托案例

项目名称	委托人	农户受益（固定部分）	规模	受托人	年限	经营主体	经营方向
中信信托·农村土地承包经营权集合信托计划1301期	宿州县政府	1,000斤小麦/亩/年	5,400亩	中信信托	12年	安徽帝元农业公司	构建循环经济产业示范园区
中信信托·山东青州农村土地承包经营权流转信托计划	土地股份合作社	926斤小麦/亩/年	1,850亩	中信信托	10年	青州市南小王融和种植专业合作社联合社	现代农业种植基地
北京信托·土地信托之无锡桃园村项目	土地股份合作社	1,700元/亩/年	159亩	北京信托	不少于15年	灵俊水蜜桃专业合作社	种植水蜜桃
北京信托·金色田野土地信托1—5号	土地股份合作社	第1至第3个信托年度，水田600元/亩/年、旱田400元/亩/年，以后每三年根据国家保护价上调	9,928.46亩	北京信托	不少于15年	句容市新农村发展实业有限公司	建设综合化果园、休闲农业园区

续表

项目名称	委托人	农户受益（固定部分）	规模	受托人	年限	经营主体	经营方向
北京信托·铜陵牡丹农村土地承包经营权信托	专业合作社	560元/亩/年	513亩	北京信托	不少于12年	铜陵市投资公司、中合供销（上海）股权投资基金管理有限公司及北京信托共同发起的牡丹集团	种植能提炼食用油、精油产品的牡丹品种

数据来源：中国信托业协会和信托公司网站。

2. 土地流转信托模式分析

（1）已成立土地流转信托的差异特征。

其一，代表农户的居间委托人不同。代表农户委托信托公司设立信托的主体有两类：当地政府和土地合作社。前者如中信安徽宿州项目中的当地县政府，后者则普遍存在于2013年的其他项目中。

其二，承租土地的经营主体类型不同。一类是综合经营服务商，如中信信托的安徽宿州项目、北京信托的镇江句容项目和铜陵项目，其土地经营主体均是农业运营服务商，主要是通过土地整理、园区构建、转租土地来盈利。另一类是专业合作社，如中信信托的山东青州项目和北京信托的无锡阳山项目，当地的经济合作社一般由农业经营能手发起，以种植高附加值农作物为主营。

（2）已成立土地流转信托的相同特征。

其一，整体方案为“事务型+资金型”配套模式。这几款土地流转信托项目内部分为前端的事务型信托和后端的资金型信托。事务型信托为土地承包经营权信托。资金型信托将根据项目主体融资需求开发设计，为项目主体提供融资服务，支持后续农业经营，保障事务型信托中农户租金的持续性。

其二，信托形式为批量委托模式。2013年土地流转信托均采用信托公司接受“批量委托”的模式。农户或将土地承包经营权委托给政府机构或土地合作社，最终实现批量委托给信托公司的目的。批量委托模式出现在土地流转信托开展的初期，农户对于信托公司认知程度有限，通过政府或当地组织集中委托，可提高业务开展效率。

其三，经营主体为专业农业经营机构。土地流转信托涉及的土地经营主体，无论是农业运营服务商，还是农业合作社，都具备较成熟的种植技术、成型的加工工艺和稳定的销售渠道。此类机构的盈利能力是整体土地流转成功的关键。信托公司对此类主体的筛选、确定合作机制和后续管理监督，有助于协助其提高盈利能力，确保土地流转各方实现共赢。

其四，信托收益为“固定+浮动”模式。2013年土地流转信托案例中，多数都约定农户享有“固定租金+浮动收益”。农户的收益包括：按约定收到的固定租金、约定的谷物数量或折算金额，以及根据土地增值情况、项目盈利情况，剔除信托费用和经营主体的应享利润后，一定比例的浮动收益。这一模式显示出信托公司充分履行受托职责、实现农户利益最大化的设计。

（三）土地流转信托的趋势展望

土地流转信托尚处于尝试阶段，但具有鲜明的创新意义。这项创新拓展了新的客户群体——拥有土地承包经营权的农户和具备农业经营优势的农业企业，创设了新的交易结构——以土地承包经营权受托管理为基础，事务型信托和投融资信托相结合的整体信托服务方案，开辟了新的运用领域——现代农业产业。未来，信托公司有望以此为起点，在相关领域进一步投入资源、强化能力，提高受托管理能力，借助土地流转开拓农业产业的蓝海领域，培育和提升在现代农业方面的综合金融服务能力。

1. 提高土地流转的相关政策研判能力

土地流转信托在理论上有助于农民摆脱土地的束缚和增加财产性收入，有助于新农村和城镇化的建设等，前景颇为广阔。但是，我国土地流转政策制度比较复杂，因土地类型、地区、作物不同又存在更多具体制度规范。信托公司需要透彻了解相关政策制度，才能对未来土地流转政策进行预判并制定经营战略，才能因地制宜制订土地流转方案，协调地方政府、农业企业和农户来安排流转的目标和经营规划。在国家耕地和生态环境的保护与规划、农业项目类型的各类补贴安排等方面的研究，对于合理安排流转土地产业发展、提高农户收益等方面具有非常现实的意义。在土地流转潜在的巨大信托服务空间的激励下，信托公司将会进一步增进对相关领域政策制度的研究，提高研判能力，为充分履行受托职责奠定基础。

2. 提升农业资源整合能力

土地流转信托的案例提示了信托业在农业产业中的发展空间，也揭示了流转的背后是对信托业投融资管理能力的要求。土地流转信托可持续发展的核心是相应土地上的产业项目能够良性循环、不断产生现金流。信托公司作为土地承包方的受托人，为保障农户的利益必然要筛选合适的经营主体，并结合自身优势为项目的后续经营提供综合服务。因此信托公司为参与和深化土地流转信托，可将大力塑造整合农业经营资源的能力作为重要抓手。信托公司通过整合政策支持、金融支持和科技教育等横向环境资源，改善农业经营企业的发展环境和抗风险能力，通过整合国内外优质种子化肥、机械设施、加工销售等纵向产业链资源，提高农业经营企业的竞争能力和土地产出价值。信托公司将通过不断提升资源整合能力，强化对承租土地的经营方的服务能力，进而增强筛选和监督指导能力，提升综合服务水平。

3. 延伸土地流转新领域和农业金融的新方式

土地流转信托的示范意义在于展示出“三农”领域非常广阔的开拓空间和与时俱进的服务方式。信托公司未来可能在流转土地类型、合作经营方式和指导产业经营几方面呈现多样化和主动化趋势。

由于土地类型的多样性以及信托公司资源禀赋不同，预计未来用于信托流转的土地类型将由耕地和园地向林地、草地和滩涂等更多的新领域拓展，信托公司将不断提升专业能力在新的领域与更多的经营主体开发合作。在政策许可的前提下，土地流转还可能涉及农村宅基地等更具有开发潜力的资产领域。

在流转土地资产多样化的同时，信托公司合作的农业经营方式也将多样化。随着市场竞争的加剧和专业化程度的提高，信托公司将更多地选择与经营方在特色农业、订单农业、产销一体、网络直销和认养农庄等方式上创设产业模式，提供更具有市场竞争力的农业产品，提高土地利用价值。

随着信托公司对农业产业投研能力的提高，其将逐渐具备和提升对流转土地进行中长期产业规划的建议能力，对项目全流程和全市场的方案提供能力，从而进一步实现土地流转受益人利益最大化。

二、家族信托

家族信托是一种信托机构受个人或家族的委托，代为管理、处置家庭财产的财产管理方式，以实现客户的财富规划及传承为目标。家族信托将信托事务与投资事务有效结合，通过信托财产传承和资产管理的一体化运行架构，帮助客户在实现财产风险隔离的基础上进行财富传承。国内家族信托业务越来越受到信托公司等金融机构的重视，也有越来越多的高净值人群希望通过家族信托的安排实现家族财产的传承规划。随着我国高净值客户财富传承需求的愈加强烈，家族信托作为对家族财富进行长期规划和风险隔离的重要金融工具，具有良好的发展前景。

（一）家族信托的发展背景

1. 家族信托的社会需求

2010—2013年，高净值人群的数量和可投资资产仍在继续增加，年均复合增长率超过14%，其蕴含的巨大发展潜力已得到国内外金融机构的普遍认可。在私人财富管理市场持续增长的同时，随着金融危机爆发后众多国际知名金融机构的相继倒闭，许多参与海外投资或购买相关理财产品的投资者损失惨重，使投资者在选择外资银行时变得更为谨慎，转而更加信任中资金融机构的品牌、实力和稳健风格。

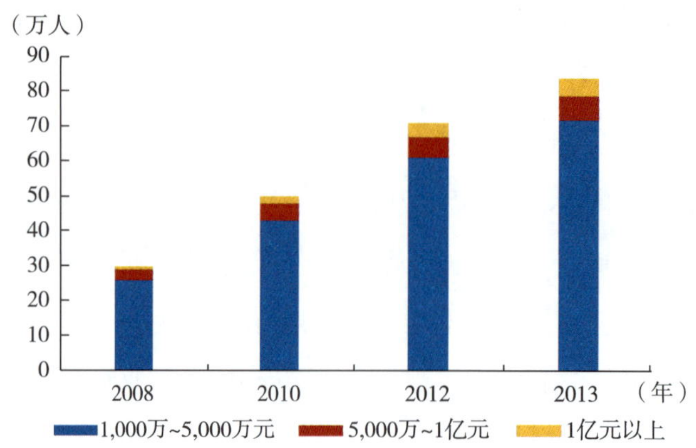

数据来源：招商银行和贝恩咨询公司联合发布的《2013中国私人财富报告》。

图16–3　2008—2013年中国拥有不同规模个人可投资资产的人数

近年来，国内许多高净值人群对专业财富管理的需求逐步被唤醒，其投资理念和风险意识发生了重大转变，由原来的一味追求高风险、高收益转向保守稳健，在追求投资回报的同时更加关注资产的安全性和流动性，并且开始有意寻求更加专业化的资产配置建议。而我国第一批“创富者”也将面临退休，他们对财富传承等方面的需求也有所增加，希望依托专业机构的资产管理能力，获得资产配置、家族治理、增值保值、财富传承等各方面的服务。调查显示，平均资产上亿元的高净值客户其平均年龄达到43岁，平均资产在10亿元以上的其平均年龄达到了50岁,有超过50%的高净值人群开始考虑采用财富传承工具使家族保持兴旺，并且有超过15%的受访高净值人群已经开始尝试接触家族信托。遗产税政策预期、家族财富保障、子女成长支持、家族治理安排以及家族企业进入移交阶段是促使高净值人群开始考虑财富传承的主要原因。这也为信托公司家族信托业务的开拓和发展提供了良好的契机。

目前大部分中国家族所运用的信托模式均是通过境外运作，在全球主要离岸地设立的离岸信托。尤其在中国香港、开曼群岛、泽西岛和英属维尔京群岛，几乎聚集了全球数量最多、规模最大的信托公司。这些信托公司掌握着数万亿美元的资产，其来源当然也包括中国的企业家。据媒体报道，龙湖地产董事长吴亚军、SOHO中国董事长潘石屹及妻子张欣、玖龙纸业董事长张茵等均是通过在海外设立信托来实现家族利益最大化。

2. 家族信托的实践探索

家族信托的最早雏形应该是信托公司开始为客户提供量身定制的财富管理解决方案。早在2002年，信托公司就开始尝试利用跨资产、跨市场、跨领域、跨地域的优势，为各类高净值客户提供专项的财富管理账户。但在2012年之前，家族信托由于业务复杂、条件不成熟，国内相关法规又不够完备，其发展一直缺乏内部动力和外部环境。2012—2013年，监管部门出台了一系列政策要求信托公司培育主动管理能力，尤其是中国银监会主席助理杨家才在信托年会上的讲话，其鼓励信托“回归本源”的意图已很明显。同时，伴随高端客户需求的出现，信托公司开始探索如何开拓家族信托业务。

2012年初，平安信托诞生首款家族信托。该信托由一位40多岁的企业家以5,000万元资金设立，信托期限为50年。根据约定，平安信托将与委托人共同管理这笔资产，并在委托人过世后按照约定将资产给予家族受益人。该信托归属“平安万全组合投资信托计划”系列产品，而该系列之前多为公益项目，本次为首款家族财富传承类信托产品。

从2012年下半年开始，招商银行、北京银行、歌斐资产等机构陆续启动了家族信托管理业务。2013年9月中旬，国际家族基金协会（IFOA）在考察了中国家族基金市场仅半年之后，就正式在北京设立了中国地区办公室。其中，招商银行率先探索对家族财富进行长期规划和风险隔离的金融创新，在银行业推出首个“家庭工作室”，并于2012年正式签约首款财富传承家族信托，从而在银行业实现了此项业务的突破。此后，招商银行又推出了细分领域的“财富传承家庭工作室”，实现对高净值人群财富管理需求的细分，主要服务包括家族信托、税务筹划、法律咨询。其中，税务筹划包括运用信托、离岸公司等工具进行的家族跨境投资税务规划、大股东企业上市税务规划、移民和财富传承的税务规划，法律咨询包括家庭关系中的婚姻资产保全、家族基金设立、境外资产保全等。

与此同时，信托公司也紧锣密鼓地大举进军家族信托领域，在2013年，中信信托、外贸信托、北京信托、上海信托等信托公司也相继启动了家族信托业务并准备筹建“家族财富工作室”，而各家信托公司在家族信托的业务探索上也针对自身资源和能力特点形成了不同的业务模式。其中，以外贸信托为例，外贸信托主要采取与招商银行合作推出家族信托产品的方式，嵌入银行家族信托服务流程和环节。从近年来商业实践看，信托公司提供的家族信托服务与高净值客户的需求和期望仍有不小差距，高净值客户的资产主要以股权为主，资金只占其资产中比较小的一部分。而在实际操作中，只有资金以及金融类资产不存在登记障碍，所以目前双方合作开展的家族信托也仅涉及这两方面资产。由于目前国内法律法规方面的空白，以及信托登记制度的障碍等，国内家族信托能为委托人实现的信托目的仍非常有限。在这种供需的对撞中，家族信托作为信托业转型和开辟新领域的重要尝试，已经被多家信托公司提升到战略高度。

（二）2013年家族信托业务的发展概况

2013年可谓是“家族信托”在中国落地生根的一年。信托公司开始独立或者与银行合作开展家族信托业务，和客户进行直接沟通与全方位接触，充分了解并实时跟进客户需求，并依据客户在不同阶段的实际情况和风险承受能力，发挥信托机制的灵活性，满足客户个性化需求，提供适当的家族信托服务方案。家族信托的模式分析和案例分析如下。

1. 信托公司主导模式

信托公司主导模式主要是由信托公司主导家族信托业务的客户拓展和产品服务。2013年，平安信托推出的“鸿承世家”系列信托产品提供的两大主要功能分为财富传承和资产配置。而财富传承又可以分为设立专项基金、婚姻与血缘风险管理、私人与法人财产分割、公益慈善、多元化财富分配等。

“鸿承世家”系列信托产品在交易结构设计方面突出了信托定制化的特点。第一，该项家族信托产品的总额度在5,000万元以上，期限为50年，性质为单一资金信托；第二，产品的目标客户定位为成功企业家，主要满足其财富规划和财富传承的需求；第三，在信托财产管理方面，信托资金主要投向物业、基建、证券和集合资金信托计划；第四，在投资决策方面，实行委托人与信托公司共同管理信托项下的资产的模式，在重大决策之前信托公司会充分征询委托人意见，如果委托人不在世，则根据相关协议条款或法律执行信托；第五，在投资收益方面，产品不设预期年化收益率，收益分配方案是根据委托人的要求来执行，但参照平安信托现有的

"万全系类"产品资料，预计其年收益在4%~4.5%；第六，在信托费用方面，采用的是固定管理费与浮动管理费相结合的形式，实现受益人与受托人利益的有效结合，固定管理费率为信托资金的1%，信托年化收益率高于4.5%以上的部分，收取50%作为浮动管理费。

2."私人银行+信托通道"模式

银行私人银行部门主导的家族信托具备客户优势和渠道优势，能够在现有银行金融产品的基础上，提供增值服务，满足银行高端客户的多元化需求。在整个家族信托交易结构中，信托公司处于事务管理服务的地位，也承担相对有限的责任。相对而言，信托公司在此类模式中处于较为被动的地位，主动管理作用体现不明显，在一定程度上类似于"通道"作用。

2013年，外贸信托继续加强与招商银行的合作，签约家族信托客户已经超过50个，其在交易结构设计方面的特点也突出了银行在整个家族信托设计中的主导作用。第一，招商银行家族信托设立的门槛是5,000万元金融资产，合同期限为30~50年，性质为单一、不可撤销信托，如果客户有其他需求，只能用其他资产另设一个信托，或者要求在一定范围内更换财务顾问。第二，产品的目标客户定位为招商银行的高端私人银行客户，其中以民营企业家为主，主要满足客户风险隔离和财富永续传承的需求。第三，在信托财产管理方面，信托资产只能接受委托人在招商银行的金融资产，尚不能涵盖实物、不动产以及其他银行金融资产，在投向上也主要限制于金融资产。第四，在投资决策方面，招商银行家族信托采用"财务顾问+全权委托"的模式，虽然信托公司是受托人，但招商银行主导整个信托的管理和运作，并担任信托托管人和财务顾问，投资决策全权由招商银行投资决策委员会决定，并定期向委托人汇报，无须事前征求委托人的意见。第五，在投资收益方面，委托人可就信托资产投资提出一定的收益目标或投资策略，由财务顾问根据目标或策略提出资产配置方案建议，方案取得决策委员会和受托人通过后施行；收益分配方案由委托人根据自身和受益人的需要设定，资产配置方案也会受到委托人收益分配要求的影响。第六，在信托费用方面，财务顾问对家族信托业务的收费机制为"年费+超额管理费"，年费按托管资产的一定比例收取，比例取决于信托的复杂程度以及委托人是否过世，超额管理费按照超出委托人预期收益部分的20%提取；作为受托人的信托公司，则仅按一定比例收取固定费用。

在此之后，外贸信托加强对家族信托领域的探索，逐步推出更具主动管理色彩、更具个性化特征的家族信托产品。在家族信托产品中体现委托人意愿，加强对受益人所作出的约束条件。这些约束条件包括：客户期望就读的大学专业、期望从事的期望、社交圈子的限定、从事的公益事业、未来婚姻条件的设定，以及沾上不良嗜好和触犯刑律导致信托利益支付被剥夺等特别约定。也就是说，倘若委托人的后辈不能完成家族信托中的约定，那么他就很可能会失去获得信托收益的权利。此款家族信托的设立，不仅实现了客户有形财富的传承，也实现了家族的创业文化、道德精神等无形财富的传承，同时还完成了对后辈的人生规划。

3. 私人银行与信托公司合作模式

私人银行与信托公司合作模式是指银行与信托公司形成战略合作，在客户需求分析、产品结构设计以及具体投资策略上各取所长、共同管理信托资产。信托公司与私人银行合作开展家族信托的模式能够有效弥补各自的不足，发挥各自优势。一方面，私人银行拥有庞大的客户群体，能够提升家族信托的接受度，形成客观的市场需求；另一方面，信托公司跨资本市场的运作能力和定制化设计能力，可以提升客户信托资产的配置范围，分散投资风险，落实委托人意愿，从而更有利于信托目标的实现。私人银行与信托公司合作模式，能够做到优势互补、相互支撑，也是在当前市场环境下应用广泛的业务模式。

北京银行与北京信托在2013年推出了信托公司与私人银行合作模式的典型产品，其产品特点是银行与信托公司形成战略合作，在客户需求分析、产品结构设计以及具体投资策略上各取所长、共同管理信托资产。第一，该项家族信托设立的门槛是3,000万元，合同期限为5年以上，性质为单一、不可撤销信托。第二，产品的目标客户定位为北京银行私人银行中企业家客户，主要目的是帮助客户实现家业与事业的平衡和谐，满足客户公益慈善、姻缘及血缘风险管理、私人与法人财产分隔三类需求。第三，在受托信托财产方面，信托财产只能接受委托人的现金存款，未来将逐步引入股权、房产等作为委托财产。第四，在投资决策方面，北京银行和北京信托共同组建由投资顾问、项目经理、执行经理、法律顾问等人员构成的项目团队，共同制定投资策略，执行投资决策。第五，在收益分配方案方面，由委托人根据自身需要进行设定，包括受益人、收益分配条件各项条款。

在家族信托产品的社会推广方面，上海信托积极开展家族财富管理和传承业务探索，2013年与清华大学五道口金融学院联合举办了“首届中国家族信托年会”。会议主题聚焦于中国企业家在创业之后如何传承家族财富和家族理想，并关注全球化资产配置下家族传承中所面临的法律、财税等风险。

（三）制约家族信托业务发展的障碍

1. 制度政策的问题

（1）境内税收政策削弱了高净值客户设立家族信托的动力。一是境内尚未开征遗产税和赠予税，在一定程度上削弱了境内高净值客户对家族信托的需求。二是与离岸信托相比，个人所得税的节税力度不大。从境内的税法精神看，对于境内家族信托的本金分配，因为信托资产转移是非交易行为产生的收入，受益人没有所得税问题，但投资收益分配可能无法回避所得税问题。相比之下，境外信托却有一些税务规划方式可以节省成本，公司在离岸地享受免税待遇，就可合法节省个人所得税。三是不动产装入信托和不动产交付受益人时面临两次扣税，目前以不动产设立信托还不能被权属机关认定是非交易行为。

（2）信托登记制度缺失影响家族信托装入资金以外的复合型资产。根据《信托法》第十条规定："设立信托，对于信托财产，有关法律、行政法规规定应当办理登记手续的，应当依法办理信托登记。"信托财产登记制度建设滞后，使得信托财产独立性、破产隔离等特点无法得到充分的体现，这与信托立法本意不符，制约了股权信托、不动产信托和其他财产权信托的开展和信托功能的发挥，从而影响了家族信托业务的开展。

2. 客户特征的问题

我国正式接受信托制度的时间很短，信托公司开展"信托本源业务"更是从近年来才开始受到重视，社会群体对信托的认知度仍然比较低。人们对信托的接受度不高，将家族财富交予信托公司管理存在心理和认知上的严重障碍，不敢利用信托进行家族财富的管理，客户对信托公司的信任还有待提升。此外，普通民众获取财富的机会不均等导致财富阶层的财富管理缺乏理性，我国的私权保护状况不理想影响家族进行信托的积极性等，这些因素都是制约家族信托深入开展的重要原因。

3. 信托机构服务能力的问题

信托公司缺乏专业化的人才团队，现有从业人员熟识传统的融资类业务，而对于家族信托中各类实物财产、房地产等信托资产的管理能力匮乏。家族信托需要为客户提供会计顾问、法务顾问、私人银行顾问、信托顾问、投资顾问、保险顾问等服务，这需要具有专业能力的团队作为支撑。信托公司归根结底以盈利为目的。在现阶段，需要耗费大量人力、物力，且承担较大风险的家族信托业务，显然没有传统的盈利性信托具有诱惑力。因此在服务能力、资源整合能力以及谈判能力等方面都存在较大的缺陷。

以上瓶颈问题的解决，有待于时间和政策的不断修正和完善，因此现阶段中国高净值人群主要在海外设立信托。即便目前中国境内“家族信托”服务均以投资为主，严格来说它还只是一种“投资理财产品”，远没有达到提供“私人定制服务”的程度。

（四）家族信托业务未来发展的关键

可以预见，在经历了30多年的财富积累期之后，高净值人群考虑的已不仅是通过各种投资方式实现财富持续升值，更多的是寻找一种有效的方式实现财富和事业的传承，而信托由于其与生俱来的独立性、私密性以及灵活性，在财富传承和规避税费方面可以起到更大的作用，正逐渐受到中国高净值人群的关注和青睐。展望未来，信托公司要在家族信托的新兴领域上巩固优势，还需付出更多努力。

1. 提升主动管理能力

信托公司应尽快提高自身的主动管理能力，这样才能充分发挥信托制度的跨市场投资能力。信托公司要积极拓展自身产品与服务的内涵和外延。除了当前财富管理业务中金融产品的供应商之外，信托公司需要为客户提供包含现金投资、房屋与股权等资产的综合管理，乃至税收规划、遗产管理、养老保障等的一揽子服务内容。

2. 以客户为导向

信托公司要开展家族信托业务，必须先将以产品为导向转变为以客户为导向。信托公司要深入了解和挖掘客户需求，制订个性化的财富规划方案。家族信托需要信托公司通过分析委托人的财务状况和风险偏好，以及受益人的财富需求，发掘其财富管理需求，制定财富管理目标以及未来的支出规划，平衡资产和负债，以实现财富保值、增值和传承的目标。

3. 加强品牌建设

获得委托人的信任，是家族信托设立的前提条件。目前整个中国的信用制度尚处于建设过程中。因为信托是以信用为基础的，在信用制度未完全建立起来之前，缺乏对信托的认可以及自然人之间信用制度的缺失，都会制约家族信托业务的开展。对于信托的认可，需要整个大环境的逐渐改变，而信托公司获得委托人信任的出路之一，就是加强信托公司的品牌建设。

4. 加强团队建设

相对于资产投资，信托公司需要为客户提供多层次的风险与收益的投资领域与金融产品；而对于客户服务，信托公司需要从传统的信托产品的提供和服务者向多领域的综合服务提供商转变。参考国外成功的家族信托，其都由获委托人信赖的专业团队亲自持续负责。因此，不管信托公司独立完成还是与其他机构合作，都需要有一个涵盖投资、法律、税务、客服等多方面的核心专家团队。

5. 提供多层次的家族信托产品

鉴于国内家族信托刚刚起步，信托公司必须能够针对不同需求的委托人提供多层次的信托产品，并在这个过程中，逐渐进行客户关系建设、品牌建设、团队建设，完善家族信托创设环境，从而完成信托文化普及，推动信托制度建设。

三、公益信托

公益信托是指出于公共利益的目的，为使社会公众或者一定范围内的社会公众受益而设立的信托。它是委托人将信托财产委托给受托人，由受托人以自己的名义对信托财产进行管理、使用，并按照信托文件的要求将信托财产及其收益用于实现信托文件所规定的社会公益目的活动。信托公司结合制度安排和行业优势在此领域进行了不懈的探索，取得了积极的成果。

（一）我国公益信托的实践

1. 公益信托的社会需求

公益慈善事业是社会文明程度的重要标志。2009—2013年美国年慈善捐款总额约为3,000亿美元，约占其GDP总量的2%，而我国此项占比仅为0.15%。虽然两国存在国情、文化和制度等方面的差异，但此项数据说明我国公益慈善的发展相对落后。随着我国经济实力的不断积累，社会慈善意识增强，国内民众和企业进行公益捐赠的需求日渐提高，迫切需要多种渠道和方式参与公益慈善事业。但近年来个别善款运用不透明、慈善机构内部管理混乱等事件，使慈善组织的公信力下降，直接导致捐赠下降、增速放缓。我国公益慈善事业在原有模式改革完善的同时，也亟待引入新的组织运作方式。

信托公司作为受托人开展公益信托业务具有高效率的结构设计、专业化管理的运作形式、跨市场的资金投资安排、灵活的参与方式以及有效的监督制约机制。特别是资产隔离制度和信托契约关系，为公益信托带了安全性和灵活性。这些因素使公益信托在整合社会资源方面具有独特的优势。因此，信托公司受托开展的公益信托应该成为我国基本公共服务体系的重要支柱，能够促进公益慈善事业的持续发展。

2. 公益信托典型案例与财产运用

（1）典型公益信托案例介绍。2001年颁布的《信托法》中以专门章节规范了公益信托，《信托公司管理办法》也明确规定公益信托为信托公司的重要业务。2002年9月，金信信托推出了“收益捐赠型慈善信托”，该项目由金华市民政局批准设立，是早期对于公益性信托项目的探索。2008年，汶川大地震爆发，公益信托业务有了突破性的发展。银监会办公厅适时发布《关于鼓励信托公司开展公益信托业务支持灾后重建工作的通知》，鼓励信托公司依法开展公益信托业务，这是我国《信托法》颁布后第一份关于公益信托活动的规范性文件。以此为指导，多家信托公司陆续开展公益信托业务。

2008年6月6日，“西安信托5·12抗震救灾公益信托计划”成立，信托资金用于陕西因汶川大地震而受损的中小学校校舍重建，或援建新的希望小学。项目委托人为四家企业，监察人为西安希格玛会计师事务所，该项目获得地方民政部门的批准，受托资金总计为1,000万元，信托计划期限为3年。信托计划成立后，西安信托与陕西民政厅确定了陕西镇巴县5所学校为捐赠对象，项目于当年8月启动，2010年2月开工建设，2010年12月末全部竣工并投入使用。5所学校总共建成7,185平方米的校舍。同年10月16日，百瑞信托推出了“百瑞信托·郑州慈善（四川灾区及贫困地区教育援助）公益信托计划”，项目资金用于支持四川灾区及其他贫困地区的教育事业。项目监察人为郑州慈善总会，该项目获得了郑州市民政局的批准，受托资金为159万元。

2009年重庆信托推出了“重庆信托·金色盾牌重庆人民警察英烈救助公益信托”，项目资金用于救助重庆市范围内特困、伤病、伤残、牺牲的公安民警及其家属和相关人员。项目监察人为大信会计师事务所有限公司重庆分所，该信托由重庆市公安局批准，项目首期募集4,296万元，成为金额最大的公益信托。该项目存续期间可以追加申购、赎回，公益信托本金及收益的运用是基于申请捐助项目的大小、多少决定的。

根据最新一期管理报告（2013年9月发布），该慈善信托累计赚取信托收益4,895万元，慈善支出达7,453万元，慈善基金规模上升至2.2亿元，该公益信托通过投资于企业应收账款、大型信托公司发行的信托计划、向优质企业发放贷款等方式获取收益，展现了信托公司资产管理使信托资产保值增值的优势。2009—2010年，该计划的信托收益高于慈善支出，收益完全覆盖慈善支出；而2011—2012年信托收益低于慈善支出，则使用本金捐赠，体现了公益信托制度的灵活性。同时该公益信托定期在重庆信托官网上向全社会公布信托管理报告，每笔投资、账户资金变化、收入、支出等情况都包含其中，这展示了公益信托尽职与透明化运作的特征（见表16–2）。

表16–2　重庆信托·金色盾牌重庆人民警察英烈救助公益信托运作情况　单位：万元

时间	2009/09	2010/09	2011/09	2012/09
期初本金	4,296	10,574	17,590	18,838
期末本金	10,574	17,590	18,838	22,415
信托收益	975	2,175	785	960
慈善支出	780	1,000	3,109	2,564

数据来源：重庆信托网站的信托计划年度管理报告。

（2）2013年公益信托发展概况。2013年，信托公司共开展公益信托及公益性的信托项目39个，总金额达129.17亿元。

2013年4月20日四川省芦山等地发生大地震，信托业积极救助。2013年4月30日兴业信托成立了“兴业信托·慈善基金信托计划”，项目资金用于支援地震灾区重建工作，覆盖灾区校舍及民生设施建设、伤残人士医疗、灾区群众生活救助等方面。该项目通过与四川省慈善总会合作，委托该会具体负责资助项目管理，并定期向兴业信托提供项目实施情况报告。兴业信托负责审核资助项目进展情况，完成信息披露等其他受托人管理职责。该信托计划快速响应了重大自然灾害中的公益慈善需求，将履行社会责任与金融创新相结合，促进了公益信托实现方式的发展。

2013年11月28日，长安信托推出“长安信托奖学金公益信托计划”，项目资金捐赠给西安交通大学教育基金会，并指定全部用于奖励西安交通大学经济与金融学院优秀全日制在校学生。项目监察人为陕西简能律师事务所，该项目经过陕西银监局和陕西省民间组织管理局审批同意，受托资金163,500元，项目资金为委托人无偿捐赠资金。

2013年11月27日，紫金信托推出“紫金信托·厚德3号公益信托计划”，项目资金用于患重病儿童。项目监察人为立信会计师事务所江苏分所，该项目得到南京民政局批准，由75位捐赠人共计捐出74万元善款。项目管理人包括南京市慈善总会和南京市儿童医院两个单位。

2013年12月30日，百瑞信托推出“百瑞仁爱·天使基金计划”，该信托善款将以收益部分捐赠于脑瘫儿童。项目委托人为9家企业，监察人为北京市长江科技扶贫基金会，初始募资1,100万元，截至2013年末受托资金为1,500万元，受托人和监察人不收取费用。由于仅使用收益进行捐赠，对信托本金的规模要求较大，所以获得多家企业的捐款无疑是该信托成功的关键因素之一。该项目采取了普通集合信托计划的模式，以更广泛的投资范围充分运用信托财产取得的较高收益，百瑞信托以商业信托的模式行使公益信托职能，体现了信托公司灵活制度下的创新精神。

表16-3　典型公益性信托的基本情况

产品名称	成立时间	受托人	初始资金	资金投向	监察人	行政审批部门
西安信托5·12抗震救灾公益信托计划	2008年	西安信托	1,000万元	捐赠给陕西民政厅，用于5所援建学校	西安希格玛会计师事务所	当地民政部门
百瑞信托·郑州慈善（四川灾区及贫困地区教育援助）公益信托计划	2008年	百瑞信托	159万元	用于四川地震灾区和其他贫困地区	郑州慈善总会	郑州市民政局
重庆信托·金色盾牌重庆人民警察英烈救助公益信托	2009年	重庆信托	4,296万元	英烈家属及因工伤残民警、特困民警等	大信会计师事务所有限公司重庆分所	重庆市公安局
兴业信托·慈善基金信托计划	2013年	兴业信托	111万元	用于支援地震灾区重建工作和贫困学子	四川省慈善总会	—
紫金信托·厚德3号公益信托计划	2013年	紫金信托	74万元	患重病儿童	立信会计师事务所江苏分所	南京市民政局
长安信托奖学金公益信托计划	2013年	长安信托	16.35万元	奖励西安交通大学经济与金融学院优秀学生	陕西简能律师事务所	陕西省民间组织管理局
百瑞仁爱·天使基金1号集合资金信托计划	2013年	百瑞信托	1,100万元	收益用于捐赠脑瘫儿童	北京市长江科技扶贫基金会	—

资料来源：根据公开资料整理。

（二）公益信托的进展与问题

1. 公益信托的进展

（1）管理部门更多地给予支持。我国《信托法》第六十二条明确规定：公益信托的设立和确定其受托人，应当经有关公益事业的管理机构批准。未经公益事业管理机构的批准，不得以公益信托的名义进行活动。根据《基金会管理条例》，民政部门为慈善基金会的审批机构。因此，设立公益信托可以将民政部门作为公益事业管理机构，但可以探索其他相应行政管理机构的审批支持。

在设立登记上，各家信托公司积极地与有关部门沟通、协作，从而获得审批。比如西安信托5·12公益信托项目通过与当地政府举行协调会议的形式得到了批准，不过这种由特殊事件影响下的合作，较难以作为一般模式在全国内推广。2013年长安信托的奖学金公益信托由陕西省民间组织管理局审批同意。该机构有民间组织的登记管理和执法监察权，对信托计划的审批为丰富我国公益信托的实践具有积极促进作用。因此，如果能在制度上明确较为宽泛的公益信托审批机关，将有助于公益信托的快速发展。紫金信托的公益信托计划获得当地民政部门的批准也为行业推进公益信托发展提供了积极的借鉴。

（2）产品出现连续化特征。紫金信托的厚德系列公益信托自2011年成立以来，善款所使用的领域由最初向失学儿童提供帮助，扩展到救助困难家庭中罹患大病的儿童等方面。该系列公益信托计划为全部捐赠型公益信托，每年募集的善款全部用于慈善事业。

经过三年的发展，该系列的运行模式逐步形成连续化特征，为其他公司提供了借鉴。该公益信托与江苏省儿童少年福利基金会、南京市慈善总会、南京市儿童医院等机构建立了合作关系，保障了信托计划可以寻找到合适的项目，有利于信托公司常态化地募集资金，而与信托监察人的长期合作可以有效节约信托公司的执行成本，有利于信托公司树立良好社会形象。

2. 公益信托面临的制度障碍

公益信托虽然是信托的本源业务，发展却比较缓慢。其原因是法律规范对公益信托的运作机制规定不明确。《信托法》第六十二条至第六十四条对公益信托的设立、用途、监督做出了规定，形成了我国公益信托认定的三个核心，即成立审批制、纯粹公益性、监察人角色。这本来是为规范和促进公益信托发展的必要规定，目的是防止公益信托被滥用，确保其社会公益形象与声誉，但制度问题使得公益信托的具体操作面临困难。

（1）法律适用不明确。《信托公司管理办法》规定信托公司可以根据法律法规的有关规定开展公益信托活动，为信托公司担任公益信托受托人提供了法律依据，但没有细化的法律条款对公益信托的开展进行规定，这种缺失使得公益信托在开展中常常遇到模棱两可的困境。此外，公益信托的管理事项，如公益信托的设立和成立、检查和目的变更、终止等都可能需要管理机构的批准和监督，但其细则不明确增加了公司实际操作的难度。

（2）审批机制和范围不确定。相关制度规范没有规定明确的审批机制和范围，信托公司如申请设立多个公益目的并存的公益信托，有可能需要逐一取得各相应主管机关的许可，而若申请跨地区捐赠的公益信托则有可能需要取得各相应地区主管机关或更高层次部门的许可，这无疑给该业务开展带来不确定性。

（3）税收激励机制滞后。我国目前关于公益事业的税收优惠主要体现于《企业所得税法》、《公益事业捐赠法》等政策文件。根据财政部2010年颁布的《公益事业捐赠票据使用管理暂行办法》，各级人民政府、公益事业组织和团体在接受公益性捐赠时应该开具捐赠发票。据此信托公司尚无开具捐赠发票的资质。同时，由于捐赠票据实行凭证领购、分次限量、核旧购新等制度，与信托公司合作的相应慈善组织在实践中获取捐赠发票也存在困难。这就造成参与公益信托的委托人较难取得税法中规定的捐赠发票抵税优惠，降低了有意参与公益信托的企业和个人的积极性。

行业人士已经认识到解决上述问题对于公益信托发展的重要意义，并不断推动相应法律和规则的调整和完善。信托业协会在2013年数次召开税制、审批等研讨会议，并推动相关部门协调解决。业界中也尝试以原有单一或集合计划的方式实施公益性质的信托，并取得了多项进展。随着社会需求的继续增加和各方力量的积极推动，公益信托有望尽快成为信托公司常态开展的业务，成为促进我国社会公益事业发展的重要力量。

治理篇

与其他金融机构相比，信托公司横跨货币市场、资本市场和实业市场，信托产品多为非标准化产品，领域的跨界及产品的特性决定了信托公司治理的独特性。这些独特性既为信托业的快速发展奠定了基础，也带来了部分项目风险的发生。本篇将对信托的治理结构进行深入分析，总结信托公司治理机制的变化，旨在还原信托业真实的风险状况，客观评价信托业的风险控制体系，通过构建信托业的风险防御体系，履行以受益人利益为本、充分尽职的信托责任。

第十七章　信托公司的治理体系

现有的监管法律法规构筑了信托制度层面的公司治理及内部治理体系，监管法律法规自身的完备性决定了信托公司治理及内控治理的完善程度，信托公司治理及内控治理的持续改善也需要法律法规的及时指导和约束。制度层面的公司治理及内控治理解决了治理框架问题，而非标准化产品的业务治理则着力于解决信托发展中所面临的市场问题。[①]

一、信托公司治理

通过多年的努力和持续改善，信托公司治理结构日益成为信托公司规范和可持续发展的基石，股东结构、“三会一层”的治理机制建设、监督约束机制建设等方面均实现了极大的提升。

（一）信托公司治理结构

完善的公司治理是企业规范发展和可持续发展的基石，信托公司治理结构的监管一直是中国银监会关注的重点，中国银监会2007年1月发布的《中国银监会关于印发〈信托公司治理指引〉的通知》（银监发〔2007〕4号）、2010年4月发布的《中国银监会关于修订〈信托公司监管评级与分类监管指引〉的通知》（银监发〔2010〕21号）成为对信托公司治理结构进行监督管理的基础性文件。随着国际经济、金融形势的发展，中国银监会着力于进一步优化公司治理运行机制，着重提升决策科学性和制衡有效性，2013年发布了《商业银行公司治理指引》，对商业银行公司治理结构提出了新的要求，对于进一步规范信托公司治理结构起到了积极的促进作用。

公司治理旨在通过制度或机制来协调公司与所有利害相关者之间的利益关系，以保证公司决策的科学化，从而最终维护公司各方面的利益。信托公司治理机制与其他金融机构存在的显著区别是必须遵循受益人利益最大化原则，基于委托人对受托人的信任是信托业务的基础，受托人务必以受益人利益最大化、尽职管理为经营宗旨。信托业的受益人利益最大化与普通公司的股东价值最大化存在很大的区别，只

① 中国银监会主席尚福林指出在2014年银行业监管工作重点中，要深化银行业治理体系改革，就是要完善公司治理体系、完善业务治理体系、完善风险治理体系以及完善行业治理体系，通过四个方面治理体系的完善，深化银行业治理体系的改革。

有实现受益人利益最大化才能实现信托公司自身的企业价值和股东回报率。该治理原则为正确处理股东利益与受益人利益、员工利益与受益人利益、企业经营业务与受益人利益的矛盾提供了指导原则，充分体现了基于信任基础上的受益人利益的保护。

股权结构是公司治理的基础，董事会是公司治理的核心，二者均对公司治理发挥着至关重要的作用。目前我国信托公司的内部治理结构主要由股东大会、董事会和监事会以及高级管理层“三会一层”组成，董事会承担了主要的公司治理职能。

1. 信托公司的股东结构

信托公司的股东（大）会为公司的最高权力机构，对董事会进行授权及监督。

在现有的68家信托公司中，具有地方政府背景控股股东的公司有29家，具有央企、国企背景控股股东的公司有19家，具有金融机构背景控股股东的公司有10家，具有民营企业背景控股股东的公司有10家（见表17–1）。

表17–1　信托公司控股股东性质分类

序号	地方政府背景	央企、国企背景	金融机构背景	民营企业背景
1	北京信托	中诚信托	中信信托	安信信托
2	上海信托	中融信托	平安信托	爱建信托
3	天津信托	外贸信托	建信信托	国民信托
4	重庆信托	英大信托	兴业信托	华澳信托
5	北方信托	昆仑信托	交银信托	四川信托
6	江苏信托	华宝信托	中建投信托	新华信托
7	山东信托	华润信托	华融信托	新时代信托
8	吉林信托	华能信托	金谷信托	云国投
9	山西信托	华鑫信托	长城信托	万向信托
10	甘肃信托	华信信托	中泰信托	民生信托
11	湖南信托	中铁信托		
12	西藏信托	中航信托		
13	陆家嘴信托	中粮信托		
14	中原信托	中海信托		
15	渤海信托	五矿信托		
16	大业信托	国投信托		
17	东莞信托	百瑞信托		
18	国联信托	方正东亚信托		
19	国元信托	厦门信托		
20	杭州工商信托			

续表

序号	地方政府背景	央企、国企背景	金融机构背景	民营企业背景
21	华宸信托			
22	陕国投			
23	苏州信托			
24	西部信托			
25	粤财信托			
26	长安信托			
27	浙金信托			
28	中江信托			
29	紫金信托			

资料来源：根据信托公司年报整理。

2. 董事会构成

信托公司的董事会对股东（大）会负责，并依据《公司法》等法律法规的规定和公司章程行使职权。董事会、董事长依法行使职权，不得越权干预高级管理层的具体经营活动。董事会应制定信托公司的战略发展目标和相应的发展规划，了解信托公司的风险状况，明确信托公司的风险管理政策和管理规章。

目前68家信托公司的董事会成员结构由股东推荐董事、职工董事以及独立董事构成，独立董事的数量大多数为3名，少数信托公司的独立董事为1名、2名或4名。基本符合《信托公司治理指引》中关于独立董事人数不得少于董事总人数三分之一的规定。

各信托公司按照《信托公司治理指引》的要求，设立了包括信托委员会在内的专业委员会，如风险管理委员会、薪酬委员会、战略委员会等多个委员会，不断加强董事会在公司治理中的作用。

3. 监事会

信托公司的监事会是由股东代表、职工等组成的公司内部自律性机构。监事会对股东会和受益人大会负责，代表其行使对董事、经理层的监督权力。68家信托公司强化监事会对董事会及经营层的监督，按照监管要求配备了相应数量的监事。

4. 高级管理层

信托公司的高级管理层根据公司经营活动需要，建立健全以投资决策系统、内部规章制度、经营风险控制系统、业务审批及操作系统等为主要内容的内部控制机制建设，并报中国银监会或其派出机构备案。

（二）2013年信托公司治理的发展情况

1. 不同性质控股股东的信托公司的经营业绩出现分化

从四种不同类型的信托公司2013年平均运行绩效看，无论是在业务收入、净利润还是在信托财产规模上，央企、国企控股类型的信托公司和金融机构控股类型的信托公司均高于行业平均水平。在资本实力上也呈现同样的趋势。地方政府控股类型的信托公司以及民营控股类型的信托公司相应指标的平均值则均低于行业平均水平。这反映出不同股东性质的信托公司在资源禀赋上不同所导致的业绩差异。

当然在不同类型信托公司的内部仍存在着较大的差异，股东资源并不是导致经营业绩出现差异的唯一因素，在股东提供资源支持的同时，市场化的机制对于信托公司业绩影响的力度很大（见表17–2）。

表17–2　　不同类型信托公司经营业绩比较

		注册资本（亿元）	固有资产（万元）	信托资产（万元）	信托业务收入（万元）	净利润（万元）
总体	合计	1,142.65	27,791,967.10	1,080,582,832.78	5,688,938.73	4,420,206.00
	平均	16.80	408,705.40	15,890,924.01	83,660.86	65,003.03
地方政府	合计	375.81	9,015,473.06	324,235,973.82	1,747,841.63	1,413,467.45
	平均	12.96	310,878.38	11,180,550.82	60,270.40	48,740.26
央企、国企	合计	399.00	10,548,080.86	403,245,658.08	1,986,563.79	1,742,339.43
	平均	21.00	555,162.15	21,223,455.69	104,555.99	91,702.08
金融机构	合计	246.80	6,093,749.49	255,644,006.11	1,414,630.90	932,492.30
	平均	24.68	609,374.95	25,564,400.61	141,463.09	93,249.23
民营企业	合计	121.04	2,134,663.69	107,162,223.21	539,902.41	331,906.82
	平均	12.10	213,466.37	10,716,222.32	53,990.24	33,190.68

数据来源：信托公司年报。

2. 对大股东的绝对影响力进行限制，提升公司治理的有效性

2013年银监会颁布的《商业银行公司治理指引》规定：同一股东及其关联人不得同时提名董事和监事人选；同一股东及其关联人提名的董事（监事）人选已担任董事（监事）职务，在其任职期届满或更换前，该股东不得再提名监事（董事）候选人；同一股东及其关联人提名的董事原则上不得超过董事会成员总数的三分之一。通过削弱大股东对董事、监事提名权的绝对影响力，加强了董事会运行的有效性，充分发挥了监事会的作用，进一步提升了公司治理的有效性。目前，已有部分公司按照上述规定对董事、监事提名及构成情况加以改进，促进了信托公司治理有效性

的持续提升。

3. 资本实力显著增强，提升抗击风险能力

随着行业资产管理规模的持续增加，2013年有22家信托公司实施增资扩股，行业资本实力显著增强，有力地提升了信托公司抗击风险的能力。

表17-3　　2013年信托公司注册资本增资情况

序号	公司名称	注册资本（亿元）	注册资本（亿元）
		2012年	2013年
1	交银信托	20.00	36.75
2	华信信托	30.00	33.00
3	华能贵诚	20.00	30.00
4	江苏信托	24.84	26.84
5	中粮信托	14.99	23.00
6	金谷信托	12.00	22.00
7	四川信托	13.00	20.00
8	五矿信托	12.00	20.00
9	国元信托	12.00	20.00
10	中航信托	15.00	16.86
11	中建投信托	15.00	16.66
12	厦门信托	10.00	16.00
13	山东信托	12.80	14.67
14	山西信托	10.00	13.57
15	陕国投	5.78	12.15
16	湖南信托	7.00	12.00
17	方正东亚	6.00	12.00
18	东莞信托	5.00	12.00
19	紫金信托	5.00	12.00
20	新时代信托	11.26	12.00
21	中江信托	10.37	11.56
22	云南信托	4.00	10.00

数据来源：根据信托公司年报整理。

4. 积极引入战略投资者，不断优化股权结构

多元化的股权结构一直是银监会所倡导的方向，但由于历史原因，国有控股信托公司的国有股占比很高，并一直未得到有效的解决。如上所述，在现有的68家信托公司中，具有地方政府背景控股股东的公司有29家，具有央企、国企背景控股股东的公司有19家，具有金融机构背景控股股东的公司有10家，具有民营企业背景控股股东的公司仅有10家。随着信托公司加快转型及加快增资的进程，相当数量的信托公司积极引入战略投资者，实施股权多元化战略，提升自身实力，并加强与股东资源的整合能力。2013年中国人寿受让重庆水务持有的重庆信托股权，成为重庆信托

第二大股东，泰康保险参与国投信托增资扩股，国投信托更名为国投泰康信托，信托公司通过引入保险背景的股东，为信托公司提升公司治理、加强资源整合、提升风险管理技术及合作都起到了积极的作用。

5. 增加适应行业未来发展以及风险管控的组织架构

随着信托业的快速发展，以及加强创新转型的需要，信托公司按照监管层要求，通过新设或从一级部门独立的方式，加快设立研发部，提升了行业的研发力量，为未来提升信托研发水平及促进行业转型奠定了基础。

此外，信托公司为加强风险管控，通过风险制度创新以及新设风控机构的方式，提高尽职调查能力以及全面管控风险的能力。如长安信托新设尽职调查部，负责尽职调查工作，以及组织信托业务培训，解决行业发展过程中尽职调查力量不足的问题。在组织机构上，各家公司非常重视风险管控，不断强化风险管控部门，对风险管理、法律事务以及合规等风控部门进行细分，以提升风险管理能力。

二、信托公司内控治理及业务治理

除了公司治理的持续完善外，信托公司加强了内控治理和业务治理在内的治理体系的完善，内控治理日益向制度完善、流程标准、全面风险管理导向转化，业务治理则不断强化以投资评审制度为基础的制度建设，在主营业务结构、投资者分类、低成本资金渠道建设以及后续管理等方面充分体现了具备信托公司特色的治理体系。

（一）内控治理的构成

信托公司的治理结构解决了信托公司经营方向的问题，内控治理成为影响公司经营水平、决策效率和风险管理能力的关键因素。监管层颁布了《信托公司管理办法》（银监会令2007年第2号）、《信托公司集合资金信托计划管理办法》（银监会令2007年第3号），对于信托公司内部控制建设提出了总体要求，即信托公司应当建立以股东（大）会、董事会、监事会、高级管理层等为主体的组织架构，明确各自的职责划分，保证相互之间独立运行、有效制衡，形成科学高效的决策、激励与约束机制。2007 年3月1日实施的《信托公司治理指引》（银监发〔2007〕4号），进一步对信托公司内控机制提出了具体要求，财政部等五部委于2008年5月联合发布《关于印发〈企业内部控制基本规范〉的通知》（财会〔2008〕7号），于2010年4月联合发布《关于印发企业内部控制配套指引的通知》（财会〔2010〕11号），为监管层出台相关规定指导信托公司建立全面的、有针对性的内部控制体系奠定了基础。

（二）2013年信托公司内控治理机制的发展情况

1. 逐步向全面风险管理导向的内控体系转化

近年来，信托业发生了巨大的变化，信托公司的内部实践也在逐步向以全面风险管理为导向的内控体系框架转变。调查显示，大部分信托公司已经基本建立了内控报告制度，能够进行自评，并根据自评报告纠正内部控制缺陷，以全面风险管理为导向的内控体系五要素也正在逐步建设中。控制活动主要为业务流程控制、授权审批控制、业务合规合法性控制、不相容职务分离控制、会计系统控制等。在监控和信息与沟通两方面，各家信托公司水平差异较大。

2. 逐步向业务流程标准化转化

信托公司业务范围广泛，产品架构灵活，同时也由于其业务流程的非标准性，面临较大的内控漏洞，操作风险较高。2013年，信托公司着眼于及时梳理业务流程，为业务人员开展业务活动提供标准和规范，加强销售环节、尽职调查环节、决策环节和投资交易环节等的监控。通过将政策和程序与战略流程、核心流程和操作流程相结合，将对风险的识别、管理与流程相关联，将风险揭示在每个流程中，并对风险进行有效的监测、评估，并采取措施进行控制，同时明确岗位职责要求和绩效考评要求，提高内控的有效性。

3. 对公司内部制度体系建设实施大规模补充和完善

针对公司自身发展和外界变化，各信托公司不断强化专业的内控体系建设，加快对内部制度的补充和完善，特别是对创新业务的开展给予重点关注，制定和重新修订后的制度、流程和指引能够覆盖公司业务管理的各个方面，厘清制度及流程边界，更加适应管理和实际操作的需要。

信托公司的内部控制体系的建设在公司治理的基础上进一步强化了相关制度建设及执行和检查，进一步夯实了信托公司受托责任的履行。

（三）业务治理的构成

信托公司业务治理机制是在公司治理机制以及内控机制建设下最具个性化的，属于体现非标准化产品特性的经营机制，在受益人利益最大化的原则下，资源禀赋及发展思路各有不同，产生了多样化的业务治理机制。

信托公司的基本定位是作为专业的资产管理机构，以向社会提供优质的财产管理为主要功能。具体而言，公司的主营业务是：以设立单一资金信托计划和发行集合资金信托计划为主要产品形式，从委托人方面募集社会资金，从而实现资产转移过程，并通过股权投资、债权融资、资产融资以及组合投资等丰富的金融工具为企业提供资金支持，完成资产管理过程。

信托公司的盈利模式是站在全面把握整体金融市场的立场和角度，预测并确认经济周期转换、大类资产市场轮动、宏观经济金融政策调控的方向与力度，把握在不同时期的重大业务机会，防范在不同时期出现的不同类型风险，确定公司在各个不同时期对应的主要业务内容和重点投资品种。

信托公司的基本定位和盈利模式决定了信托公司业务治理机制的建设。在实际的运营中，2013年信托公司对业务治理机制的多方面进行了改进，强化了尽职履责的能力，实现了信托受益人利益的最大化。

1. 信托财产和信托业务独立保障机制

为体现受益人利益最大化原则，信托公司将最为重要的自营业务与信托业务实现相互分离，确保信托财产的独立性。固有业务部门和信托业务部门应分别设立，建立自营业务和信托业务的授权体系，明确界定各部门的目标、职责及权限，确保在授权范围内行使相关职责。固有业务与信托业务应分别建账、分别核算。固有业务与信托业务在法律意义上严格分开管理，该制度设计与其他金融机构的自营业务与资产管理业务在监管政策意义上的隔离存在着更强的制度约束性，进一步降低了固有业务与信托业务风险感染的概率，构建了强大的信托业务“防火墙”。

2. 信托业务全覆盖原则

为确保信托财产的独立、安全和完整，信托公司制定了覆盖信托设立、信托财产管理和运用、信托终止与清算各个环节的信托业务管理制度，并建立了规范有效的业务流程、操作规程和风险控制制度。此外，信托业务体现的是一个一个的信托产品，每个信托产品均有自身独立的运行流程及管理，按照相关法律规定，产品与产品之间的交易也受到关联交易的严格监管，因此每一款信托产品之间的风险是隔离的；信托业务中项目风险的隔离构成了坚强的“防火墙”，防范风险在项目之间的转移。

3. 固有业务的安全性及流动性要求

固有业务的办理不得妨碍信托业务的发展，以提高信托公司的资本实力和资产流动性与安全性、积累资产管理经验、更好地履行受托人义务为目的。信托公司的固有业务不包括负债业务，资产业务全部依靠自有资本金完成，并不存在固有业务通过负债放大杠杆的情况，与其他金融机构相比由于杠杆所引致的系统性债务风险并不存在，因此构建了信托风险的一道“防火墙”。

（四）2013年业务治理的发展情况

1. 加强投资者分类管理

信托公司发展的客户基础为合格投资者，这从制度层面确立了信托公司产品目标客户群的风险承受能力。在《信托公司集合资金信托计划管理办法》（银监会令2009年第1号）中对合格投资者进行了界定，即符合相应条件，能够识别、判断和承担信托计划相应风险的人：投资一个信托计划的最低金额不少于100万元人民币的自然人、法人或者依法成立的其他组织；个人或家庭金融资产总计在其认购时超过100万元人民币，且能提供相关财产证明的自然人；个人收入在最近三年内每年收入超过20万元人民币或者夫妻双方合计收入在最近三年内每年收入超过30万元人民币，且能提供相关收入证明的自然人。

合格投资者的界定为了解购买客户具备的风险承受能力提供了一定的基础，但源于非标准化产品风险程度的不同，以及客户风险认识的不同，即使在信托合同中客户签署了风险声明书，信托公司仍需要做好投资者的风险管理，客观需求促使信托公司在合格投资者的基础上需要做好投资者分类，对合适的客户出售合适的产品，进一步加大信托公司承担责任的力度，也促使信托公司在业务开展上更加尽职履责，以受益人利益最大化为基本原则。

（1）加强现有投资者的风险偏好分析工作。经过多年的积累，信托公司已经积累了相当数量的直销客户群体，可以借助大数据分析工具对投资者进行风险偏好的分类。

（2）按照客户分类实施产品设计。按照风险偏好分类的结果有针对性地设计相应的产品，从而体现中国银监会所倡导的“买者自负，卖者有责”的理念，设计合适的产品卖给合适的投资者，有利于不同类型产品的销售，提升产品的多样化。

（3）客户分类成为信托公司转型升级的关键所在。离开了客户的分类，信托公司将不可避免地回到传统业务的老路。通过对客户的偏好进行分类，进而设计出相应的产品，再主动寻找合适的项目和匹配的资产投资，这可构建一条有利于信托公司提升主动管理能力的转型升级之路。

2. 主营业务行业选择向多元化演进

信托公司作为一类资产管理机构，其融资业务因中国经济发展的需要一直具备内在的合理性，同时作为与其他金融机构相区别的资产管理机构，其在合格投资者收益率上又体现出明显的差异性，融资业务的发展及合格投资者在收益率上的要求决定了信托公司业务行业选择上的亲经济周期性。通过对现有信托主营业务的分析，我们可以清晰地看出行业自身的特点。

（1）主要业务处在行业发展的成长期或是接近成熟期。中国的基础设施建设及房地产行业的兴起与中国的改革开放有着密切的关联，在20世纪90年代完成了原始的发展过程，伴随1994年财政改革，地方政府在财权上移、事权下移的过程中为了地方经济发展而大力进行招商引资，这一过程中，基础设施建设步入了快速发展的阶段，同时，房地产行业进入了一个改善居民收入和带动当地经济发展的双重作用阶段。也就是从这一阶段起，房地产行业与基础设施建设进入了高速发展阶段，并且摆脱了初期缺乏规模的发展模式，一大批专业的房地产公司快速发展起来，并且推动房地产市场成为实体行业中最具有影响力的行业，同时，房地产市场也伴随城镇化进程从中国沿海的一线城市迅速拓展到二三线城市，并极大地带动了中国基础设施的配套建设。可以认为，20世纪90年代之后，房地产市场和以地方政府为主导的基础设施建设逐渐进入了行业的成熟阶段。正是这种行业的快速发展，为信托业的发展提供了现实的内在需求。

（2）高投入和高投资回报率。房地产市场和由地方政府主导的基础设施建设的一个令人瞩目的特点就是高投资回报率。房地产和基础设施建设投资具有高额资金投入量和长周期的特点，符合土地资源的稀缺性以及不可代替性。同时，整个房地产投资的实际操作，就是房地产的整个开发过程，即一个投资项目从投入到开发再到使用是一个漫长的过程，在投入市场以后也要相当长的时间才能收回资金。

（3）风险可控。房地产市场的兴起是以中国土地一级市场体制的建立为基础的。信托业介入房地产行业，通常对抵押物要求较高，土地的稀缺性和较高的折价率决定了信托资金进入房地产行业后处在一个系统性风险可控的整体局面内，这也是为什么在最近频频出现个别集合信托产品风险的过程中，整个房地产信托没有出现系统性风险的原因。

另外，基础设施建设通常由地方政府主导，并且在信托资金进入后，地方政府的信誉成为一种隐性担保措施，这种担保的背后是地方政府的财政收入能力，只要在投资过程中合理控制地方政府的债务问题的累积，那么在一定程度上就可以保障基础设施建设投向的信托产品的风险可控。而同样作为顺经济周期的信托公司证券投资业务，也因其高收益，在现有的人力及资源匹配下阶段性地成为信托公司的主营业务，但随着相关法律的明确及市场环境的变化，证券投资业务在信托主营业务中的比重会逐渐缩减，主营业务的集中度会显著提升。

亲经济周期业务往往受到经济速度下滑及宏观调控的影响，无论是房地产信托和信政合作信托的主营业务，还是矿产资源信托和艺术品信托等，在经济下滑时均暴露出项目风险。因此，随着中国经济的转型，信托公司迫切需要发挥自身的优势，构建起顺经济周期、逆经济周期的复合型业务结构，同时着力进入与国家经济转型密切相关的领域，从而避免自身经营受宏观经济调整而大幅调整。如目前以土地流转信托为代表的业务模式，成为创新模式下信托公司的又一新的业务领域。

3. 谋求低成本资金渠道的建立

一直以来，信托业都担负起先行先试、服务于改革发展的角色。信托业服务实体经济的关键除了进行投资者分类外，还包括低成本的资金渠道建设。众所周知，信托公司目前的业务结构天然地选择了房地产信托、基础产业信托作为主营业务，而对于其他实体经济领域而言，其缺乏普遍的高毛利率及投资体量与现有的信托融资成本需求相匹配，这需要信托公司主动发掘和寻找低成本资金的来源，通过降低融资成本，在保持合理的收益水平下，不断扩大服务实体经济的领域，进而改善信托公司的经营结构，推动信托公司的转型升级。2013年无论是对保险资金、社保基金等资金的对接，还是对海外资金的引入，都是信托公司谋求低成本资金的不断尝试。

4. 提升投资评审会制度质量

投资评审会制度建设是信托公司业务治理机制中最为重要的一环，投资评审会制度建设将决定行业选择及交易对手的准入条件。非标准化产品的属性和信托业务横跨三大市场的特点，对信托公司投资评审会的项目评审造成了一定难度。首先，信托公司是最为市场化的金融机构，是中国利率市场化的有力推动者，在中国资产管理市场需求和制度环境尚不足以支撑信托本源业务开展的环境下，以完全市场化推进主营业务开展成为必然。项目来源的多元化需要配套多元化、复合化的评委与之配合。其次，受制于股东背景、资金成本以及风险偏好的不同，信托公司在客户准入方面存在较大的差异，进而影响到投资评审流程及审批的完成。最后，市场化的项目源、不同的客户背景，导致了对于项目评审条件难以做到标准化的约束，项目评审更多地依赖于评委自身经验的积累，这加重了投资评审会制度在业务治理机制中的重要性。

源于上述原因，信托公司投资评审会建设是否完善，是否有足够、合格的评委参与评审，是否建立了匹配的投资评审会制度及流程是信托公司业务治理机制建设的关键。

（1）评委的构成与选拔。针对信托业务和产品的复杂性，构建综合性的投资评审会的投资评委，既包括投资委员会主任委员，也包括专职委员，还包括非专职委员，以及针对特定行业和特定业务的专家委员，进而通过评委来源的多样化，保障评审项目的专业性和全面性。在项目的评审过程中引入营销方面的评委，有利于从销售的角度论证项目的可行性；引入行业专家，则有利于从源头把握行业风险。总之，通过评委构成的多样化和专业化，有利于确保从源头上防范信托项目风险。

（2）准入制度的建设。准入既包括融资客户的准入，也包括合作机构，如营销、评级、评估、审计及法律专业服务机构的准入，信托公司准入制度的建设源于非标准化产品风险的非标准化，很难用特定的风险计量技术或模型对风险进行计量，更多的是通过经验数据以及专家评判法制定的定性和定量的准入标准，从而从源头上进行风险控制。

（3）投资评审会制度建设的细化。对投资评审会制度建设的细化，有利于对于项目风险的深入把握。在实际运行过程中，已经有部分信托公司分别建立了基于固有业务和信托业务的不同投资评审会制度，实现了专业化运作。

5. 加强项目后期管理的有效性

在受益人利益最大化原则的指引下，前期的投资评审会制度建设的好坏决定了项目前期的风险（是优质的还是“带病上马”的），后期管理则是确保优质项目正常运行，及时发现和跟踪带病项目的关键一环。项目后期管理的有效性对于信托风险的管理和防范起到了积极的促进作用。

6. 加强组织架构的适应性及人才体系建设的及时性

一般而言，信托公司的前、中、后台应该保持合适的比例，以确保业务的开展和职能支持及监督的匹配性。在特定的时期，市场化发展需要组织架构向前台倾斜，中后台在短期内发挥内在潜力，但从信托业的常态和可持续发展看，需要建立强大的中后台，以及强大的专业人才支撑体系，这样才有可能坚定地执行公司的战略设想，有选择地开展业务，以防控风险。

总之，信托公司的公司治理、内控治理以及业务治理构成了信托公司业务经营及风险管理的基本制度框架，其发展受到法律制度及监管政策的制约，同时也受到市场环境变化的影响，其既具有自身的特性，也具有自身的柔性。对于正处于转型关键时刻的信托业，需要外部法律及配套制度的完善，需要监管政策的积极支持，以进一步完善信托公司的公司治理、内控治理。信托公司需要积极根据自身资源禀赋，充分发挥自身优势，构建适应市场发展的业务治理机制。

三、信托公司治理体系的发展展望

我国信托业目前仍处于相对快速发展阶段，业务规模迅速扩大，公司治理水平亟待提升。目前国内信托公司仍以国有大股东控股为主，尤其是央企和金融企业控股的信托公司发展较快。未来随着信托市场的不断成熟，信托经营范围的不断拓展，信托业务与其他金融业务交叉程度的不断提高，民间资本进入金融行业的门槛的不断降低，信托公司的上市需求将不断增加，传统以国有大股东控股、金融集团交叉销售的模式可能难以持久，信托公司内部公司治理模式的完善对未来发展的作用可能会越来越大。

作为受人之托、代人理财的信托公司，其公司治理体系应当是稳健的，并体现受益人利益最大化的基本原则。未来，信托公司的治理将强化信托公司“三会一层”的治理机制，突出监管层的外部监管，从健全的组织结构、清晰的职责边界、明确的决策规则和程序、有效的激励和监督机制、充分的信息披露和透明度、合理的社会责任六个方面不断完善信托公司治理的各项基本要素，从而构建更加完善、更加合理、更加有效的公司治理体系。

（1）健全的组织结构。目前大部分信托公司都按照监管部门的要求，建立了包括股东（大）会、董事会、监事会和高级管理层在内的公司治理架构，董事会中设立了一定数量的独立董事，同时建立了包括信托业务委员会、审计委员会、薪酬与考核委员会、风险管理与关联交易委员会在内的多个委员会，公司治理组织架构日益健全。未来仍需要信托公司在健全的组织架构方面加以完善和努力。

（2）清晰的职责边界。清晰的职责边界是确保信托公司各治理主体独立运作、有效制衡的基础。我国《公司法》和监管部门的公司治理文件都致力于厘清信托公司各治理主体的职责范围。清晰的职责边界包括职责明确、履职要求明确、问责明确三部分的内容。从目前我国信托公司的治理现状看，各治理主体都存在职责边界有待进一步明晰的问题，如董事会的监督职责和监事会的监督职责、董事长和总经理的管理职责等。

（3）明确的决策规则和程序。信托公司应当清楚、明确地规定股东（大）会、董事会、监事会和高级管理层等各个层次决策的规则和决策程序，确保公司治理运作顺畅有序。

（4）有效的激励和监督机制。激励机制是信托公司治理的重要组成部分。当前信托公司薪酬延期支付措施的推出，改变了过去激励短期化的特点，有利于实现管理人员和员工的利益与信托公司的长期利益相一致。监督机制是公司治理的另一个重要方面。一方面，信托公司应当具备足够数量的、独立且合格的内部审计人员，内部审计人员应当向董事会负责；另一方面，信托公司需要进一步增强外部审计师的独立性，对其工作应当定期评价，原则上也应对其有所更换。同时，监事会要充分发挥其法定的监督作用。

（5）充分的信息披露和透明度。充分的信息披露和透明度有利于加强对信托公司的市场约束，督促其提高经营管理水平。

（6）合理的社会责任。信托公司是服务于公众的企业，既是以盈利为目的的商业机构，也是社会公共基础设施的一部分，因此必须承担一定的社会责任，必须以较高的道德标准要求和规范其行为。现在，社会责任问题已经引起了一些信托公司的重视，已有数家信托公司对外披露其社会责任报告。合理的社会责任承担，对于提升信托公司价值、促进信托公司的长期发展具有重要意义。

第十八章 信托公司的风险管理体系

风险管理体系包括风险管理的组织体系、制度、程序、技术和方法等。创建健全的风险管理体系，就是要确保董事会和高级管理层对公司风险的有效监控，有完善的风险管理政策和程序，以及完善的风险识别、计量、监测和控制程序、完善的内部控制和独立的外部审计、适当的风险资本分配机制。信托公司的风险管理体系是一项系统工程，公司治理、内控治理和业务治理都成为影响风险管理体系构建的重要因素。

一、多重风险防线构建信托公司的风险管理结构

在现有信托公司的公司治理、内部控制及业务治理机制下，信托公司形成了独特的风险管理体系。该风险管理体系的运行对于风险防范和管理构筑了四道防线。

纵览各信托公司的风险管理组织架构，大致可概括描述为“四道防线并行的垂直管理模式”，董事会（及专门委员会）、高级管理层等对四道防线的风险管理活动进行垂直管理。

第一道防线主要由业务部门搭建，承担一线风险管理职责。业务主办部门按照公司风险管理制度与业务操作流程开展信托业务、固有业务和中间业务，在尽职调查、产品设计、资金募集、贷后投后管理、信息披露、终止清算等整个业务过程中对信用风险、市场风险、操作风险、法律政策风险等主要业务风险进行管理。

第二道防线由风险管理部、合规管理部、信托财务部等中后台部门搭建。中后台部门通过业务方案审核、过程监测、账务管理、证照及档案管理等方式，负责对其工作范围内的各项风险进行管理，同时对业务主办部门负责管理的风险管理事项进行平行监控，监督各项风险管理措施的落实。

第三道防线由稽核审计部搭建。稽核审计部负责对公司业务运行过程与结果进行独立的审计检查与监督，对公司风险管理运行过程和结果进行监督与评价，并向公司高级管理层及负责审计和风险管理的专业委员会汇报。

第四道防线由董事会和监事会搭建。董事会通过与高级管理层的互动、沟通，及时掌握及把控重要业务发展事项，遇有特殊情形迅速向股东（大）会报告；同时，董事会也对公司风险管理运作过程和结果予以高度关注，并加强制度、文化、效能建设。

四道防线构成了信托公司防范风险的防护网，为信托公司的经营发展保驾护航。

二、信托公司风险管理方式及方法的特色突出

信托公司经营领域横跨货币市场、资本市场以及实业市场的特性决定了信托公司在风险管理的方式以及方法上呈现出与其他金融机构不同的特色，这体现了信托公司风险管理对信托产品非标准化特性的适应性。

（一）股东偏好决定信托公司风险管理偏好

就目前的信托公司风险管理而言，股东偏好对信托公司风险管理偏好起着决定性作用。根据中国信托业协会的问卷调查结果，在企业风险管理活动中，76%的信托公司认为股东起到很重要的作用，16%认为重要性中等，只有9%认为重要性一般。股东对信托公司风险管理的影响体现在：股东的要求决定了信托公司的文化、治理结构、制度建设等方面的风险管理体系建设，股东的风险偏好影响着信托公司的风险管理决策和效率，股东的入股意愿和支持力度对信托公司确定合理的风险承受水平有重要影响，股东的投融资经验及相关风险管理体系可以向信托公司传输，股东平台可为信托公司创造相关业务便利等方面。

（二）风险管理模式各有特色

风险管理是指风险管理者采取各种措施和方法，消灭或减少风险事件发生的各种可能性，或者减少风险事件发生时造成的损失。对信托公司而言，其风险管理模式主要体现在信托项目的评审制度上。中国信托业协会的问卷调查结果显示，大多数信托公司根据所评审项目的性质划分项目评审岗位，也有某些信托公司按信托业务类别或项目所在区域进行划分，信托公司采用的评审模式有分级授权审批（占2%）、评审会审批（占20%）、分级授权审批与评审会审批相结合（占78%）三种方式（见图18-1）。

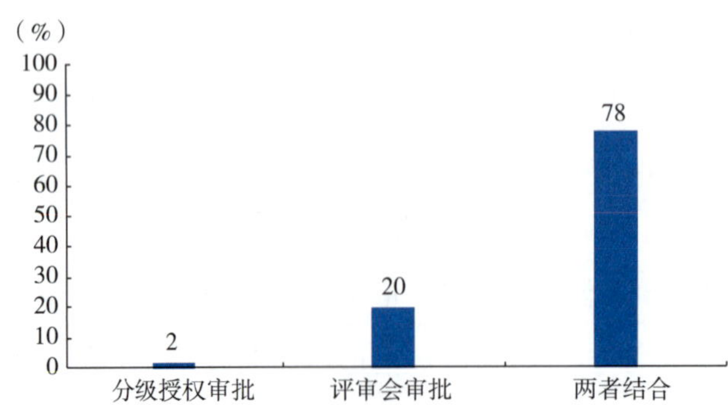

数据来源：中国信托业协会。

图18-1　信托公司评审模式占比

分级授权审批是指信托公司根据业务量、管理水平、信托业务风险度确定各级分支结构的审批权限，超过审批权限的项目，应由上级审批。为使信托业务能够有效地开展，提高效率，信托公司总部对其分支机构可进行分级管理和授权，这种分级管理和授权体现在具体的业务上就是项目的分级授权审批制度。

评审会审批是指信托公司的投资评审会负责全公司范围内各项项目的审查和决策，各分支机构没有对项目进行审批的权限。为加强公司投资评审会的决策效率和决策质量，有效防范风险，有的信托公司还建立了兼职评委制度及兼职评委后备人才库，由部门负责人、业务骨干、外聘专家等担任兼职评委；在召开评审会会议时，从兼职评委后备人才库中随机抽取本次的兼职评委人员。

分级授权审批与评审会审批相结合的方式则吸收了以上两种模式的优点，首先由各分支机构的业务审查团队对项目进行风险预审并出具审查意见，项目通过预审后才能提交至公司的投资评审会进行审批，投资评审会对项目的信用风险、市场风险、合规风险、法律风险和操作风险等进行综合分析和评估，在确保项目依法合规的前提下，综合业务审查团队的审查意见进行表决。在分级授权审批与评审会审批相结合的风险管理模式下，通过多重把关、多维考察的审批机制，信托公司对各项业务进行全方位的审查，以确保信托财产的安全。

（三）信托公司的风险管理的理念、方法体现出多样性

根据中国信托业协会的问卷调查结果，信托公司的风险管理部门岗位设置和员工数量占比（5%左右）情况大同小异；大多数信托公司已建立了独立于项目审核职能的存续项目风险管理岗位；关于风险管理信息系统的建立情况，不少信托公司已初步建立了自己的风险管理信息系统，但仍需要进一步加强系统的建设；关于风险管理的软件系统，64%的信托公司采用了专业的业务信息系统，部分信托公司已拥有了多个针对不同业务类型的系统（如针对资本市场投资的绩效系统、针对证券业务的软件、针对伞形结构化信托证券投资及风险管理的软件、针对房地产项目进行专门管理的软件、对资产进行管理的综合业务平台等）；关于利用人民银行的贷款卡系统，信托公司的风险管理人员可亲自查询系统的比例占67%，可亲自查询人民银行个人征信系统的信托公司比例占47%。

在风险评级方面，51%的信托公司对交易对手进行风险评级，能够根据交易对手所处行业类型的不同采用不同的风险评级模型的信托公司占其中的61%。另外，56%的信托公司对信托项目进行风险评级，其中76%的公司根据产品类型的不同，

采用了不同的风险评级模型，52%的公司建立起了覆盖全部信托产品的风险评级模型（见图18–2）。

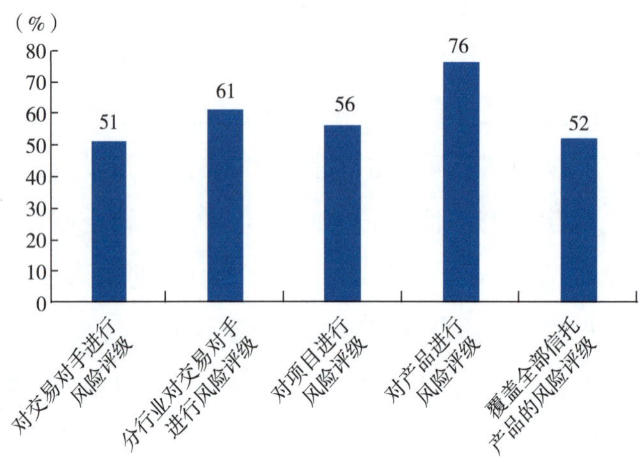

数据来源：中国信托业协会。

图18–2　开展风险评级信托公司占比

在融资类项目评审中，信托公司风险管理部门进行独立现场考察的参与度有较大差异。调查结果显示，在独立现场考察的项目占全部融资类项目的比例上，有20%的信托公司参与比例高达90%，参与比例介于50%~90%的信托公司占13%，参与比例介于10%~49%的信托公司占31%，而参与比例低于10%的信托公司占36%（见图18–3）。

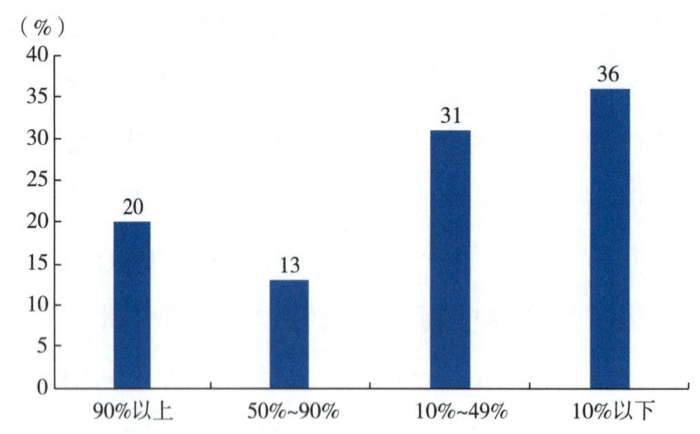

数据来源：中国信托业协会。

图18–3　信托公司风险管理部门参与独立现场调查的占比

信托公司较为普遍地委托或聘请第三方参与尽职调查。调查显示，委托或聘请第三方参与法律尽职调查的信托公司的比例占78%，参与财务尽职调查的比例占49%，参与资产评估尽职调查的比例占89%（见图18–4）。

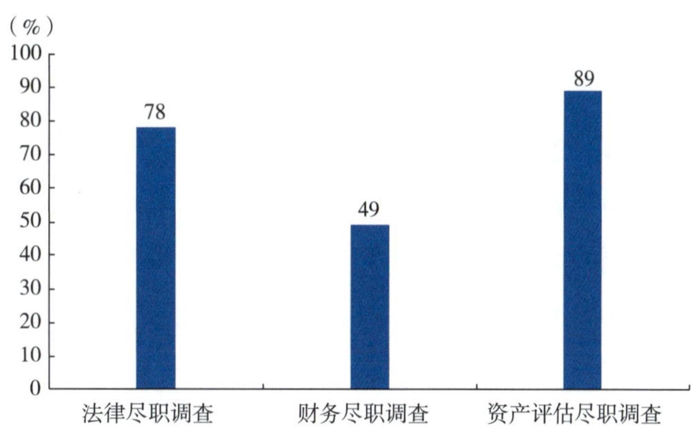

数据来源：中国信托业协会。

图18-4 第三方参与尽职调查比例

信托公司普遍重视风险的集中度管理。调查显示，69%的信托公司对单一客户集中度进行监控管理，76%的信托公司对集团客户集中度进行监控管理，69%的信托公司进行行业集中度管理，53%的信托公司进行区域集中度管理，44%的信托公司进行产品集中度管理（见图18-5）。

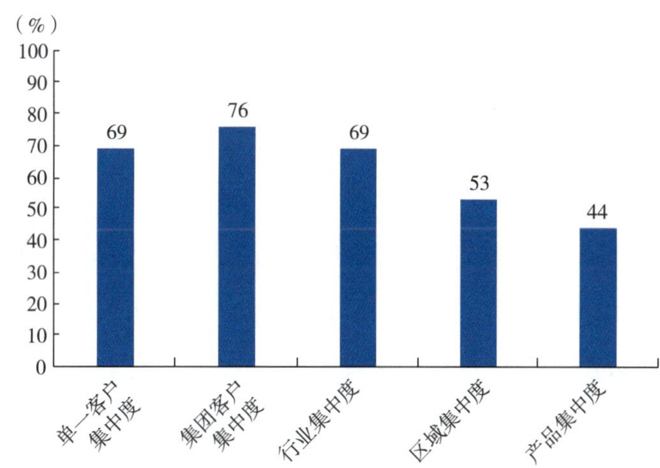

数据来源：中国信托业协会。

图18-5 信托公司风险集中度管理各种情况占比

（四）风险管理策略多样化

（1）风险分散：通过差异化的业务类别、多样化的行业投向、组合型的资产运用方式等方法，以达到分散和降低风险的效果。信托公司通过分散资产投向和投量，实现风险的分散。在实际的业务运行过程中，选择不相关或负相关的资产形成资产组合，有效地实现风险的分散。源于证券市场账户停开以及证券市场的低迷，信托公司业务逐步向房地产以及政信业务集中，其他业务占比非常低，应该说信托公司的风险分散仍不到位，由此也导致了在经济下行情况下信托公司项目风险的暴露，引发了社会上对信托公司系统性风险的担忧。

从信托公司降低风险的风险分散策略看，可分为随机分散和有效分散策略。随机分散是依靠业务组合中每种业务规模、资产数量的增加来分散风险，但每种业务和资产数量的选择是随机的；有效分散策略是运用资产组合理论和有关数学模型对各种选择进行分析，根据其各自的风险和收益特点和相互之间的相关关系组成在确定的相应风险水平上期望收益最高或者在确定的相应收益水平上风险最小的组合。有效分散风险的策略要求准确地预测数据，要通过复杂的计量模型和计算技术来实现。分散策略的具体实施尚需要信托公司风险管理技术的提升和信息技术的支持，从行业发展看，该策略又是不可或缺的。

（2）风险对冲：通过投资或购买与标的资产收益波动负相关的资产或衍生品，来冲抵标的资产潜在的风险损失，尤其是当两种资产的风险完全负相关，即相关系数为-1时形成完全对冲，投资风险被完全抵消，用风险对冲策略来管理风险的关键在于对冲比率的确定，这一比率直接关系到对冲风险管理的效果和成本。

目前信托公司并没有将风险对冲纳入风险管理的工具中，一是因为风险对冲工具的复杂性，二是非标准化的信托产品的风险对冲尚难以找到合适的全面对冲工具，三是信托业主营业务——房地产信托业务前期处于景气阶段，缺乏风险对冲的心理准备。

（3）风险转移：通过设置抵（质）押或保证、出售或转让高风险资产、专项风险管理外包、配置固定收益型资产、购买保险等方式，将风险全部或部分转移至外部相关方，降低风险暴露水平。风险转移策略管理最为有效的是针对由共同因素引起的系统性风险。保证成为目前信托公司主要的风险转移手段，即信托公司和保证人约定，当贷款人不履行债务时，保证人按照约定履行债务或承担责任。保证作为风险转移手段的效力取决于保证人是否有保证资格及是否具备保证实力。在实际操作过程中，尽职调查不充分、不深入使抵质押、保证的落实大打折扣，诱发了信托项目的风险暴露。

（4）风险规避：对超出自身风险承受能力的风险，通过放弃或停止与该风险相关的业务活动以避免或减轻损失，简单地说就是不做业务，不承担风险。风险规避策略的应用对象是金融机构不擅长承担和管理的非目标风险，以及超过金融机构资本金承受范围的过度风险和不具有适当风险溢价的不当风险，其局限性在于它是一种消极策略，不能成为金融机构主导的风险管理策略。

信托公司出于风险偏好及自身资源禀赋和专业优势的考虑，根据项目的情况对收益与风险进行分析、比较，对超过信托公司风险承受能力以及收益不足以弥补风险的项目予以回避。

（5）风险补偿：在事前，对于无法通过风险分散、风险对冲或风险转移进行管理，而且又无法规避、不得不承担的风险，可以采取在交易价格上附加风险溢价，即通过提高风险回报的方式，获得承担风险的价格补偿，或通过计提风险准备金，作为损失补偿。

信托公司通常通过产品定价、提高信托管理费、收取抵押或质押品等形式来弥补所承担的风险。

① 抵押或质押贷款。以借款人的财产作为抵押或质押品的放款，当借款人不能履行债务时，信托公司有权按照法律规定以财产折价或者以拍卖、变卖该财产的价款优先受偿。

② 产品定价。通过产品定价对风险进行补偿。

③ 提高信托管理费。对于管理技术复杂、风险较高的项目，信托公司可以通过提高信托管理费的收取来补偿信托公司所承担的经营风险。

（6）风险控制：采取内部控制手段降低风险事件发生的可能性与严重程度。在损失发生前，对面临的风险种类和性质、风险产生原因、损失发生过程、风险事件可能产生的影响及其程度等方面进行深入具体的分析，并在此基础上，预先采取防范性措施，以防止损失的实际发生，或降低发生损失的可能性与严重性。其也成为信托公司进行风险管理的重要策略，并在实际的风险管理实践中发挥作用。

三、2013年信托公司的风险事件

信托公司作为金融机构，其经营本质就是经营风险、防范风险，使风险处于可容忍和可承担的范围内。根据2013年媒体的公开报道，信托业发生集合资金信托风险事件13起，上述风险项目大多数已进入司法程序，共涉及11家信托公司，项目数量较2012年有所上升。其中，投资类信托项目1个，融资类信托项目12个，这与当前信托公司投资类项目占比较低的业务结构相匹配。从信托项目的行业投向看，这13个信托项目风险事件中，涉及房地产信托的有9个，涉及矿产信托的有3个，涉及证券投资信托的有1个；从数量占比看，房地产领域的信托风险事件占比超过60%，是风险爆发的主要领域。而从风险项目的绝对金额看，矿产信托仍是主要风险领域。13

个风险项目与行业年新增超过1万个项目相比而言，风险发生概率仅为0.14%，该比例显著低于整个金融行业中的不良率的平均水平，从风险项目涉及金额与信托受托管理的11万亿元资产规模对比看，涉及金额也处于相当低的水平。此外，针对上升的信托项目风险发生，银监会也从制度上构建了更为完善的信托业风险防御体系。从上述13个风险项目的最终化解结果看，信托公司均较好地实现了项目的平稳兑付，履行了信托公司的受托责任，避免了信托受益人利益损失，践行了信托受益人利益最大化原则。

从上述13个风险事件看，信托项目风险主要来源于四个方面：一是宏观经济下行风险，二是交易对手违约风险，三是信托公司尽职调查不充分风险，四是政策风险。

（一）宏观经济下行风险

宏观经济下行使得一些行业风险累积，部分行业甚至出现全行业性的亏损或经营恶化，导致信托项目发生风险事件。比如，在煤炭价格下行、煤炭市场低迷的情况下，作为融资方的某煤炭企业面临资产负债率高企、现金流进一步收缩的困境，从而导致了信托项目风险事件的发生。对于发生风险事件最多的房地产信托而言，受宏观调控政策影响，部分房地产企业无法按照预期销售房屋及取得项目运营所需资金，导致资金回流和项目运作出现问题，偿还信托本息存在较大的不确定性。

宏观经济下行风险是所有实体企业以及金融机构面临的共同风险，也是系统性风险所在，宏观经济下行成为信托公司现在乃至较长时期内面临的最大风险；信托公司应当充分加强对宏观调控政策和经济走势的预判，并以此指导具体业务的开展。

（二）交易对手违约风险

交易对手违约风险是信托公司业务经营的主要风险之一。信托公司的交易对手应尽可能让信托项目组了解其经营管理现状、债务总体情况等信息，以降低双方的信息不对称程度，从而有利于信托公司为其设计合理的信托产品。然而，在实践中，交易对手的不诚信、恶意违法、经营管理不善等行为，导致了信托风险的出现。

在某些信托风险事件中，信托公司的交易对手存在高额民间借贷、违法预售等严重不规范情形，为了实现补充资金的目的，部分企业甚至不惜编造虚假信息或隐瞒对自身不利的信息。不诚信的行为令融资企业过度负债，让信托资金暴露在更大的风险隐患下；在企业经营不善、无法实现预期的收入水平时，信托项目的第一还款来源将得不到保障，甚至抵押物也可能存在重大瑕疵，导致信托项目出现风险事件。交易对手的违约风险是客观存在的，在开展信托业务时，信托公司应当注重遴选交易对手，对于存在重大资信问题的交易对手，如涉及高额民间贷款的，无论其是否能够提供足额的抵（质）押担保，信托公司都应当避免与其合作。

（三）信托公司尽职调查不充分风险

尽职调查是信托项目事前风险管理的重要环节，是信托项目前期论证的重要步骤。然而，从已发生的风险事件看，部分项目正是因为前期尽职调查存在漏洞，才为信托项目后期运作埋下了风险隐患。尽职调查存在的漏洞包括对交易对手的财务及债务信息了解不充分、未能准确评估交易对手的经营管理水平、对信托资金的用途不够了解、高估抵（质）押物的价值、忽视抵（质）押物存在的瑕疵等方面。

信托公司的项目分散在全国各地，但信托公司没有银行那样数量庞大、根基深厚的营业网点，对于交易对手缺乏了解，但是信托公司仍应通过公开渠道获取和验证交易对手的信息，而不应单纯依赖交易对手的自觉。随着行业的发展，信托公司会对自己的员工提出更高的要求，以较高的专业标准实施尽职调查，甚至在部分项目中聘请独立的第三方机构提供尽职调查服务，这也是未来的发展方向。

除尽职调查不充分外，部分信托公司还存在着对项目过程管理不力的问题。例如，在有些风险事件中，虽然信托公司设计了较为严格的放款、账户监管等条件，但融资方仍然通过虚增合同或伪造印章等手段，擅自将信托资金用于其他目的。参与目标公司的治理、资金监管、设置保证金账户等已经成为信托公司常用的风险管理手段，未来信托公司应当强化对信托项目的后期管理工作，加强对交易对手的定期回访，凭借对特定行业及专业知识的掌握不断提高介入能力，避免各种风险管理手段流于形式。

（四）政策风险

目前，我国关于信托的法律法规及配套制度尚不完善，比如信托登记制度的缺失导致信托财产与其他财产的边界模糊，不利于信托财产独立性的认定，信托合同中的强制执行条款在司法实践中存在一定的争议。在信托项目出现风险时，诉讼和强制执行是一种救济途径，然而由于信托相关的法律法规本身就很不完善，信托公司的业务操作在司法领域难免存在较大的争议，信托公司通过司法途径主张其合法权利时，可能得不到司法机关的认同。

四、信托公司的风险管理机制持续改进

目前信托公司的风险管理机制具有自身的独特性和多样性，但也与适应未来发展

所要求的信托风险管理体系存在一定的距离。2013年风险项目数量上升，客观上要求信托公司不断借鉴和探索新的风险管理手段和策略，构建更为完善的风险管理体系，并进行持续的改进，以实现受益人利益最大化。实际上信托公司通过对风险项目风险的化解，进一步提升了风险管理的意识，提高了风险的处置能力，加快了风险管理的及时性和有效性。

（一）业务选择的预判——从源头上对风险进行控制

从上述信托公司的风险看，最大、最根本的风险来源于经济下行所带来的风险，即系统性风险，而且从中短期看，该风险并不能得到显著的改善，因此对于风险的把控首先要从业务选择预判上着手，从源头上对风险进行控制。

通过对宏观经济走势及行业发展趋势的提前研判，在构建信托公司四道防线的基础上进一步将风险防范前置，从源头上降低风险发生的可能性。

（二）建立信托公司内部分类管理及评价机制

通过建立信托公司内部分类管理及评价机制，化解由于经验不足或者尽职调查不足等带来的信托项目风险，从而在制度上化解和约束风险的发生。在信托公司标准流程的基础上，由相关职能部门分别制定相应的业务部门考核指标，并根据考核情况从尽职调查、立项审理、项目评审、合同拟定、签约登记、贷后管理等各方面对业务部门进行分类监管评价，同时采取差异化的风险管理措施。通过逐步建立项目经理分类管理模式，对项目管理较好、业务能力较强的部门和项目经理给予更多的业务支持，鼓励业务拓展和创新；对项目管理较薄弱、业务能力有待提高的部门和项目经理将限制其业务的发展速度。

（1）通过分类管理，以前端业务支持作为激励，能够更好地督促项目经理加强项目的风险管理，严谨规范地管理项目，尽职尽责地履行受托人职责。

（2）通过分类管理，不仅能够提高项目经理的责任意识，同时通过项目经理在项目前、中、后端的不同评级分类，能够促使项目经理查找自身管理上的短板，有针对性地提高业务风险管理能力，加强业务学习。

信托公司内部分类管理及评价机制从管理及操作的角度进一步降低了风险的发生。

（三）建立优化完善风险防范机制，提高信托公司应对风险的能力和效果

建立与战略合作伙伴、投资公司、资产管理公司等的多方合作共赢模式，积极主动落实和实现“四早”机制，即早设计，建立来自项目、集团、其他项目还款来源

和第三方战略合作伙伴的流动性安排；早发现，加强部门检查、风险稽核巡视、现金流监督与分析等的力度；早预警，发挥预审计作用，实行分类管理；早处置，通过积极果断转让，提高风险处理能力。

（四）加强项目评审机制建设，提升信托公司风险管理能力

通过强化项目评审机制建设，提升信托公司风险管理能力，2013年部分信托公司进行了积极的尝试。中融信托根据信托业实践经验，首创了独立审批人制度。该制度规定，在项目报审后，由独立审批人团队进行风险预审并出具审查意见，项目通过预审后才能提交信托业务委员会审批。信托业务委员会对项目风险等进行综合分析和评估后，在确保项目依法合规的前提下，综合独立审批人团队的审查意见票决上会项目，进一步提升项目风险审查的专业化水平及效率。针对信托项目尽职调查不到位、不充分的问题，在信托公司内部分类管理及评价机制建设中提升尽职调查质量的基础上，长安信托专设尽职调查部，负责尽职调查工作，并组织相关的培训，通过组织架构建设进一步夯实尽职调查的基础，进一步完善了信托公司的业务治理体系，强化了信托公司的风险管理能力。

（五）基于互联网技术进行风险信息数据挖掘

不断积累风险数据，借助互联网技术实现信托风险的量化处理，提升把握风险的及时性和准确性，同时实现信息系统预警，以加强信托公司在管理风险方面的能力。华润信托制定了信托项目风险定价办法，建立了科学有效的定价机制，将风险因素纳入定价的考虑范围，使价格的高低能够反映项目的风险水平，从而为衡量市场定价的合理性提供了依据。

（六）引入风险对冲技术及工具，同时加强对保险等其他风险工具的运用

提高风险识别与评估的技术，建立涵盖各项业务、全公司范围的风险管理系统，开发和运用风险量化评估方法和模型，针对不断变化的环境和情况及时完善风险管理的制度、方法和手段，通过保险、风险分散、风险对冲、风险规避和风险补偿等风险管理的基本策略，以控制新出现的风险或以前未能控制的风险。如中信信托与平安财险合作，在“国宾世贸中心（B座）项目”集合资金信托计中通过投保预期利润损失险，化解信托产品的兑付风险。

第十九章　信托业风险特征及行业风险防御体系的构建

信托业风险除了具备一般金融机构的外部风险特征外，还具有自身独特的内生性风险特征。即便是在经济下行、外部竞争激烈的情况下，信托业的净资本约束、赔偿准备金制度等风险防御体系建设也为保护受益人利益构建了坚实的屏障。

一、信托业的风险特征

信托公司作为金融机构中的一类，本身存在着风险积聚。随着近几年信托业的高速发展，局部发生的风险在现实中不断被夸大，并进而上升到行业风险和金融风险。信托业的内在发展规律、高速增长的信托资产规模、信托知识宣传的不力以及投资者教育的不到位等因素，造成了外界对信托业的诸多误解。信托风险具有很强的行业性，与信托公司及信托业务运营当中的诸多不确定性相关；而金融风险更为宏观，可覆盖到与金融相关的机构、行业、地域、国家及全球。信托风险是金融风险的一部分，其本身就是一种金融风险。由于金融各行业之间的相互合作，信托风险可能会波及其他金融行业或非金融产业，进而扩大风险的范围，从而演变为系统性的金融风险。信托公司及信托业务也可能受到其他领域的金融风险的影响，进而爆发信托风险。此外，信托风险的重要特征之一是：由于委托人投资信托理财产品，与受托人之间并非债权债务关系，因此，在受托人尽职履约的前提下，所发生的信托风险及由此导致的信托财产损失，均由委托人全部承担。随着信托业管理资产规模的不断扩大，信托风险缓释已成为金融风险缓释的重要一环。

通常而言，信托公司面对的是信用风险、市场风险、操作风险、合规风险和其他风险，但上述风险分类方法更多的是站在专业的风险控制的角度对风险进行分类。社会对信托业风险的认识源于信托项目未兑付或者爆出可能出现兑付问题而导致的风险，为更好地认识信托风险程度的大小，本书采用了新的分类方法，以客观评价和认识信托业的风险。信托业的风险分为外部风险及内生风险，外部风险为与其他金融机构一样都具有的风险以及由于制度建设所造成的风险，内生风险则是由信托公司及信托人员自身所导致的风险，这部分风险是信托业自身所特有的，是评价信托业风险的真实基础，因此对信托业风险的认识需要对上述两种风险做进一步的分析和研究，才能客观公正地认识和评价信托业的风险程度。

（一）外部风险

1. 宏观经济下行风险

中国经济30多年的高速增长模式，在2008年遭到金融危机的重创，4万亿元政府投资在带来经济复苏的同时，也带来产能过剩的不利影响，自2009年以来季度GDP增速连续下滑，中国经济面临着经济增长速度换挡期、结构调整阵痛期以及前期刺激政策消化期的宏观经济三期叠加阶段，中国经济增长方式的转变已彻底颠覆了原先固有的商业模式，宏观经济风险成为所有实体企业以及金融机构面临的共同风险，也成为系统性风险所在。未来1~2年，我国经济增速将在低位运行，等待突破的时机，GDP增速将很难再达到过往的历史水平，宏观经济下行风险成为信托业当前乃至较长时期内面临的最大风险，也因此成为信托业目前需要构建特殊机制加以防范的重大风险。

2. 政策风险

它是指财政政策、货币政策、金融政策、产业政策、地区发展政策等发生变化而给信托业务带来的风险。

（1）货币政策转变带来的风险。2008年以来，中国除进行4万亿元的财政投资刺激外，与美国等国一起保持了宽松的货币政策，使M_2的发行量超过了历年之和，超过100万亿元。随着国家经济结构的调整和稳健的货币政策的持续，信托公司赖以经营的货币环境发生了巨大的变化，这也进一步加大了原有业务风险暴露的可能。

（2）金融体制改革带来的风险。信托公司作为最为市场化的金融机构，在推动利率市场化改革方面发挥了巨大的作用。但是，金融体制改革持续推进利率市场化将对信托业务产生巨大的影响，不适应利率市场化变化所带来的风险将构成金融体制改革的政策风险。

（3）主营业务行业风险。政策调控对于特定行业或者企业产生较大影响，以房地产行业最为突出。政府为了压制房价过快增长，出台了一系列房地产调控政策，部分房地产企业正是在此背景下，难以按照预期取得项目运营所需资金，导致资金流和项目运作发生问题，出现资金链紧张或者破裂，无法按期偿还信托项目本息。

3. 制度不完善引致的风险

该风险主要是指信托法律以及配套制度的不完善对信托的合法性、信托财产的安全性等产生的风险。

（1）《信托法》的适用性及配套制度的完备性。对信托公司而言，《信托法》

成为信托公司快速发展的法律基础，但随着社会客观经济环境的变化，多年来，《信托法》并未根据实际情况进行修订，相应的法律体系不完善，配套制度缺失，上述影响均反映在信托公司的业务经营中。相比成熟发展的银行、证券、保险而言，标准化的产品和较为完备的制度体系，均从法律制度层面降低了相应风险发生的可能性。

法律即使再完备，也难以避免“法律漏洞”现象。在法律存在漏洞的情况下，司法解释具有填补漏洞的作用。《信托法》法规宽泛，司法解释必不可少。但在实践过程中，并未出台《信托法》的司法解释，这加剧了实践中难题解决的困难。

（2）信托财产的独立性及登记问题。在信托实际操作当中，信托登记的作用实际上较为有限。缺乏与《信托法》规定的信托财产登记制度配套的辅助性法规。我国除在《信托法》中对信托财产登记进行了纲领性的规定外，相关的配套规定却未出台。实践中，财产的登记机关无法可依，往往会拒绝办理信托登记，无法确定信托财产的登记机关。作为一个大陆法系的国家，我国已经建立起一套较为完整的物权登记制度，但信托财产登记问题的出现使得我国的物权登记制度又遇到了新的挑战。在实务中，信托财产登记需要工商机关准许对充当信托财产的股权、设备等财产进行信托登记，需要财政机关对信托会计核算制度进行设计，需要房地产管理机关对用作信托财产的房屋和土地给出制度性意见，还需要证券监管机关准许对有价证券等信托财产的信托登记及办理财产转移手续。但是，由于相关政策没有出台，这些部门无法确认自己是否为信托财产的登记机关，不知如何进行登记。《信托法》并未规定受托人在受托后享有信托财产所有权，使得信托财产的归属与信托登记制度产生了矛盾，因此这也给信托财产的登记设立了一定的障碍。信托财产的独立性以及缺乏登记机构构成了信托业务开展中一种较为重要的外部风险。

4. 融资企业的违约风险

无论是经济繁荣期还是经济转型期，交易对手的违约风险都是业务经营的主要风险。作为稳定经营且具有良好声誉的融资企业，一般都会合理安排生产经营计划及制定合适的发展战略并贯彻实施。在信托公司与融资企业的合作过程中，信托项目组应尽可能了解交易对手的经营管理现状、债务总体情况等信息，以为融资企业设计合理的信托产品。融资方良好的经营管理是实现信托计划第一还款来源的重要保障，融资企业不诚信、恶意违法、开展民间借贷、经营管理不善等会导致出现信托风险。融资企业的违约风险是客观存在的，风险的防范既取决于信托公司详细的尽职调查，更取决于融资企业的诚信度及良好的经营管理。

5. 竞争风险

始于2012年的泛资产管理时代，造就了多元化的财富管理机构，为投资者提供了更多的选择。但在实际运行中，信托的上游端为法律上的信托关系，目前为信托公司所专属。无论是证券、基金、期货还是保险都是仅能从信托管理的经营端，即以下游端介入信托业务。由于其他金融机构难以在法律层面获取信托精神的认可，只能试图以监管法规作为其实质上信托业务经营的保障，以类信托的形式进入资产管理业务。经营端的介入，在短期内获取市场份额、提供较为丰富的金融产品的同时，也为该类业务长期可持续发展带来一定的隐患，具体表现在没有任何法律、法规明确规定资产管理业务的法律属性，委托人、受托人、受益人的权利和义务不清晰，财产独立和破产隔离的缺失使得“类信托”业务在明确业务性质、拓展业务范围、避免业务纠纷等方面已经表现出一定的法律障碍。但在现实经营中，2013年券商资产管理计划、基金子公司抢食通道业务明显，其他资产管理机构在通道业务之外的资产管理业务上也对信托公司产生了一定挤压，信托公司面临的竞争压力不断加大。在百舸争流的竞争环境中，券商、基金的投行文化，以及银行的信贷文化和保险的风险管理文化与信托文化的内在精神各有侧重，且这种侧重由于对受益人利益最大化原则的有所偏颇，必然通过业务经营的方式加剧信托公司的竞争风险。

外部风险是客观存在的，大多也为金融机构所面对的共同风险，以外部风险判断信托业的风险本身存在着一定的偏颇。正是外部风险的客观存在，需要信托公司良好地把控风险，切实履行受托人职责，实现受益人利益最大化。

（二）内生风险

外部风险的客观存在，加上内生风险的防范不力，最终导致了风险的发生，在缺乏明确的风险类型以及原因分析的情况下，持续的项目风险暴露不可避免地引发社会对信托业风险的忧虑。

1. 对非标准化产品尽职履责不到位导致的风险

信托公司作为受托人，在公司治理中应以受益人利益最大化为根本原则，受托人作为委托人信任的人，实际控制着信托财产，承担着依信托文件管理、处分信托财产的责任，在信托关系中占有重要地位。受托人在管理财产过程中应遵守谨慎、尽职的义务，对财产管理履行全面的义务，在投资上既要考虑投资的安全性，又要考虑投资的效益性，受托人在进行投资时要尽到程序上的注意义务，并运用相应的技巧，考虑信托目的、投资风险，谨慎投资和管理信托财产，在不违反通常标准的情况下，受托人有义务使信托财产多样化。

（1）尽职调查不全面导致的风险。在现实的业务开展中，由于信托产品的非标准化以及涉足领域过多，难以建立标准的尽职调查清单和责任界定；或因项目经理的经验、专业能力、价值取向，以及参与尽职调查人员力量的多寡等导致事实上尽职调查的不充分、不完备。尽职调查是信托项目事前风险管理的重要环节，而且随着风险管理的前移，尽职调查意在降低信息不对称导致的风险，已经成为信托项目前期论证的重要步骤。因此，若尽职调查不充分，将为信托项目后续运作埋下风险隐患。从已发生的信托项目风险事件看，很多正是因为前期尽职调查存在漏洞，才导致了违约事件的发生。尽职调查需要搜集交易对手的各方面信息，尤其是债务负担、或有负债和法律诉讼等方面的信息，而且通过对来源于不同渠道的相关信息进行相互印证，才能做到全面而准确地评价交易对手和项目的风险状况。然而，在已暴露出来的风险事件中，很多信托项目的前期调查存在一定疏漏，尽职调查过于程序化。

（2）尽职调查不深入所导致的风险。对项目的尽职调查不深入，未能做到对影响信托项目风险的主要因素进行深入挖掘，也容易导致信托项目风险的发生。对融资类信托项目而言，交易对手的经营管理水平直接影响企业的运营状况，进而直接决定第一还款来源的可靠性。对房地产等资金密集的行业而言，房地产项目的营销和运营水平十分关键。所以，在尽职调查中，既要关注交易对手过往的经验业绩，也要关注整个管理团队的经营能力和稳定性，以及管理层对于复杂环境的应对能力。但现实中想要获得深入的情况分析需要做大量的前期准备及现场调研工作，在一定的资产管理规模内是可以完成的，但随着信托资产规模的急剧扩张，实施深入的尽职调查则存在着巨大的压力和困难。即便是对上述情况做深入的分析和研究，仍需要相关人员的配合，以获得真实的信息。这点在现实中很难做到，而且对于一些其他金融机构所推荐的项目或者通道项目而言，基于对金融机构的信任，尽职调查方面出现了明显的放松，进而使缺乏尽职调查的项目出现风险成为必然。

（3）过于注重抵质押保障措施导致的风险。信托的主营业务集中在房地产以及基础设施领域，在缺乏风险量化、风险对冲工具等情况下，提高抵（质）押物的要求成为行业通行的风险管理措施。然而，抵（质）押物的初始价值来源于评估机构，变现价值来源于市场价值，这些无疑都为信托风险的补偿留下了一定的变数。除了68家信托公司之外，尚有大量的资产管理机构参与竞争，对项目的争夺，都迫使信托公司在抵（质）押物的价值判断上出现误判。现实中存在高估抵（质）押物价值，或忽视抵（质）押物瑕疵的现象。抵（质）押物是信托项目的第二还款来源，在交易对手违约后，将成为实现信托兑付的重要资金来源。防止抵（质）押物价值虚高，进而人为实现较低的抵（质）押率，制造第二还款来源非常充足的假象，是信托公司风险控制中应重点关注的地方。

2. 运营管理导致的风险

近几年信托业高速发展，但仍存在人力资源体系建设不足的现象，在市场化考核和激励的导向下，各公司对于信托项目的事中管理依然存在重事前风险管理、轻信托项目过程管理的问题。后期运行时及时发现企业运营情况变化及抵（质）押物情况变化，对信托公司防范和化解项目风险具有重要的价值，但在实际运行过程中，市场化竞争导向使信托公司更多地将精力用于获取新项目，而对存续项目的运营管理有所放松，由此也导致了一些信托项目风险的暴露和潜在风险的加剧。应该说，信托公司应在前期挑选优质项目，在中期管理中注重发现和验证关键性的指标因素，加强事中的风险管理，进而才能为项目风险暴露前的风险处置留出足够的时间。

3. 流动性风险

虽然目前融资类业务天然地成为信托公司的主营业务，但信托产品在与项目期限匹配上存在较大的流动性风险，短期化的信托产品与较长期的资金需求、短期的资金兑付压力与较长期的现金流产生存在较大的矛盾。在经济下行及政策调控下，这种流动性风险对信托公司的影响更为严重。

上述信托业内生风险既有来源于人为的因素，也有市场竞争下自身选择的因素，也有产品设计的因素，内生风险可以通过行业自身的建设加以克服和解决。

总之，在信托业高速发展下出现了不少项目的风险暴露，但根据信托业风险的特征可以看出外部风险是信托业面临的主要风险，而内生风险则是加剧信托业风险暴露的催化剂，正是内外因素的叠加，放大了行业的风险。以发展的视角看，信托业通过近几年的高速发展暴露出部分问题这有利于其自身机制的建设和完善，并促使信托业通过持续的改进，践行受益人利益最大化的责任重托，该种螺旋式上升的方式也是各行业发展的必由之路。

二、净资本约束及信托赔偿准备金制度

在正常情况下，信托公司自身的利润成为第一道弥补风险来源，而公司资本金则构成第二道风险补偿来源。当出现超过资本金金额的风险发生额时就需要提请股东

的救助，而当出现蔓延的行业风险时，则需要行业的稳定救助机制提供救助，以实现行业的稳定，防止行业风险继续向其他金融机构以及实体企业蔓延，从而通过多层次风险防御体系的构建维护行业的稳定。

（一）信托净资本约束机制

银监会于2010年8月正式颁布了《信托公司净资本管理办法》，规定了信托公司开展业务应当计算风险资本，要求其净资本满足监管机构风险控制要求的持续性指标。与之相配套，银监会又于2011年1月发布了《关于印发信托公司净资本计算标准有关事项的通知》（银监发〔2011〕11号），强调了净资本监管框架下的具体操作要点。对信托公司实施资本监管，借鉴了对银行进行审慎监管的成功经验，其意义在于通过对资本充足率的约束，降低单体机构倒闭的概率和风险水平，提高整个行业体系的安全性。从监管当局的角度看，资本监管实质上是以资本为定量和定性衡量手段对机构风险管理能力和水平进行的监管。

尽管《信托公司净资本管理办法》及其配套措施以实施净资本管理为监管核心，是信托业监管模式的一次重要转型，强调风险管理的导向性作用颇为明显，对中国信托业务发展的影响是正面的，但是在实践和操作过程中也存在着净资本监管套利、业务结构集中化、经营机构差异化管理等方面的潜在缺陷和问题。

（1）信托公司的净资本管理主要是基于监管资本的概念。监管资本是指监管机构基于行业风险状况而设定最低资本要求，由监管部门规定固定的风险系数或权重，将信托公司的业务与信托公司应承担的成本挂钩。这种监管资本管理对各类业务的风险权重指标设置较为固定，对具体风险程度的识别尚不够敏感，导致信托公司资产组合的真实经济风险与监管部门的风险评价之间存在巨大的差异。监管资本与信托公司具体经济资本需求的不匹配，可能会诱发信托公司利用两者的差异通过产品、交易结构创新等手段实施监管套利行为，以达到谋取自身利益的目的。这种监管资本套利可能引发的后果是信托公司为提高资产收益率或者监管资本回报率，变相降低风险标准，由此使得信托公司对风险的容忍度降低，可能出现监管指标符合法定要求但仍不足以覆盖风险的情况。因此实施净资本核算的风险监管，有时不能使监管资本充足性要求有效地约束和反映信托公司真实的综合风险，并且可能造成反向约束和激励的影响。

（2）《信托公司净资本管理办法》的出台旨在引导信托公司控制总体业务规模，调整现有业务结构，促进信托公司顺利实现转型。净资本管理强调的参考变量是信托公司的业务范围和资产结构，对不同类型的业务有不同的风险系数。如固有业务的风险系数基本处于5%以上的高位，而信托业务的风险系数普遍低于固有业务，因此监管部门的意图是要求信托公司集中做好信托业务。同时，融资类信托业务的风险系数相对较高，而投资类信托业务的风险系数较低，比重设计也体现了监管层一直以来对信托公司提高主动管理资产能力的要求。风险资本调整表的规定，对于信托业务扩张过快、固有业务比重较高的信托公司的影响确实较大，但仍难以解决业务集中度等关乎信托公司风险的问题。

（3）现有以净资本为核心的监管，对不同业务规模、资产质量、管理水平及客户资质的信托公司，在比例设置和资本监管上均使用相类似的标准和门槛，缺乏一定的灵活性。另外，以净资本为核心的风险监管尚未体现激励理念，对风险管理体系完善、竞争力优势明显的信托公司在净资本标准选择、资本配置额度上缺乏一定的激励。

（4）净资本管理办法的重要效果之一是建立信托资产与自有资本风险管理的连接阀，将信托公司的风险业务规模基本控制在净资本总额之内。受托管理的信托资产已超过10万亿元，个别信托公司资本金严重不足，已经出现了严重的“小马拉大车”的状况。解决业务规模与风险不对称的问题除了需要信托公司在调整和优化内部业务结构上下工夫外，还需要建立适合信托公司现状和特点的动态资本金补充机制，这也是提高信托公司应变能力、促进信托公司长远发展的重要环节，因此净资本与风险资本的动态监控模型、多层次的融资渠道、动态的资本金持续补充制度都应是后续考虑的重要方面。同时，在增资扩股的情况下，信托公司还需要考虑可能产生资本回报率稀释、控制权或股权调整方面的影响。

因此，《信托公司净资本管理办法》在实施过程中可能降低风险控制的效力，对信托公司风险防范的作用存在一定的不足，单纯地通过净资本对信托公司进行约束也难以做到。

（二）信托赔偿准备金制度

信托赔偿准备金制度是一项重要的信托公司风险防范制度，我国的信托赔偿准备金制度是在多次信托业清理整顿的大环境下借鉴商业银行风险防范的成熟经验而设立，并从2001年后开始实施的行业风险缓释制度。2007年修订后的《信托公司管理办法》再次重申了该项规定：信托投资公司每年应当从税后利润提取5%，作为信托赔偿准备金，但该赔偿准备金累计总额达到公司注册资本的20%时，可不再提取。信托公司的赔偿准备金应存放于经营稳健、具有一定实力的境内中资商业银行或者用于购买国债。

从理论上来说，信托赔偿准备金对出现的信托风险具有一定的风险缓释功能，然而，综观我国信托赔偿准备金的发展现状，以及部分信托公司因违规经营被停业整顿或被关闭的事实，可以看出我国信托赔偿准备金的风险防范作用并未充分发挥。

（1）缺乏系统完整的信托赔偿准备金制度。目前，关于信托赔偿准备金的制度规定散见于《信托公司管理办法》等，未形成完整系统的制度体系。

（2）信托赔偿准备金来源途径单一，缺乏有效的“造血”机制。信托赔偿准备金的来源局限于信托公司每年从税后利润中的提取，对于信托赔偿准备金的管理运用，只是规定了信托赔偿准备金应存放于经营稳健、具有一定实力的境内中资商业银行或者用于购买国债，并未规定信托赔偿准备金新的来源渠道。这已成为制约信托赔偿准备金风险防范功能充分发挥的“瓶颈”问题，也是导致目前信托赔偿准备金缺口大的重要因素之一。

（3）近年来，不断攀升的信托规模降低了信托赔偿准备金风险防范功能的发挥。随着信托规模的进一步增长，以及信托赔偿准备金受最高提取限额的约束，信托财产规模与信托赔偿准备金比例悬殊的矛盾会越来越大。一旦发生信托赔偿事件，信托赔偿准备金对于超出自身金额几十倍甚至几百倍的信托产品，很难形成有效的赔偿效果，只能起到“杯水车薪”的作用。

信托赔偿准备金的风险缓释作用随着信托业的快速发展而显著降低，其作为常规的风险防范措施仍有着积极的意义。

从目前信托业所面临的风险看，仅依靠信托公司自身的资本约束与信托赔偿准备金对风险项目进行赔偿，难以全面覆盖信托风险，难以实现将信托风险控制在单一的信托公司中，因此仍需要建立更为完善的行业风险缓释机制。

三、恢复与处置机制

在2013年年末召开的信托业年会中，中国银监会主席助理杨家才指出，信托公司应建立恢复和处置机制，包括激励性薪酬的回补制度、红利回拨和限制分红制度、业务的分割与恢复安排以及机构的处置与处理。

恢复与处置机制即所谓的“生前遗嘱”。“生前遗嘱”制度是次贷危机后国际社会为解决金融机构“大而不倒”问题而推出的一项新的法律措施，是金融机构以自身面临倒闭为前提事先提交的“生前遗嘱”，处置当局以此为基础制订并在必要时实施处置计划，以促使机构恢复日常经营能力，或者实现部分业务功能分拆或机构整体有序关闭的制度安排。

生前遗嘱计划是指信托公司在目前为应对风险而提出的缓释机制，从防止信托机构自身被清算等问题开始，避免风险向行业内其他机构转移，通过生前遗嘱计划保持行业声誉。

生前遗嘱计划包含了恢复计划和处置计划两部分。恢复计划是信托公司以面临破产为前提而制订的有效应对方案，其内容通常包括该计划形成的策略分析、特定的恢复措施、减少风险资产的方法及拆分业务线和债务重组等方案。恢复计划对处于危机中的信托公司能够起到指引的作用，该阶段尚未进入处置程序，信托公司原则上仍保有经营控制权，计划实施旨在恢复其生存能力，以使其重新获得生机。恢复计划的制订、维持及必要时的执行由信托公司负责，接受银监会的可信度审查和可行性评估；处置计划的制订、维持及必要时的执行由监管层决定，以信托公司提交和定期更新的恢复计划及相应信息为基础和支撑。在处置阶段，信托公司已无法继续生存，处置计划以监管当局处置权力的有效行使为前提，使信托机构的处置变得有序，确保无论是业务分拆还是机构整体关闭，都不至于引发严重的系统性扰乱和道德风险，同时保护系统重要性功能的平稳过渡。

在生前遗嘱计划下，信托公司承担下列义务：①在发生对机构内部结构、经营策略和累积风险暴露产生重大影响的事件之前制订和完善恢复计划；②定期评估恢复计划的持续可适用性，并对监管层提供相应信息；③建立稳健的治理机制，以支持恢复与处置计划的实施过程；④建立管理信息系统，以生成支持恢复和处置计划过程所需的信息；⑤确保拥有足够的可利用资源来履行上述义务。

生前遗嘱计划是一项关于信托公司未来可持续发展的重要政策措施，需要信托公司与监管层共同制订和完善，从而构筑起信托业转型发展的坚实基础。[①]

四、行业稳定基金救助机制

目前我国与信托投资者保护相关的赔偿制度仅有信托赔偿准备金制度。从事信托业务时，使受益人或公司受到损失的，属于信托公司违反信托目的、违背管理职责、管理信托事务不当造成信托资产损失的，以信托赔偿准备金赔偿。但在目前的信托资产规模急剧增长的情况下，每年提取税后利润的5%作为信托赔偿准备金未

① 中国银监会《关于信托公司风险监管的指导意见》（银监办发〔2014〕99号）已要求信托公司结合自身特点制订恢复与处置计划，于2014年6月30日前报送监管机构审核。

来可能不足以应付信托业的行业性风险。目前，《信托法》以及《信托公司管理办法》明确了信托公司辞任、选任新受托人的规则，以保持信托财产管理的连续性，明确了信托公司违背管理职责或者处分信托事务不当对受益人造成的损失，以其固有财产承担。此外，《信托公司管理办法》第五十五条规定：信托公司已经或者可能发生信用危机，严重影响受益人合法权益的，中国银监会可以依法对该信托公司实行接管或者督促机构重组。因此，从政策和实务操作便利性的角度考虑，通过完善现有信托赔偿准备金制度，出台专门的管理办法，建立行业稳定基金是健全行业风险缓释机制较为现实可行的出路。

行业稳定基金的方案设计将与目前监管政策框架和导向、行业发展趋势等保持一致，并在合法合规的前提下运作。其在设立过程中要坚持几个原则。

①行业稳定基金按照取之于市场、用之于市场的原则，采取集中管理、统筹使用方式，发挥行业互助功能，不以盈利为目的。

②行业稳定基金资金的募集及使用必须充分考虑各信托公司由于股东背景、规模、风险偏好、业务特点等差异形成的不同利益诉求。

③行业稳定基金引入惩罚性使用机制，防范信托公司道德风险和逆向选择问题，有利于促进行业风险管理水平的提升。

④通过构建行业稳定基金救助机制，将从行业的角度救助面临经营困难的信托公司，避免其单体机构的风险蔓延及引发行业风险，从而从机制上保障了受益人的根本利益。

行业稳定基金的建立将从制度上规避信托公司破产清算所带来的风险传递和损害受益人情况的出现，构建信托业最为强大的风险缓释防线。

专栏

中国信托业的激荡百年（1914—2014年）

20世纪初信托业传入中国，至今已走过一百年的历程。中国信托业的发展带有深刻的时代烙印，与中国市场经济发展的历史紧密相连。在一个世纪的漫漫长路上，中国信托业在起步、发展、衰落、恢复、磕绊中前行，终于在21世纪全新的法律制度框架下加快了发展的步伐，成为规模仅次于银行业的第二大金融子行业。

民国时代繁荣一时（1914—1968年）

从19世纪90年代起，中国开始出现金融信托活动，外商在中国开始成立从事信托业务的公司。1913年日本人在东北发起设立的大连取引所信托株式会社被认为是在中国最早出现的专业信托机构。最早出现的华资信托机构是1914年在吉林滨江县成立的滨江农产信托交易所和滨江货币信托交易所。

1917年前后，近代信托学说开始传入中国，带来了中国信托业的零星出现。1917年，上海商业储蓄银行成立保管部，1921年，保管部改为信托部。1919年2月，聚兴诚银行上海分行成立信托部。

1921年，信托业在上海逐渐成为一个相对独立的行业。仅在8月至9月，上海就创立了信托公司12家，资金总额高达8,100万元，比已发展逾20年的银行业总资本（5,199万元）还要高出许多。其中，大部分信托公司通过与交易所联手，进行股票投机，即交易所以自身股票为抵押向信托公司套取资金，信托公司再将本公司股票在交易所买卖。另一种信托公司则由银钱界人士发起，以保留原有存款为目的。信托公司的大量创立引发了公众的狂热。

1921年8月，狂热趋向平缓。7月以后，上海则出现银根日渐紧张的局面。11月中旬，银根紧张到了空前的程度，加上年关将近的原因，交易所资金空前紧张，市场开始大量抛售交易所股票，交易所股票股价大跌，上海出现“信交风潮”。“信交风潮”发生后，除部分信托公司改组外，多数以停业告终。1922年2月，法领署颁布交易所取缔规则二十一条，交易所发生恐慌。到了1922年3月，140多家交易所仅存12家仍在营业，狂热时期创立的12家信托公司仅存中央和通易两家。

“信交风潮”过后，信托业留给公众的“投机”的不良印象，令其进入长达六年的低潮期。除1924年美资在上海设立的普益信托公司和1925年华资在天津设立的诚孚信托公司外，六年间无其他新设信托公司。在此期间，信托公司的业务也未有突破。

1927年国民政府成立。至1937年抗日战争爆发前夕，源于经济复苏和发展民族工业，以及国民政府连续发债的需要，金融业进入了快速发展的阶段，中国信托业的行业规模和经营范围也都有了很大扩充。这一时期，全国新成立的中资信托公司共16家，外资信托公司5家，设立信托部的银行79家。由于工商实业不够发达，国内也未形成对个人财产进行信托安排的习惯，信托需求增长无几，信托业务发展缓慢，为求生存信托公司不得不偏向开展银行业务。但新的信托公司以及原已存在的中央和通易的总体经营比较稳健，投资者重树信心。

国民政府为满足自身的需要，分别由上海市政府于1933年出资150万元成立上海市兴业信托和由中央银行于1935年拨资1,000万元设立中央信托局。上海市兴业信托设市轮渡、信托部、地产部、保险部，并经营相关业务。中央信托局属于遵照国民政府训令特设的经营信托机构，其定位为中央银行之附设机构，营业范围有储蓄、信托、保险、保管等。

1937年抗日战争爆发，国民政府移驻重庆，中央信托局及一些大银行的总部和信托部也由上海迁往重庆，重庆地区的信托业规模日益提升，上海信托业中心的地位发生动摇。在上海出现了一批非法信托机构专营投机业务，合法的信托机构也普遍经营投机业务。至此，信托制度仍然处于真空状态，抗战时期的信托业在畸形繁荣中行至抗战结束。

抗战胜利后国民政府还都南京，上海重新成为信托业的中心。在抗战胜利后至上海解放，中国信托业逐渐衰退，华商信托机构经营困难，数量骤减，官办信托机构虽发展迅速，但仍属畸形发展。上海解放后，中央信托局总局也随国民政府迁往台北。

新中国成立初期，政府根据新中国成立前信托机构性质的不同采取了不同的政策。对国民党官僚资本控制的信托机构，坚决实行接管、没收和改组；对民族资产阶级经营的信托机构，实行限制、利用和社会主义改造。

与此同时，政府开始在部分城市试办社会主义信托业。1949年11月，中国人民银行上海分行在原中国银行信托部和原交通银行信托部的基础上组建了信托部。天津、北京、广州也开始试办信托机构。但是，几年后，中国实施高度集中的计划经济，信托业失去了生存条件，遂逐渐消沉，1955年信托机构被停办。只有广州在1955年3月成立的专注吸收华侨资本的广东省华侨投资公司仍设有信托投资业务，但该公司后来也于1968年停业。

从20世纪初的萌芽到1968年走到尽头，中国近代信托业的发展演进始终处于为求生存偏离信托主业的状态，由于行业地位不高，国人也没有形成成熟的信托观念，也没有建立一个完整的制度体系，最终几经起伏。

与改革开放相伴而生
（1978—2000年）

1978年12月，中共十一届三中全会在北京召开，全会将中国共产党的工作转移到社会主义现代化建设上来，开启了改革开放的序幕。

1979年1月17日，邓小平邀请五位老工商巨子荣毅仁、胡厥文、胡子昂、古耕虞、周叔弢会谈，就如何进一步落实原工商业者政策和改革开放中如何更好地发挥作用等问题交换意见。邓小平提到，希望荣毅仁多搞些对外开放，经济工作可以利用国际的资金和技术，具体形式可由荣毅仁自己考虑。一个月后，荣毅仁向中央提出《建议设立国际投资信托公司的一些初步意见》。6月，国务院正式批准成立中国国际信托投资公司。1979年10月，改革开放后的第一家信托投资公司——中国国际信托投资公司成立，标志着中国当代信托业的正式恢复。

改革开放后恢复信托业的主要目的，并非基于引入信托财产转移和财产管理的本源功能，而是利用信托制度的信用功能，对传统的金融体制引入具有一定市场调节功能的因素。旨在在高度集中统一的计划经济体制下，通过培育和发展市场化的金融力量，引进外资，并在银行体系之外发展新的资金融资渠道。

1980年7月1日，国务院发布《关于推动经济联合的暂行规定》，提出银行要试办各种信托业务，融通资金，推动联合。9月9日，中国人民银行下达《关于积极开办信托业务的通知》。

在政策的鼓励下，信托机构在短期内迅速膨胀。全国各省、市等在全国经济发达地区陆续试办信托业务，组建起了附属于银行、部委和地方政府的信托机构。截至1981年末，全国有241个市、县陆续开办信托业务。截至1982年末，全国各地恢复及新建的信托机构发展到620多家，其中绝大多数由银行兴办。

但是，当时全国并无发展信托业的社会财富，没有完善的产权保护制度，又无信托理念及文化传统，因此并不具备发展信托业的经济基础和客观条件。在政府政策鼓励下、在政府意图的贯彻下发展起来的信托机构，事实上成为经济改革、吸引外资、拓宽信贷资金渠道的一种特殊政策工具，并得到快速发展。

迅速发展的信托机构很快出现了与银行业争资金、抢地盘的问题，同时信托机构又实际上开展与银行类似的信贷业务，尤其是地方政府控制下的地方信托业实际成为地方政府的融资平台。1982—2000年，信托机构一度发展过热，对经济推波助澜的现象多次出现，最终引发国家对信托业的五次清理整顿。

1982年4月，国家对信托业进行第一次整顿，重点是行业清理，即清理非银行金融信托活动。1982年4月10日，国务院发出《国务院关于整顿国内信托投资业务和加强更新改造资金管理的通知》，明确规定：为了防止扩大基本建设规模，保证信贷收支的基本平衡，除国务院批准和国务院授权单位批准的信托投资公司以外，各地区、各部门都不得办理信托投资业务。已经办理的，由各省、市、自治区人民政府限期清理。所吸收的资金，从哪里转来的，仍转回哪里。今后，信托投资业务（除财政拨付的少量技改贷款基金外），一律由人民银行或人民银行指定的专业银行办理。经批准举办的信托投资业务，其全部资金活动，都要统一纳入国家信贷计划和固定资产投资计划，进行综合平衡。各地不得采取转移银行存款的办法，在国家下达的投资计划指标之外，增加基建贷款，搞计划外基本建设。此项工作责成人民银行总行负责督促，并将清理情况报告国务院。

1983年1月，中国人民银行召开全国工作会议，界定信托业务的范围为委托、代理、租赁、咨询。人民银行根据1983年9月17日《国务院关于中国人民银行专门行使中央银行职能的决定》和中共六届人大二次会议关于继续搞活经济工作的通知，于1984年6月和7月连续召开会议，肯定了信托业务对国内金融和经济发展的突出作用，并指出，凡是有利于引进外资、引进先进技术，有利于发展生产、搞活经济的各种信托业务都可以办理。这些政策极大地鼓舞了信托业，信托业随之迅速迎来又一次发展热潮。

但是，信托业的这次升温只是上次信贷业务大发展的重复，以致1984年末国内出现货币投放与信贷规模双失控，导致1985年中国人民银行提出对信托业进行第二次清理，重点是对金融信托进行业务清理，要求银行停止办理信托贷款和其他信托业务。

1986年1月，国务院颁发《银行管理暂行条例》，规定了金融信托机构的设立和业务范围。4月，中国人民银行颁布了《金融信托投资机构管理暂行规定》。信托业又迎来一次发展机遇。

1988年，国内企业数目剧增，物资供应紧张，“价格双轨制”的负面效应逐渐释放，为终结“价格双轨制”，我国决定搞“休克疗法”式的物价改革，即“价格闯关”，这直接导致全国物价严重上涨，百姓疯抢商品。

信托业迎来又一次发展高潮，至1988年9月，全国信托机构已达740余家，资产总额超过650亿元。但是，信托业乱集资、乱拆借、乱贷款现象也越来越严重，干扰了正常的金融秩序。10月，中国人民银行根据国务院清理整顿信托公司的8号文精神，决定对信托业采取治理整顿，清理整顿各类信托公司。信托业的第三次清理整顿由此开始，重点是业务清理和行业整顿。1989年9月，国务院下发《国务院关于进一步清理整顿金融性公司的通知》，决定由中国人民银行负责统一组织、监督和验收。至1992年，信托机构的数量已锐减至390家左右。

1992年，邓小平南下视察并发表南方讲话，国内掀起新一轮改革开放热潮。之后，国内兴起开发区、房地产、集资“三热”，信托机构的数量又开始增加，经营日益不规范。一方面信托公司大肆开展证券业务，另一方面高息揽存扰乱金融秩序，这导致形成大量的不良资产，甚至出现严重的支付危机。

1993年开始，我国开始对信托业的第四次清理整顿，重点是解决银行业与信托业的分业经营问题。一是切断信托投资公司向银行拆借资金的渠道，二是严格限制信托投资公司的设立，并撤并、关闭、兼并了一百多家由商业银行独资或控股的信托投资公司。此次整顿之前，信托业违规经营造成资产规模急剧加大，短期内难以压缩，因而此次清理整顿过程持续时间较长。

第四次清理整顿之后，至1997年6月，全国信托投资公司减少至204家，账面资产为4,332亿元。但是，事实上许多信托投资公司在报表之外隐藏着严重的风险危机。1998年，随着中国人民银行关闭中国新技术创业信托投资公司、广东省国际信托投资公司，以及部分信托投资公司出现严重的支付危机而导致破产等情况发生后，信托业再一次到了非整顿不可的地步。1999年2月，国务院下发《国务院办公厅转发中国人民银行整顿信托投资公司方案的通知》，标志着第五次清理整顿信托业的开始。该通知明确了此次清理整顿工作的目标为：通过整顿，实现信托业与银行业、证券业严格的分业经营、分业管理，保留少量规模较大、管理严格、真正从事受托理财业务的信托投资公司，规范运作，健全监管，切实化解信托业金融风险，进一步完善金融服务体系。

国家对信托业进行的第五次清理整顿是一次对信托业的根本性改革，意义深远。

通过这次清理整顿，国家在制度层面上重新定位信托业，力图强制打破以往信托业发展的路径依赖，从根本上解决信托业无序经营，未能形成自己的独特功能和独特业务的问题。第五次清理整顿于2001年基本结束，最终只保留了60多家信托公司。

重新定位后快速崛起
（2001—2013年）

在对信托业进行清理整顿的同时，信托业制度建设的步伐也逐步加快。2001年10月1日，《信托法》正式实施。《信托法》属于一部旨在调节信托关系的法律制度，是一部民法。《信托法》起草于1993年，经过了八年的调研、论证、酝酿，随着时间的迁移，信托业的外部环境已经发生重大变化，最终正式颁布的版本删去了草稿中的信托业规范部分。

《信托法》的颁布和实施，建立了我国信托制度的基石，为我国信托业回归信托业务提供了根本的制度保障，极大地促进了信托功能在我国的应用和发挥。

2001年1月，中国人民银行制定的《信托投资公司管理办法》正式颁布。2002年7月18日，《信托投资公司资金信托管理暂行办法》也正式施行。由《信托法》、《信托投资公司管理办法》和《信托投资公司资金信托管理暂行办法》组成的“一法两规”（此“两规”为“旧两规”）信托法律体系构成了中国信托业的制度基础，信托业从此走上法制化、规范化的发展轨道。

“一法两规”信托法律体系的构建是中国信托业进入现代化阶段的里程碑。中国的信托业第一次在权威的法律层面真正地构建信托制度，第一次对信托的定义、信托的功能、信托公司的职责、监管等从比较全面的角度进行规范。与以往相比，这次基本为一次“推倒重来”的过程，是一次旧的信托业体系与新的信托业体系的新老划断。在新的法律体系中，信托公司是依照《公司法》与《信托投资公司管理办法》设立的主要经营信托业务的金融机构，信托业务是指信托公司以收取报酬为目的，以受托人身份接受信托和处理信托事务的经营行为。

2001年5月18日，中国人民银行发布《关于信托投资公司重新登记工作有关问题的通知》。截至2003年末，全国共有59家信托公司重新登记，领取了新的职业牌照。

“一法两规”亮相后，2002年7月18日上海爱建信托投资有限公司推出“外环隧道项目资金信托计划”，面世后一周内即被抢购一空。随后，信托公司的资金信托业务起步并逐步展开。截至2002年末，全国信托公司约推出资金信托计划50个，融资金额为45.21亿元。

2003年，经过整顿获得重新登记的信托公司纷纷推出自己的信托产品。据统计，2003年全国共有约237个信托计划发行，融资额约为235亿元，且2003年下半年的发行数量和融资额也都好于上半年。

限于监管机构对信托产品的营销宣传和异地销售的限制，信托公司试图借助银行的信誉、网点和客户去拓展信托市场，而银行同时可以此扩大中间业务获取利润，银信合作可实现信托公司和银行的双赢。2003年以后出现了银信合作平台，其建立和发展也得到了监管当局的鼓励和支持。

2004年末，在广泛听取意见的基础上，银监会制定并于2005年1月颁布了《信托投资公司信息披露管理暂行办法》，分阶段进行信托公司的信息披露工作。对信托公司强制性信息披露规定的实施，是强化信托公司市场约束的重大举措，有利于加快信托业的市场化进程，有利于推动信托公司内控建设、法人治理结构、约束激励机制的建立和完善，提高信托公司抵御风险的能力，有利于保护投资者的利益。

信托业在2001—2003年重新起步，并在2004年后进入持续发展轨道。2003—2006年，信托业务有序开展，信托资产总额、利润总额不断增长。截至2006年末，全行业信托资产总额达到3,428亿元（44家），利润总额达到50亿元（46家），信托业务收入占总收入的78.2%。信托公司的各项财务指标继续向好，2006年信托业的资本利润率、信托报酬率和人均利润分别为7.17%、1.11%和119.32万元，分别较2005年增长112.1%、5.71%和147.1%。

2007年3月1日，《信托公司管理办法》和《信托公司集合资金信托计划管理办法》（“新两规”）正式施行。2010年，银监会出台《信托公司净资本管理办法》，并于2011年1月发布了与之配套的《关于印发信托公司净资本计算标准有关事项的通知》，信托业建立起以净资本为核心的风险控制指标体系。与2001年颁布实施的《信托法》一起，信托业的“一法三规”法律体系正式形成，信托业也开始进入了规范、快速发展的新阶段。

始于2008年下半年的银信理财合作业务，带动了信托资产规模的爆发式增长。金融危机爆发后，为保增长推出的四万亿元经济刺激计划为信托业带来了大量的房地产信托、基础产业信托与工商企业信托，监管部门对银行信贷规模的持续管控，使得银行通过银信合作的方式实现资产出表的动机越来越强烈。这激发了原有的银信理财合作业务的暴增，也直接刺激了信托业规模的爆发式增长，而帮助银行突破存贷比、贷款额度限制，降低资本占用，获取更高收益而出现的通道业务，更是不断将信托资产规模推向新的高度。

与此同时，信托业也在积极提高主动管理能力。尤其是一些信托资产规模大、资产质量好、盈利能力强的信托公司，近年来不断加大业务创新力度。结构化信托产品、定向增发信托产品、TOT、QDII、另类信托、消费信托、土地信托等信托产品类型不断出现，家族信托服务产生，信托公司对业务类型和服务方式的探索一直在进行之中。

在中国经济持续快速发展、居民投资理财需求日益高涨的背景下，信托业保持了高速发展。2013年，全行业信托资产规模突破10万亿元大关，信托公司全行业经营收入总额为832.60亿元，信托业务收入达到611.4亿元，全行业实现利润总额568.61亿元，实现人均利润305.65万元。2013年，全行业实现的净资产收益率为22.25%。就已清算信托项目实现的平均年化综合信托报酬率和年化综合实际收益率而言，2013年分别为0.71%和7.04%（以12月清算信托项目为样本），相比2012年的0.75%和6.33%，信托公司实现的平均年化综合信托报酬率同比降低了0.04个百分点，但受益人实现的年化综合实际收益率提高了0.71个百分点。

但是，自2012年资产管理新政以来，中国出现了“大信托”或“泛资管”的行业格局，券商资产管理计划、基金子公司、保险资产管理计划等在新政的支持下进入资产管理市场。由于其可开展与信托同质化的业务，因此对信托业的发展形成巨大的挑战。随着国民经济增速趋缓，信托业由于具有亲周期的特性，其增速和发展态势也受到影响。

同时，鉴于信托业的发展情况和对信托业的风险监控情况，为促进信托业回归本源业务，保持良性发展态势，监管部门近几年来颁布了一系列的规章和政策，敦促信托公司及时调整业务开展状态，不断增强风险抵御能力。经济环境、金融环境、经营环境和监管环境的不断变化，不可避免地影响着信托业的发展方向，信托业面临风险递增和竞争加剧的局势。在此背景下，信托业亟须转型，在继续开展既有私募投行业务的情况下，探索、创新资产管理业务和财富管理业务，在行业增速放缓、风险不断爆出的环境下实现平稳健康的增长。

后 记

《中国信托业发展报告（2013—2014）》（以下简称《报告》）是由中国信托业协会组织撰写并发布的第一份中国信托业年度发展报告。秉承写实的编写风格，《报告》忠实记录2013年中国信托业的发展情况，分析研判了2014年信托业的发展趋势。由于是首次编制，部分篇章加入了历史回顾部分，以彰显承前启后之意。

《报告》在编写过程中得到了中国银监会非银部的悉心指导与帮助，中诚信托、兴业信托、中铁信托、中融信托、交银信托、四川信托、智信资产管理研究院等单位派员参加了编写工作，北方信托、平安信托、山东信托、北京信托、上海信托、华润信托、外贸信托、中诚信托、华宝信托、长安信托、中粮信托、中融信托、中海信托、华能信托、华信信托、交银信托、建信信托、兴业信托给予了调研支持，行业研发领导小组先后三次对报告提纲、报告初稿、报告终稿予以审核指导，在此一并表示感谢!

除导言和专栏外，《报告》有五篇，共十九章。其中， 导言由中国信托业协会专家理事周小明撰写，第一章、第二章和第三章由中融信托曲晓燕、沈苗妙撰写，第四章、第五章和第六章由中融信托曲晓燕、沈苗妙和四川信托白云撰写，第七章、第八章、第九章和第十章由中诚信托王玉国、钟哲元撰写，第十一章、第十四章、第十五章（二、三、四）和第十六章（一、三）由兴业信托李勇、张路阳撰写，第十二章、第十三章、第十五章（一）和第十六章（二）由交银信托刘文雯、章隽撰写，第十七章、第十八章和第十九章由中铁信托陈建超、朱晓林撰写。《报告》专栏由智信资产管理研究院郑智、王文韬、张胜男、崔继培、沈修远编写，他们同时还负责报告提纲编制、统稿工作。中国信托业协会张雪承担了课题组封闭期间协调联络等工作。

由于是首次编写信托业的年度发展报告，并且受经验、水平所限，错漏之处在所难免，欢迎社会各界读者朋友不吝赐教、批评指正。

编写组

2014年6月